ARTHUR POUGIN

LE VIOLON

Les Violonistes et la Musique de Violon

du XVIe au XVIIIe siècle

PARIS

LIBRAIRIE FISCHBACHER

33, RUE DE SEINE, 33

1924

LE VIOLON

Les Violonistes et la Musique de Violon
du XVIe au XVIIIe siècle

OUVRAGES DE M. ARTHUR POUGIN

Meyerbeer ; notes biographiques	in-12	(1864)
F. Halévy écrivain	in-8	(1865)
De la littérature musicale en France	in-8	(1867)
La fête des Nations, à-propos allégorique	in-8	(1867)
Bellini, sa vie, ses œuvres	in-12, portrait et autographe	(1868)
Léon Kreutzer	in-8	(1869)
Albert Grisar ; étude artistique	in-12 avec fac-similé et portraits	(1870)
Rossini : Notes, impressions, commentaires	in-8	(1871)
Auber, ses commencements, les origines de sa carrière	in-8	(1873)
Notice sur Rode, violoniste français	in-8	(1874)
Figures d'opéra-comique : Mme Dugazon, Ellevion, les Gavaudin, avec 3 portraits	in-8	(1875)
Boieldieu ; sa vie, ses œuvres, son caractère, sa correspondance. Edition ornée d'un portrait de Boieldieu et du fac-similé d'une lettre autographe de Boieldieu	in-12	(1875)
Rameau, essais sur sa vie et sur ses œuvres	in-32	(1876)
Adolphe Adam : sa vie, sa carrière, ses mémoires artistiques. Édition ornée d'un portrait d'Adolphe Adam et du fac-similé d'une lettre autographe	in-12	(1877)
Les vrais créateurs de l'opéra français : Perrin et Gambert	in-12	(1881)
Molière et l'opéra-comique : Le Sicilien, ou l'Amour peintre	in-8	(1882)
Dictionnaire historique et pittoresque du théâtre et des arts qui s'y rattachent : poétique, musique, danse, pantomime, machinerie, jeux antiques, spectacles forains, carrousel, courses, tournois, etc.	Gr. in-8 avec 350 grav. et 8 chromo-lithograph.	(1884)
Verdi, histoire anecdotique de sa vie et de ses œuvres	in-12	(1886
Viotti et l'école moderne de violon	Gr. in-8	(1888)
Méhul ; sa vie, son génie, son caractère	in-8	(1889)
Le théâtre à l'Exposition universelle de 1889 : Notes et descriptions, histoire et souvenirs	in-8	(1890)
L'Opéra-Comique pendant la révolution de 1788 à 1801, d'après des documents inédits et les sources les plus authentiques	in-12	(1891)
Acteurs et actrices d'autrefois. Histoire anecdotique des théâtres de Paris depuis 300 ans	in-8 avec 109 gravures	(1896)
Essai historique sur la musique en Russie	in-8	(1897)
La Jeunesse de Mme Desbordes-Valmore, d'après des documents nouveaux, suivie de lettres inédites de Mme Desbordes-Valmore	in-12	(1898)
Jean-Jacques Rousseau musicien	Gr. in-8 avec 3 grav. et 1 portrait	(1901)
La Comédie-Française et la Révolution (scènes, récits et notices)	in-12	(1902)
Un ténor de l'opéra au XVIIIe siècle : Pierre Jelyotte et les chanteurs de son temps	Gr. in-8 avec 22 gravures	(1905)
Hérold ; biographie critique	in-12 avec 12 grav.	(1906)
Monsigny et son temps : L'opéra-comique et la comédie italienne, les auteurs, les compositeurs et les chanteurs	Gr. in-8 avec 36 illustrations	(1908)
Les Guarnerius : André Guarnerius, Pierre Ier Guarnerius, Joseph Ier Guarnerius, Pierre II Guarnerius, Joseph Guarnerius del Gesu : sa vie, son art, ses instruments	Gr. in-8 avec fac-similé d'étiquettes	(1909)
Marie Malibran ; histoire d'une cantatrice	in-16 av. portrait	(1911)
Musiciens du XIXe siècle : Auber, Rossini, Donizetti, Ambroise Thomas, Verdi, Gounod, Victor Massé, Reyer, Léo Delibes, avec autographes	in-12	(1911)
Madame Favart (1727-1772) ; étude théâtrale	Gr. in-8 av. 14 grav.	(1912)
Marietta Alboni, avec portrait et fac-similé	in-16	(1912)
Massenet	in-12 av. 4 grav.	1913)
Un directeur d'opéra au XVIIIe siècle. L'opéra sous l'ancien régime. L'opéra sous la Révolution	in-8 illustré	(1914)
Une Cantatrice « amie » de Napoléon : Giuseppina Grassini (1773-1850)	in-8 illustré	(1920

ARTHUR POUGIN

LE VIOLON

Les Violonistes et la Musique de Violon

du XVIe au XVIIIe siècle

PARIS

LIBRAIRIE FISCHBACHER

33, RUE DE SEINE, 33

1924

PRÉFACE HISTORIQUE

Il n'est peut-être pas, l'orgue excepté, un instrument dont l'histoire soit à la fois plus compliquée et plus intéressante que celle du violon ; et pourtant, quelque singulier que cela puisse paraître, elle est, en France, à peu près complètement inconnue. On sait quelle est aujourd'hui la richesse de notre littérature musicale, et combien de travaux sérieux et solides elle offre chaque jour au public, touchant les branches de l'art les plus diverses : histoire, esthéfique, critique, biographie, etc. Or, au milieu de cette abondance de publications de toute sorte que chaque jour voit éclore, on est surpris de voir à quel point le violon et son histoire ont été négligés, et il y a lieu de s'étonner qu'un sujet, par lui-même si séduisant, soit resté si absolument étranger aux études et aux recherches de tant d'écrivains avisés, instruits et de bonne volonté. Distinguons, toutefois : c'est bien de l'histoire même du violon et de ceux qui l'ont pratiqué qu'il est ici question, et non de sa fabrication, c'est-à-dire de la lutherie. Sous ce dernier rapport nous n'avons rien à envier à personne, loin de là, surtout depuis la publication récente du livre magistral d'Antoine Vidal, *les Instruments à archet*, et de celui d'Auguste Tolbecque, *l'Art du luthier*. Mais, encore un coup, le lecteur français désireux de connaître, chercherait en vain de quoi satisfaire sa curiosité en ce qui concerne l'histoire proprement dite du violon et de ses adeptes, alors que l'Allemagne possède, avec les travaux solides de Wasielewski et de Rühlmann, ceux plus modestes de M. Abela, F. Bouffier, F.-L. Schubert, C. Witting, et que l'Angleterre, où l'amour du violon s'élève jusqu'à une sorte de culte, nous offre toute une série d'ouvrages importants, dont certains sont excellents, dus à George Dubourg, Carl Engel, George Hart, Sandys et Forster, Pearce, Heron Allen, Hill, etc.

Et pourtant, il y a déjà plus d'un siècle qu'un des nôtres, un excellent artiste, avait formé le projet d'écrire une Histoire du violon et s'était mis bravement à l'œuvre. Cet artiste était un violoniste fort distingué, Cartier, qui avait été formé par les leçons de Viotti, d'où l'on peut mesurer sa valeur, et qui, admis en 1791 à l'orchestre de l'Opéra, n'avait pas tardé à y devenir, comme on disait alors, « adjoint » du premier violon solo (1). Mais il ne se contentait pas de son talent très apprécié de virtuose, non plus que de la renommée qu'il s'était acquise comme professeur de premier ordre (2). Artiste instruit, esprit sérieux et avisé, aimant avec passion, comme on doit l'aimer, son art de violoniste, Cartier, qui tenait évidemment de Viotti la connaissance intime et l'étude des œuvres des grands maîtres italiens, s'occupait de donner une édition française de ces œuvres (Corelli, Tartini, Nardini, Pugnani), et, en attendant, voulait au moins les faire apprécier d'une façon sommaire. Il publiait donc, dès 1798, sous le titre de *l'Art du violon*, un

---

(1) Jean-Baptiste Cartier, né à Avignon le 28 mai 1765, mourut à Paris en 1841.

(2) « Quoiqu'il n'ait été attaché, comme professeur, ni au Conservatoire de musique, ni à l'École royale de musique et de déclamation, il a contribué, par ses ouvrages, à former les meilleurs élèves sortis de ces Instituts, et tous les orchestres de Paris possèdent quelques-uns des élèves qu'il a formés lui-même. » (*Biographie universelle et portative des Contemporains.*)

ouvrage d'enseignement, dans lequel, après avoir exposé ses principes en matière d'étude et de travail, il remplaçait les exemples ordinaires par toute une série de fragments importants et pleins d'intérêt, choisis avec le plus grand soin et empruntés par lui aux compositions des grands violonistes des trois écoles italienne, française et allemande. C'était comme une sorte d'anthologie vraiment précieuse, et qui pouvait donner une haute idée des connaissances de celui qui l'avait formée. Et c'est dans la préface de cet ouvrage que Cartier faisait déjà connaître son projet d'écrire une Histoire du violon : « Je compte, disait-il, donner quelque jour un ouvrage historique et raisonné sur le violon. »

Ce projet n'était pas, de la part de Cartier, comme on pouvait le croire, un simple désir, un de ces desseins formés un peu au hasard, que les circonstances pouvaient laisser disparaître et s'envoler en fumée, comme tant d'autres. C'était chez lui, au contraire, une idée bien arrêtée, servie par une volonté ferme, et dont, à force de travail, il allait poursuivre résolument la réalisation. Mais l'œuvre était longue à accomplir ; et comme il était plein d'enthousiasme pour elle, comme il était profondément pénétré de son importance et des services qu'elle pouvait rendre, on peut croire qu'il en entretenait volontiers tous ceux qu'il pensait pouvoir y prendre intérêt, car le public en fut informé par eux à diverses reprises. En 1810, le *Dictionnaire historique des musiciens* disait à ce sujet : « M. Cartier annonce en ce moment la traduction de *l'Art de l'archet* de Tartini, et un *Essai historique et raisonné sur l'art du violon.* » Et quelques années plus tard un recueil moins spécial, la *Biographie universelle des contemporains*, disait de son côté : « M. Cartier a annoncé depuis longtemps un *Essai historique sur l'art du violon*, dont on attend la publication. »

Malheureusement, l'excellent Cartier arrivait trop tôt sans doute, en un temps où les esprits n'étaient pas encore en état d'apprécier la portée, la valeur et l'utilité d'un ouvrage de ce genre. Ce qui est certain, c'est qu'après avoir consacré vingt ans de sa vie à la préparation et à l'exécution de cet ouvrage, il ne put, en dépit de ses efforts et de la notoriété qui s'attachait à son nom, il ne put trouver un éditeur disposé à faire les frais d'une publication si importante. Désappointé, mais non découragé, il songea alors à employer un autre moyen, et décida d'ouvrir une souscription dont le produit lui permettrait d'entreprendre lui-même cette publication. C'était en 1827, et Fétis venait de lancer les premiers numéros de sa *Revue musicale*, recueil excellent et qui était appelé à rendre tant de services ; c'est dans un de ces numéros (du 9 avril 1827) que Cartier publia, sous forme d'annonce, le prospectus dans lequel il faisait appel au public : — « Souscription proposée pour la publication d'un *Essai historique sur le violon* et sur les progrès de l'art musical depuis le moyen âge, par M. Cartier, musicien de la chapelle du Roi. Ouvrage dédié à MM. Cherubini, Lesueur, Berton, Plantade, Boieldieu et Baillot. »

« L'auteur de l'*Art du violon ou division des Écoles*, ouvrage reconnu depuis longtemps, par un arrêté du Conservatoire, comme le complément de la *Méthode du violon* (1), avait annoncé qu'il donnerait un jour un *Essai historique* sur cet instrument. Après avoir consacré presque toute sa vie à l'étude de son art, M. Cartier peut enfin remplir l'engagement qu'il avait pris envers le public. Un travail constant, des recherches immenses, le zèle qui n'a jamais cessé de l'animer, l'enthousiasme qu'il a toujours eu pour le violon, ont mis cet habile professeur en état de faire connaître à la France, à l'Europe, ce que fut le violon dans son origine, ce qu'il fut au moyen âge, ce qu'il est devenu depuis, et ce que la musique doit à son perfectionnement.

... L'auteur, procédant par siècles depuis Jules-César, et ensuite depuis l'établissement du christianisme dans toute l'Europe, nous montre le violon dans ses différentes phases, et dans toutes les cérémonies et fêtes où il se trouve. Il nous le fait voir donnant naissance en Italie aux opéras, en France, en Angleterre, et plus tard en Allemagne, à l'art dramatique. Il signale à la reconnaissance des musiciens les poètes, les troubadours et les trouvères qui ont contribué à sa propagation, à son perfectionnement, et les princes qui l'ont aimé, cultivé, et qui ont concouru à ses progrès...

... Les dissertations sur le violon, sur l'archet, sur la lutherie, sur la harpe, compagne du violon, sur la gravure en musique, des notices sur les femmes qui ont excellé par (sur ?) le violon, sur quelques amateurs célèbres et sur les auteurs qui ont inventé différentes compositions, depuis les airs variés jusqu'aux symphonies, n'intéressent pas moins les lecteurs que l'examen qu'a fait M. Cartier de tous les grands maîtres du xviiᵉ et du xviiiᵉ siècle. »

On voit ici à peu près quel était le plan adopté par Cartier, l'ampleur qu'il avait su lui donner, et de quelle façon large son ouvrage était conçu. Il serait impossible, assurément, d'essayer de juger celui-ci sur d'aussi simples données, mais il est permis, du moins, d'apprécier l'importance du résultat que l'auteur avait

____

(1) La *Méthode de violon* du Conservatoire, signée des noms de Baillot, Rode et Kreutzer.

su atteindre, et l'on ne peut qu'exprimer plus profondément le regret que son œuvre n'ait pu voir le jour.

C'est qu'en effet, quelque intéressant que fût l'appel que Cartier avait fait au public, il faut bien constater que cet appel ne fut pas entendu, ou ne produisit qu'un résultat misérable. Fétis le faisait connaître ainsi, quelques mois plus tard, dans un des numéros de la *Revue musicale*, où, après avoir inséré une *Dissertation sur le violon* que Cartier avait détachée de son livre pour la lui communiquer, il faisait ressortir l'intérêt qu'aurait dû exciter un tel ouvrage. : — « Ce travail de M. Cartier, disait-il, a été annoncé pour paraître par souscription, dans la *Revue musicale* ; mais cette même indifférence, dont je me suis plaint plusieurs fois, s'est encore manifestée dans cette occasion, et M. Cartier n'a obtenu qu'un petit nombre de souscripteurs. » Et grâce à cette indifférence, l'*Essai historique sur le violon* ne fut pas publié, et le brave Cartier, alors âgé de 62 ans, dut, non sans rancœur, renoncer à voir jamais paraître un ouvrage si important, auquel il avait voué toute son intelligence, dont l'utilité était indiscutable, et qui lui eût certainement fait honneur, comme il eût fait honneur à la France. Et il n'est pas inutile de faire ressortir ce fait, que si Cartier avait reçu l'aide sollicitée par lui, il aurait devancé, et de longues années, les écrivains anglais et allemands qui en vinrent, beaucoup plus tard, à s'occuper du violon et de son histoire.

Mais que devint son précieux manuscrit ? Détruit, sans aucun doute, par des héritiers ignorants qui n'en pouvaient apprécier la valeur, et qui n'eurent même pas la pensée de le confier à un de nos dépôts publics, où les travailleurs auraient pu le consulter (1).

C'est à peine si, après le nom si estimable de Cartier, on ose citer celui d'un personnage bizarre, François Fayolle, espèce de fantoche, qui, lui aussi, caressa longtemps le projet d'une Histoire du violon, qu'il n'écrivit jamais, mais dont il

---

(1) Précisément dans le même temps que Cartier, un autre violoniste, fort habile aussi et très renommé, s'occupait en Allemagne de la publication d'un ouvrage qui, sans être à proprement parler une Histoire du violon, s'en rapprochait sensiblement. Cet artiste, nommé Ernst (Franz-Anton), qui était né à Georgenthal (Bohème) le 3 décembre 1745, mourut le 10 janvier 1805 à Gotha, où il était violon-solo à l'orchestre de la cour. « Il proposa en 1798, dit Fétis, une souscription pour la publication d'un *Traité sur le violon* qui aurait été divisé en deux parties, dont l'une aurait traité de la construction du violon, et la seconde de l'art de jouer de cet instrument. » Il faut croire qu'Ernst ne fut pas plus heureux que Cartier, car son ouvrage ne fut jamais publié.

parlait à tout venant, et qu'il citait même, dans ses divers écrits, comme si elle était publiée (1). Ce Fayolle était fils d'un dentiste en grand renom, dont on disait plaisamment que *sa fortune avait fait crier tout Paris*. Pourvu d'une bonne instruction, ayant passé par l'École polytechnique, il n'en manquait pas moins essentiellement d'équilibre dans l'esprit comme dans les facultés. « Tour à tour ou successivement mathématicien, poète, compilateur, biographe, disait un historien, il évoqua les muses, et les muses répondirent à ses vœux. » Il se fit connaître d'abord, en effet, par une foule de petits vers publiés dans de petits recueils d'une petite importance. Puis, il s'occupa aussi de musique, et donna sous ce rapport un assez grand nombre d'articles à divers journaux. Amateur très zélé d'ailleurs, il avait réuni une bibliothèque nombreuse d'œuvres musicales, et se livrait, ou paraissait se livrer, à des recherches historiques sur l'art et les artistes. C'est ainsi qu'il devint le collaborateur de Choron pour le *Dictionnaire historique des Musiciens*, ouvrage qui, malgré ses imperfections et ses lacunes, rendit de réels services, parce qu'il était le premier de ce genre qui fût publié en France. Dans l'article qu'il se consacrait à lui-même en cet ouvrage, il disait : « Un goût prédominant a toujours entraîné M. Fayolle vers la musique... Après de longues recherches, il a entrepris un ouvrage intitulé *l'Histoire du violon*, dont il a extrait les *Notices sur Corelli, Tartini, Gaviniés, Pugnani et Viotti*, actuellement sous presse. » Ces Notices, très superficielles, sont précisément celles qu'il insérait dans le *Dictionnaire* sur ces grands artistes. Réunies en une brochure, elles parurent en 1810, avec d'assez bons portraits, que Fayolle avait fait graver expressément. En tête de cette brochure était l'Avis suivant : « Ces cinq notices sont tirées d'un ouvrage inédit intitulé *l'Histoire du violon*, dans lequel la biographie de chaque violoniste célèbre est accompagnée de son portrait. » On voit donc, d'après l'auteur lui-même, que l'ouvrage était inédit (comme il le fut toujours), ce qui n'empêche pas Fayolle, dans l'article sur Porpora du *Dictionnaire des Musiciens*, en signalant les sonates de violon de ce compositeur, de faire ce renvoi :

---

(1) François-Joseph-Marie Fayolle, né le 15 août 1774, à Paris, où il mourut le 2 décembre 1852, était un simple amateur de musique et non un professionnel. Il se vantait d'avoir été élève de Barni pour le violoncelle et de Perne pour l'harmonie. Il fut le collaborateur de Choron pour le *Dictionnaire historique des musiciens,* publié en 1810.

« Voy. *l'Histoire du violon* de M. Fayolle », Histoire à laquelle le lecteur ne pouvait se reporter, comme on l'y invitait, puisqu'elle n'existait pas (1).

C'était d'ailleurs une idée fixe chez lui de parler toujours de cet ouvrage fantôme, et d'en tirer vanité. Vingt ans plus tard, à l'époque des grands triomphes de Paganini, il publiait une nouvelle brochure, sur la couverture de laquelle il n'a garde de l'oublier, en énumérant les titres qu'il croit avoir à l'estime de ses contemporains : *Paganini et Bériot* ou Avis aux jeunes artistes qui se destinent à l'enseignement du violon, par Fr. Fayolle, auteur du *Dictionnaire des Musiciens* et de *l'Histoire du violon* avec portraits, et ancien chef de brigade à l'École polytechnique (Paris, Legouest, 1831, in-8).

Il serait superflu d'accorder plus d'importance qu'il n'en mérite à cet historien sans Histoire, qui, en fait, ne rendit aucun service à l'art. Il est bien probable que le projet qu'il avait formé n'était pas absolument chimérique, et qu'il s'était livré à certaines recherches sommaires relatives à l'histoire du violon, ce dont on peut se rendre compte en parcourant sa brochure sur *Paganini et Bériot ;* mais on peut tenir pour à peu près certain qu'il n'écrivit jamais une ligne de cette histoire, et qu'il se gaussa du public en la mentionnant à tout propos. Néanmoins il devait trouver place ici, à la suite de Cartier, comme étant de ceux qui avaient compris l'importance du sujet et qui s'en étaient occupés peu ou prou.

Et il faut ensuite mentionner le nom de Fétis, bien qu'il ne se soit jamais occupé directement de l'histoire du violon, mais parce qu'il a été amené à en parler accessoirement en tête de sa brochure sur Paganini : *Notice biographique sur Nicolo Paganini* (2). Cette brochure, qui ne fut pas mise dans le commerce, mais offerte gracieusement aux artistes, était destinée à leur faire connaître la publication des œuvres inédites de l'illustre violoniste, dont l'éditeur Schonenberger venait de se rendre acquéreur. Elle avait été écrite à la sollicitation de celui-ci, et Fétis disait, dans son introduction : « L'éditeur qui m'a demandé ce travail pour accompagner la publication des œuvres inédites de Paganini, m'a exprimé le

____

(1) Et pour donner une idée du style parfois ingénu de Fayolle, il suffit de reproduire les premiers mots de cette notice du *Dictionnaire* sur un artiste italien : « Alessandro Romano, dit *della viola*, mérita ce surnom pour l'habileté étonnante avec laquelle *il jouait du violon*. »

(2) Paris, Schonenberger, 1851, in-8.

désir que je le fisse précéder d'une esquisse de l'histoire du violon, et que la biographie fût suivie d'une analyse de ces œuvres : j'ai rempli ses intentions avec tout le soin dont je suis capable, et j'ai l'espoir que ces additions ne seront pas sans quelque intérêt. »

En tête de la brochure se trouve donc cette *Esquisse de l'histoire du violon,* qui comporte tout juste une vingtaine de pages ; en de telles conditions, ce n'était et ne pouvait être en effet qu'une esquisse, et encore, un simple tracé ; et ce travail ultra rapide, dans lequel l'auteur, serré par l'espace, ne pouvait entrer dans aucune espèce de détail, n'offre guère autre chose, en somme, qu'une série de petites notes biographiques (je ne dis pas notices) sur les luthiers et les virtuoses (1). Et malgré son peu d'importance, ce petit écrit, en raison de son titre, devait être mentionné ici.

De tout ceci il résulte que nous ne possédions en France, jusqu'à ce jour, aucun ouvrage historique sur le violon, et que l'instrument auquel nous devons, avec nos jouissances les plus pures, quelques-uns de nos plus grands artistes, restait absolument mystérieux pour le public, et même pour la masse des artistes qui ne le pratiquaient pas personnellement. Et tandis qu'à l'étranger le violon était rendu familier à tous par l'existence de divers livres spéciaux, la France, qui se flatte avec raison d'être à la tête du mouvement intellectuel, se trouvait, seule, dépourvue de tout écrit de ce genre. C'est dans le but de remédier à cette situation, avec le désir de combler une lacune fâcheuse dans notre littérature musicale, que j'ai entrepris l'ouvrage que je présente au public, et dont je ne me dissimule nullement les imperfections.

Le plan que j'ai adopté pour ce travail m'a semblé le plus rationnel. Après avoir, en ce qui touche sa forme et sa construction, fait connaître intimement le violon tel qu'il se présente aujourd'hui à nos yeux, je l'ai montré issu de toute une suite d'instruments primitifs et incomplets, qui, de modifications en modifications, de transformations en transformations, aboutirent à ce modèle désormais impéris-

____

(1) J'y ai pourtant rencontré, pour le commencement du xviii° siècle, les noms de plusieurs violonistes intéressants, que Fétis n'a pas jugé à propos de faire figurer ensuite dans la *Biographie universelle des musiciens*, et sur lesquels j'ai vainement cherché ailleurs quelques renseignements : Constantin Clari, « non moins remarquable comme compositeur que comme exécutant », Cosme Perelli, Lombardi, Giacopini, Mariotto...

sable et d'une perfection absolue en sa suprême beauté ; puis, j'ai établi chronologiquement son histoire artistique et l'histoire de ses adhérents chez les trois nations qui l'ont surtout cultivé et qui ont fait sa gloire : l'Italie d'abord, l'*alma mater*, qui fut son berceau et à qui l'on doit les premiers violonistes intéressants, ceux qui, entrevoyant l'avenir et sa grandeur, commencèrent à fixer les principes de l'étude de l'instrument ; la France ensuite, sa digne émule et bientôt sa rivale brillante, qui, tout en suivant ces mêmes principes, sut les adapter à son tempérament propre et en dégager sa personnalité ; enfin l'Allemagne, la dernière venue et restée la moins illustre sous ce rapport. Et, après avoir dressé le tableau des travaux dus aux artistes de ces trois grandes écoles de violon, italienne, française et allemande, après avoir mis en lumière les nobles figures de ceux qui furent leurs chefs et fondateurs, je me suis arrêté à la fin du XVIIIe siècle, alors que ces trois écoles, définitivement établies, étaient en pleine efflorescence, que tous les progrès étaient accomplis, et que l'art du violon, ayant atteint son apogée, brillait de toute sa splendeur.

Étant donné mon amour profond pour l'instrument qui a fait la joie de ma vie et le plaisir que j'ai trouvé à essayer de tracer ici son histoire, j'ai l'espoir de n'être pas resté trop au-dessous de la tâche que je m'étais assignée. En tout état de cause, je prie mes lecteurs d'être indulgents à mon œuvre, et je ne puis que répéter, avec un de nos vieux maîtres : *Excusez les fautes de l'auteur*.

ARTHUR POUGIN.
(Janvier 1921.)

Atelier de luthier au XVIIIe siècle. (Encyclopédie de Diderot et d'Alembert.)

NOTES PRÉLIMINAIRES

CE QU'EST LE VIOLON

Il ne saurait être question ici d'esquisser, même en quelques traits rapides, comme une sorte de physiologie du violon. Pourtant, en tête d'un livre consacré à l'étude et à l'histoire de cet instrument merveilleux qui, comme Prométhée, mais plus heureux que lui, semble avoir dérobé le feu du ciel, il paraît indispensable, non seulement de tracer en quelque façon son portrait extérieur, mais de fouiller l'âme de ce charmeur, de chercher son secret et de le faire connaître en son intimité.

Nul n'ignore aujourd'hui ce que c'est qu'un violon, et il n'est pas un être humain civilisé qui n'ait été à même d'en voir quelqu'un et même de l'entendre. Mais si sa beauté harmonieuse a pu flatter le regard, même le plus indifférent, par l'exquise proportion de ses formes, par l'étonnante combinaison et la grâce onduleuse de ses lignes courbes qui semblent s'engendrer les unes les autres, si

3

l'oreille a été enchantée par les sons qui sortent des flancs de ce magicien avec la mission et le pouvoir de peindre toutes les passions, toutes les tendresses et toutes les grâces, aucun ne saurait se rendre compte, sans y être initié, de la complication que présente l'enfantement de cet instrument sans pareil et sans rival, d'une apparence si simple et si modeste en sa radieuse beauté. A ne considérer le violon qu'au point de vue extérieur et d'une façon superficielle, qui pourrait supposer cette complication, qui soupçonnerait une foule de détails dont la présence échappe aux yeux les plus attentifs, qui pourrait croire même ce que renferme de caché à tous les regards ce corps à la fois si délicat et si robuste, qu'enveloppe un vêtement brillant et plein d'éclat en sa sobriété ?

Veut-on connaître, en leur ensemble et par le détail, tous les éléments qui concourent à la construction du violon, le nombre et la nature des pièces, si diverses, qui forment cet ensemble, le rôle dévolu à chacune d'elles et qui leur est spécial ? Ces pièces, pour la plupart d'une rare délicatesse, et dont la réunion donne naissance à l'un des objets d'art les plus parfaits qui se puisse imaginer, ne sont guère moins d'une soixantaine (1). Et sans vouloir les décrire toutes par le menu, sans essayer de pénétrer les mystères de l'art si charmant et si discret de la lutherie, on peut du moins signaler les principales d'entre elles et les caractériser autant que possible, en faisant connaître les liens qui les rattachent étroitement les unes aux autres pour contribuer à l'absolue perfection.

Ce sont d'abord les deux tables, inférieure et supérieure, avec leurs échancrures latérales en forme de) (destinées à laisser passer l'archet, véritables assises de l'instrument : la table inférieure, dite *le fond*, qui est divisée en deux parties, et la table supérieure, qu'on appelle volontiers la table d'harmonie, qui parfois est aussi divisée en deux parties, et sur laquelle sont percées, de chaque côté, les deux ouïes en forme d'*f* nécessaires à la production du son. On trouve ensuite :

Le manche, terminé en haut par la volute, dont la finesse et l'élégance complètent la grâce du violon ;

(1) George Hart, dans son beau livre, *le Violon* (traduction française d'Alphonse Royer), en fixe exactement le nombre à 58. Ce livre si intéressant porte en tête cette épigraphe, assurément curieuse par le nom de son auteur : « On peut dire qu'il n'a point fallu déployer moins de goût et de persévérance pour la locomotive, cette merveille de l'activité humaine, que pour le violon, cette merveille de la musique » W.-E. GLADSTONE.

Le talon, qui joint et fixe le manche au corps de l'instrument ;

Les éclisses, bandes de bois ondulées, au nombre de six, qui suivent exactement les contours des deux tables, et qui, placées verticalement entre les deux, servent à les réunir et à former le coffre de l'instrument ;

Les quatre chevilles, placées deux par deux sur les côtés de la volute, et autour desquelles, dans l'intérieur de celle-ci, viennent s'enrouler les cordes, qui iront rejoindre le cordier pour y être attachées ;

La touche, qui part du haut du manche pour se prolonger jusqu'au tiers environ de la table supérieure ;

Le sillet supérieur, qui surmonte la touche, et porte quatre entailles sur lesquelles viennent se placer les cordes dans leur ordre normal ;

Le chevalet, destiné à supporter les cordes, et entaillé aussi pour les maintenir dans leurs positions respectives ; la place habituelle du chevalet, qui joue un grand rôle dans le mécanisme des vibrations de l'instrument, est directement en face des petits crans marqués sur le milieu des ouïes ;

Le filet, simple ornement, formé de l'ensemble de trois fines bandes de bois flexible, qui contourne le bord des deux tables sur toute leur surface ;

Le cordier, ou queue, percé de quatre trous servant à l'attache des cordes ;

Le sillet inférieur, sur lequel vient se placer le cordier ;

Le bouton, piqué solidement dans l'éclisse inférieure, auquel est rattaché le cordier par un fragment de grosse corde.

Voilà pour l'extérieur ; à l'intérieur, nous trouvons :

12 contre-éclisses, destinées à soutenir, à maintenir et à renforcer les éclisses ;

La barre, bande de bois placée longitudinalement sous le pied gauche du chevalet, du côté des cordes graves, et qui, en contribuant à la solidité de l'instrument, acquiert une importance que l'on ne saurait exagérer en ce qui touche sa sonorité (1) ;

---

(1) « La barre du violon ne sert pas seulement à fortifier cette partie de la table où la pression du chevalet se fait le plus énergiquement sentir ; elle forme encore une partie fort curieuse et particulièrement intéressante de la construction du violon. On pourrait l'appeler, avec une grande vérité, le *système nerveux* du violon, tellement elle est sensible à toute influence du dehors. » — (GEORGE HART, *le Violon*, p. 30.)

L'âme, petite verge de bois, placée debout, entre les deux tables, vers le pied droit du chevalet, et dont l'office est plus considérable encore, s'il est possible (1) ;

Enfin les coins, les tasseaux et les taquets, dont le nombre porte le chiffre total des pièces employées à 58, comme nous l'avons vu.

Quant aux bois qui servent à la construction du violon, ils sont de différentes espèces, selon la nature et le rôle des diverses pièces. La table du fond est généralement en érable, et la table d'harmonie en sapin de choix ; pour le manche, on emploie l'érable ou le sycomore ; les éclisses sont en érable, et les contre-éclisses en sapin ou en tilleul ; en tilleul aussi, le filet ; la barre est en sapin, de même que l'âme, tandis qu'on se sert encore d'érable pour le chevalet ; enfin, la touche, les chevilles, les deux sillets, le cordier et le bouton sont en ébène. Tolbecque dans son beau livre sur *l'Art du luthier* et Maugin dans son *Manuel du luthier*, sont à peu près complètement d'accord à ce sujet. Ajoutons que la longueur du violon est de 33 centimètres environ.

Pour ce qui est des cordes, qui sont faites en boyaux de mouton, et plutôt encore d'agneau, les meilleures proviennent d'Italie, où, dit-on, l'air et l'eau sont particulièrement favorables à leur fabrication. Les plus recherchées sont surtout celles de Rome, de Naples et de Padoue, dont les fabriques sont justement renommées. Les cordes filées sont filées soit en argent, soit en cuivre argenté, soit simplement en laiton.

Mais en parlant du violon on ne saurait oublier l'archet, son compagnon inséparable et indispensable, celui qui sert à lui donner la voix et sans le secours duquel il resterait muet et serait condamné au silence. Celui-ci est beaucoup moins compliqué, tout en exigeant, pour sa fabrication, autant de soin, d'expérience et de précision (2). L'archet comprend simplement : 1° la baguette, avec sa courbure

(1) « Un autre point très important, c'est l'*âme* du violon, qui a une destination multiple. Et tout d'abord, c'est elle qui donne le choc au système de vibration de l'instrument ; elle sert ensuite de support au côté droit de la table, dont elle transmet les vibrations, et régularise enfin la puissance et la qualité du son. Les mots qui servent à nommer cet agent vital du violon donnent une haute idée de son importance tout exceptionnelle : les Italiens et les Français l'appellent l'*âme* et les Allemands la *voix* du violon. Si nous avons appelé la barre le *système nerveux* du violon, on peut dire à juste titre que l'âme remplit avec une infaillible régularité les fonctions du cœur. Les *pulsations* du son, si l'on nous permet de nous exprimer ainsi, sont réglées par cette admirable invention. » — (*Idem*, p. 31.)

(2) La fabrication des archets est une spécialité. Les archettistes ne sont point luthiers, et les luthiers

inférieure élégante et légère, et sa tête très fine (1) ; 2° la hausse, où viennent, en bas, s'attacher les crins, fixés en haut sur la tête ; 3° les crins, réunis en une sorte de ruban partant de la tête pour aboutir à la hausse (2) ; 4° le bouton, sur lequel est fixée la vis qui rattache la hausse à la baguette, et dont le mécanisme sert à raccourcir ou à allonger les crins, au gré de l'exécutant.

C'est François Tourte qui, par une habileté personnelle hors de pair et par une série de travaux ingénieux, a amené l'archet moderne à un état de perfection tel qu'on ne saurait plus lui apporter aucune modification, aucune amélioration. A ce titre, Tourte mériterait, si l'on peut dire, d'être appelé le Stradivarius de l'archet. S'il faut en croire Fétis, c'est à l'instigation de Viotti qu'il rechercha et accomplit si heureusement les perfectionnements

sont complètement étrangers à leur travail, très délicat lui-même et qui n'est pas exempt de difficultés.

(1) On sait qu'à l'origine la courbure était extérieure, et que l'archet était en forme d'arc, d'où évidemment son nom. Actuellement, la courbure inférieure — ou cambrure — s'obtient de deux façons : soit naturellement, lorsque le fil du bois s'y prête ; soit artificiellement, par le moyen du feu. On emploie pour la baguette soit le bois de fer, soit surtout le bois de Fernambouc, comme étant tout à la fois, plus léger, plus flexible et plus résistant.

(2) Les crins blancs de l'archet sont des crins de cheval ; je dis bien « de cheval » et non de jument, parce que, paraît-il, ceux-ci sont très défectueux au point de vue de la solidité. (Voy. TOLBECQUE, *l'Art du luthier*).

qui firent de l'archet ce qu'il est aujourd'hui : « Bientôt convaincu, dit l'écrivain, de la supériorité de Tourte sur les autres fabricants d'archets, Viotti lui demanda de chercher les moyens d'empêcher le crin de se rouler en le maintenant également étendu sur la hausse. Tourte résolut le problème par le moyen de la virole qui termine la partie supérieure de la hausse et maintient le crin en mèche plate. Enfin, il compléta son perfectionnement par la lame de nacre dont il couvrit la partie du crin qui repose sur la hausse, et qu'il maintint par la virole. » C'est aussi, dit-on, Tourte qui établit définitivement la longueur de l'archet, laquelle est de 75 centimètres, du bouton à l'extrémité supérieure de la baguette. Son poids est d'environ 55 grammes (1).

Il ne faudrait pas cependant que la grande renommée de François Tourte, d'ailleurs si légitime, nous rendît injustes envers certains de ses confrères qui méritent au moins un souvenir. Si l'art de l'archettiste est assurément moins compliqué que celui du luthier, il n'en est pas moins très délicat et réclame de ceux qui s'y livrent une incontestable habileté. Il n'est donc que juste de signaler ceux qui s'y sont particulièrement distingués et de faire connaître leurs noms : ce sont ceux de Xavier Tourte, fils de François, de Lafleur père et fils, de Pageot, des deux Peccate (Dominique et Charles), après qui il faut citer Enry, François Lupot, J. Henry, Persoit, Joseph Lamy, et surtout Nicolas Voirin, dont les produits sont aujourd'hui recherchés avec ardeur.

(1) Les détails que Fétis donne sur l'existence de Tourte ne sont pas sans intérêt : « Tourte, dit-il, ne cessa ses travaux qu'à l'âge de quatre-vingt-cinq ans; l'affaiblissement de sa vue l'obligea alors à prendre du repos. Il ne connut que deux passions, qui furent son art et le plaisir de la pêche. Pour se livrer à cet innocent délassement, il avait un petit bateau sur la Seine. Dans la belle saison, il cessait son travail à 4 heures de l'après-midi, se rendait à son bateau, et y restait jusqu'à la nuit. De retour chez lui, il soupait souvent du fruit de sa pêche, se couchait de bonne heure et se levait de grand matin. Cette existence régulière et monotone fut la seule qu'il connut. Dans un art modeste dont l'existence est à peine connue des gens du monde, Tourte s'est fait une grande renommée, sans la désirer et sans avoir conscience des droits qu'il y avait. »

LE VIOLON

SES ORIGINES ET SA NAISSANCE

I

Me préserve Apollon, dieu des arts et de la poésie, d'avoir la téméraire audace de tenter même une simple esquisse, un modeste croquis pouvant ressembler à une histoire générale du violon et de ses origines! De plus malins et mieux armés que moi se sont efforcés d'entreprendre cette histoire, et ils ont dû y renoncer, en présence des insurmontables difficultés d'une tâche impossible; ou bien il leur a fallu se contenter d'hypothèses, de conjectures et d'inductions ne reposant sur aucun fondement solide et n'ayant aucun caractère d'authenticité. Quelques-uns ont été jusqu'à découvrir dans la Bible la certitude de l'existence, en ces temps éloignés, de certains instruments à cordes et à archet ; d'autres ont cru devoir attribuer l'invention d'un instrument rudimentaire de ce genre, le *ravanastron*, à un des rois de l'île de Ceylan, nommé Ravana, qui vivait, paraît-il, 5.000 ans avant notre ère, et qui par ainsi se trouverait l'ancêtre authentique et le précurseur éloigné des Amati et des Stradivarius ; d'autres encore ont affirmé, ce qui est aujourd'hui reconnu parfaitement inexact, que les Grecs et les Romains s'étaient servis d'instruments à cordes frottées. De toutes ces allégations il n'est rien sorti de sérieux et d'utile, et de ces origines antiques et fabuleuses on ne saurait tirer quoi que ce soit approchant d'une certitude (1). Il faut donc tout au moins s'en tenir, touchant l'histoire du violon et des instruments de sa famille, à ce qui concerne l'Europe et l'ère moderne ; et ici encore les obscurités sont assez nombreuses pour exercer la sagacité des chercheurs.

Il est évident que les instruments primitifs, qui, progressant peu à peu, et de transformation en transformation, finirent par donner naissance au violon moderne, n'étaient pas le fruit d'une génération spontanée. Il y a lieu de croire que les premiers types en furent importés d'Orient en Occident, les civilisations extrême-orientales ayant de beaucoup précédé la nôtre ; mais quand ? où ? de quelle façon ?... Ce qui paraît certain, c'est que le premier exemple qu'on ait en Europe d'un instrument à cordes et à archet, de forme rustique et un peu barbare, est le *crowth* anglais, avec lequel les bardes gaéliques accompagnaient leurs chants, se servant aussi de la harpe et de la cornemuse (*bagpipe*). On le trouve entre leurs mains dès le VIe siècle, et il devint rapidement populaire. D'abord armé seulement de

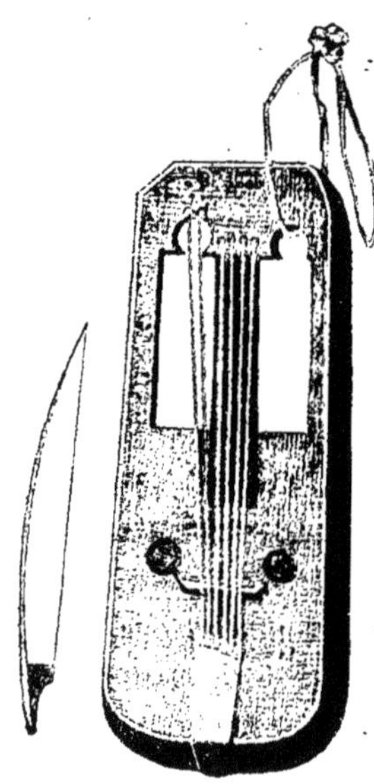

CROWTH.

(1) Dans un livre italien à prétentions sérieuses et publié en 1706, on lit ces lignes stupéfiantes : « Le violon a été inventé par Orphée, fils d'Apollon ; la poétesse Sapho inventa l'archet de crins de cheval, et elle fut la première à en jouer comme on le fait aujourd'hui. » (*Il Musico Testore*, par le P. Zacharie Teve. Venise, 1706, in-4, 1re partie, chap. XII, p. 11.)

trois cordes, le crowth en vit successivement augmenter le nombre en même temps qu'il modifiait quelque peu sa forme, et devint vraiment l'instrument national du pays de Galles, où on le voyait encore au xviii⁰ siècle.

Dans son excellent *Catalogue* du Musée instrumental du Conservatoire de Bruxelles, M. Mahillon donne la description que voici du crowth qui fait partie de ce Musée : « Caisse en forme de trapézoïde allongé, laquelle, à l'exception de la table, est découpée et creusée dans une seule pièce de bois. Deux grandes découpures sont pratiquées à la partie supérieure de l'instrument et laissent entre elles le manche, sur lequel s'applique la touche. Le crowth est monté de six cordes de boyau, attachées d'une part à un cordier offrant de la ressemblance avec celui du violon, d'autre part à un nombre égal de che-villes de fer à têtes carrées, placées en haut du manche et mises en mouvement par le moyen d'une clef. La table a deux ouïes rondes. Le chevalet est placé obli-quement ; l'un de ses pieds repose sur la table, l'autre sur le fond de la caisse, dans laquelle il entre par l'ouïe gauche. Quatre cordes sont placées le long du manche ; la 5⁰ et la 6⁰ sont en dehors. Pour faire |résonner les cordes placées en dehors, on les pinçait au moyen du

JOUEUR DE CROWTH.

pouce ; les autres étaient ébranlées par l'archet. La courbe très légère de la partie supérieure du chevalet et l'absence d'échancrures font supposer que les cordes dis-tantes d'une octave étaient frottées simultanément. »

De son côté, Fétis insiste fort justement sur la particularité relative au cheva-let du crowth : « ... Le chevalet, dit-il, est la partie la plus singulière de l'ins-trument ; il n'est pas convexe, comme celui du violon, la ligne sur laquelle se posent les cordes est presque droite. Il résulte de cette circonstance et de ce que le corps de l'instrument n'avait pas d'échancrures pour le passage de l'archet, que celui-ci devait toucher plusieurs cordes à la fois, et conséquemment produire une harmonie quelconque, en raison du doigter. Une autre particularité du chevalet, très digne d'attention, consiste dans l'inégalité de ses pieds et dans sa position. Placé obliquement, en inclinant vers la droite, il a le pied gauche long de 7 centimètres. Ce pied entre dans l'intérieur de l'instrument par l'ouïe gauche et s'appuie sur le fond, tandis que le pied droit, dont la hauteur est de 2 centimètres environ, est appuyé sur la table, près de l'ouïe droite. L'effet de cette disposition est que le pied gauche long remplit les fonctions de l'âme dans le violon, et qu'il ébranle à la fois la table, le fond et la masse d'air contenue dans l'instrument (1). »

Ces détails n'ont sans doute, à l'heure actuelle, qu'un intérêt purement historique : mais cet intérêt est grand si l'on songe que le crowth est, en réalité, le patriarche de tous les instruments à archet usités en Europe. Il a d'ailleurs si complètement disparu qu'il serait impossible, aujourd'hui, d'en retrouver un spécimen authentique (2).

Le premier embryon d'instrument à archet que l'on rencontre sur le continent est la *rubèbe* ou *gigue*, qui semble avoir fait son apparition en France vers le ixe siècle. C'est la rubèbe, d'abord à une, puis à deux cordes, qui, en se modifiant, finit par devenir le *rebec*, que l'on voit surgir au xiiie siècle, et qui est le véritable ancêtre du violon. Instrument assez bizarre, le rebec avait le dos bombé, comme la mandoline actuelle, et point de manche ; c'est-à-dire que sa caisse, de forme ovale, allait se rétrécissant jusqu'en haut, où son amincissement formait un manche faisant partie intégrante de l'instrument, et non indépendant et rap-

(1) Fétis, *Histoire générale de la musique*, t. IV, p. 479.

(2) Je n'ignore pas que Carl Engel, l'historien musical anglais estimé (lequel était allemand de naissance et d'éducation, né dans le Hanovre en 1818, fixé en Angleterre en 1846 et mort à Londres en 1882), a repoussé, dans ses *Recherches sur l'histoire primitive des instruments à archet*, cette idée que le crowth était le précurseur chronologique de tous ceux qui parurent sur le continent. Je n'en persiste pas moins dans l'opinion que j'exprime ici.

Daines Barrington, savant anglais qui fut président de la Société des antiquaires de Londres, lut, dans la séance de cette Société du 3 mai 1770, deux notes fort intéressantes sur deux instruments en usage encore alors dans le pays de Galles, le crowth et le *pib-corne* (chalumeau), où il les avait entendus, notes qui furent insérées dans le 3e volume des comptes rendus de la Société. Selon l'auteur, la première mention que l'on connaisse du crowth se trouve dans quelques élégiaques de Venance Fortunat, évêque de Poitiers au vi^e siècle, et l'on rencontre dans certains manuscrits du xie, des images du crowth à trois cordes c'est-à-dire dans sa forme primitive. Barrington constate l'existence d'un certain John Morgan, né en 1711, et qui était très habile sur le crowth. De son côté, Fétis dit que Morgan, qui mourut en 1771, « fut le dernier des bardes du pays de Galles qui ait joué de cet instrument ». Cependant, le musicographe anglais Bingley assure qu'il entendit encore jouer du crowth à Carnarvon en 1801. Mais depuis lors il n'en fut plus jamais question.

porté, comme celui de la viole et du violon. Que l'on se figure la moitié d'une poire coupée dans sa hauteur, et l'on aura une image presque exacte du rebec, qui était d'abord monté de trois cordes donnant  , comme les trois cordes inférieures du violon. La table supérieure était percée tantôt d'une, tantôt de deux ouïes, généralement en forme de ( ). « L'absence d'éclisses, dit un écrivain, la forme bombée de sa table de fond contribuaient à lui donner un son sec et criard ; il était fait pour faire danser ; on menait les épousées à l'église au son du rebec et du tambourin. Et sa sonorité aigre et sèche avait donné lieu au vieux proverbe : *Sec comme rebec.*

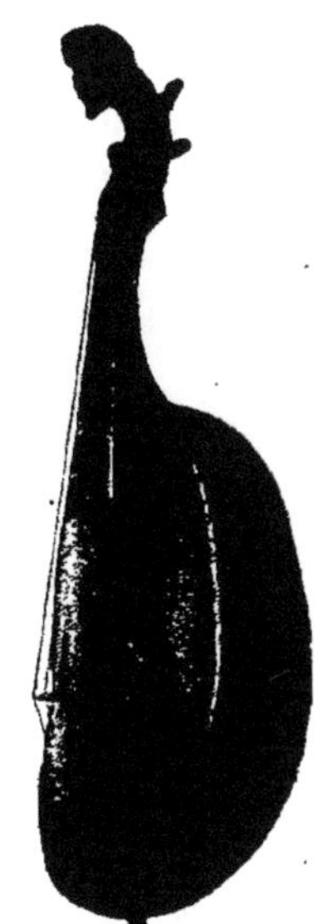

REBEC.
Reconstitution
par J.-B. WUILLAUME.
(Musée du Conservatoire.)

L'instrument était encore très primitif, on le voit, surtout en ses commencements.. Néanmoins, et malgré la sécheresse qui lui était attribuée non sans raison, en dépit des concurrents qu'il ne tarda pas à rencontrer, le rebec fut l'objet d'une vogue qui non seulement se maintint pendant tout le moyen âge, mais qui se prolongea jusqu'aux premiers temps du xviiie siècle. Instrument populaire par excellence, il était celui des ménétriers, des musiciens ambulants et de bas étage, qui ne s'en servaient pas seulement pour faire danser, mais aussi pour accompagner les cortèges, les processions, les cérémonies, etc. Le rebec faisait effectivement la joie du peuple, qui, durant de longues années, ne connut pas d'autre compagnon de ses plaisirs et de ses réjouissances.

Après la rubèbe, que devait remplacer le rebec, on voit apparaître, vers le commencement du xie siècle, la vielle à archet, qu'il ne faut pas confondre avec la vielle à manivelle et à roue, appelée aussi *chifonie*, et qui resta toujours confinée dans le peuple et parmi les mendiants. La vielle à archet, de nature plus relevée, et qui n'était pas un simple engin mécanique (elle se jouait, comme le rebec, en appuyant l'instrument sur l'épaule), devint l'instrument favori des troubadours et des ménestrels, celui dont ils se servaient habituellement et avec lequel ils accompagnaient leurs chansons et leurs poésies. Il n'en reste plus trace aujourd'hui, non plus que du rebec, et nous ne le connaissons que par la représentation que nous en offrent certains monuments. Vidal dit à ce sujet : « Les sculptures des monuments et les dessins contenus dans les manuscrits du XIIe au XIVe siècle nous offrent de nombreux spécimens de la vielle à archet ; et quoique nous y rencontrions souvent des variétés de forme assez sensibles et des détails différents entre eux, le type est toujours le même, c'est à peu près celui de la guitare actuelle. La tête est généralement en losange ou en trifolium ; quant au nombre de cordes, il faut nous en rapporter à la tablature de Jérôme de Moravie et conclure que la vielle classique des trouvères avait cinq cordes, bien que les dessinateurs, comme nous l'avons dit, en mettent souvent plus ou moins, selon leur fantaisie (1). » Et elle était bien l'instrument des ménestrels, ainsi qu'en témoigne un manuscrit du XIIe siècle, qui nous apprend, en parlant de l'un d'eux, Pierre Sygelard, que celui-ci ne passait jamais devant une image de la Vierge sans y faire une prière et faire résonner sa vielle :

ANGE JOUANT DU RÉBEC.
D'après DAVID GÉRARD (1450-1530).
(Musée de Rouen.)

Quand s'oraison a dite et faite,
Sa vièle a dou fuerre traite
L'arçon as cordes fait sentir
Et la vièle à retentir (2),

(1) ANTOINE VIDAL, *les Instruments à archet*, t. I, pp. 32-33. — Selon Jérôme de Moravie, la vielle à archet était régulièrement montée de cinq cordes, s'accordant par quartes et quintes mélangées, et de trois manières différentes.

(2) « Quand il a fini sa prière, il a tiré sa vielle de l'étui, et en a fait résonner les cordes avec l'archet. »

Ce qui n'empêche que, comme au son du rebec, on dansait aussi au son de la vielle, ainsi qu'en

Il faut dire que tous ces instruments primitifs se modifiaient sans cesse, se transformant de façon ou d'autre, selon le caprice ou la fantaisie de leurs fabricants, que le même nom s'appliquait parfois à des instruments divers, tandis qu'au contraire le même instrument était désigné sous différentes appellations. C'est ce que Georges Kastner, qui avait bien étudié ces questions, a très justement fait remarquer, en constatant les difficultés que l'historien peut rencontrer pour faire la lumière au milieu d'une foule de renseignements souvent contradictoires : « De ce qui précède, dit-il, il faut conclure que les mots *lyre*, *vielle* et *viole* ont distingué tantôt le même type instrumental, tantôt des variétés de ce type, tantôt des instruments à cordes très différents entre eux. Pour savoir ce qu'ils désignent dans tel ou tel cas, il ne faut souvent rien moins qu'étudier l'ensemble du système instrumental de l'époque à laquelle appartient le monument littéraire ou plastique qu'on a sous les yeux ; encore est-on obligé de constater çà et là des contradictions qui font naître le doute lorsqu'on se croyait tout près d'arriver à une certitude. Le nombre des différents modèles d'instruments à cordes que l'on rencontre du xie au xve siècle est incalculable. Les miniatures, les verrières, les sculptures des xiiie et xive siècles nous donnent des vielles en forme de mandoline, d'après le type de la *lyra ;* d'autres tout à fait ovales, avec un manche indépendant du corps de l'instrument ; d'autres à boîte carrée, rappelant l'un des anciens aspects du *crout ;* d'autres faites en battoir, en cœur, en soufflet, en guitare, celles-ci avec une légère échancrure sur les côtés pour faciliter le passage de l'archet. Dans quelques-uns de ces modèles, le dessous de l'instrument est bombé, dans d'autres il est plat. Le manche des vielles en forme de guitare est souvent plié d'équerre vers le haut, comme un manche de luth. Quant au nombre des cordes, il présente la même variété (1). »

témoignent ces vers d'un autre ménestrel du xiiie siècle, Jehan Moniot, dit Moniot de Paris pour le différencier d'un autre Jehan Moniot, son confrère et son contemporain :

<table>
<tr><td>

Ce fut en Mai,
Au dous tems gai
Que la saison est belle ;
Main me levai
Joer m'alai
Lez une fontenelle ;

</td><td>

En un vergier
Clos d'églantier
Oï une vièle ;
Là vie dansier
Un chevalier
ne damoiselle...

</td></tr>
</table>

(1) GEORGES KASTNER, *Parémiologie musicale de la langue française,* p. 392.

II

De la vielle à archet nous passons à la viole, dont le règne fut si brillant à partir du xvᵉ siècle jusque vers le milieu du xviiiᵉ, c'est-à-dire jusqu'au jour où, non sans lutte de sa part, elle fut définitivement détrônée par le violon, dont l'immense supériorité fit tout disparaître autour de lui, et qui s'installa victorieusement et pour toujours sur les ruines de ses adversaires, obligés malgré tout de lui céder la place.

Tout s'accorde à faire croire que c'est en Italie que la viole a pris naissance pour se répandre ensuite en France et en Allemagne, comme plus tard le violon. Mais, selon les facteurs et selon les pays, la forme et la nature de l'instrument subissaient des modifications plus ou moins sensibles. Il y avait des violes de 3, 4, 5 et 6 cordes, avec, par conséquent, des manches et des touches plus ou moins larges, celles-ci divisées d'abord en cases par de petits sillets pour indiquer la place des doigts, comme on le voit sur la guitare. Les échancrures de la caisse variaient de forme et de longueur, de même que les ouïes, et l'accord était différent. Mon regretté ami Auguste Tolbecque a donné à ce sujet, dans son excellent livre, *l'Art de la lutherie*, des détails intéressants : « En Italie, au xviᵉ siècle, dit-il, la forme des violes varie à l'infini. Les unes sont en forme de guitare à fond plat, sans bords ; les autres sont en forme de fleurs de lys. Les vernis sont déjà superbes, le plus généralement jaune d'or. Souvent la table est ornée d'une rosette découpée à jour ou d'un blason en marqueterie portant les armes du propriétaire de l'instrument. La peinture et la sculpture viennent encore ajouter à la richesse de cette lutherie décorative. Les ouïes sont découpées de cent manières différentes. Les têtes qui terminent généralement le chevillier ont toujours un caractère artistique extrêmement intéressant ; quelquefois, comme dans une viole signée Gagliano qui fait partie de ma collection, ces têtes ne sont plus simplement allégoriques ou décoratives ; elles représentent évidemment des personnages connus et probablement le propriétaire de l'instrument. Enfin nous sommes en présence de véritables objets d'art. »

L'habileté apportée par les luthiers dans la construction et l'ornementation des violes suffirait à prouver la faveur dont l'instrument était entouré. Dès cette époque, en effet, c'est-à-dire vers le milieu du xviᵉ siècle, la gentille viole était répandue non seulement en Italie, en France et en Allemagne, mais jusqu'en Espagne, comme nous allons le voir. L'Italie possédait déjà des violistes très habiles, tels que Lodovico Lasagnino, Juliano Tiburtino et Silvestro Ganassi, dit *del Fontego*, du lieu de sa naissance, et l'on peut croire que la première méthode de viole qui vit le jour est celle dont l'auteur fut justement ce Ganassi. Attaché au corps de musique de la *Signoria* de Venise, il publia en cette ville un Traité ainsi intitulé : *Regola Rubertina, regola che insegna a sonar de viola d'archo tastata, de Silvestro Ganassi del Fontego* (Venetia, 1543). Le titre de *Regola Rubertina* appliqué à cet ouvrage provient de ce qu'il paraissait sous les auspices de Roberto Strozzi, membre d'une des plus illustres familles de Florence. Auprès de Ganassi on peut mentionner un autre artiste, Alessandro Romano, dit *della viola* en raison de son habileté sur cet instrument, qui était chanteur de la chapelle du pape en 1550 et qui a laissé, entre autres compositions, plusieurs pièces pour la viole. C'est dans le même temps qu'on signale en Espagne l'apparition d'un ouvrage dû à un didacticien qui semble avoir été fort distingué, Enrique Valderrano, lequel publiait en 1547, à Valladolid, entre autres Méthodes d'instruction musicale, un Traité de la viole, suivi d'une série de pièces en tablature pour cet instrument.

Et la France ne restait pas étrangère au mouvement, car il est bon de faire connaître ici un ouvrage resté presque complètement ignoré, qui appartient en partie à l'histoire de la viole et même du violon, et dont voici le titre : « *Epitome musical des tons, sons et accordz ès voix humaines, flaustes d'Alleman, flaustes à 9 trous, violes et violons. Item un petit devis des accordz de musique, par forme de dialogue interrogatoire et responsif entre deux interlocuteurs P. et L.* (A Lyon, par Michel du Bois, 1556, avec privilège du Roy.) » Ce titre ne donne pas le nom de l'auteur, qu'on trouve seulement au bas de cette dédicace, signée de lui : « A vertueux et honorable seigneur Jehan Darud, marchant ès franchises de Lyon, Philibert Jambe-de-fer salut. » Ce Philibert Jambe-de-fer, musicien protestant, n'était connu jusqu'ici que par plusieurs recueils de psaumes cités par Fétis, pour qui cet *Epitome* est resté inconnu. Je ne saurais en rendre compte ici longuement, me bornant à faire ressortir ce qui concerne les différentes violes.

alors en usage et leur accord, que l'auteur indique, *depuis la chanterelle jusqu'au bourdon*. Il constate que les violes françaises ont seulement cinq cordes, tandis que celles d'Italie en comptent six, et que la viole s'accorde par quarte de haut en bas, alors que le violon a quatre cordes, qui s'accordent par quintes ; puis, il caractérise ainsi les deux instruments : « On appelle *violes* celles desquelles les gentilshommes marchands et autres gens de vertu passent leur temps. Le *violon* est celui duquel on use en danserie communément, et à bonne cause ; car il est plus facile à accorder, la quinte étant plus douce à l'ouïe que la quarte. Il est aussi plus facile à porter, qui est chose fort nécessaire, en conduisant quelque noce ou momerie. » Ce livre intéressant de Philibert Jambe-de-fer se trouve à la bibliothèque du Conservatoire de Paris (1).

Mais le trop grand nombre de variétés apportées dans la forme et la structure de la viole n'était pas, on le comprend, sans de réels inconvénients, et le besoin se fit sentir peu à peu d'une certaine régularité sous ce rapport. Tout finit donc par s'uniformiser, et l'on en vint à créer un quatuor rationnel de violes de différentes grandeurs mais de construction semblable, de la façon que voici : 1° pardessus de viole, monté tantôt de cinq, tantôt de six cordes ; 2° dessus de viole ; 3° alto, ou ténor, ou taille de viole ; et 4° basse de viole ; on avait ainsi un petit orchestre normal d'instruments à cordes, pour jouer seul ou accompagner les voix. Les Italiens appelaient les violes soprano *viole di braccio* ou *viole di spalla*, et la basse de viole *viola di gamba*. C'est la viole soprano (pardessus ou dessus) qui résista le plus longtemps à l'omnipotence du violon, devant lequel elle devait définitivement disparaître.

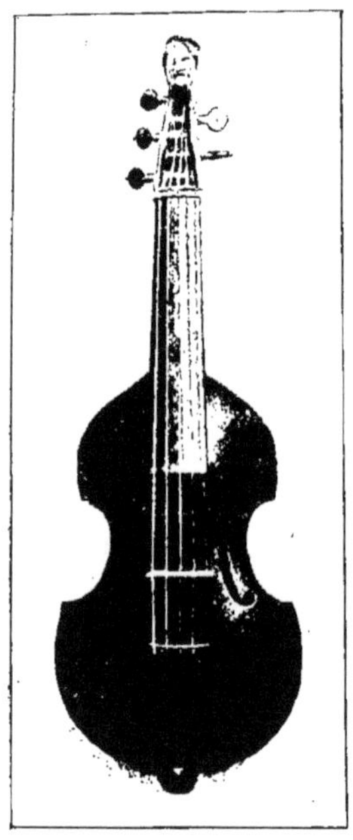

PARDESSUS DE VIOLE.
(Louis Guersan, 1768.

(1) Citons encore, parmi les artistes français de ce temps, Claude Gervaise, violiste de la chambre de François Iᵉʳ, qui publia en 1556, chez les successeurs de Pierre Attaignant, un livre de pièces de viole à 5 parties. « Il y a dans ces pièces, dit Fétis, un mérite remarquable de facture. »

Mais à côté de ces violes, que l'on pourrait qualifier de « régulières », on vit se produire certains instruments de fantaisie, ou de caractère particulier, qui empruntaient son nom et que l'on ne saurait se dispenser de signaler : telles la *Viola bastarda*, ainsi nommée précisément parce que sa forme paraissait bâtarde au regard de celle des violes ordinaires, la *Viola pomposa*, qui évoque le souvenir de Jean-Sébastien Bach, la *Viola d'amore* et la *Viola di bordone*. La plus ancienne peut-être de ces violes, la *viola bastarda*, était comme une variété de la viole de gambe, dont elle différait par une plus grande longueur du corps et par la plus grande hauteur des éclisses. C'est en Angleterre, paraît-il, qu'on eut l'idée d'y adapter des cordes sympathiques de métal, qui, passant sous la touche et le chevalet, et accordées à l'unisson de celles jouées par l'exécutant, donnaient à l'instrument une sonorité d'un caractère mélancolique et pénétrant. On s'accorde à dire que c'est Jean-Sébastien Bach lui-même qui imagina la *viola pomposa*, qu'il fit construire par un luthier renommé de Leipzig, Martin Hoffmann, et pour laquelle il écrivit quelques morceaux ; plus grande que l'alto, cette viole comptait cinq cordes montant de quinte en quinte : *ut, sol, ré, la, mi*, et réunissant ainsi l'accord de l'alto à celui du violon. Cet instrument un peu bâtard n'obtint qu'un médiocre succès et disparut assez rapidement, bien qu'il ait fourni, entre autres, un virtuose fort habile, Georges Pisendel, violoniste distingué qui fut directeur des concerts de l'électeur de Saxe. La viole d'amour est restée la plus célèbre de ces divers instruments, grâce d'abord à son caractère personnel, ensuite à ce fait qu'un excellent artiste de l'orchestre de notre Opéra, Chrétien Urhan, la remit en lumière au commencement du siècle dernier, et fournit à Meyerbeer l'occasion d'écrire, à son intention, un solo de viole d'amour comme accompagnement à la romance du premier acte des *Huguenots* (1). On signalait en Allemagne, et surtout en Bohême, au XVIII⁵ siècle, un grand nombre d'artistes dont l'habileté sur cet instrument en faisait de véritables virtuoses : d'abord deux moines, le P. Hrazeck, et un prémontré, Maximilien Max, puis Jean-Joseph Eberle, Ganswind (qui ne peut, comme

(1) Le fait avait eu un précédent. Fétis raconte qu'à la sixième représentation de l'*Amadis* de Haendel à Londres (1715), le compositeur Attilio Ariosti, qui était un excellent violiste, « exécuta un morceau sur la viole d'amour, instrument alors inconnu en Angleterre, et le charme de l'instrument, joint à son talent, excita un enthousiasme général. »

le dit Fétis, être le maître de celui-ci, lequel était son aîné de quarante ans), Powliezek, Franz Richter, Hubert, qui publia à Vienne, en 1700, une *Méthode complète de viole d'amour* (1), Paul Kœcher, Jean Keumlowsky, etc. Quant à la *viola di bordone*, elle n'était autre, en réalité, que le baryton cher à Haydn : montée de six ou sept cordes doublées d'autant de cordes sympathiques, la *viola di bordone* était comme une sorte de basse de la viole d'amour, tenant le milieu, pour les proportions, entre l'alto et le violoncelle. On sait que Haydn écrivit pour cet instrument 63 compositions qui étaient exécutées très habilement par Carl Franz, virtuose qui, comme lui, était au service du prince Esterhazy, et qui, lui-même, composa douze concertos pour le baryton. Anton Lidl y était aussi très habile, et le prince en jouait lui-même.

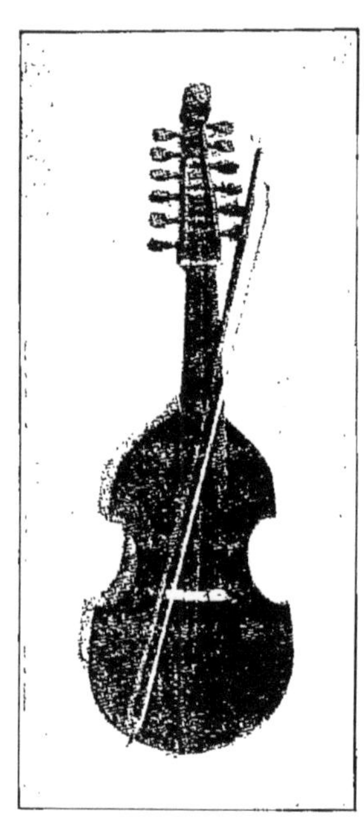

Viole d'amour.

Revenons à la viole proprement dite, dont la sonorité délicate et discrète, mais manquant de mordant, de vigueur et d'éclat, n'en constituait pas moins un immense progrès sur ses devanciers, le rebec et la vielle à archet. Aussi, malgré les premiers exploits du violon, qui commençait à se faire jour, avait-elle des partisans et des défenseurs nombreux. A citer parmi ceux-ci un certain Pierre Trichet, qui serait resté complètement inconnu sans un ouvrage inédit dont le manuscrit a été heureusement conservé à la bibliothèque Sainte-Geneviève, et qui semble dater des environs de 1640. Dans cet ouvrage, qui a pour titre *Traité des instrumens de musique*, l'auteur s'exprime ainsi au sujet de celui qui lui est cher : — « Les violes, dit-il, sont grandement propres pour les concerts de musique, soit qu'on les veuille mesler avec les voix, soit qu'on les veuille joindre aux autres sortes d'ins-

---

(1) C'est presque un siècle plus tard, en 1782, qu'un artiste français aujourd'hui bien oublié, Milandre, attaché comme violiste à la musique de la chambre du roi, publia une *Méthode facile pour la viole d'amour.*

trumens : car la netteté de leur son, la facilité de leur maniement et la douce harmonie qui en résulte fait qu'on les employe plus volontiers que les autres instrumens. Aussi faut-il advancer qu'après les voix humaines excellentes, il n'y a rien de si charmant que les mignards tremblemens qui se font sur le manche, et rien de si ravissant que les coups mourans de l'archet (1). »

Et l'on publiait de nombreuses compositions pour la viole ; et ces compositions n'étaient pas toujours dues à des professionnels de cet instrument aussi chéri du public que des artistes. Témoin ce recueil que l'excellent organiste Nicolas Métru, l'un des futurs maîtres de Lully, publiait en 1642 sous ce titre : « *Fantaisies à deux parties pour les violles*, composées par N. Métru, natif de Bar-sur-Aulbe, en Champagne, demeurant à Paris. » (Robert Ballard, 1642.)

Parmi les défenseurs de la viole, qui se faisaient rapidement ses admirateurs, il faut surtout citer, naturellement, ceux qui la cultivaient et la pratiquaient. L'un d'eux, nommé Jean Rousseau, réputé fort habile, et qui n'hésitait pas à en faire remonter l'origine à Adam lui-même, publiait en son honneur et à sa gloire un ouvrage curieux, dont on me reprocherait de ne pas transcrire ici le titre avec exactitude et dans tous ses développements : « *Traité de la viole*, qui contient une dissertation curieuse sur son origine, une démonstration générale de son manche en quatre figures, avec leurs explications, l'explication de ses jeux différents, et particulièrement des pièces par accords, etc., par Jean Rousseau, maître de musique et de viole, demeurant rue des Boucheries, proche le petit marché, devant la barrière, au Soleil d'or, chez un bonnetier, faubourg Saint-Germain. — Paris, Christophe Ballard, 1687 (2). »

(1) De ces « tremblemens sur le manche » signalés ainsi, il semble résulter que l'insupportable *vibrato*, dont nos violonistes abusent si insolemment aujourd'hui, n'était pas inconnu des joueurs de viole, qui en usaient peut-être avec plus de discrétion.

(2) La viole a donné lieu à une pieuse légende, qui, sans se soucier des dates et de l'anachronisme, assure qu'une seule note de viole, filée par un ange, eut le don de révéler à saint François d'Assise les pures voluptés célestes : « Un jour, dit la tradition, épuisé par ses abstinences et haletant de ses combats, le saint demanda à Dieu de lui accorder un instant du bonheur du ciel. Pendant qu'il le priait ainsi, un ange lui apparut environné d'une grande lumière, lequel tenait une viole de la main gauche et un archet de la main droite ; et François, demeurant tout ébloui à l'aspect de cet ange, celui-ci poussa une seule fois l'archet sur la viole et en tira une mélodie si douce, qu'elle pénétra l'âme du serviteur de Dieu, le détacha de tout sentiment corporel ; et si l'ange eût retiré l'archet jusqu'en bas, l'âme du saint, entraînée par cette irrésistible douceur, se fût échappée de son corps. » Et le chroniqueur ajoute : « Il était difficile de représenter le bonheur sous une image plus immatérielle et en même temps plus charmante. »

L'excellent Jean Rousseau, à qui rien ne coûtait pour exalter la valeur et établir la *vénérabilité* de l'instrument qui faisait la joie de son existence, n'hésitait pas, je l'ai dit, à en faire remonter l'origine jusqu'aux temps les plus infiniment reculés : « Comme la viole, disait-il, est le plus parfait de tous les instruments, parce qu'elle approche plus près du naturel qu'aucun autre, on peut juger que si Adam avait voulu faire un instrument, il aurait fait une viole, et s'il ne l'a pas fait, il est facile d'en donner les raisons. » Les raisons, c'est sans doute qu'Adam n'avait que des connaissances imparfaites en matière de lutherie. Et le bon Rousseau continue : « Je dis que les premiers hommes s'étant attachés à imiter la voix humaine par l'artifice de plusieurs instruments faits de différentes manières, cherchaient sans doute celui qui l'imiterait le mieux, et comme on ne peut contester que jamais instrument n'en a approché de plus près que la viole, qui ne diffère de la voix humaine qu'en ce qu'elle n'articule pas les paroles, il faut avancer qu'elle était dès le commencement du monde l'objet de la recherche des hommes. »

Voici donc, grâce à Jean Rousseau, l'antiquité de la viole convenablement établie, au moins en ce qui concerne, selon lui, les désirs et les aspirations à son sujet de nos ancêtres très éloignés. Mais cet historien fabuleux n'était pas le seul à faire l'éloge de son instrument favori et à en propager les principes. En la même année 1687 un autre artiste, nommé Danoville, virtuose habile aussi sur cet instrument, publiait un ouvrage du même genre que le sien, quoique moins fantaisiste, et avec lequel le fameux imprimeur Christophe Ballard ne craignait pas de se faire son propre concurrent, puisqu'il livrait en même temps l'un et l'autre au public. Voici le titre de ce second traité : « *L'art de toucher le dessus et basse de viole*, contenant tout ce qu'il y a de nécessaire, d'utile et de curieux dans *cette science;* avec des principes, des règles et observations si intelligibles, qu'on peut acquérir la perfection de cette belle science en peu de tems, et même sans le secours d'aucun maître. (Paris, Christophe Ballard, 1687.) » On voit que pour celui-là l'art de la viole se haussait jusqu'à la science.

En fait, on peut voir par-là qu'en dépit de la grande fortune dont déjà le violon se voyait entouré, la viole n'était pas encore abandonnée en cette fin de xvii siècle, et qu'elle luttait courageusement contre son futur vainqueur. Elle allait soutenir le combat pendant soixante années encore, jusqu'à ce que, épuisée, haletante, à bout de forces, elle fût contrainte enfin de rendre les armes à son rival et de se résigner à l'oubli. On peut signaler, dans cette période dernière de son existence, les noms d'un certain nombre d'artistes qui lui étaient restés fidèles, et dont l'habileté lui permit de jeter un suprême éclat. C'est d'abord Sébastien Le Camus, « ordinaire » de la musique du roi et maître de la musique de la reine, qui, au témoignage du Père Mersenne, n'avait point de rivaux pour le pardessus de viole, et qui « y excelloit à ce point, dit Jean Rousseau, que le seul souvenir de la beauté et de la tendresse de son exécution efface tout ce que l'on a entendu jusqu'à présent sur cet instrument (1) » ; puis de Machy, excellent professeur, qui publiait en 1685 un recueil de « *Pièces de violle en musique et en tablature*, différentes les unes des autres, et sur plusieurs tons : elles contiennent deux livres et sont les premières qui jusques à présent aient vu le jour » ; puis encore deux jeunes femmes, Mlle Lévi et sa sœur Mme Haubaut, qui se firent entendre l'une et l'autre au Concert spirituel, la première surtout avec un succès très marqué, que le *Mercure* constatait en ces termes particulièrement flatteurs : — « Elle tira de cet instrument (le pardessus de viole) des sons plus vifs et plus parfaits qu'il n'en produit ordinairement, et promena son archet sans aigreur jusqu'au plus haut du manche... La vivacité de son jeu n'altère point les grâces tranquilles de sa contenance, et n'excite point en elle ces mouvements presque convulsifs qui échappent quelquefois aux plus habiles symphonistes (2). » Et l'on peut encore citer deux violistes distingués : André-Jacques Marc, qui publia en 1739 un recueil de *Solos pour pardessus de viole*, et un compatriote de Rameau, Jean-Baptiste Cappus, né à Dijon, à qui l'on doit aussi deux livres de *Pièces de viole et basse continue,* données en 1730 et 1736 (3).

(1) Son talent sur la viole était doublé de celui dont il faisait preuve sur le violon, puisque non seulement il faisait partie, mais devint le chef de la bande des 24 Violons du roi. Quoi qu'en dise Fétis, qui prétend à ce sujet corriger Choron et Fayolle, il mourut bien en 1677, comme on peut s'en convaincre par une note nécrologique du *Mercure* de cette année, et c'est seulement après sa mort que parut, en 1678, par les soins de son fils, Charles Le Camus, son recueil d'*Airs à deux et trois parties.*

(2) *Mercure de France,* février et mars 1745. Mlle Lévi était aussi compositeur et a publié 6 *Solos pour par-dessus de viole.* — On trouve, dans le *Siècle littéraire de Louis XV* de DAQUIN, une longue épître en vers d'« une demoiselle », destinée à célébrer le talent de Mme Haubaut, qui ne le cédait pas à celui de sa sœur.

(3) Ce Cappus était encore l'auteur de diverses autres compositions, parmi lesquelles deux « divertissements » en un acte : *le Retour de Zéphire,* exécuté, je crois, à Dijon, le 17 mars 1728, et *les Plaisirs de l'hi-*

Après les virtuoses de pardessus de viole, il est juste de citer ceux de basse de viole, qui se rendirent tout particulièrement fameux (1). C'est d'abord André Maugars, que Tallemant des Réaux a quelque peu raillé dans ses *Historiettes*, et Hotman, qui trouvèrent l'un et l'autre en Mersenne un admirateur convaincu, exaltant ainsi leur talent : « Personne en France, dit-il, n'égale Maugars et Hotman, hommes très habiles dans cet art : ils excellent dans les diminutions et par leurs traits d'archet incomparables de délicatesse et de suavité. Il n'y a rien dans l'harmonie qu'ils ne sachent exprimer avec perfection, surtout lorsqu'une autre personne les accompagne sur le clavicorde (2). Après eux on doit mentionner Sainte-Colombe, élève d'Hotman, qui se distingue non seulement comme exécutant remarquable, mais aussi comme excellent professeur, et qui se faisait applaudir avec ses deux filles, aussi joueuses de viole. (C'est lui, dit-on, qui ajouta une septième corde à la basse de viole.) Sainte-Colombe, dont aucun biographe, que je sache, n'a parlé jusqu'ici, non plus que d'Hotman, fut précisément le maitre de deux artistes distingués, Caix d'Hervelois et Alarius, tous deux fort appréciés de leur temps. Du premier nous ne savons absolument rien, sinon qu'il publia cinq recueils de *Pièces de basse de viole avec la basse continue*, dont le premier est daté de 1708 et le dernier de 1748 (3). Sur le second, Fétis, qui sans doute

---

ver, chanté à Versailles, devant la reine, le 12 novembre 1730. (Voy. LA VALLIÈRE, *Ballets, opéras et autres ouvrages lyriques*.) Et l'on peut encore signaler, parmi les violistes de ce temps, trois artistes qui sont restés inconnus à Fétis, et à qui l'on doit les recueils suivants de compositions pour leur instrument : DELLÉ, *Pièce de viole avec la basse continue*, ap. 2 (Paris, chez l'auteur, 1737) ; HUGARD, *la Toilette, pièces nouvelles pour le pardessus de viole à cinq cordes* (Paris, l'auteur), vers 1750 ; BLAINVILLE, *Premier livre de sonates pour le dessus de viole* avec la basse continue (Paris, l'auteur).

(1) Les contemporains confondent les uns et les autres sous la seule et même appellation de « violistes ».

(2) Et le gazetier Loret, dans sa *Muse historique*, enregistrait en ces termes la mort d'Hotman (Lettre du 14 avril 1663) :

Hotman, que depuis plusieurs lustres
On métoit au rang des Illustres,
Et qui, sous le rond du Soleil,
N'avoit d'égal ny de pareil
Pour bien joüer de la Viole,
Est décédé, sur ma parole :

Car j'aprens tout prézentement
Qu'on le met dans le monument.
Grande perte pour l'Harmonie,
Et je croy que son beau Génie
Qui plaizoit à Sa Majesté
En sera long-temps regrété

(3) Fétis a fait de cet artiste deux personnages distincts, à chacun desquels il a consacré une notice d'ailleurs parfaitement insignifiante. Au nom de CAIX (M. de), il nous apprend simplement qu'il était « professeur de viole à Paris, vers 1750 » ; et à celui de HERVELOIS (Caix de), il constate tout uniment qu'il était élève de Sainte-Colombe, en ajoutant qu'il « fut attaché comme valet de chambre au service du duc d'Orléans, et qu'il obtint une pension sur l'état de ce prince ».

avait pu s'informer d'un peu près, puisqu'il était Belge, nous donne quelques renseignements. Connu chez nous sous le nom d'Alarius, il s'appelait en réalité Hilaire Verloge, et était né à Gand vers 1684. Venu de bonne heure en France, il fut admis dans la musique du roi en qualité de violiste, et conserva cet emploi pendant plusieurs années. Il paraît avoir été instruit, s'il faut en croire ce que nous dit son biographe : « Il avait écrit la musique du ballet de *la Jeunesse*, qui fut reçu à l'Opéra en 1718, mais qui n'a jamais été représenté. » J'ignore s'il a publié quelques compositions pour son instrument. Il quitta la France pour retourner dans sa ville natale, où il mourut, à l'âge de cinquante ans environ, en 1734. Mais l'élève le plus remarquable de Sainte-Colombe fut sans contredit Marin Marais, qui était l'artiste favori de Louis XIV et qui devint le plus fameux d'entre tous. « Enfin, Marais parut, dit un contemporain. Il porta la viole presque aussi loin qu'elle pouvoit aller. Peut-être seroit-il devenu encore plus grand s'il s'était familiarisé avec la musique italienne ; mais quand ce goût vint en France, il était trop tard pour lui... On peut dire que personne n'a dépassé Marais ; un seul homme l'a égalé, c'est le fameux Forqueray. » D'abord soliste, puis « batteur de mesure » à l'Opéra sous Lully, auteur, après la mort de celui-ci, de plusieurs ouvrages applaudis à ce théâtre, Marais fit souche de

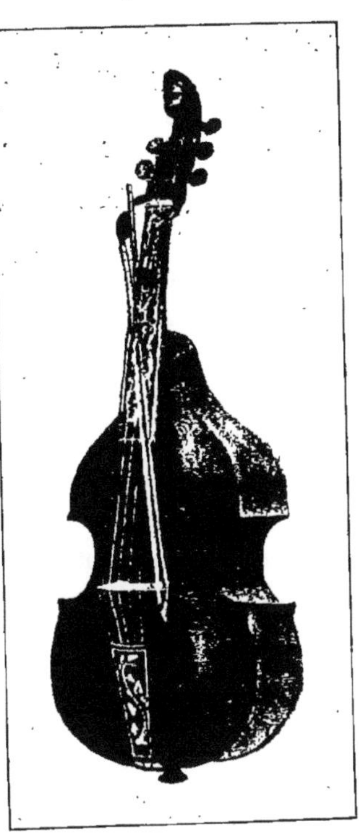

BASSE DE VIOLE A 6 CORDES, de MAGINI (1580-1632).

toutes façons, car il n'eut pas moins de dix-neuf enfants et fut le maître de plusieurs d'entre eux, violistes comme leur père et qui devinrent fameux à leur tour, surtout l'aîné, nommé Roland ; celui-ci et deux de ses frères, ainsi qu'une de leurs sœurs, se distinguèrent particulièrement sur l'instrument familial (1).

(1) La fille aînée de Marais épousa le compositeur Nicolas Bernier. maître de musique de la Sainte-Chapelle.

Aussi remarquable comme compositeur que comme virtuose, Marais est surtout cité ici pour les cinq recueils de *Pièces de violes composées par M. Marais, ordinaire de la musique de la chambre du Roy*, qu'il publia successivement et qui obtinrent le plus vif succès. Selon la mode alors adoptée par les auteurs de pièces détachées, clavecinistes et organistes (Rameau en tête), celles de Marais portaient des titres servant à les caractériser plus ou moins exactement : pour les unes, c'était *la Mutine, la Flatteuse, la Précieuse, la Pointilleuse, la Résolue, la Fière, la Désolée*, ou *le Doucereux, le Paysan*, ou *les Plaintes, les Bourrasques*, ou encore *le Carillon, l'Écho, le Labyrinthe...* Précisément, comme Marais fut un des premiers et des plus résolus partisans de la musique descriptive, cette dernière pièce, *le Labyrinthe*, offrait une description musicale dans laquelle l'auteur, dit Titon du Tillet, « après avoir passé par divers tons, touché diverses dissonances et avoir marqué, par des tons graves, et ensuite par des tons vifs et animez l'incertitude d'un homme embarrassé dans un labyrinthe, il en sortait enfin heureusement, et finissait par une chacone d'un ton gracieux et naturel (1) ». Et ce n'est pas tout, et Marais allait bien plus loin encore dans ce culte du genre descriptif, qui lui était cher et où il ne connaissait point de limites : témoin ce « tableau des opérations de la taille » qu'on trouve dans son cinquième livre de *Pièces*, avec les différents épisodes successivement caractérisés par l'auteur à mesure que se déroule le texte musical. Nous avons ainsi tour à tour : *l'aspect de l'appareil ; frémissement en le voyant ; résolution pour y monter ;* puis : *réflexions sérieuses ;* puis : *icy se fait l'incision, icy l'on tire la pierre, icy l'on perd quasi la voix...;* et enfin, dans la Pièce suivante, intitulée *les Relevailles*, tout se trouve heureusement terminé, et un mouvement *gay* vient remplacer le *lentement* qui précède.

Et il faut enfin citer cet artiste qui fut l'émule et le rival de Marais, cet Antoine Forqueray, que l'on ne saurait oublier, car il fut l'un des meilleurs virtuoses et des plus célèbres qui illustrèrent la basse de viole, ainsi que son fils et le fils de celui-ci, qui héritèrent presque de son talent et de sa renommée. « Il n'a point été l'écolier de Marais, disait un chroniqueur, comme le bruit en a couru, il n'a

---

(1) Titon du Tillet, *le Parnasse françois.*

jamais eu de maître que son génie. En effet, que son père aurait-il pu lui apprendre ? C'était un homme médiocre (1). Forquerai parut dans le monde au moment que les Italiens excitèrent en France une émulation étonnante, vers l'année 1698. Il tenta de faire sur sa viole tout ce qu'ils faisoient sur leur violon, et il vint à bout de son entreprise. Les cordes singulières et les traits les plus frappans des bons auteurs d'Italie lui étoient tellement familiers que dans toutes ses pièces on trouve un certain sel qui n'assaisonne point celles de Marais même les plus travaillées : celui-ci s'en tenait aux grâces naturelles ; Forquerai en avoit de plus recherchées, mais son art ne gâtait jamais la belle nature (2). »

Et comme la viole avait eu un panégyriste ardent en la personne d'un professionnel habile, l'excellent Jean Rousseau, la basse de viole trouva un défenseur enthousiaste en celle d'un simple amateur, le nommé Hubert Le Blanc, « docteur en droit », qui ne craignit pas de se montrer infidèle à Thémis en faveur d'Apollon, en publiant une sorte de petit pamphlet dont voici le titre exactement reproduit : *Défense de la basse de viole contre les entreprises du violon et les prétentions du violoncel* (*sic*) par Monsieur Hubert Le Blanc, docteur en droit Amsterdam, chez Pierre Mortier, 1740, in-12. Dans ce libelle réjouissant, le brave Le Blanc commence par dire son fait au violon, qu'il trouve « orgueilleux, arrogant, visant à l'empire universel de la musique »; l'accusant d'être « criard, perçant et dur », le jugeant incapable de « disputer à la viole la délicatesse de son toucher », enfin lui reprochant sa « basse condition (!) » et constatant avec une sorte de mépris que « le ton élevé et le son éclatant du violon ne sentent du tout point sa personne de qualité ni une éducation noble (!) ». Et l'écrivain s'en prend ensuite au violoncel (*sic*), qui, selon lui, « est un pauvre hère, qui se cache tout honteux derrière le clavecin et dont la condition est de mourir de faim ». Prédiction qui fut longue à s'accomplir. Ce courageux amant de la basse de viole était du reste quelque peu original, s'il en faut croire l'anecdote que rapporte Fétis sur lui et son livre : — « Le Blanc, dit celui-ci, n'avait jamais pu trouver à Paris de libraire pour une telle

(1) Le père d'Antoine Forqueray semble, en effet, avoir été un violiste de peu de valeur.

(2) Daquin, *Siècle littéraire de Louis XV*. Antoine Forqueray, né à Paris en 1671, mourut à Mantes le 28 juin 1745. Sa femme (née Angélique-Henriette Houssu), fille de l'organiste de Saint-Jean-en-Grève, était une claveciniste distinguée, qui obtint de son côté de vifs succès. Leur fils, Jean-Baptiste Antoine, naquit à Paris le 3 avril 1700, et le fils de celui-ci, Jean-Baptiste, aussi à Paris, vers 1728.

production, il fut obligé d'envoyer son manuscrit à Amsterdam. Lorsqu'il apprit que Pierre Mortier consentait à l'imprimer, il en fut si transporté de joie, qu'il partit pour la Hollande, en l'état où il se trouvait quand la nouvelle lui parvint, c'est-à-dire en robe de chambre, en pantoufles et en bonnet de nuit. » *Se non è vero* (1)...

Cependant, pour très curieux qu'il nous paraisse aujourd'hui, le petit livre d'Hubert Le Blanc ne saurait passer pour un véritable Traité de la basse de viole, et il nous faut aller en Angleterre pour trouver un ouvrage de ce genre. La basse de viole était particulièrement en faveur en ce pays, où elle avait de nombreux adeptes, parfois de très grand talent. Au premier rang de ceux-ci et l'un des plus justement fameux, il faut placer Christophe Simpson, favori du roi Charles Ier, pour lequel il se battit et dont il partagea l'infortune. Simpson qui était catholique de religion et qui semble être né vers 1660, prit du service et combattit dans l'armée royale commandée par le duc de Newcastle ; il en subit les revers et, après la défaite, trouva un asile chez un partisan du prince, après quoi il reprit sa carrière artistique. C'est alors qu'il publia son *Traité de la viole*, qui est considéré comme le meilleur ouvrage de ce genre et dont il a été fait plusieurs éditions, en tête de l'une desquelles (la seconde) se trouve un intéressant portrait de l'auteur, qui nous le montre jouant de son instrument. Aux côtés de Simpson, qui paraît être mort aux environs de 1670, il faut citer en Angleterre John Jenkins (1592-1678), virtuose très habile aussi, dont on connaît des sonates pour deux violons et basse,

(1) Le style entier du livre d'Hubert Le Blanc répond à la singularité des idées qui y sont exprimées ; qu'on en juge par ces quelques extraits : «... Le violon était échu en partage aux Italiens, la flûte aux Allemands, le clavecin aux Anglais, et la basse de viole aux Français. Le père Marais avait établi l'empire de la basse de viole, qu'il avait, comme à l'égard de celui d'Athènes, formé d'une foule de belles pièces. Forcroy (Forqueray), nouveau Sélim, l'avait étendu en subjuguant les sonates, conquête prodigieuse. Les Décaix (De Caix d'Hervelois) l'avaient consolidé, du côté de l'accompagnement, par une façon dégagée de manier l'archet, en sorte que cet empire, de forme triangulaire, se trouvait remparé de trois côtés... Mais le ciel se plaît à confondre les plus grands projets par les plus petits moyens... Sultan Violon, un avorton, un pygmée, se met en tête de la monarchie universelle... Il tient conseil avec ses deux acolytes, messire Clavecin et sire Violoncel... Se tâtant le pouls, il avait senti que ses cordes étaient trop courtes et trop grosses ; il n'en projette pas moins de rayer du nombre des acteurs de la musique la basse de viole et la flûte, pour régner sur leurs ruines. Attaquer la Viole, lui sauter dessus, sultan Violon l'eût fait volontiers ; mais il fallait livrer bataille... Il aborda donc humblement le Clavecin et le Violoncel, et leur dit : Beaux sires, vous êtes déjà en faveur : mais si vous vous associez à moi, il ne tiendra qu'à vous de faire fortune... Ils le remercièrent affectueusement, lui firent le compliment qu'il était l'Alexandre des instruments mieux que Rodilard celui des chats, l'Attila, le fléau de la basse de viole... Le Violoncel, qui jusque-là était misérable, cancre, hère et pauvre diable, dont la condition était de mourir de faim... se forge une félicité qui le fait pleurer de tendresse », etc...

mais dont les compositions pour la viole, très nombreuses, dit-on, n'ont pas été publiées ; puis un Allemand, Charles-Frédéric Abel, né à Cœthen en 1719 et mort le 22 juillet 1787 à Londres, où il s'était fixé après 1760 et où il devint le protégé du duc d'York, grâce auquel il fut admis dans la musique de la reine, où, paraît-il, il excitait l'admiration. Au reste, la basse de viole était aussi très cultivée en Allemagne, et l'on cite en ce pays plusieurs virtuoses remarquables sur cet instrument : Jean Schenck, qui vivait vers la fin du xviie siècle et qui publia plusieurs recueils de sonates à Amsterdam, où il s'était fixé ; Ernest-Henri Hesse (1676-1762) et son fils Louis-Chrétien, tous deux fameux par leur talent ; Auguste et Jean-Michel Kühnau, sans doute deux frères, nés vers le milieu du xviie siècle, tous deux très habiles, tous deux auteurs de sonates pour une ou deux basses de viole...

Il ne paraît pas, toutefois, que les talents de ces virtuoses étrangers aient surpassé ceux des nôtres, surtout des Marais et des Forqueray, qui étaient en leur genre, à cette époque, la gloire de la France. En

JOUEUR DE VIOLE. (Traité de SIMPSON.)

parlant des chefs de ces deux familles, Antoine Forqueray et Marin Marais, qui restèrent tous deux les plus célèbres, l'excentrique Hubert Le Blanc disait que « l'un jouait comme un diable et l'autre comme un ange », ce qui était une façon à lui de les caractériser. Mais quoi qu'en pût penser l'irascible et bizarre défenseur de la basse de viole, le violoncelle, qui apparaissait déjà, se préparait à lui succéder, comme le violon se préparait à remplacer la viole proprement dite (1).

---

(1) Il n'est pas besoin de dire que la basse de viole se jouait entre les jambes, comme aujourd'hui le

Mais justement, si nous en revenons à celle-ci, *la viola di braccio*, à quelle époque peut-on fixer la date de sa transformation, ou encore, comme certains le supposent ingénument, quel est l'*inventeur* du violon ?

III

Le violon n'a pas été « inventé » et n'est pas l'œuvre d'un seul. Il n'est pas sorti, muni de ses merveilleuses qualités, du cerveau d'un honnête luthier, comme la Minerve antique sortit toute armée de la tête de Jupiter. Il est le fruit et le résultat de longs tâtonnements, d'essais répétés, de toute une série de changements, de modifications, de transformations dont la gentille viole était l'objet de la part des luthiers de ce temps, qui sentaient instinctivement que de cet instrument encore imparfait pouvait sortir un chef-d'œuvre — le chef-d'œuvre que nous admirons aujourd'hui. « Vers la fin du XVe siècle, dit Vidal, tandis que les violes étaient encore dans tout leur éclat, on commençait à leur faire subir des changements qui devaient amener peu à peu une réforme complète et définitive dans le système des instruments à archet. Ces changements successifs aboutirent au violon (1). » Comme je le disais donc, le violon ne pouvait être, et n'a pas été imaginé d'un coup, bien que certains aient cru devoir, sans preuve aucune, en attribuer directement la paternité à un luthier nommé Kerlino, qui travaillait à Brescia vers 1450, tandis que d'autres en reportaient l'honneur à un autre luthier, Carlo Testor, ainsi que fait le prince Youssoupoff dans un livre anonyme : *Luthomonographie histo-*

violoncelle, mais avec l'archet renversé ; le ténor de viole se jouait sur le genou, aussi avec l'archet renversé ; quant au dessus et au pardessus de viole, la pose et le jeu étaient ceux du violon.

(1) Un écrivain actuel, M. Léon Mordret, ingénieur, s'exprime ainsi à ce sujet dans un livre récent : « On peut dire qu'à cette époque le violon est bien près d'être créé ; *il suffit* désormais, pour arriver à sa forme définitive, de régler les dimensions et les contours, de supprimer le mouvement concave de l'éclisse de haut pour la raccorder à angle droit avec le pied du manche, de remplacer l'angle aigu aux encoignures par une petite partie tronquée, d'adopter comme invariable cette forme si remarquable des ouvertures qui va permettre au son de s'élancer clair et vibrant, de limiter le nombre des cordes à quatre, accordées par quintes, de rétrécir le manche en conséquence, de le débarrasser de l'entrave des cases, enfin de terminer le cheviller par cette gracieuse volute remplaçant avec avantage les trèfles et les têtes allégoriques qui ornent le haut des manches des violes du moyen âge. » (Léon Mordret, *la Lutherie artistique*, p. 93.) On conviendra que le « il suffit » de l'écrivain n'est pas sans quelques complications, et que ce qu'il implique ne put être effectué sans doute par un seul individu.

rique et raisonnée, imprimé en français à Munich et publié à Francfort en 1856 :
« C'est à Testor, dit cet écrivain, que nous devons, à proprement parler, l'invention de notre violon actuel ; et peut-être est-ce encore lui qui suggéra aux anciens luthiers la première idée d'établir, d'après des principes variés, ces mêmes instruments, qui acquièrent avec justice chaque jour plus de prix aux yeux du vrai connaisseur (1). » Or, ledit Testor, dont il est ici question (Carlo-Giuseppe Testori), qu'on appelait *Testori il vecchio* pour le distinguer de ses deux fils, luthiers comme lui et ses élèves, exerçait sa profession à Milan de 1690 à 1715, c'est-à-dire au temps même de la plus grande gloire de Stradivarius, alors que le violon était connu et pratiqué depuis près de deux siècles !

Vidal a indiqué avec une sorte de précision la série de changements progressifs que la viole fut appelée à subir dans sa construction, tant à l'extérieur qu'à l'intérieur, pour se voir enfin transformée en violon :

Le violon n'est pas le résultat d'une conception unique, mais bien le fruit des efforts réunis de tous les feseurs et joueurs d'instruments, qui, peu à peu et par des améliorations partielles, l'amenèrent à la perfection de forme que nous lui connaissons aujourd'hui. Il est impossible de suivre dans ses détails la succession de ces progrès. Assurément, on a remplacé une première fois les ouïes en forme de croissant ou de C par des S ou des *f*. De même, on a changé le dessin arrondi des échancrures des vielles par les coins tout autrement dessinés du violon. La tête des anciens instruments, qui était en trifolium, ou sculptée de diverses manières, passa d'un seul coup à la volute. On essaya une première fois de modifier le système des tables qui, entièrement plates dans les violes, s'élevèrent peu à peu pour former ces voûtes si favorables à l'émission du son. Au fur et à mesure que ces changements s'opéraient à l'extérieur de l'instrument, il fallait arriver à de nouvelles conditions dans la construction intérieure : contre-éclisses, barre, âme, coins, tasseaux, tout cela s'ajouta ou se modifia en conséquence ; mais les auteurs et les dates de ces diverses améliorations partielles sont inconnus et le seront probablement toujours (2).

On peut supposer, néanmoins, que ces perfectionnements successifs furent dus surtout aux recherches et aux travaux des premiers luthiers italiens, qui affir-

(1) *Luthomonographie*, p. 6. — Le prince Nicolas Youssoupoff était un violoniste amateur qui, dit-on, avait le talent d'un artiste. Il était aussi compositeur pour son instrument, et publia ainsi diverses œuvres, parmi lesquelles on cite un grand concerto symphonique avec orchestre, un *Poème lyrique*, une sonate-caprice sur la quatrième corde, un adagio romantique et rondo, etc. Né à Saint-Pétersbourg en 1827, ce dilettante fort distingué avait, dit-on, reçu des leçons de Vieuxtemps.

(2) *Les Instruments à archet*, t. I, p. 56.

maient ainsi dès l'abord leur supériorité. Ces artisans ingénieux restent assurément inconnus, mais sans doute on peut se rendre compte de leur valeur en admirant le talent de ceux de leurs élèves qui, les premiers, lorsque la forme du violon eut été définitivement établie, conquirent la célébrité à l'aide des instruments superbes qu'ils lancèrent dans le monde et qui étaient déjà de véritables chefs-d'œuvre. Ceux-là s'appelaient André Amati, Gaspar da Salo, Maggini, etc. (1).

Il est à peine besoin de dire que le violon, une fois parvenu à son point d'excellence, éclipsa tous les autres instruments, exerça sur eux une prédominance absolue et devint, ce qu'il n'a jamais cessé d'être, le favori du public, qui le préfère à tout autre et ne lui marchande ni sa sympathie ni son admiration. Mais sur ce point, je vais laisser la parole à divers artistes et écrivains qui ont tous rendu justice à son éclatante et incontestable supériorité.

Il me semble que la première caractéristique du violon est due à Brossard qui, dans son *Dictionnaire de musique*, paru en 1703, le mentionne en ces termes :

VIOLINO, terme italien dont le dictionnaire de la Crusca ne fait aucune mention, est cependant un terme très commun dans la musique, et qui se traduit en français par celuy de violon. Quand ce mot est seul, il marque le *dessus de violon*, mais quand les mots *Alto, Tenore* ou *Basso* sont devant comme *Alto Violino, Tenore Violino*, etc., pour lors il marque la *Haute-Contre*, la *Taille* et la *Basse de violon*. Dans les compositions à deux ou plusieurs violons différens, les Italiens se servent des adjectifs *Primo, Secondo* ou *Terzo*, etc., ou bien des chiffres I°, ou II°, 2°, ou III°, 3°, etc., pour marquer la différence. Cet instrument n'a que quatre chordes de différentes grosseurs, dont la plus petite, qui est la chanterelle, fait l'*E, si, mi* de la plus haute octave de l'orgue ; la seconde, une quinte au-dessous de la chanterelle, est *A, mi, la* ; la troisième une quinte au-dessous de la seconde, est *D, la, ré* ; la quatrième enfin, encore une quinte au-dessous de cette troisième et qu'on nomme *Bourdon*, est *G, ré, sol*. Tous les étrangers se servent communément de la clef de *G, ré, sol* sur la seconde ligne pour noter les pièces de violon. Les François se servent de la même clef, mais sur la première ligne d'en bas (2). La

(1) Ce n'est pas que nous n'eussions, en France, un assez grand nombre de luthiers dont quelques-uns non sans talent, mais qui n'eussent pu supporter la comparaison avec leurs confrères italiens. On trouve, au XVI° siècle, les noms de Simon à Paris, Philippe Flac et André Vinatte à Lyon, Tywersus, luthier des princes de Lorraine, à Nancy ; et au XVII° siècle, Pierre Le Duc, Simon Bongars, Jean Hurel, « faiseur d'instruments pour la musique du roi », Jacques Regnault, Michel Collichon, Nicolas Bertrand, Alexandre Voboam, Jacques du Mesnil, Jean Offland, Nicolas Chéron, Jacques Quinot, à Paris, François Saraillac, à Lyon, les Médard, à Nancy, Claude Trévillot, à Mirecourt, Jean Christophle, à Avignon, etc. Parmi les plus renommés, il faut signaler surtout Tywersus, Jacques Quinot, Jean Hurel et Alexandre Voboam.

(2) On sait que dans les partitions de Lully, toutes les parties de violons étaient encore écrites sur la clef de *sol* première ligne.

première manière est très bonne quand le chant va fort bas ; la seconde est meilleure quand
le chant va fort haut ; entr'eux le débat ; il seroit difficile de bien décider qui a le plus de
raison. Cet instrument a le son naturellement fort éclatant et fort gay, ce qui le rend très
propre pour animer les pas de la danse. Mais il y a des manières de le toucher qui en rendent
le son grave et triste, doux et tendre, etc. C'est ce qui fait qu'il est d'un si grand usage surtout
dans les musiques étrangères, soit pour l'église, soit pour la chambre, le théâtre, etc. (1).

Cent ans plus tard, avec l'abbé Sibire, nous trouvons un enthousiaste du
violon, comme, avec l'étonnant Jean Rousseau, nous avions trouvé un idolâtre de
la viole. C'était aussi un drôle de corps que ce brave abbé Sibire, ancien curé de
Saint-François-d'Assise, dont le rôle religieux n'avait pas été, à l'époque de la
Révolution, sans quelque singularité. Violoniste amateur de talent médiocre, mais
féru de musique, intime ami de l'excellent luthier Nicolas Lupot, collectionneur
intelligent et avisé d'instruments de premier choix qu'il avait soigneusement étu-
diés, il s'était imaginé, un beau jour, de faire une sorte de manuel du parfait
luthier, et, aidé des notes et des observations que Lupot avait recueillies au cours
de sa carrière, il s'était mis à l'œuvre. Son livre bizarre, écrit à la gloire du violon,
débordant d'enthousiasme et tout empreint d'une sorte d'éloquence boursouflée,
mais construit sans plan, sans ordre et sans méthode, tout en contenant dans certaines de ses parties d'utiles renseignements, fut publié en 1806 sous ce titre pé-
dantesque, *la Chélonomie* ou *le Parfait Luthier* (2). Fétis assure qu'il n'eut
point de succès, ce qui est possible, tout en ajoutant qu'il est devenu très rare. A
la vérité, la lecture de la *Chélonomie* n'est pas sans causer quelque fatigue, grâce

(1) Chose singulière, Jean-Jacques Rousseau, dans son *Dictionnaire de musique*, ne s'occupe d'aucun
instrument, non plus du violon que de tout autre, et c'est vainement que l'on y chercherait les mots *cor,
flûte, hautbois, luth, lyre, mandore, théorbe, trompette*, etc. Cependant il inscrit le mot *violon*, mais c'est
pour caractériser l'artiste qui le joue, non l'instrument lui-même (le mot *violoniste* n'était pas encore
inventé, et l'on disait : « un violon habile » ou un « mauvais violon »). Et voici ce qu'il dit au mot *violon* :
« Symphoniste qui joue du violon dans un orchestre. Les violons se divisent ordinairement en premiers, qui jouent le premier dessus, et seconds, qui jouent le second dessus ; chacune des deux parties a
son chef ou guide, qui s'appelle aussi le premier : savoir, le premier des premiers, et le premier des
seconds. Le premier des premiers violons s'appelle aussi *premier violon* tout court ; il est le chef de tout
l'orchestre ; c'est lui qui donne l'accord, qui guide tous les symphonistes, qui les remet quand ils manquent,
et sur lequel ils doivent tous se régler. »
(2) Avec, en tête, la reproduction d'un prétendu antique de Maffei représentant Orphée apprivoisant
les fauves à l'aide de son violon. Se vendait « chez l'auteur » et chez l'imprimeur-libraire Millet. J. Gallay
a donné en 1869 une réédition de *la Chélonomie*, accompagnée par lui d'une introduction et de notes excellentes, comme il savait les faire.

au style grandiloquent et ampoulé de l'auteur, qui ne peut rien dire comme tout le monde, et à l'absence complète de logique qui distingue sa composition. Cette lecture pourtant ne saurait être inutile aux gens du métier. Mais si l'on veut se faire une idée de l'adoration que l'abbé Sibire professait pour le violon, et que ceux qui le cultivent ne sauraient lui reprocher, il faut savourer certaines pages de son livre, entre autres celle-ci ; après avoir constaté que, à l'encontre de tous les autres instruments, qui avec le temps s'usent et dépérissent, le violon gagne au contraire, avec les années, en qualité et en sonorité, l'abbé enfourche Pégase et s'écrie, dans un élan de lyrisme :

... C'est donc, d'une part, à cette qualité suprême, croissante et durable, de l'autre au jeu brillant et expressif de l'archet, ainsi qu'à l'étonnante facilité avec laquelle il nuance, note par note, tous les tons, même dans la plus grande vitesse, que le violon est redevable de toute son énorme supériorité ; le violon, ce roi des instruments, le soutien de nos voix, le besoin de nos symphonies, l'âme de nos concerts, le régulateur de nos danses, l'aimant de nos spectacles, le charme de nos cercles, le chef-d'œuvre des corps sonores, et dans son genre l'*ultimatum*, le *nec plus ultra* de l'industrie humaine, comme il est pour ainsi dire, en vertu de son adoption, l'enfant gâté de la nature ; le violon, cet instrument distingué qui fait classe à part dans l'échelle commune et reste seul au degré qu'il occupe ; d'autant plus intolérant qu'il est incomparable, ne pardonnant la médiocrité qu'aux continuels efforts du musicien pour s'en affranchir, et à la perfection duquel rien ne manque, absolument rien, sinon les deux mains et l'âme d'un Orphée ; le violon, si uni, si simple dans son mécanisme ; si fécond, si vaste dans ses effets ; si varié, si prodigieux dans son étendue ; d'un style si pur, d'une élégance si suave, d'une qualité si aimable, si séduisante, si sensiblement progressive, si indéfiniment permanente, et à tous égards enfin si complètement merveilleuse, que s'il n'existait pas il faudrait l'inventer (1).

Il faut respirer après cette période victorieuse, qui menaçait de ne jamais devoir finir.

Après ce cri d'enthousiasme qui, malgré son enflure, donne une idée juste de la puissance poétique du violon, je trouve dans un excellent livre de mon vieil et regretté ami Albert Lavignac, *la Musique et les Musiciens*, le détail des qualités si diverses, si précieuses et si extraordinaires qui caractérisent l'admirable instrument que le génie de Stradivarius a porté à son idéale perfection :

C'est incontestablement, dit-il, le roi de l'orchestre. Aucun instrument ne peut rivaliser

(1) *La Chélonomie*, éd. J. Gallay, pp. 22-23.

avec lui, en quoi que ce soit, ni comme richesse de timbre, ni par les infinies variétés d'intensité, ni pour la vitesse d'articulation, et encore pour la sensibilité presque vivante de la corde vibrant directement sous le doigt qui la presse. Il partage avec la voix humaine la faculté inappréciable de faire varier à l'infini la hauteur absolue des sons, et seul avec l'orgue il possède le pouvoir de les prolonger indéfiniment (1)…. Le violon chante véritablement, comme aussi il rit, pleure et crie ; il ne lui manque que la parole pour égaler la voix humaine, avec une étendue bien plus considérable (2)… Par la simplicité et la souplesse de ses organes, par la richesse et la variété de leurs effets, comme aussi par ses dimensions commodes et maniables, par sa légèreté et encore plus par l'absence totale de tout mécanisme interposé entre la corde sonore et la volonté de l'artiste, le violon est certainement l'instrument le plus docile, celui qui permet le plus complet développement de la virtuosité (3)… Le violon, dans ses sons harmoniques, est aussi aérien, aussi bleu que la flûte ; sa quatrième corde donne l'illusion du brun rouge grave de la clarinette ; et avec sa sourdine il rappelle, s'il le veut, le caractère champêtre ou profondément triste du hautbois ou du cor anglais, tandis que ses *pizzicati* sont des pointillés noirs. Disons que le violon, roi de l'orchestre, instrument d'une richesse de timbre à nulle autre pareille, possède presque toute la gamme des couleurs musicales (4).

Écoutons maintenant Berlioz, qui s'y connaissait, et voyons comme il caractérisait le rôle du violon dans l'orchestre :

Les instruments à archet, dont la réunion forme ce qu'on appelle assez improprement le quatuor, sont la base, l'élément constitutif de tout orchestre. A eux se trouve dévolue la plus grande puissance expressive, et une incontestable variété de timbres. Les violons surtout peuvent se prêter à une foule de nuances en apparence inconciliables. Ils ont (en masse) la force, la légèreté, la grâce, les accents sombres et joyeux, la rêverie et la passion. Il ne s'agit que de savoir les faire parler. On n'est pas obligé d'ailleurs de calculer pour eux, comme pour les instruments à vent, la durée d'une tenue, de leur ménager de temps en temps des silences ; on est bien sûr que la respiration ne leur manquera pas. Les violons sont des serviteurs fidèles, intelligents, actifs et infatigables.

Les mélodies tendres et lentes, confiées trop souvent aujourd'hui à des instruments à vent, ne sont pourtant jamais mieux rendues que par une masse de violons. Rien n'égale la douceur pénétrante d'une vingtaine de chanterelles mises en vibration par vingt archets bien exercés. C'est là la vraie voix féminine de l'orchestre, voix passionnée et chaste en même temps, déchirante et douce, qui pleure et crie et se lamente, ou chante et prie et rêve, ou éclate en accents joyeux, comme nulle autre ne pourrait le faire. Un imperceptible mouvement du bras, un sentiment inaperçu de celui qui l'éprouve, qui ne produirait rien d'apparent dans l'exécution d'un

(1) *La Musique et les Musiciens*, p. 129.
(2) *Id.*, p. 151.
(3) *Id.*, p. 153.
(4) *Id.*, p. 213.

seul violon, multiplié par le nombre des unissons, donne des nuances magnifiques, d'irrésistibles élans, des accords qui pénètrent jusqu'au fond du cœur (1).

Écoutons enfin le plus noble des virtuoses parler du plus noble des instruments, louer et glorifier comme il convient ce compagnon qui lui était cher, qu'il connaissait bien et qu'il savait faire parler de façon à porter l'émotion jusqu'au plus profond de l'âme de ses auditeurs. C'est le grand violoniste Baillot qui s'exprimait ainsi :

Si l'on considère le violon sous le rapport de ses divers caractères et de ses effets, on y trouve la richesse unie à la simplicité, la grandeur à la délicatesse, la force à la douceur ; il excite à la joie et sympathise avec la tristesse. Selon la manière dont on sait l'interroger, sa réponse est vulgaire ou sublime ; toute mélodie lui appartient, toute harmonie est de son domaine, et le génie fait de lui son plus noble interprète ; initié, par de continuelles étreintes à tous les mystères du cœur, il respire, il palpite avec lui. Son timbre est une « seconde voix humaine » qui, par sa position et l'étendue de son diapason, est destiné à servir de notes supplémentaires à la voix naturelle. Ce timbre est en même temps si varié, qu'on peut lui donner le caractère champêtre du hautbois, la douceur pénétrante de la flûte, le son noble et touchant du cor, l'éclat belliqueux de la trompette, les vibrations successives de la harpe, les vibrations simultanées du piano, enfin la gravité harmonieuse de l'orgue. Ses quatre cordes suffisent à tant de prestiges, elles donnent plus de trois octaves et demie du grave à l'aigu. Moteur de cette lyre des temps modernes, l'archet vient l'animer d'un souffle divin et produit ces merveilles en servant de véhicule à toutes les affections de l'âme et à tous les élans de l'imagination.

Et plus loin :

... Cet instrument, fait, par sa nature, pour régner dans les concerts et pour obéir à tous les élans du génie, a pris les différents caractères que les grands maîtres ont voulu lui donner :

(1) Et à ce point de vue, voici comment Berlioz terminait, un jour, son compte rendu d'une séance de la Société des concerts du Conservatoire :

«... Restaient à entendre deux morceaux du grand Septuor de Beethoven exécutés en masse, et l'ouverture d'*Obéron*. Malgré tout ce qu'une exécution parfaite a pu donner de force et d'éclat à cette admirable page de Weber, elle n'a pu effacer l'impression que venait de produire le septuor. Qu'on se figure des traits, des variations, un point d'orgue à *cadenza* qu'un violon de première force aurait grand'peine à rendre convenablement, exécutés d'une manière foudroyante, avec une justesse et une précision parfaites par quatorze archets mus par la même méthode et animés d'un même sentiment ; telle était la difficulté que s'était proposée l'admirable orchestre, et qu'il a vaincue en se jouant. Le public a été pris, surtout au point d'orgue, d'une fièvre de bravos que cinq ou six salves ont pu calmer à peine. Les quatorze premiers violons auraient dû s'avancer en ordre sur le devant du théâtre et saluer ensemble le parterre, car c'était bien à eux que les trois quarts des applaudissements s'adressaient. Voilà un orchestre !... » (*Revue et Gazette musicale*, 22 janvier 1837.)

simple et mélodieux sous les doigts de Corelli, harmonieux, touchant et plein de grâce sous l'archet de Tartini, aimable et suave sous celui de Gaviniés, noble et grandiose sous celui de Pugnani, plein de feu, plein d'audace, pathétique, sublime entre les mains de Viotti, il s'est élevé jusqu'à peindre les passions avec énergie et avec cette noblesse qui convient autant au rang qu'il occupe qu'à l'empire qu'il exerce sur l'âme (1).

. . . .

Et depuis près de deux cents ans, après le crowth, après la rubèbe, la gigue, le rebec, la vielle à archet, la viole et ses congénères, le violon, qui les a remplacés tous et qui ne craint plus de rivaux, règne en vainqueur sur le monde, par droit de puissance, par droit de conquête et par droit de beauté.

Pour être complet en ce qui regarde le violon, faut-il dire quelques mots de son diminutif, la pochette ? Oui sans doute, ne fût-ce que pour ne pas être accusé de négligence. La pochette pourtant, aujourd'hui et depuis longtemps disparue, et passée à l'état de curiosité, n'était pas un instrument, mais simplement un engin presque musical, que Fétis caractérisait ainsi : « — *Pochette*, petit violon de poche dont les maîtres de danse se servaient pour donner leurs leçons. La pochette donne une octave plus haut que le violon (2). » Destinée, comme son nom l'indique, à être mise dans la poche, la pochette n'avait pas toujours les formes du

(1) BAILLOT, *l'Art du violon.*
(2) *La Musique mise à la portée de tout le monde.*

violon, mais plutôt parfois celles de la *gigue*, avec la caisse en forme de fuseau ; en tout cas, le corps, lorsqu'il se rapprochait du violon, aussi petit et aussi réduit que possible, s'adaptait à un manche presque aussi long que celui du violon même, pour que les doigts y pussent trouver place. Les maîtres de danse l'*empochaient* pour aller donner leurs leçons en ville, et elle leur servait non certainement à jouer des morceaux, mais à rythmer, avec son aide, les danses et les pas, et à maintenir la mesure. On peut se rendre compte de la diversité des formes de la pochette, en visitant le musée du Conservatoire ou celui de Cluny, où l'on en trouve de charmantes et très curieuses ; mais Fétis est dans l'erreur lorsqu'il dit que la pochette sonnait une octave plus haut que le violon (ce qui aurait pu devenir déchirant !). Sous ce rapport il ne pouvait y avoir rien de régulier, la pochette, par le fait de sa petitesse et de ses formes très variées, ne pouvant pas être diapasonnée ; elle sonnait donc ce qu'elle pouvait et au hasard, sans régularité : telle donnait la tierce, telle autre la quarte, telle encore la quinte, selon la façon dont elle était montée. Cela, en somme, ne signifiait rien, l'instrument (ou l'engin) étant surtout propre, je le répète, à rythmer, à faire danser en mesure, et non à produire une harmonie quelconque (1).

(1) On peut voir à ce sujet une intéressante brochure de M. EUGÈNE DE BRICQUEVILLE, *les Pochettes des maîtres de danse* (Versailles, Cerf, in-18, s. d.).

LE VIOLON EN ITALIE

I

C'est en Italie qu'il faut rechercher les origines et les commencements de la fortune du violon; c'est là qu'il fit sa première apparition, et c'est aussi là que s'inscrivent les premières pages de son histoire, qu'on le voit préluder de façon modeste à sa destinée glorieuse et brillante. Dès les premières années du XVIe siècle, le violon était connu et pratiqué, en ce pays, au moins par certains; il ne tarda pas à se répandre de tous côtés, et son succès était tel qu'au commencement du XVIIe siècle on trouvait déjà en Italie des violonistes relativement habiles pour leur temps. Il est permis de supposer que cette habileté devait être rudimentaire, aucun enseignement spécial n'existant encore, et les exécutants qui se servaient du violon devant employer évidemment les procédés insuffisants en usage sur la viole. Ce qui est certain, c'est que les noms de ces premiers violonistes sont restés complètement ignorés ; à plus forte raison n'en saurait-on point citer qui aient fait œuvre de compositeurs pour leur instrument.

Cependant la vogue du violon allait toujours grandissant, son emploi se généralisait de plus en plus, et son charme était si séduisant, sa sonorité était si flatteuse et si neuve qu'il força bientôt les artistes à s'occuper de lui. Ce sont alors des maîtres de chapelle et des organistes qui, reconnaissant ses qualités si personnelles, mais sans songer encore à l'employer au point de vue de la virtuosité, le font du moins entrer dans leurs compositions d'ensemble, où il apportait une note nouvelle, pleine de chaleur et d'entrain. Ainsi Floriano Maschera (1), successeur, en 1557, de son maître Claudio Merulo comme organiste de la cathédrale de Brescia, dans ses *Canzoni da sonare à quattro voci* (Chansons à jouer à quatre parties), publiées en cette ville en 1584 ; ainsi les deux Gabrieli, Andrea et son neveu Giovanni, l'un et l'autre musiciens de premier ordre, tous deux successivement organistes à l'église Saint-Marc de Venise, dans leurs *Concerti... contenenti musica di chiesa, madrigali ed altri, per voci e stromenti musicali*, qui parurent, par les soins du dernier, en 1587 ; ainsi encore Floriano Canale, organiste comme les précédents, dans ses *Canzoni da suonare a 4 e 8 voci*, publiées en 1600, aussi à Venise, et Giovanni della Croce, savant maître de chapelle de l'église Saint-Marc de cette ville, né en 1560, élève de Zarlino, qui compte parmi ses nombreuses œuvres une série de *Sonate a cinque*, publiées vers le même temps. Dans ces diverses compositions, le violon tenait sa place, mais elles ne lui étaient pas spéciales (2). On peut croire néanmoins que les violonistes s'exerçaient, et

(1) Que Fétis appelle Mascara.

(2) A remarquer cependant que Giovanni Gabrieli publia un recueil de Sonates pour trois violons et basse. Et il est bien certain que le violon tenait sa place dans cet autre recueil donné par lui en 1615 : *Canzoni e Sonate del signor Giovanni Gabrieli, organista della Serenissima Repubblica di Venetia in S. Marco a 3, 5, 6, 7, 8, 10, 12, 14, 15 et 22 voci per sonare con ogni sorte di istrumenti, con il basso per l'organo*. Venetia, 1615. — Un écrivain musical allemand, Charles de Winterfeld (1784-1852), a publié sur cet artiste fort intéressant un pesant ouvrage en 2 volumes in-4°, ainsi intitulé : *Johannes Gabrieli und seine Zeitalter* (Giovanni Gabrieli et son temps), Berlin, 1834.

non seulement acquéraient une certaine habileté technique, mais aussi s'appliquaient peu à peu à se mettre en état d'écrire eux-mêmes pour leur instrument. Nous allons les voir à l'œuvre.

Le premier en date est sans doute un artiste que son habileté sur le violon fit précisément connaître sous le nom de Giovan Battista *del Violino*, dont le nom véritable était Jacomelli, et qui fut fameux à la fois comme chanteur, comme harpiste et comme violoniste. « Le premier, dit un historien récent, qui introduisit à Rome la harpe double, semble avoir été Giovan Battista del Violino ; ce G. B. del Violino, comme il résulte de la préface des *Intermedi*, faits à l'occasion des noces de Ferdinand de Médicis en 1591, et de celle de l'*Euridice* de Peri, n'était autre que G. B. Jacomelli, lequel, *très excellent dans toutes les parties de la musique, a presque changé son nom avec le violon, sur lequel il est admirable.* Ce Jacomelli appartint aussi, comme chanteur, de 1582 à 1585, à la chapelle pontificale, dont il fut congédié, peut-être à cause de son peu d'assiduité au service... On pourrait assurer qu'il fut Brescien (1) ». A citer ensuite un virtuose nommé Riccardo Rognone, qui vivait à Milan et qui se fit connaître par la publication des ouvrages suivants, où le violon trouvait sa place : *Canzonette alla Napolitana a tre o quattro voci* (Venise, 1586) ; *Libro di passaggi per voci ed istrumenti* (id., 1592) ; et *Pavane et balli con due canzoni, e diverse sorte di brandi per suonare a quattro e cinque* (Milan, 1603) ; cet artiste eut deux fils, qui furent des compositeurs distingués. Un troisième, Michel-Angelo Rossi, fut tout ensemble excellent violoniste, organiste remarquable (il avait été élève de Frescobaldi) et compositeur. Né à Rome, il y fut attaché au service de Maurice de Savoie, ce singulier prélat qui, cardinal à quatorze ans, abandonna la pourpre en 1642 pour épouser, à l'âge de quarante-neuf ans, sa nièce, fille de Ludovic de Savoie. Puissamment riche, fastueux, prodigue et libéral, ce cardinal était un grand protecteur des arts et des artistes, et ne fut sans doute pas étranger à la fortune de

(1) V. relativement à cet artiste, dans la *Rivista musicale italiana* du 30 mai 1914, un article de M. A. Cametti sur *Orazio Michi « dell'Arpa », virtuoso e compositore di musica della prima metà del seicento.*

Fétis signale en ces termes un artiste qui vivait aussi dès le xvi⁰ siècle : — « Simon Bargaglia, violoniste, ou plutôt violiste napolitain, dont parle Cerreto, vivait dans la seconde moitié du xvi⁰ siècle. On a de lui une œuvre de musique instrumentale intitulé : *Trattenimenti, ossia divertimenti da suonare*, Venise, 1587. C'est dans cet ouvrage qu'on trouve pour la première fois l'emploi du mot *concerto* dans le sens de pièce pour un instrument principal ». Serait-ce là un précurseur ?

Michel-Angelo Rossi, dont, au surplus, le talent de virtuose, et même de compositeur, semble avoir été très réel. Cet artiste fort distingué fit représenter à Rome, en 1626, dans une société d'amateurs, un opéra intitulé *Erminia sul Giordano*, dans le prologue duquel il personnifiait Apollon ; et l'on dit qu'à cette occasion il tira de son violon des sons si suaves et si moelleux, qu'il justifia par son talent l'accueil triomphal qui lui fut fait lorsque, accompagné des Muses, il parut sur son char devant le public. Un autre artiste qui semble n'avoir pas été sans habileté, Biaggio Marini, né à Brescia et mort à Padoue en 1660, et qui fut d'abord maître de chapelle de la cathédrale de Vicence, devint ensuite compositeur et premier violon de la musique du duc de Parme ; il publia, entre autres œuvres nombreuses, tant vocales qu'instrumentales : sonates, symphonies, *canzoni* à 1, 2, 3, 4, 5 et 6 voix ou instruments, un *Capriccio per suonare a 2 violini*, la *Romanesca per violino solo e basso*, et surtout, en 1620, un très intéressant recueil d'*Arie, madrigali e corrente*, dans lequel on trouve une jolie série d'airs de danse pour violon, la *Martiaga*, la *Courante*, l'*Avogradina*, la *Chizzola*, la *Gagliarde*, qui ne sont pas sans intérêt en ce qui concerne le style de l'instrument. A côté de celui-ci, on ne saurait négliger de mentionner un excentrique, un certain Carlo Farina, de Mantoue, qui passa au service de l'électeur de Saxe, à Dresde, et se fit surtout remarquer par une publication bizarre à laquelle il donna le titre bien mérité de *Capriccio stravagante* (1627), et qui prouve que le charlatanisme est de tous les temps ; dans ce Caprice vraiment extravagant, il imitait (ou s'efforçait d'imiter) le chant du coq, l'aboiement du chien, la flûte et le fifre du soldat, frappait les cordes avec le bois de l'archet (*qui si bate con il ligno del archetto sopra le corde*), et il indiquait gravement les moyens de produire avec exactitude ces différents effets.

Plus sérieux nous paraît être Paolo Quagliati, qui était tout ensemble organiste, claveciniste et violoniste, et qui, né à Rome où il tint l'emploi d'organiste à Sainte-Marie-Majeure, publia en cette ville, en 1623, sous le titre de *Sfera armonica*, un recueil qui contient, entre autres morceaux de violon, une intéressante *Toccata* avec accompagnement de théorbe. A signaler encore un artiste fort habile, Tarquinio Merula, à la fois violoniste remarquable et compositeur dans le genre religieux, qui était, en 1628, violon-solo à l'église de Crémone et devint plus tard maître de chapelle de Sainte-Marie-Majeure à Bergame, sa ville natale ; certains assurent que celui-ci fut le premier à établir une technique du violon ; en dehors de ses compositions pour l'église, il publia des *Concerti spirituali* (1628) et un recueil intitulé *Il Pegaso musicale* (1640), qui l'un et l'autre contiennent des sonates de violon. Un autre, Bartolomeo Montalbano ou Mont'Albano, né à Bologne et mort à Venise en 1651, appartenait à une riche et noble famille bolonaise, ce qui ne l'empêcha pas de prendre, en 1622, l'habit de moine franciscain, et de publier en 1629, à Palerme, où il était devenu maître de chapelle à l'église Saint-François, un livre de *Sinfonie ad uno o duoi violini e trombone con partimenti per l'organo, con alcune a quattro viole.* Un autre encore, Martino Pesenti, aveugle de naissance, né à Venise vers 1600, publiait en cette ville, entre autres compositions, quatre livres de *Correnti alla francese, balletti, gagliarde, passamenti a 1, 2 e 3 Stromenti, da Martino Pesenti, ci eco a nativitate* (1630-1632). Nous trouvons ensuite un véritable virtuose, Michel-Angelo Verovio, né à Rome, qui vivait à la même époque, auquel son talent fit donner le nom de *Michel-Angelo del Violino*, et qui, dit Arteaga dans son livre sur *le Rivoluzioni del teatro musicale italiano*, fut un de ceux qui les premiers introduisirent dans la musique instrumentale les nouveaux agréments du trille, du mordant, du tremolo, etc. Un artiste également distingué était Giambattista Fontana, né à Brescia, qui fut, fort jeune encore, enlevé par la peste, en 1630 ; c'est seulement onze ans après sa mort, en 1641, que l'éditeur Reghino, à Venise, publiait de sa composition un livre de dix-huit sonates dont les six premières étaient pour violon seul avec basse continue, en le faisant précéder de cette note : « *Il signor* Giambattista Fontana a été un des plus singuliers virtuoses dans l'art de jouer du violon qu'on ait connus à son âge, non seulement dans sa patrie, mais à Venise et à Rome, et finalement à Padoue, où ce cygne mourant déploya la plus merveilleuse suavité de son harmonie... » Et c'est ici que prend place un musicien jusqu'à ce jour absolument ignoré, dont le nom et la personne ont échappé à tous les biographes sans exception, et dont l'existence ne m'a été révélée, de façon d'ailleurs certaine, que par la lecture d'un catalogue (1). Dans ce catalogue de musique ancienne en vente à prix

(1) Catalogue de la librairie de musique ancienne Leo Liepmannsohn, de Berlin, n° 98.

marqués, j'ai relevé cette mention digne d'exciter l'attention : *Sonate per ogni sorte di stromenti a 1, 2, 3, 4 e 6, con il basso per l'organo, del P. F. Ottavio Maria Grandi, organista della catedrale e della chiesa della miracolosissima Madonna De Sermi di Reggio e professore di violino. Opera seconda. Stampa del Gordano, Venetia, 1628.* Ce qui est intéressant dans le titre de cet ouvrage, c'est la qualification de « professeur de violon » que prend l'auteur tout en se disant organiste, et que l'on ne trouve, que je sache, dans aucune autre publication. A ajouter ce fait que l'une des pièces du recueil est dédiée par lui *all'ill. signor Alfonso Pagani, dal violino mio maestro e musico excelentissimo.* Enfin, il est à remarquer encore que parmi les 20 sonates dont se compose ce recueil assurément intéressant, il en est une *a quattro tromboni e un violino*, et une autre *a tre tromboni e tre violini.* Voici donc un artiste jusqu'ici inconnu qui a droit à une place dans l'histoire du violon en Italie.

A signaler encore Andrea Falconieri, sur lequel on ne possède que fort peu de renseignements ; on suppose qu'il était en 1616 à Rome, parce qu'il publia, en cette ville et à cette époque, ses premières compositions ; et ce n'est que beaucoup plus tard, en 1650, que parut sous son nom, à Naples, un recueil ainsi intitulé : *Il primo libro di Canzoni, Sinfonie, Fantasie, Capricci, Brandi, Correnti, Gagliarde, Alemane, Volti per violini e viole, ovvero altro stromento a uno, due e tre, con il basso continuo,* recueil qui est loin de manquer d'intérêt. Sans oublier un musicien de Bergame, Giambattista Buonamente, qui publia, en 1636, un recueil de *Sonate e Canzoni* pour deux et quatre violons avec basse. Quant à un violoniste alors fameux, Simone Arietto, né à Vercelli et dont le nom devint célèbre au commencement du XVII⁰ siècle, je ne sais s'il a produit quelques compositions ; mais il a droit sans doute à un souvenir, en raison de l'attestation dont il est l'objet de la part de Fétis : « Arietto, dit celui-ci, est le premier violoniste qui soit mentionné comme virtuose dans l'histoire de cet instrument », ce qui, d'ailleurs, n'est pas tout à fait exact, d'après ce que nous avons vu précédemment.

Un autre artiste, dont on ne connaît pas non plus de compositions, mais qui ne semble pas avoir manqué d'habileté et qui sans doute mérite un souvenir, est Domenico Brasolin, qui était, en 1688, *primo violonista dell' Accademia della*

Morte à Florence (1). Et peut-être faut-il signaler encore deux musiciens religieux parmi les œuvres desquels se trouvent diverses compositions qui intéressent notre sujet : le premier, Maurizio Cazzati, prêtre, né vers 1620 à Guastalla, fit tellement sensation à Bologne lorsqu'il y vint, en 1657, faire entendre à l'église San Salvatore ses œuvres religieuses, qu'il fut nommé directeur de la chapelle de San Petronio, fut élu membre de l'Académie Philharmonique, et bientôt ouvrit une école devenue rapidement florissante et d'où sortit, entre autres, le grand violoniste Giambattista Vitali ; on doit à cet artiste, en dehors de ses nombreuses compositions religieuses, un recueil de *Sonate a due violini con basso continuo*, deux autres de *Sonate a uno, duo, tre, quattro e cinque, con alcune per tromba*, une suite de *Concerti et Baletti*, et encore un autre recueil intitulé *Trattenimenti per camera d'arie, concerti a balletti a 2 violini e violone se piace, con passaglia, ciacona e un capriccio sopra 12 note* (2) ; le second, Massimiliano Neri, organiste du grand orgue de l'église Saint-Marc, à Venise, en 1644, publia un livre de *Sonate a 12 stromenti*, et un autre de *Sonate e Canzoni a quattro stromenti da chiesa et da camera* (3).

On voit que, dès ses commencements, le violon, qui ne devait pas tarder à supplanter complètement la viole dont il remplaçait le son maigre et sans portée par une sonorité mâle et brillante, avait en Italie beaucoup d'adeptes, et qu'il enfantait déjà de nombreuses compositions à son usage (4). Peu après les artistes dont il vient d'être question, nous en trouvons d'autres qui continuent le travail de leurs devanciers et qui n'offrent pas moins d'intérêt. Nicolas Matteis ou Mattheis, violoniste fort habile, qui alla se fixer vers 1672 à Londres, où il se fit une grande renommée et publia quatre recueils de solos de violon consistant en airs, fugues,

(1) Fétis, qui l'appelle Brassolini, dit qu'il a fait jouer à Modène, en 1707, un opéra intitulé : *Il Trionfo dell' umilta.*

(2) Voy. *Indice delle opere in musica sin'hora stampate da Maurizio Cazzati, maestro di cappella in S. Petronio di Bologna* (Bologne 1663).

(3) Voy. Adrien de La Fage, *Extraits du catalogue critique et raisonné d'une petite bibliothèque musicale*

(4) On pouvait pourtant citer encore en Italie un violiste fameux à cette époque, Giambattista Piazza, qui, né à Rome et élève, pour la composition, de Vincenzo Ugolini, le savant maître de chapelle de Saint-Pierre du Vatican, fit de nombreuses publications, parmi lesquelles divers recueils de *Canzoni e Canzonette per una viola*, et plusieurs autres recueils de *Balletti, Correnti, Ciacone, Passaglie, etc. con basso* (1628-1635). Et aussi un artiste, Salomon Rossi, qui vivait à Mantoue et publiait à Venise, en 1623, un recueil de *Sonate, gagliarde, brandi e correnti a due viole col basso per il cembalo*.

préludes, *fancies*, etc. (1). Le grand compositeur Giovanni Legrenzi, qui naquit vers 1625 et qui, devenu maître de chapelle de l'église Saint-Marc de Venise, entreprit de réformer l'orchestre de cette chapelle, l'accrut considérablement, y introduisit des violons et l'organisa de la façon suivante : 8 violons, 11 petites violes ou *violettes*, 2 violes *da braccio*, 3 grandes violes *da gamba* et *violone* (contrebasse de viole), 4 théorbes, 2 cornets, 1 basson et 3 trombones ; en dehors des dix-sept opéras et des belles compositions religieuses qui ont fait sa juste renommée, Legrenzi a écrit et publié de nombreuses œuvres de musique instrumentale, parmi lesquelles divers recueils de sonates à deux violons et violoncelle, à deux violons et *violone*, etc. — Giuseppe Colombi, maître de chapelle de la cour ducale de Modène, où il était né en 1635, et plus tard maître de chapelle de la cathédrale, qui publia, entre autres nombreuses compositions instrumentales, un recueil de sonates à deux violons et un autre de *sonate da camera* à trois instruments. — Giovanni Maria Bononcini, père du fameux compositeur dramatique qui fut à Londres le rival de Haendel, né en 1640, à Modène également, fit partie de l'orchestre des concerts de la cour, et fut à la fois théoricien et compositeur ; on lui doit un livre de sonates à deux violons avec épinette ou *violone*, deux suites d'*Ariette, Correnti, Gighe, Allemande*, etc., pour violon solo avec deux violes d'accompagnement, et une autre publication sous ce titre : *Primi frutti del giardino musicale, a due violini.* — Bartolomeo Laurenti, virtuose remarquable, né en 1644 à Bologne, où il fut élève d'abord de Gaibara, ensuite de Benvenuti, qui, après s'être produit avec succès dans diverses villes italiennes, revint à Bologne, fut élu académicien philharmonique, et remplit, à la collégiale de San Petronio, l'emploi de violon-solo, qu'il conserva jusqu'à sa mort (12 janvier 1726), c'est-à-dire jusqu'à l'âge de quatre-vingt-un ans ; il a publié un livre de *Sonate da camera* pour violon et violoncelle, et six *concertos à trois instruments*, violon, violoncelle et orgue. — Marco Uccellini, né vers la même époque, qui fut, selon Fétis, maître de chapelle de la cour de Parme, où il fit représenter, en 1673, 1675 et 1677, trois opéras, et qui publia

---

(1) Il eut un fils, nommé comme lui Nicolas, né à Londres, violoniste ainsi que son père, dont il fut l'élève, et qui publia aussi cinq livres de solos de violon. Après avoir voyagé en Autriche et en Bohême, il retourna à Londres, où il mourut en 1749. Matteis père passe pour avoir « introduit l'art du violon » en Angleterre. (V. Hart, *le Violon*.)

auparavant quatre livres de sonates à 1, 2, 3 et 4 violons ; mais auparavant encore il avait publié un autre recueil, sur le titre duquel il prenait une autre qualification : *Symphonies champêtres à violon seul et basse avec l'aide de deux autres violons ad libitum, pour pouvoir jouer à deux, trois ou quatre, comme il plaira*, par Marco Uccellini, chef des instruments du sérénissime seigneur duc de Modène, 1669. — N'oublions pas un compositeur féminin, le seul dont nous ayons à enregistrer le nom, la signora Isabella Leonarda, abbesse du couvent de Sainte-Ursule à Novare, où elle était née en 1641, qui, en dehors de nombreuses œuvres religieuses, messes, vêpres, motets, etc., publia un recueil de *Sonate da chiesa a tre*.

Et nous arrivons à Giambattista Vitali, un grand artiste qui a particulièrement droit à l'attention, car, que l'on envisage en lui le virtuose ou le compositeur, il est l'un des plus intéressants, le plus intéressant peut-être de tous ceux qui parurent avant la venue de Corelli. Né dans les environs de Crémone vers 1645, il fut d'abord violoniste à San Petronio de Bologne, puis maître de chapelle du Saint-Rosaire de cette ville, et enfin vice-maître, puis maître de la chapelle du duc de Modène, dans la résidence duquel il mourut le 12 octobre 1692. Les œuvres de Giambattista Vitali, très nombreuses (elles furent publiées de 1668 à 1692), ne prouvent pas seulement qu'il était un virtuose de premier ordre pour son temps, mais elles sont encore, par leur forme, par leur éclat, par l'habileté dans l'emploi des connaissances théoriques qu'elles révèlent chez leur auteur, tellement en progrès sur ce qui s'était fait avant lui, qu'il mérite une mention toute particulière et peut être considéré sous tous les rapports comme un grand artiste. Sa situation artistique fut d'ailleurs importante, et en juste proportion de sa grande valeur. Parmi ses compositions, il faut remarquer surtout les suivantes : *Sonate da camera a tre, due violini e violone ; Varie sonate alla francese ed all'italiana a sei stromenti ; Artificii musicali a diversi stromenti ;* puis, divers recueils de *Baletti, Correnti alla francese*, etc. — Signalons aussi, aux côtés de Vitali qu'il connut certainement, un autre artiste extrêmement remarquable, Pietro degli Antoni, né en 1648 à Bologne, où il mourut en 1720, et qui fit preuve d'une grande activité ; organiste et maître de chapelle de diverses églises de Bologne, il y était entouré d'une si haute considération qu'il fut élu six fois prince de l'Académie des Philharmoniques. Auteur de trois oratorios, de messes, de motets, de cantates, il publia aussi un recueil de *Sonate a violino solo col basso continuo per l'organo* (1686), dont le charme et la grâce accusent un sentiment très personnel, en même temps qu'elles prouvent sa parfaite connaissance de la technique du violon, et deux autres recueils d'*Arie, Balletti, Correnti... a violino e violone o spinetta, con il secondo violino a beneplacito*, publiés à Bologne en 1670 ou 1671 (1).

Mais il nous reste encore, pour cette époque, bien d'autres noms de violonistes à enregistrer : Carlo-Filippo Belisi, qui publiait à Bologne, en 1691, des *Balletti e Correnti* pour deux violons et violoncelle avec basse continue et, en 1700, un livre de *Sonate a tre*. — Carl-Antonio Marini, attaché comme violoniste à l'église de Sainte-Marie-Majeure de Bergame, sa ville natale, et dont on connaît, entre autres nombreuses compositions, 36 sonates, soit pour violon seul, soit pour deux violons et violoncelle. — Tommaso-Antonio Vitali, fils de Giambattista, qui ne démérita point de son père dont il fut sans doute l'élève, car un biographe le cite comme « un virtuose accompli pour le temps » ; né à Bologne, il devint chef d'orchestre de la cour de Modène et publia en cette ville plusieurs suites de sonates pour deux violons, avec orgue pour la basse continue. — Giorgio Buoni, qui, né à Bologne, vécut ensuite à Lucques, à Crémone et à Milan, et publia, outre des *Allettamenti per camera a due violini e basso*, un recueil de *Sonate a due violini e violoncello col basso per l'organo* (1693). — Carlo Piazzi, maître de chapelle de la cathédrale de Crémone, à qui l'on doit encore un recueil de *Balletti, Correnti*, etc., *a tre, due violini e violone* (1691). — Giovanni-Battista Mazzaferrata ou Mazza-Ferrata, né à Côme, maître de chapelle à Ferrare de l'Académie de la Mort, artiste véritablement supérieur, qui mérite notre attention et qu'on ne saurait trop louer en ce qui concerne la valeur de ses compositions et le progrès qu'elles décèlent, au point de vue de la forme et de la structure, sur tout ce qui s'était fait avant lui ; entre toutes ses œuvres, il faut signaler particulièrement son *Primo libro delle sonate a due violini con un bassetto di viola se piace*, publié

(1) Les biographes de Pietro degli Antoni sont très sobres de renseignements à son égard. Je tire surtout ceux-ci d'un article excellent, et très informé, publié par M. Corrado Ricci dans la *Gazetta musicale* de Milan vers 1890. Dans un travail récent publié par la *Rivista musicale*, M. Francesco Vatielli nous apprend que degli Antoni, n'étant déjà plus jeune, épousa une *cantarina* bolonaise, Maddalena Musi, surnommée *la diva Mignatta*, aussi fameuse par son talent que par sa vie aventureuse.

Bologne en 1674, qui le place au premier rang et à la tête de tous les artistes de son temps. — Giovan-Battista Borri, né à Bologne, auteur de *12 Symphonies a trois, 2 violons et violoncelle, avec orgue* (1687), et d'un autre recueil semblable, dédié au petit-neveu de Mazarin, François II, duc de Modène (1688). — Ignazio Albertini, musicien milanais, qui publia à Vienne, en 1690, un livre de 12 sonates de violon, dédié à l'empereur Léopold Ier. — Bartolomeo Bernardi, l'un des nombreux compositeurs de ce nom, né aussi à Bologne, ville qui était, on le voit, un centre musical singulièrement important ; après avoir publié à Bologne même un livre de *Sonate da camera a tre, due violini e violoncello, col violone o cembalo* (1692) et un recueil de *Dodici Sonate a violino solo e continuo*, il devint maître de chapelle à Copenhague, où il mourut vers 1730. — Michelletti, qui se fit connaître par un livre de *Concerti musicali* et un *Concerto per camera a violino e violoncello*. — Giovan-Battista Brevi, organiste de la cathédrale de Bergame, qui publia à Bologne, en 1693, un recueil intitulé : *Bizzarie armoniche, ovvero Sonate da camera a tre stromenti col basso e continuo*.

Et ce n'est pas tout, car les artistes se multiplient à cette époque et deviennent de plus en plus nombreux. Nous trouvons encore Giambattista Gigli, dit, on ne sait pourquoi, *il Tedesco*, virtuose du duc de Toscane, à qui l'on doit un recueil de *Sonate da chiesa e da camera a 3 stromenti col basso continuo per l'organo* (1690), remarquables par leur joli sentiment mélodique ; Girolamo-Niccolo Laurenti, excellent élève de Tommaso Vitali, qui publia six concertos pour trois violons, viole, violoncelle et orgue ; Domenico Gabrielli, né à Bologne, où il mourut le 10 juillet 1690, violoncelliste habile et auteur de plusieurs opéras, qui se distingua par un recueil très intéressant de *Balletti, Gighe, Correnti, Allemande a violino e violone, con un secondo violino a beneplacito* (1684) ; Pietro-Giuseppe Sandoni, claveciniste et compositeur dramatique, qui fut prince de l'Académie des Philharmoniques de Bologne et qui a publié quelques Sonates pour trois instruments (1). Et à tous ces noms il faut ajouter encore ceux de quelques autres artistes fort estimables, qui, pour la plupart, se firent connaître avec avan-

---

(1) Il était l'époux de la célèbre cantatrice Francesca Cuzzoni, la rivale de Faustina Hasse, dont le caractère et les caprices étaient tellement intolérables, que Haendel, peu endurant de sa nature, la menaça un jour de la jeter par la fenêtre parce qu'elle se refusait à faire ce qu'il exigeait d'elle.

tage : Giovanni-Andrea Alberti, Carlo Predieri, Pietro Bertinazzi, Carl-Andrea Mazzolini, Giuseppe Prandi, Francesco Jarné, deux moines : Lorenzo Penna, qui fut maître de chapelle à Parme, et Pietro-Paolo Laurenti qui avait étudié le contrepoint avec Jacopo Perti, Lunati, Minelli, etc.

Mais, quel que fût leur talent, tous ces artistes, vivant parfois isolés, éloignés les uns des autres, sans rapports réguliers entre eux, sans points de contact et de comparaison, ne pouvaient constituer ce qu'on appelle une école, c'est-à-dire un groupement, un ensemble de travailleurs qui, unissant leurs efforts, suivant le même chemin, s'appuyant sur les mêmes principes, peuvent donner à l'art son suprême et complet développement, le porter à sa plus haute puissance. Or, en Italie, il faut arriver d'abord à Corelli, « le maître des maîtres », à Geminiani et à Tartini ensuite, pour voir naître et se former une véritable école de violon, réunissant ces conditions. Ces trois grands artistes, qui ne furent pas seulement des virtuoses exceptionnels, mais aussi des professeurs hors ligne et des compositeurs de premier ordre pour leur instrument, firent l'éducation de toute une légion d'élèves qui, imbus des mêmes doctrines, recevant une impulsion unique, propagèrent ensuite leurs principes, répandirent leur enseignement, et peuplèrent eux-mêmes leur pays d'une foule d'artistes qui contribuèrent à sa gloire (1).

(1) Il faut remarquer que la lutherie italienne, qui fut aussi l'honneur et la gloire de ce pays, semble avoir suivi les progrès de la virtuosité, de façon à aider celle-ci et à lui procurer les moyens matériels de se produire et de se compléter. Au xvie siècle paraissent André Amati, l'aîné de cette famille célèbre, et ses deux fils, Antoine et Jérôme, puis, successivement, dans les premières années du xviie siècle, soit à Crémone, soit à Brescia, Nicolas Amati, petit-fils du chef de la dynastie, Gaspard da Salò, Paolo Maggini, Antonio Zanetti, Antonio Mariani, Giambattista Rugeri, Andrea Guarneri, chef d'une autre famille glorieuse, pour arriver enfin, de recherches en recherches, de progrès en progrès, à l'admirable Stradivarius, dont Corelli put avoir en mains les premiers instruments, — les premiers chefs-d'œuvre.

Peut-être, avant de citer ces artisans devenus justement célèbres, conviendrait-il de rappeler les noms de deux de leurs devanciers. D'abord, le P. Dardelli, religieux cordelier du couvent de Mantoue, qui fabriquait des luths et des violes de diverses espèces, et qui fit pour la princesse de Mantoue un luth merveilleux, dont le manche était un travail admirable d'ivoire et d'ébène, et dont les côtes du dos étaient séparées par des filets d'argent ; cet instrument portait le nom de *padre Dardelli* et la date de 1497. Dans le même temps vivait à Venise un autre luthier, Venturi Linelli, qui fabriquait des mandores et des violes. « Dragonetti, dit Fétis, a possédé un *accordo* de cet artiste ; c'était une viole de la plus grande espèce, semblable à celle qu'on voit dans le tableau des *Noces de Cana* de Paul Véronèse, et qui était montée d'un grand nombre de cordes assez serrées sur le manche pour exécuter des accords. Cet instrument portait la date de 1514, laquelle était incrustée en érable sur la table d'harmonie. »

II

Au point où nous sommes parvenus, et avant de parler comme il convient de Corelli, dont l'existence ouvre une période lumineuse dans l'histoire générale du violon, il n'est sans doute pas inutile de chercher à caractériser les divers genres de compositions jusqu'alors consacrées à cet instrument, compositions qui, d'abord inconsistantes et sans relief, avaient peu à peu pris forme, mais attendaient encore leur développement définitif. Il est bon, en effet, de savoir au juste la différence qui séparait la *sonata da chiesa* (sonate d'église) de la *sonata da camera* (sonate de chambre), et le *concerto da camera*, où le soliste était simplement soutenu par un ou deux instruments, du *concerto grosso*, d'apparence déjà presque symphonique, où il était accompagné par un petit orchestre à cordes dont une partie « concertait » en quelque sorte avec lui. Ces différentes variétés de compositions s'enfantaient les unes les autres, se confondaient parfois jusqu'à un certain point, et ce n'est pas tout d'un coup, mais progressivement, *mano, mano*, comme on dit en Italie, et en raison de l'habileté même acquise par les exécutants, de leur aptitude à vaincre les difficultés, que les virtuoses compositeurs élargirent ces genres nouveaux, les perfectionnèrent, et, en les caractérisant, les amenèrent à leur forme normale.

On ne sait trop si ce que les Italiens appelaient, à la fin du xvi⁰ siècle ou au commencement du xvii⁰, *canzoni da suonare* (chansons *à exécuter*, et non pas à chanter) étaient écrites pour des instruments à archet, c'est-à-dire des violes, ou des instruments à cordes pincées, comme le luth ou le théorbe. Mais il semble que c'est de ces compositions presque embryonnaires que naquirent celles auxquelles les Allemands donnèrent le nom de *suite* et les Italiens celui de *partita ;* et c'est de la *suite* ou *partita* que dériva la *sonate* qui n'était d'abord composée, comme celle-ci, que d'une série d'airs de danse d'un mouvement tantôt lent, tantôt vif, et qui prit, sous la main de Corelli et de Tartini, un caractère plus sérieux et des formes plus vraiment musicales. Encore faut-il se rappeler, d'abord, que les sonates étaient dans l'origine à plusieurs instruments, et que, comme nous le disions, il y en avait de deux sortes, la sonate d'église et la sonate de chambre.

Un écrivain italien distingué et très familier avec ces questions, Villanis, a nettement caractérisé cette double forme de la sonate en ses commencements : « La sonate d'église, à cette époque, dit-il, est le plus souvent formée de trois ou quatre mouvements : un *Prélude* lent et de caractère grave, un *Allegro* en style fugué, un second *Grave*, un final *Allegro*. Dans la sonate de chambre, au contraire, on voit prédominer les Danses, mais de sorte que les graves *Sarabandes* et *Allemandes* sont alternées aux *Gigues* et *Gavottes* sentimentales (1). En d'autres termes, il s'agit d'un seul principe de formes reposant sur les contrastes, qui acquiert un caractère sacré ou profane selon les éléments adoptés. Bientôt, dans le développement de l'art, ces distinctions s'évanouissent et le principe qui les règle survit seulement. La Sonate de chambre, se développant toujours davantage, commence à idéaliser les formes de danse, les étend, les perfectionne, et élabore à son gré ces matériaux sonores qu'elle possède tout à fait, en tirant de la Sonate d'église la gravité qu'elle ne possédait pas. Par contre, dans la Sonate d'église on aperçoit la recherche d'une plus grande légèreté, particulière à l'élément profane ; et dans cette permutation c'est la Sonate de chambre qui va dominer, et ce nom sera désormais réservé aux compositions pour violon. »

Après avoir caractérisé les deux formes de la sonate, il faut, de même, faire connaître les deux genres du concerto, *concerto da camera* et *concerto grosso*, tous deux également destinés à mettre en évidence un instrument prépondérant, entouré de quelques compagnons qui s'effacent modestement devant lui. Le *concerto da camera* était un concerto de violon simplement accompagné, parfois de façon concertante, par un ou deux instruments, généralement un deuxième violon et un violoncelle. Le *concerto grosso*, plus compliqué, révélait une ambition plus haute, puisque ses développements étaient plus considérables et qu'il faisait accompagner l'instrument solo par une sorte de petit orchestre. Celui-ci semble avoir été imaginé simultanément par Corelli et par Torelli, à qui

---

(1) Et notre Brossard disait, dans son *Dictionnaire de musique* (1703) : « Les sonates de chambre sont proprement des suites de plusieurs petites pièces, propres à faire danser et composées sur le même ton ; ces sortes de sonates commencent ordinairement par un prélude ou petite sonate qui sert d'introduction à toutes les autres ; après viennent l'allemande, la pavane, la courante et autres danses ou airs sérieux. Ensuite viennent les gigues, les passacailles, les gavottes, les menuets, chacones et autres airs gais, et tout cela composé sur le même ton ou mode et joué de suite, forme la *sonata da camera*. »

l'on en doit les premiers modèles. Il comprenait trois éléments distincts, mais se fondant et s'harmonisant dans l'ensemble : 1° le violon principal ; 2° le *concertino*, c'est-à-dire assez généralement un quatuor accompagnant, concertant avec lui, et composé de deux violons, une viole (alto-viola) et un violoncelle ; et, 3° deux autres violons et un *violone* (contrebasse de viole), constituant le *ripieno* et complétant le petit orchestre pour les *tutti*. C'est de là que sortira plus tard, pour le violon, le grand concerto moderne accompagné d'un véritable orchestre, tel que l'établit Viotti avec son incomparable génie, et que le pratiquèrent après lui tous les grands violonistes, Rode, Kreutzer, Baillot, Lafont, Libon en France, Spohr, Mayseder, Bohrer, Maurer en Allemagne, Bériot, Léonard, Vieuxtemps pour la Belgique... (1).

III

CORELLI.

Et nous voici arrivés à Corelli, le plus grand des maîtres, l'artiste glorieux dont, après plus de deux siècles écoulés, l'immense renommée n'a subi aucune atteinte, grâce surtout aux œuvres qu'il nous a laissées et qui nous permettent d'apprécier à sa valeur l'admirable talent dont il fit preuve, tant comme virtuose que comme compositeur.

(1) A propos du mot *concerto*. — Dans un de ses fameux concerts historiques, celui du 18 novembre 1832, consacré spécialement à la musique du XVIe siècle, Fétis faisait entendre un *concerto passeggiato* d'Emilio del Cavaliere pour violes, violon français, harpe, orgue et théorbe. Il n'en dit rien dans le discours dont il accompagnait chacune de ses séances ; seulement dans son compte rendu de la *Revue musicale*, ces quelques mots relatifs à l'exécution : « Dans le *concerto passeggiato* d'Emilio del Cavaliere, MM. Baillot et Franchomme ont été particulièrement admirables. »

On sait qu'Emilio del Cavaliere, né vers 1550, mourut entre 1595 et 1600. Or, dans la notice qu'il lui a consacrée dans la *Biographie universelle des musiciens*, Fétis ne souffle mot de cet ouvrage d'un caractère si particulier, ce qui est bien extraordinaire. D'autre part, il ne possédait même pas la musique de ce concerto qu'il avait fait exécuter, puisqu'elle ne figure pas dans le catalogue de sa bibliothèque, publié après sa mort, ce qui est plus extraordinaire encore. Et comme on a découvert depuis que Fétis ne s'était pas gêné, en diverses circonstances, pour se livrer à certains arrangements destinés, par les noms fameux qu'il leur attribuait, à piquer particulièrement la curiosité du public, on peut se demander si ce *concerto passeggiato* attribué par lui à Emilio del Cavaliere, dont on ne connaît aucune autre œuvre instrumentale, ne serait pas précisément un de ces pastiches qui lui étaient plus ou moins familiers.

Arcangelo Corelli, qui était né le 19 février 1653 à Fusignano, petite ville des États Romains, et qui mourut le 8 janvier 1713 à Rome, comblé d'hommages et d'honneurs, doit être considéré comme le fondateur et le véritable chef de la grande école italienne de violon, la première en date, et qui porta ses fruits pendant plus d'un siècle. C'est lui qui, par son enseignement, par ses compositions, établit et régla la technique de l'exécution du violon, aussi bien en ce qui concerne la conduite de l'archet que le mécanisme des doigts ; c'est lui qui posa avec sûreté les principes généraux de cette exécution, principes que son incomparable talent mettait en pleine lumière et que ses nombreux élèves répandirent après lui de tous côtés (1). Il est vraiment surprenant que l'Italie, toujours justement fière et jalouse de ses gloires musicales, reste si peu soucieuse de les faire connaître et d'en rappeler le souvenir. En ce qui concerne les grands violonistes qui jetèrent sur elle un si brillant et si merveilleux éclat, il n'existe sur aucun d'eux, pas plus sur Corelli que sur Geminiani, Locatelli ou leurs successeurs, une étude, une notice, une esquisse quelconque. Pour ce qui est de Corelli particulièrement, aucun écrivain n'avait eu l'idée, jusqu'à ce jour, de s'occuper de lui sérieusement, de retracer l'existence, de rappeler les travaux de ce maître glorieux qui tient une si grande place dans l'histoire artistique de son pays (2). Cette lacune a été comblée cependant, jusqu'à un certain point, lorsqu'il fut question, récemment, de célébrer à Fusignano, sa ville natale, le second centenaire de sa mort. C'est alors que parut en cette ville une publication très luxueuse, plus luxueuse même que vraiment substantielle, intéressante néanmoins bien que l'accessoire l'emporte un peu trop sur le principal, et qui a pour titre : *In onore di Arcangelo Corelli* (3). Ce n'est là

(1) Si l'on veut un exemple de ce que produit l'enseignement par la succession des disciples qui le reçoivent, on le trouvera dans cette généalogie artistique : Corelli (1653-1713), maître de Somis ; Somis (1676-1763), maître de Pugnani ; Pugnani (1727-1803), maître de Viotti ; enfin Viotti (1753-1824), maître de Rode (1774-1830). — Ce que nul n'a fait remarquer jusqu'ici, c'est que Viotti vint au monde précisément un siècle après Corelli (1653-1753).

(2) Et il fallut que ce fût un écrivain français qui, le premier et le seul, consacrât à Viotti un livre important, alors qu'aucun historien italien n'avait songé à s'occuper de cet artiste merveilleux que notre Baillot appelait, dans son emphase admirative, « l'Homère du violon ». Paganini seul a été l'objet de quelques travaux de ses compatriotes (Voy. *Viotti et l'école moderne du violon*, par ARTHUR POUGIN, Paris, Schott, 1888).

(3) L'auteur est un concitoyen de Corelli, M. le docteur Carlo Piancastelli, de Fusignano, qui a voulu rendre un digne hommage au grand maître qui a illustré sa ville natale.

toutefois qu'une simple notice, sans aucun désir d'analyse et sans prétention à
la critique, due à un écrivain assurément bien intentionné, mais qui manquait des
connaissances nécessaires pour mettre en relief le génie d'un tel maître. Ne se
trouvera-t-il donc aucun artiste italien pour nous donner un jour, sur Corelli, l'étude
vivante et sérieuse à laquelle il a droit, tant comme virtuose que comme compositeur, et surtout comme chef d'école ?

Malgré les recherches faites récemment, on n'a que bien peu de données et de
renseignements sur l'enfance et les jeunes années de Corelli. Son père s'appelait,
comme lui, Arcangelo Corelli et sa mère Santa Raffini. Le dernier de cinq fils,
Corelli fut enfant posthume, son père étant mort subitement, âgé de soixante ans,
le 13 janvier 1653, cinq semaines avant la naissance de l'enfant. Pour le reste,
tout est obscur et mystérieux, d'une obscurité presque impénétrable. Qu'étaient les
parents de Corelli, quelle éducation reçut-il, quels furent ceux auxquels il dut les
premiers éléments d'un art qu'il devait exercer d'une façon si magistrale ? A ces
diverses questions il n'est point de réponse possible, et le mystère reste complet.
Ce que l'on croit savoir, c'est qu'avant de se rendre à Rome, où devait s'écouler
toute son existence d'artiste, il fut envoyé à Faenza, où il avait des relations de
famille et ou il commença son éducation musicale, puis à Lugo, où il dut la continuer ; mais on ne sait même pas quel fut, de l'un ou de l'autre côté, le premier
maître, maître assurément obscur, à qui il dut l'éveil de son incomparable
talent (1). Fétis, qui exprime pour lui une juste admiration, suppose (d'après la
notice de Fayolle, qu'il a presque entièrement copiée sans la citer) (2), qu'il fut
élève d'un excellent violoniste, Giovan-Battista Bassani, qui était en même temps
un compositeur remarquable ; mais comme, dans la notice qu'il a consacrée à
celui-ci, il fixe, ainsi que tous les biographes, la date de sa naissance à 1657, ce
qui le ferait plus jeune de quatre années que Corelli, le fait paraît au moins
invraisemblable, quoique n'ayant soulevé jusqu'à ce jour aucune discussion. Nous
trouvons ensuite, fort heureusement, une précision, grâce à un document récem-

---

(1) Ce renseignement a été emprunté par les biographes au chanoine Crescimbeni, qui avait connu
personnellement Corelli, et qui le comprenait dans ses *Notizie istoriche degli Arcadi morti*, publiées en
1720. Selon cet écrivain, c'est un prêtre qui, à Faenza, lui aurait donné ses premières leçons.

(2) Voy. *Notices sur Corelli, Tartini, Gaviniés, Pugnani et Viotti*, par Fr. Fayolle (Paris, 1810, in-8°).

ment découvert, qui nous apprend qu'avant de s'établir à Rome, Corelli avait fait un séjour à Bologne, où il avait eu pour maître un violoniste nommé Giovanni Benvenuti. Bologne était déjà, à cette époque, ce qu'elle n'a cessé d'être depuis : un centre musical d'une extrême importance, et l'une des premières villes d'Italie sous ce rapport. Il n'est donc pas étonnant que Corelli s'y soit rendu tout d'abord. Je tire ce renseignement important d'un article publié par M. Francesco Vatielli, bibliothécaire du Lycée musical de Bologne, dans la *Nuova Musica* de Florence (10 avril 1913), dans lequel il dit : « Un document manuscrit de Martini (1) publié en ces derniers jours par M. Bonora, le diligent archiviste de l'Académie philharmonique (de Bologne), dit Corelli élève de Giovanni Benvenuti. » Et l'écrivain ajoute : « De ce Benvenuti on ne sait rien autre, sinon qu'il appartint à l'Académie philharmonique et qu'il jouit d'une grande réputation. » Nous voilà donc fixés, et cette fois d'une façon qui paraît certaine, sur l'artiste qui fut le vrai maître de Corelli, et nous pouvons tenir pour inexacte la tradition qui le faisait disciple d'un artiste plus jeune que lui. Cette tradition semble remonter jusqu'au fameux écrivain musical anglais John Hawkins qui, dans son *Histoire de la musique* devenue célèbre, paraît bien avoir été le premier à donner Bassani pour maître à Corelli, en quoi il fut imité par son compatriote Burney, auteur d'une autre *Histoire de la musique*. Tous deux ensuite auraient été copiés servilement, sans autre examen, par tous les biographes successifs de Corelli. C'est ainsi que se forment les légendes.

Rien ne doit subsister de celle-ci, d'après les quelques renseignements, malheureusement trop peu nombreux, que nous pouvons réunir sur le séjour de Corelli à Bologne, où il semble être arrivé vers 1666 ou 1667, et sur la façon dont se fit sa première éducation musicale. Le chanoine Crescimbeni, que j'ai déjà cité, nous apprend cependant qu'il ne songeait nullement alors à étudier la musique au point de vue professionnel. Il nous dit que Corelli venait à Bologne « *dans un tout autre but que de professer cet art*. Mais en entendant le son du violon, il y prit finalement un tel goût qu'il s'attacha à cet instrument, dont l'étude le retint quatre années à Bologne ».

Dans la première moitié du xviie siècle vivait en cette ville un violoniste très

(1) Le célèbre Père Martini, fameux par son enseignement et son érudition, à qui Bologne est justement fière d'avoir donné le jour.

remarquable, Ercole Gaibara, auquel son talent avait fait donner le surnom de *del violino;* les biographes négligent pourtant de le mentionner, bien qu'il eût ouvert une école très florissante d'où sortirent plusieurs virtuoses distingués ; parmi ceux-ci il faut surtout citer Giovanni Benvenuti et Leonardo Brugnoli, dont le souvenir se rattache directement à la personnalité de Corelli. Benvenuti, qui fut attaché au Concert Palatin, devint aussi violon-solo de la chapelle de l'église San Petronio ; Brugnoli, qui était vénitien de naissance, appartint de même à la chapelle de San Petronio et se fit remarquer par un talent hors de pair et d'une véritable originalité. Tous deux furent nommés, dès les premières années de son existence, membres de l'Académie philharmonique (1). Les notes du P. Martini, citées ci-dessus, nous apprennent que Corelli fut élève de Benvenuti, et complètent ce renseignement en nous faisant savoir qu'il prit ensuite des leçons de Brugnoli, dont le jeu l'avait enthousiasmé. Nous savons donc ainsi, sans doute possible, quels furent les deux maîtres qui formèrent et préparèrent son admirable talent. Quant au grand artiste que fut Bassani, dont il sera question plus loin, nous voyons qu'il y fut absolument étranger (2).

Corelli avait si bien profité des leçons et des conseils de ses deux maîtres, qu'après quatre années seulement de séjour à Bologne il se rendit, en 1671, à Rome, soit par désir de commencer à s'y faire connaître, soit surtout dans le but d'y compléter son instruction théorique. On sait en effet, d'après un écrit d'Adami da Bolsena, qu'il devint bientôt, pour le contrepoint et la théorie de l'art, l'élève d'un artiste de premier ordre, Matteo Simonelli, chapelain chantre de la chapelle pontificale et maître de chapelle de diverses églises de Rome, disciple lui-même du célèbre Gregorio Allegri, et que la suave beauté de ses compositions religieuses fit surnommer « le Palestrina du xviie siècle ». On peut dire que, sous ce rapport, Corelli était à bonne école, et il le prouva par la suite, car il ne se borna pas à être un virtuose exceptionnel, mais il fut encore un compositeur de haute valeur et dont la solide instruction ne saurait faire aucun doute.

(1) L'Académie philharmonique de Bologno, l'une des plus célèbres de ce genre, fut fondée en 1686, par le marquis Vincenzo-Maria Carrati.

(2) On ne sait où ni quand mourut Brugnoli. Quant à Benvenuti, il entra en 1710 à l'hospice de San Giuseppe, qui était à Bologne une maison de retraite pour les vieillards, et y mourut le 11 février 1715.

Mais ici se place un incident. C'est encore Hawkins qui, dans son grand ouvrage, raconte qu'en 1672 Corelli fit un voyage en France et vint à Paris, sans doute avec le désir de s'y produire, et que la jalousie de Lully lui suscita tant de tracasseries et d'ennuis qu'il résolut de retourner en Italie sans avoir pu réaliser son projet. Le livre de Hawkins ayant été publié en 1776, on pourrait supposer que l'auteur était informé d'un peu près à ce sujet. Cependant, comment croire que Corelli, âgé seulement de dix-neuf ans en 1672, pût jouir dès lors d'une telle renommée qu'elle excitât la jalousie de Lully, qui avait déjà renoncé à jouer du violon, et qui, d'ailleurs, devait être en ce moment trop occupé de l'organisation et de la prochaine inauguration de son Opéra (15 novembre 1672) pour songer à autre chose ? Il semble donc que l'assertion de Hawkins, bien qu'elle ait été reproduite quelques années plus tard par Arteaga dans son livre sur le *Rivoluzioni del teatro musicale italiano,* et répétée ensuite sans aucun contrôle par tous les biographes, ne repose sur aucun fondement ; et tout porte à croire que la prétendue visite de Corelli à Paris n'a jamais eu lieu et n'a pu, par conséquent, motiver les préoccupations et la jalousie de Lully (1).

A défaut de ce voyage en France, qui semble très hypothétique, d'autres ont parlé d'un voyage en Allemagne et ont cru pouvoir avancer, sans aucune certitude d'ailleurs, que Corelli, arrivé au terme de ses études, se serait rendu en ce pays, sans doute par curiosité d'esprit artistique, et pour savoir ce qui se faisait de ce côté. On ne saurait dire au juste ce qu'il en est.

Ce qui est certain toutefois, c'est que si Corelli s'était éloigné de Rome à cette époque, il y était de retour en 1678, car, le 6 janvier 1679, à la tête de l'orchestre, il dirigeait, au théâtre Capranica, la première représentation d'un

(1) Voici comment Arteaga s'exprime à ce sujet: « Lulli lui-même se reconnaissait inférieur à lui (Corelli), alors que, animé d'une basse et indigne jalousie, il se prévalut de la grâce où il se trouvait auprès de la Cour de France pour l'éloigner de ce royaume. » A propos de Lully on assure, d'autre part, que Corelli éprouvait pour son génie une véritable admiration. Un témoignage à ce sujet se trouve dans un écrit français où certes on n'aurait pas l'idée de le chercher ; je veux dire dans un des nombreux pamphlets issus de la fameuse et burlesque Guerre des bouffons. Voici ce que, dans un de ces écrits intitulé *Justification de la musique françoise* (1754), l'auteur, Pierre de Morand, dit à ce propos : « Le fameux Corelli était pénétré de tant d'admiration pour Lulli, qu'il avait fait mettre dans des quadres d'or plusieurs morceaux de ce grand homme, et il les gardait dans son cabinet comme un trésor précieux et pour lui servir de modèles. Ils ont passé à sa mort dans la maison d'Ottoboni. » Ce dernier détail donnerait à roire que Morand était bien informé.

opéra nouveau de Bernardo Pasquini, *Dove è amor e pietà*, l'auteur étant au clavecin. Malgré la différence d'âge, — une vingtaine d'années presque les séparait, — nous voyons que Corelli était déjà lié avec ce grand artiste, l'un des premiers organistes de l'Italie, et qu'il avait dû donner assez de preuves de sa valeur pour que Pasquini n'hésitât pas à lui confier les destinées de son ouvrage.

Cependant, dès la seconde moitié de cette année 1679, Corelli part réellement — ou repart — pour l'Allemagne ; il n'y a plus de doute cette fois, et l'on sait qu'il se trouva attaché durant quelque temps, à Anspach, à la musique du duc Carol de Bavière, comte Palatin du Rhin. Mais ce séjour en Allemagne ne fut pas de bien longue durée, car, en 1681, Corelli était de retour à Rome, où il publiait, dans le cours de cette année, son premier livre de sonates (1). Il s'y trouva désormais fixé définitivement, et c'est à Rome que, grâce à son admirable talent, sa gloire va resplendir et son nom devenir illustre.

La Ville éternelle était alors, ainsi que le constate Arteaga dans son livre intéressant, un centre musical d'une grande importance : « Rome, dit cet écrivain, où, particulièrement, l'exécution de la musique sacrée avait dès longtemps introduit la nécessité des études et des maîtres, florissait alors par l'industrie et les talents de Fedi, de Giuseppe Amadei, qui, unis, par un exemple trop peu connu des lettrés, en une fraternelle amitié avec les autres hommes distingués dans l'art des sons et de la composition, se communiquaient réciproquement leurs sentiments et leurs observations, et les exposaient à leur commun jugement, afin que des lumières de tous chacun retirât les enseignements nécessaires pour corriger ses propres défauts, améliorer le plan de l'éducation musicale et agrandir les bornes de l'art (2). »

Fedi, que mentionne Arteaga, fut, dit-on, le fondateur de la plus ancienne école de chant qu'on ait connue à Rome ; Amadei, chanteur lui-même et professeur,

---

(1) Et non en 1683, comme le disent Fayolle et Fétis. Voici le titre exact de ce premier recueil, dont la dédicace à la reine Christine de Suède est datée du 30 avril 1681 : *Sonate a tre doi violoni e violone o arciluto, col basso per l'organo.* Op. 1. Roma, Mutii, 1681.

Hawkins joue vraiment de malheur lorsqu'il parle de Corelli. Ici encore, il annonce (et Chrysander a eu le tort de le suivre) que Corelli ne revint à Rome qu'en 1685, alors qu'il s'y trouvait dès les premiers mois de 1681 pour y publier ses premières sonates.

(2) ARTEAGA, *Le Rivoluzioni del theatro musicale italiano*, Bologne, 1783, 3 vol. in-8 (et non deux, comme le dit Fétis), t. I, p. 301.

avait été élève de Bernacchi, et se fit connaître comme compositeur religieux. Mais il y avait bien d'autres artistes, et de tout genre, à Rome, où l'on comptait alors trois théâtres, le théâtre Tordinona, le théâtre Capranica, le théâtre Alberti, où des églises innombrables entretenaient des chapelles importantes, où de grands personnages, tels que le prince Ruspoli, la reine Christine de Suède, le prince Borghèse, le cardinal Panfili, le cardinal Ottoboni avaient à leur service d'excellentes musiques particulières. Ces artistes, c'était Adami da Bolsena, qui fut maître de la chapelle pontificale et membre de l'Académie des Arcades ; Tommaso Baj, compositeur et le plus fameux ténor de cette chapelle ; Acciajuoli, poète et compositeur, qui écrivait lui-même les livrets de ses opéras ; Francesco Foggia, l'un des maîtres les plus renommés de la grande école romaine, qui dirigeait la chapelle de plusieurs églises ; Giansetti, maître de celle de Saint-Jean de Latran, qui se rendit fameux par la composition d'une Messe à quarante-huit voix en deux chœurs ; le savant compositeur Pitoni, qui mourut dans sa quatre-vingt-septième année, après avoir rempli pendant soixante-six ans les fonctions de maître de chapelle de la collégiale de Saint-Marc ; le grand organiste Bernardo Pasquini, qui fut le maître de Durante ; Francesco Gasparini, auteur de plus de trente opéras pour la plupart représentés à Rome, qui fut lui-même, dit-on, le maître du célèbre Benedetto Marcello ; combien d'autres encore, sans compter le grand Alessandro Scarlatti, qui, quoique Sicilien de naissance, fit son éducation musicale à Rome, sous Carissimi, et qui séjourna de longues années en cette ville, où il fit représenter plusieurs de ses opéras : *l'Onestà nell'amore, Teodora, gli Equivochi nel sembiante*, etc., et exécuter ses oratorios : *il Sacrifizio d'Abramo, il Martirio di S. Teodosia...* (1).

On conçoit ce qu'un tel milieu, et les fréquentations qui en résultaient, pouvait offrir de favorable à l'épanouissement du talent d'un artiste aussi bien doué que

(1) M. Alberto Cametti, dans un article intéressant sur le séjour de la reine Christine de Suède à Rome (*Nuova Antologia*, 16 octobre 1911) signalait ainsi l'intensité de la vie musicale en cette ville à cette époque : « La musique instrumentale, le chant, les comédies, les opéras constituaient alors la principale et la plus agréable distraction de la noblesse et du haut clergé. Les représentations scéniques se succédaient chez les Barberini, le connétable Colonna, les Rospigliosi, chez le cardinal Savelli, le cardinal de Medici, la princesse di Butera, la princesse di Rossano, la duchesse di Bracciano... Les musiciens gagnaient des trésors, chaque noble personnage ayant un nombreux groupe de virtuoses à son service... »

Corelli. Il se lia d'amitié non seulement avec de nombreux confrères, entre autres Bernardo Pasquini et Alessandro Scarlatti, mais avec des peintres distingués, comme Carlo Maratte, Francesco Trevisani et Carlo Cignani, le sculpteur Angelo Rossi, des poètes, des écrivains, et ces liaisons ne pouvaient qu'élever son esprit et aiguillonner son ambition. Admiré comme virtuose, il se faisait applaudir aussi pour les rares qualités de chef d'orchestre qu'il déployait en diverses circonstances (1). Et ses compositions venaient compléter encore une renommée qui ne demandait qu'à s'accroître. En 1685, il publiait son second livre de *Sonate a tre*, qu'il dédiait au cardinal Benedetto Panfili; en 1689, il faisait paraître le troisième adressé au duc François II de Modène, et ces deux recueils obtenaient tout le succès qu'ils méritaient. C'est pendant ce temps que le cardinal Panfili l'attirait chez lui, le logeait en son vaste palais du Corso, et lui donnait la direction de sa musique, avec un traitement de dix piastres florentines par mois (2). Il y resta deux ou trois ans. Mais un grave événement allait décider de son avenir et du reste de son existence.

A la fin de 1689, le cardinal Ottoboni était appelé à succéder, sur le trône pontifical et sous le nom d'Alexandre VIII, au pape Innocent XI. « Peu de jours après son élection, le 7 novembre, il créait son propre neveu, Pietro Ottoboni, cardinal de San Lorenzo in Damaso et vice-chancelier de l'Église. Les richesses et les honneurs plurent alors sur le jeune *porporato*, qui aussitôt brilla sur ce merveilleux fond romain comme un des princes les plus splendides et les plus cultivés (3). » L'un des premiers soins du nouveau cardinal fut d'appeler à lui Corelli, dont il admirait le talent et dont il se fit le protecteur et le Mécène, le logeant dans

(1) Aux premiers jours de février 1687, le nouveau roi d'Angleterre, Jacques II, désirant établir de bonnes relations avec le pape Innocent XI, envoya le comte Castlemain en ambassade à Rome avec un cortège fastueux. La reine Christine qui venait d'abdiquer la couronne de Suède et avait fixé sa résidence en cette ville, voulut fêter l'élévation au trône de S. M. Britannique et fit, à cette occasion, exécuter pendant trois soirées, sur le théâtre de son palais, une cantate de circonstance dont les vers étaient dus au poète Alessandro Guidi et la musique à Bernardo Pasquini ; les *soli* en étaient confiés à Fedi, Verdoni, Onato, Ceccarelli et Raffaelli, tous chanteurs pontificaux. L'exécution de cette cantate surpassa « par la grandeur des éléments mis en œuvre, tout ce qu'on avait coutume d'entendre en de telles circonstances. Il suffira de dire que les chœurs ne comprenaient pas moins de 100 chanteurs, et que l'orchestre uniquement composé d'instruments à archet, comptait 150 exécutants, le tout placé sous la direction de Corelli. »

(2) PIANCASTELLI, *In onore di Arcangelo Corelli.*

(3) PIANCASTELLI, *In onore di Arcangelo Corelli.*

son palais, avec le titre et les fonctions de directeur de sa musique, et, de plus, l'entourant d'une affection qui ne se démentit jamais et qui s'étendait jusqu'à tous les membres de sa famille. « Le palais de la Chancellerie, fastueux et élégant, fut le centre d'une petite cour que les grands prirent bientôt pour modèle. L'Académie (des Arcades), la bibliothèque, le musée, le rendaient fameux ; mais il dut sa plus grande célébrité à ses fêtes musicales, où accourait une foule de cardinaux, d'ambassadeurs, de princes, et toute la première noblesse romaine et étrangère. Ces fêtes avaient lieu régulièrement le lundi soir, et extraordinairement les jours de grandes solennités religieuses, comme la fête de Noël. Corelli en était le premier violon et le directeur (1). »

Il est bon de faire remarquer, à ce sujet, combien les biographes étrangers à l'Italie ont tous négligé de faire connaître le talent déployé par Corelli dans la conduite de l'orchestre, et ses rares facultés sous ce rapport. Il n'était pas seulement, dit un de ses compatriotes, apprécié comme exécutant- incomparable, comme modèle de style dans ses compositions et comme chef d'école (*caposcuola*) ; mais tous savent que sa renommée comme violoniste fut égalée, sinon surpassée, par celle de directeur et d'organisateur de grands orchestres. « Il fut le premier, dit le chanoine Crescimbeni, qui introduisit à Rome les symphonies avec un si grand nombre et une si grande variété d'instruments qu'il est presque impossible de comprendre comment il a pu tout régler sans crainte de désordre, particulièrement en ce qui concerne l'accord des instruments à vent avec ceux à cordes, qui bien souvent excédaient le nombre de cent. » En somme Corelli, d'après ce que nous apprennent ses contemporains, ne se borna pas à être un grand virtuose, mais fut aussi un chef d'orchestre de premier ordre, recherché de toutes parts. C'est lui qui organisait et dirigeait les grands concerts donnés par les membres de l'aristocratie romaine et du haut clergé, ceux qui accompagnaient la distribution des prix aux élèves de l'Académie de San Luca, enfin, comme nous l'avons vu, ceux qui illustraient les réceptions hebdomadaires si brillantes et si recherchées du cardinal Ottoboni.

On conçoit que, placé dans une telle situation, se trouvant en relations cons-

(1) PIANCASTELLI, *In onore di Arcangelo Corelli.*

tantes et directes avec les plus hauts personnages de la société romaine soit religieuse, soit mondaine, soit artistique, pouvant faire apprécier son talent à la fois comme virtuose, comme compositeur et comme organisateur des grandes fêtes musicales dont il avait la responsabilité et qu'il dirigeait en personne, Corelli dut voir sa renommée grandir encore auprès de ses concitoyens. Elle allait atteindre son plein éclat par la publication de son quatrième recueil de *Sonate a tre*, dédié à son bienfaiteur le cardinal Ottoboni (1694), et plus encore par l'apparition de son fameux œuvre V (1700), qui comprenait l'admirable série de ses douze sonates à violon seul avec basse. C'est surtout ce superbe recueil de sonates à violon seul qui excita l'enthousiasme général et qui fit franchir au nom du grand artiste les frontières de son [pays. Là où l'on ne pouvait jouir de la beauté magistrale de son exécution, on se rendait compte de ce qu'elle devait être par la lecture de ces compositions

TITRE DE L'OP. III DE CORELLI.

mâles et pleines de hardiesse, et leur beauté était appréciée à sa juste valeur (1).

Il n'est pas sans intérêt, à ce propos, de rappeler l'opinion émise par quelques

(1) C'est surtout, et presque exclusivement, ce recueil justement célèbre de sonates à violon seul que nous connaissons en France. Quant aux quatre livres de sonates à trois (deux violons et violone ou archiluth), il est bon de faire entre eux une distinction car, malgré l'apparence, ils ne sont pas tous de même sorte. Les livres I et III contiennent chacun douze trios ou sonates d'église, *da chiesa*, où la basse continue (chiffrée) était réalisée sur l'orgue; au contraire, les livres II et IV contiennent chacun douze sonates de chambre, *da camera*, où la basse continue était faite par le clavecin. Les premières étaient vraiment plutôt écrites pour être exécutées à l'église, même pendant les offices, ainsi que cela se pratiquait alors dans la plupart des villes italiennes, mais à quoi Rome s'était toujours montrée hostile, et il fallut la beauté des compositions de Corelli pour que l'on consentît à admettre des instruments à l'église. « Les sonates de chambre, dit un critique italien, étaient exécutées dans les salles (de concert) ou comme intermèdes au théâtre. »

critiques sur les œuvres de Corelli, et les réflexions qu'elles leur inspiraient. Voici de quelle façon Arteaga appréciait son talent : « L'amélioration de l'art du son en Italie provient surtout des écoles qui commencèrent à fleurir après la moitié du siècle dernier. Les plus célèbres furent celle de Corelli, et peu après celle de Tartini. La première, qui dut son origine au plus grand harmoniste qui ait jamais été en deçà des monts, brillait principalement par l'artifice et la maîtrise des imitations, par l'adresse dans la façon de moduler, par le contraste des diverses parties, par la simplicité et la beauté de l'harmonie. La supériorité dans son art et la facilité de se plier aux goûts divers des deux nations italienne et française procurèrent à Corelli un nom immortel dans toute l'Europe, quoique le nombre très restreint de ses productions nous ait remis en mémoire la déclaration de Zeuxis : *Dipingo adagio perchè dipingo per tutti i secoli* (Je peins lentement parce que je peins pour tous les siècles) (1). » De son côté, le fameux organiste anglais Avison s'exprimait ainsi au sujet des œuvres de Corelli dans son *Essai sur l'expression musicale :* « Quoique depuis Corelli le style de la musique soit bien changé et que l'on ait fait de grands progrès dans la recherche de l'harmonie, cependant on trouve dans les meilleurs compositeurs modernes le fond des idées de Corelli, dont ils ont su habilement profiter en étudiant surtout l'œuvre III et l'œuvre V de ses sonates (2). » Enfin un autre artiste anglais, le compositeur Dibdin, faisait ainsi ressortir les qualités de Corelli comme compositeur : « J'avais toujours trouvé un plaisir infini dans les compositions de Corelli. dont l'harmonie est un assemblage de mélodies. J'eus l'idée de prendre séparément les parties principales de ses concertos et de les mettre en partition, ce qui me fit voir en détail tout le travail du grand artiste au moment où il les avait composés. Je réussis de cette manière à comprendre non seulement comment avaient été traitées les différentes parties, mais encore comment elles avaient pu être travaillées. Cet exercice pénible, mais excellent, m'apprit les plus belles propriétés de l'harmonie, et je découvris encore le précieux secret, que les hommes de grande portée savent violer avec avantage bien des règles de composition qui sont dogmatiquement imposées (3). »

(1) Arteaga, *Le Rivoluzioni*, etc., t. I, pp. 292-293.
(2) Charles Avison, *An essay on musical expression* (London, 1752, in-12).
(3) Voy. George Hart, *le Violon, les luthiers célèbres et leurs imitateurs* (Paris, Schott, 1886, in-4;

L'admiration qu'inspirait Corelli, le prestige qui entourait son nom, l'influence que son talent exerçait de toutes parts, ne pouvaient que faire naître chez de jeunes artistes l'ardent désir non seulement de le connaître et de l'approcher, mais de solliciter de lui des leçons et des conseils dont ils appréciaient d'avance la valeur et qu'ils sentaient devoir être de grande conséquence pour leur avenir. Ce ne fut pas, dit-on, sans quelque résistance qu'il se décida, sous ce rapport, à céder aux très vives instances dont il était l'objet, et qu'il consentit à recevoir quelques élèves : mais alors il en survint en foule de tous côtés, si bien que le logis qu'il occupait dans le palais du cardinal Ottoboni devint le siège d'une véritable école où se formèrent, grâce à son enseignement, toute une phalange de violonistes habiles et dont quelques-uns, heureusement doués et de tous points dignes du maître, héritèrent de sa célébrité et devinrent eux-mêmes des virtuoses

p. 327). C'est ici le lieu de rappeler, à propos de cette dernière remarque de Dibdin, une querelle qui s'éleva et fit grand bruit alors, au sujet d'une licence harmonique que Corelli s'était permise. Le débat fut soulevé par le célèbre organiste de l'église San Petronio de Bologne, Giovan-Paolo Colonna, ancien élève de Carissimi, puriste austère en matière de style harmonique, et qui fit ressortir un jour une série de quintes successives qu'il avait constatées entre la première partie et la basse aux 3e, 4e et 5e mesures de l'Allemande dans la troisième sonate de l'œuvre II de Corelli. Il était impossible d'accuser celui-ci d'ignorance ; mais comme on lui avait demandé la raison qui lui avait fait franchir ainsi les règles établies, il répondit par une lettre fulminante, dans laquelle il accusait lui-même Colonna d'ignorance (ce qui était inadmissible) parce qu'il ne comprenait pas ce qu'il avait voulu faire. Cet incident très curieux et qui prouve tout au moins que la patience n'était pas toujours chez Corelli une vertu absolument angélique, a fait l'objet de deux articles intéressants publiés par M. Francesco Vatielli dans la *Nuova Musica* de Florence (18 et 25 avril 1913) et d'autant plus intéressants que l'auteur y a reproduit dans son entier la lettre de Corelli. Sans rechercher si celui-ci avait tort ou raison d'écrire comme il l'a fait le passage incriminé par Colonna (qui nous paraîtrait bien simple aujourd'hui), je me borne à la transcrire pour qu'on en juge :

et je constate simplement que Corelli aurait pu s'en défendre plus courtoisement, avec plus de sang-froid et moins d'outrecuidance.

de premier ordre et de véritables chefs d'école. Il faut surtout citer, à ce point
de vue, Geminiani, dont les succès furent si grands en Angleterre, et les deux
frères Somis, dont l'un fut le vrai fondateur de la grande école piémontaise à qui
l'on doit Pugnani et Viotti, puis Locatelli, notre français Baptiste Anet, et encore
Carbonelli, Gasparini, Castrucci, Mossi, Cosimi, Tessarini et combien d'autres ?
car on n'a pas retenu tous leurs noms. C'est cet enseignement si fécond qui vient
ajouter encore à la gloire de Corelli et la compléter.

Je ne crois pas indispensable de reproduire ici les diverses anecdotes qui ont
eu cours sur Corelli, anecdotes que depuis deux cents ans les historiens de la
musique de tous pays, se copiant scrupuleusement, ont tous racontées à l'envi les
uns après les autres, et dont certaines sont si singulières qu'elles semblent simplement apocryphes. Ceci, d'ailleurs, n'est pas une biographie de cet artiste admirable, mais seulement, complétée à l'aide de documents nouveaux et récemment
découverts, l'étude du rôle particulier qu'il a tenu et de la place exceptionnelle qu'il
occupe dans l'histoire du violon et des violonistes en Italie. Ce rôle, cette place, il
les a maintenus, il les a conservés jusqu'à son dernier jour, et l'on peut dire qu'il
disparut de ce monde entouré de l'estime, du respect et de l'admiration universels.

Ce qui fait la gloire de Corelli, c'est que non seulement il fut un virtuose incomparable par sa technique merveilleuse, par la grâce et la chaleur de son jeu,
par la pureté d'un style plein d'audace et de grandeur, mais aussi qu'il fut en son
genre un compositeur de premier ordre, à l'esprit particulièrement novateur, et
dont, après deux siècles écoulés, les œuvres ont conservé toute leur valeur, valeur
d'enseignement et valeur de beauté. Élève d'un des plus nobles représentants de
la grande école romaine, de ce Matteo Simonelli qui mérita, je l'ai dit, d'être appelé « le Palestrina du xviiᵉ siècle », il lui dut les qualités de style et de couleur,
d'habileté dans la forme et de pureté dans l'harmonie, qui distinguent essentiellement ses compositions (1).

(1) Étant donné l'admiration que Fétis exprimait de toutes façons pour Corelli, on peut trouver
extraordinaire qu'il ait laissé passer dans le journal qu'il dirigeait (*Revue musicale* du 24 mai 1835) des
phrases comme celle-ci, que je rencontre dans un article anonyme intitulé *Fragments sur l'histoire du
violon et sur quelques violonistes célèbres :* « Malgré le talent d'exécution de Joseph Corelli de Vérone (!) et
les nombreux ouvrages qu'il a écrits pour son instrument, ses productions sont maintenant *si pâles, si*
décolorées, que ce n'est presque plus de la musique. » O Marsyas !

On lui a dénié l' « invention » du concerto, et Fétis dit à ce sujet, dans sa notice sur un autre grand violoniste, Torelli : « Ce virtuose est l'inventeur du concerto : il est au moins certain que les *concerti grossi* de Corelli ne parurent que trois ans après ceux de Torelli [1709] et quatre ans après la mort de ce dernier [1708]. » Les *concerti grossi* de Corelli ne parurent en effet qu'en 1714 (et il est remarquable que les deux recueils furent posthumes, et que chacun d'eux fut publié après la mort de l'auteur), mais cette discussion de priorité me paraît sans objet ; ce qui me semble le plus clair dans ce débat, c'est que les deux grands artistes eurent ensemble la même idée, la mirent ensemble à exécution, chacun de son côté, et que la question de revendication reste sans solution possible. Ce qui demeure vrai toutefois, c'est que les *concerti grossi* de Corelli servirent plus tard de modèles à Viotti pour ses chefs-d'œuvre en ce genre (1).

Quant à ses sonates, qui forment encore la base du répertoire d'étude de tous les violonistes et que ceux-ci ne cessent de pratiquer, Cartier les caractérise en ces termes dans l'introduction placée par lui en tête de l'édition française qu'il a donnée de l'œuvre V (à violon seul avec basse) : « Ces sonates doivent être regardées par ceux qui se destinent à l'art du violon comme leur rudiment : tout s'y trouve, l'art, le goût et le savoir. Quoi de plus vrai, de plus naturel, et en même temps de plus large que ses adagio ? de plus suivi et de mieux senti que ses fugues ? de plus naïf que ses gigues ? Enfin il a été le premier à nous ouvrir la carrière de la sonate, et il en a posé la limite. » On a loué de toutes parts et avec raison ce cinquième et dernier recueil de sonates, car il est superbe d'un bout à l'autre, sous le double rapport de la grandeur du style et de la richesse de l'inspiration ; et il faut noter que la basse, toujours remarquable par sa franchise, ne se borne pas à former une simple partie d'accompagnement, elle est presque toujours très travaillée, et souvent concerte avec le violon en imitations très serrées et très intéressantes, notamment dans la cinquième, qui est admirable, dans la huitième, et la douzième (2).

(1) Voici le titre du recueil de Corelli : *Concerti grossi con duoi violini e violoncello di concertino obligati e duoi altri violini, viola e basso di concerto grosso ad arbitrio che si potranno radoppiare. Op. sesta.* Le recueil est dédié à Son Altesse Sérénissime électorale Jean-Guillaume, Prince Palatin du Rhin, duc de Bavière.

(2) Ce cinquième recueil était dédié à la princesse Sophie-Charlotte, électrice de Brandebourg. Son

Je ne saurais dire à quelle source Fétis a pu puiser les renseignements étranges
et presque dramatiques qu'il donne au sujet de la mort de Corelli et des incidents
qui en furent la cause. Je n'ai rien trouvé de tel, pour ma part, chez aucun des écrivains italiens qui se sont occupés peu ou prou de leur illustre compatriote. Le
biographe raconte qu'à la suite d'un voyage à Naples où il avait retrouvé son ami
Scarlatti, et où toute une série de froissements d'amour-propre vraiment extraordinaires l'avaient profondément affecté, Corelli était revenu précipitamment à Rome.
« Là, dit-il, de nouveaux chagrins l'attendaient. Un joueur de hautbois dont on n'a
pas conservé le nom (!) jouissait alors de toute la faveur du public, et fut cause
qu'on s'aperçut à peine du retour de Corelli. A cet homme succéda Valentini, dont
les compositions et le jeu sur le violon étaient bien inférieurs au talent et aux ouvrages de Corelli, mais qui eut pendant quelque temps tout le charme de la nouveauté. La susceptibilité de ce grand artiste s'alarma de l'oubli momentané où il se
voyait tombé ; une mélancolie profonde s'empara de lui et abrégea ses jours. La
mort le frappa le 18 janvier 1614, à l'âge de cinquante-neuf ans, dix mois et vingt
jours. »

Tout cela sans doute est bien précis, bien circonstancié. Il faut néanmoins

succès fut énorme, non seulement en Italie, mais à l'étranger, où de tous côtés on en multipliait les
éditions. L'écrivain musical allemand Chrysander, dans une préface placée par lui en tête d'une édition
récente des œuvres de Corelli faite à Londres par la maison Augener, dit que si les droits d'auteur avaient
été établis alors comme ils le sont aujourd'hui, Corelli aurait gagné une fortune rien qu'avec son œuvre V.
Il ajoute que les amateurs anglais, se montrant peu satisfaits des éditions qui leur étaient offertes, prirent
le parti de s'en faire faire des copies soignées, et que certains scribes gagnaient leur vie à ce travail. Il
cite entre autres un artiste nommé Schuttleworth, vivant à Londres en 1738, qui, grâce à ces copies qui lui
étaient demandées sans cesse, trouva le moyen d'élever une nombreuse famille.

C'est ici peut-être le lieu de citer un écrivain italien grand amateur de musique, Vincenzo Martinelli, qui publia en 1758 à Londres, où il résidait alors, un recueil de *Lettere familiari critiche*, dont plusieurs étaient consacrées à la musique, et dans l'une desquelles il caractérisait les sonates d'une façon assez
bizarre, d'abord au point de vue général, puis spécialement en ce qui concerne celles de Corelli : « Dans
les sonates, dit-il, qui ne sont autre chose que l'imitation d'un discours passionné, le compositeur judicieux préfère toujours faire entendre les sons les plus agréables à l'oreille. Si ceux qui exécutent des
sonates de violon faisaient cette observation, ils éviteraient soigneusement ces sons perçants après lesquels ils courent pour faire preuve d'une fausse adresse. Dans un concerto d'instruments, que l'on peut
regarder comme une espèce de conversation, les sons aigus, qui caractérisent les voix de la jeunesse,
doivent donc se faire entendre rarement, parce qu'il ne convient pas à la jeunesse de parler trop souvent.
Il est encore de la bienséance que les personnes qui représentent sachent se taire à propos ; ainsi les
sons graves ne doivent pas non plus dominer. Corelli est le premier qui a mis en pratique cette philosophie. Dans ses ouvrages, la plus grande partie du chant est rendue par des sons qui tiennent le milieu
entre les dessus et les basses-tailles. *Il se sert de ces dernières pour régler la conversation musicale.* »

remarquer qu'à l'époque dont il s'agit Valentini, né en 1690, était âgé seulement de vingt-deux ans ; et c'est un virtuose et un compositeur de cet âge qui aurait fait négliger aux Romains le génie de Corelli, d'un artiste depuis trente ans en possession de la faveur publique, hautement protégé par un prince de l'Église et chef d'une école qui était la gloire de son pays ! Et cela au point de lui causer un chagrin qui le conduisit à la mort ! Il semble qu'il y ait là, à tout le moins, une exagération vraiment extraordinaire. D'autre part, Fétis a été assurément mal informé des détails qui suivirent la mort de Corelli, lorsqu'il s'exprime ainsi : — « Ce grand mucisien possédait une belle collection de tableaux, qu'il légua par son testament au cardinal Ottoboni, avec une somme de cinquante mille écus ; mais le cardinal n'accepta que les tableaux, et fit distribuer l'argent aux parents de Corelli. »

Or, ceci est manifestement inexact, et la preuve s'en trouve aujourd'hui dans le testament même de Corelli, qui a été retrouvé tout récemment, et dont le texte a été publié par un journal de Rome, *Musica*, à l'occasion du centenaire de l'illustre artiste. Voici ce testament :

Au seigneur Cardinal Ottoboni je lègue un tableau à son choix, et je le prie de me faire inhumer où il lui plaira. A M. Matteo Fornari je lègue tous mes violons et tous mes papiers, ainsi que les planches de mon œuvre cinquième, et de plus je lui lègue encore mon œuvre sixième (et s'il y a quelque bénéfice ee sera aussi pour lui). A l'Éminentissime Cardinal Colonna je lègue un tableau de Brugolo. A Pippo, mon serviteur, je lègue le mois double, et à sa sœur Olimpia les quatre testons par mois leur vie durant. Mes héritiers universels sont mes frères, mes exécuteurs testamentaires M. Giuseppe Mondini et M. Girolamo Sorboli, et ces exécuteurs testamentaires auront soin de mes funérailles et de me faire célébrer cinq-cents messes.

Ce jour 5 janvier 1713.

Moi ARCANGELO CORELLI.
mano propria (1).

(1) Al Sig^r Card^{le} Ottoboni Padrone lasio un quadro a sua eletionne, e lo prego a farmi sepelire dove a lui più piacerà. Al Sig^r Mateo Fornari lasio tutti li miei Violini, e tutti li mie carte con lasiare ancora tutti li rami del Opera quinta e di più li lasio anca l'opera sesta (e se vi sarà qualche regalo sia pure anche datto) Al E^{mo} Card^{le} Colonna li lasio un quadro di Brugolo in tella da testo. A Pippo mio servitore lasio mesa doppia il mese e a sua sorella Olimpia lasio li quatro testoni il mese loro vita durante Mieie Eredi universalli i miei fratelli Esecutori testamentari il Sig^r D. Giuseppe Mondini, el Sig^r Girolamo Sorboli e questi miei esecutori pensino al mio funerale e a farmi celebrare misse cinquecento questo do li 5 genaio 1713.

Io Arcangelo Corelli
mano propria.

Le texte de ce testament, qui rectifie bien des erreurs antérieurement accrédidées, a été exactement transcrit d'après l'original existant à Rome, aux Archives Royales de l'Etat. On y voit, entre autres choses, que l'œuvre VI de Corelli, c'est-à-dire le recueil de ses *Concerti grossi*, ne fut pas publié par lui-même, comme le dit avec une singulière précision Fayolle (suivi par Fétis), « le 3 décembre 1712, c'est-à-dire six semaines avant sa mort », puisqu'il lègue cet œuvre VI à Mateo Fornari avec le bénéfice qui pourra résulter de l'édition (1).

On a vu que Fétis, suivant d'ailleurs en cela tous les biographes qui l'avaient précédé, plaçait la mort de Corelli au 18 janvier 1713. Or cette date, toujours indiquée jusqu'à ces derniers temps, est fautive : c'est le 8, et non le 18 janvier, que mourut le grand artiste, et il a fallu deux cents ans pour qu'on en acquît la certitude, grâce à la découverte de son acte de décès, dont l'original a été retrouvé récemment dans le registre des morts pour l'année 1713 de la paroisse de Sainte-Suzanne de Rome, conservé aujourd'hui dans les Archives Latéranes. Voici le texte de cet acte, tel qu'il fut publié par le journal *Musica*, de Rome, au mois de janvier 1914 :

Arcangelus Corelli de terra Fusignani, Ferrariae Diocesi (sonatricis artis instructor celebris et inventor) in Com. S. M. E. animam Deo redidit die 8 Jannuarii 1713 et per me Hjeronimum Garofali Parum Confessus. SS. mo Viatico roboratus sacrique Dei unctione munitus; cuius corpus *ex-concessione* fuit delatum ad *ecclesiam Rotundam ibique* seq. die fuit expositum et *sepultum*.

Corelli fut inhumé au Panthéon, tout près de la tombe de Raphaël, et sur la sienne on plaça un buste qui, depuis, fut transporté au Capitole. De plus, une statue lui fut élevée au Vatican, avec cette inscription :

CORELLI PRINCEPS MUSICORUM.

(1) Plusieurs des indications données par Fayolle et par Fétis étant inexactes, voici, d'après les éditions originales, les titres et les dates de publication des œuvres de Corelli : *Sonate a tre, doi violini e violone o arcilulo* (dédiées à la reine Christine de Suède). *Opera prima, Roma, Mutii* 1681. — *Sonate da camera a tre, doi violini e violone e cimbalo* (au cardinal Panfili). *Opera seconda, Roma, Mutii,* 1685. — *Sonate a tre, doi violini e violone o arcilulo* (au duc François II de Modène). *Opera terza, Roma, Komarek,* 1689. — *Sonate a tre, composte per l'Academio dell' Em* e Rev* Sig* Cardinale Ottoboni. Opera quarta, Roma, Komarek,* 1694. — *Sunate a violino e violone o cimbalo. Opera quinta (parte prima). Preludii, Allemande, Correnti, Gighe, Sarabande, Gavolte e Follia (parte seconda)* (à la princesse Sophie-Charlotte, électrice de Brandebourg), *Roma, Gasparo Pietra Santa,* 1700. — *Concerti grossi con duoi violini e violoncello, di concertino obbligati e duoi altri violini, viola e basso di concerto grosso ad arbitrio che si polranno raddoppiare* (à Jean-Guillaume prince Palatin du Rhin, duc de Bavière), *Amsterdam, Roger,* 1714. Il faut donc tenir pour non avenu le renseignement donné par Fétis, qui fait paraître ce dernier recueil à Rome, en 1712.

C'est ce « Prince des musiciens » que les Italiens, en 1913, ont voulu glorifier par la célébration du second centenaire de sa mort. Ce centenaire eut moins d'éclat sans doute que celui de Verdi, qui en ce moment hynoptisait un peu trop ses compatriotes ; qui sait pourtant si dans cent ans nos futurs violonistes ne joueront pas encore les sonates et les concertos de Corelli, alors que les partitions de Verdi, ayant fait place à d'autres, ne seront plus, comme toutes celles qui les ont précédées, que des œuvres de bibliothèques ? Ce qui est certain, c'est que Corelli a créé un art, l'art instrumental, comme Palestrina a créé l'art religieux, comme Monteverde a créé l'art dramatique, ce qui fait que certains de leurs compatriotes accolent leurs trois noms et en font comme une sorte de trinité. En tout état de cause, c'est à lui que l'on doit, sans conteste, les principes solides et rationnels de la technique générale du violon, c'est lui qui a fait définitivement sortir de son enfance cet instrument admirable, qui en a montré le premier toute la grandeur et toute la puissance, tout le charme et tout l'éclat, toute la souplesse et toute la grâce, c'est lui enfin qui par son talent, par ses œuvres, par son enseignement, a fondé la première véritable école de violon, génératrice de toutes les autres, si bien que, par symbole, on peut dire de Corelli qu'il est le père de tous les violonistes passés, présents et à venir.

M. Piancastelli nous apprend que durant plusieurs années les élèves du maître, qui s'était fait aimer autant qu'admirer, lui avaient rendu à chaque anniversaire de sa mort un hommage touchant : « Nous savons, dit-il, par des témoignages certains, que pendant plusieurs années on faisait célébrer dans l'église, au jour de sa mort, un solennel office funèbre, et durant la cérémonie un orchestre nombreux exécutait des morceaux choisis de sa musique. C'était un hommage émouvant, dont je ne saurais dire s'il était plus d'admiration ou d'affection. L'usage dura jusqu'à ce qu'il n'y eût plus d'élèves de Corelli. Quand le dernier d'entre eux mourut ou s'éloigna, quand se tut le dernier cœur affectionné, le silence s'étendit sur la tombe sacrée. Le divin artiste s'endormit dans sa douce paix. Sa patrie l'en a réveillé cette année, amoureusement (1). »

Un hommage d'un autre genre lui fut rendu en France, qui peut suffire à

____

(1) *In onore di Arcangelo Corelli.*

prouver combien le grand nom et la gloire de Corelli étaient appréciés chez nous : ce fut quelques années après la mort de l'illustre musicien italien qu'un grand musicien français eut l'idée d'exalter ainsi sa mémoire. En 1724, le plus célèbre membre de la famille des Couperin, l'organiste-claveciniste François Couperin, dit « le Grand », publiait sous ce titre, *le Parnasse ou l'Apothéose de Corelli*, une grande sonate en trio pour deux violons et clavecin, en accompagnant chacun des sept morceaux qui composaient l'œuvre d'autant de petites légendes dont l'ensemble formait un curieux et singulier programme, comme on peut le voir :

Grave. — Corelli, au pied du Parnasse, prie les Muses de le recevoir parmi elles.

Allegro moderato. — Corelli, charmé de la bonne réception qu'on lui fait au Parnasse, en marque sa joie. Il continue avec ceux qui l'accompagnent.

Moderato. — Corelli, buvant à la source d'Hippocrène. sa troupe continue.

Vivo. — Enthousiasme de Corelli, causé par les eaux d'Hippocrène.

Molto moderato. — Corelli après son enthousiasme, s'endort, et sa troupe joue le sommeil suivant, très doux.

Vivo. — Les Muses réveillent Corelli en le plaçant au Parnasse.

Allegro ma non troppo. — Remerciement de Corelli (1).

A part celle de Fétis, nous n'avons en France d'autre notice sur Corelli que celle de Fayolle, qui a été citée plus haut. Je me trompe ; il existe sous ce titre : Corelli, une sorte de biographie de Stephen de la Madeleine, publiée naguère dans la *Gazette musicale* (1836, Nº 46), dans laquelle l'auteur, après avoir placé Fusigano en Calabre, fait de Bassani, à qui Corelli est recommandé, un vieillard

---

(1) L'*Apothéose de Corelli* est comprise dans un recueil intitulé *les Goûts réunis* ou *Nouveaux Concerts*, que l'auteur a fait précéder d'une préface dont j'extrais ces lignes : « Le goût italien et le goût français ont partagé depuis longtemps (en France) la République de la Musique ; à mon égard, j'ai toujours estimé les choses qui le méritaient, sans exception d'auteurs ni de nation, et les premières sonates italiennes qui parurent à Paris, il y a plus de trente années, et qui m'encouragèrent à en composer ensuite, ne firent aucun tort, dans mon esprit, ni aux ouvrages de Lulli, ni à ceux de mes ancêtres, qui seront toujours plus admirables qu'inimitables. Ainsi, par un droit que me donne ma neutralité, je vogue toujours sous les heureux auspices qui m'ont guidé jusqu'à présent. La musique italienne ayant le droit d'ancienneté sur la nôtre, on trouvera, à la fin de ce volume, une grande sonate en trio qui a pour titre : *l'Apothéose de Corelli*. Une légère étincelle d'amour-propre m'a déterminé à la donner en partition. Si quelque jour ma muse s'élève au-dessus d'elle-même, j'oserai entreprendre aussi, dans un autre genre, celle de l'incomparable M. de Lulli, quoique ses seuls ouvrages dussent suffire à l'immortaliser. »

à cheveux blancs, père de quatre enfants, dont la fille aînée s'éprend follement du jeune artiste, qui lui-même en devient éperdument amoureux. Mais leur mariage étant impossible, la jeune personne se décide à épouser un grand personnage, après quoi elle trompe son mari avec Corelli, d'où résulte un enfant... dont la paternité est indécise (!). Je recommande ce chef-d'œuvre d'ineptie aux méditations des futurs biographes de Corelli. Toutefois j'ai découvert que, sans le dire, la Madeleine n'était en l'occurrence qu'un simple traducteur, et que l'original de cette histoire incongrue est une « nouvelle » due à un obscur écrivain musical allemand, Ernst Ortlepp, et contenue dans le tome XV (pages 1-22) d'un recueil ainsi intitulé : *Grosses instrumental und vokal-concert. Eine musikalische Anthologie* (Stuttgart, 1841, 16 vol.). Il est de toute évidence que le morceau en question avait été publié tout d'abord séparément, dans un journal, où l'avait pris la Madeleine, en se gardant d'indiquer la source où il puisait en le donnant comme sien. A noter, par simple acquit de conscience, une notice sur Corelli publiée par Berlioz dans la même *Gazette musicale* (25 juin 1837), notice sans valeur aucune et dans laquelle l'auteur de *l'Enfance du Christ* a ressassé toutes les anecdotes connues et souvent apocryphes qui avaient cours sur le maître violoniste. Berlioz aurait dû laisser reposer sa plume ce jour-là. Quant à Félix Clément, il a jugé inutile de comprendre Corelli parmi ses *Musiciens célèbres*.

On connaît l'intéressant portrait de Corelli peint par Howard, qui a été gravé ou lithographié par Smith, Marthey, Polkema, Vander, Gucht, Maurien, etc. Ce beau portrait qui a été reproduit des milliers de fois n'a que le défaut, par le fait de l'espèce de rabat blanc qui vient se plaquer sur le vêtement noir montant, de donner au personnage l'allure et la physionomie d'un prêtre. Il en existe un autre, caractéristique et plein d'élégance, signé Anderloni, dont on trouve une excellente reproduction, due à Frédéric Hillemacher, dans le livre d'Antoine Vidal, *les Instruments à archet* (1).

(1) Un dernier petit renseignement. Les lettres de Corelli sont si rares, que dans un catalogue d'autographes publié en Allemagne il y a quelques années, on en trouvait une que ce catalogue cotait 350 marks (437 fr. 50). Cette lettre, datée du 21 octobre 1711, était adressée au célèbre compositeur Perti, maître de chapelle de la cathédrale de Bologne, que Corelli assurait du bon accueil qu'il réservait au jeune artiste Gaetano Boni, que Perti lui recommandait.

IV

Parmi les artistes contemporains, ou à peu près, de Corelli, qui se distinguèrent par leur double talent de virtuose et de compositeur, il faut citer en première ligne celui que Fétis a cru devoir indiquer comme son maître, Giovan-Battista Bassani, qui fut non seulement un des meilleurs violonistes, mais l'un des musiciens les plus remarquables de son temps. Né à Padoue vers 1657 et mort à Ferrare en 1716, il fut élève du fameux moine Daniele Castrovillari dont les drames musicaux sont demeurés célèbres, devint lui-même un compositeur très actif et d'ordre supérieur, et écrivit des opéras, des cantates, des psaumes, des motets, etc. Ses compositions spéciales au violon sont nombreuses et consistent surtout en recueils de sonates pour un ou deux violons avec basse. En citant son œuvre 5ᵉ (12 sonates pour violon et basse), Fétis dit que « le style en est noble, pathétique, et la facture élégante et pure ». Et si Bassani fut un compositeur d'un véritable talent et d'une rare fécondité, sa renommée de virtuose ne fut ni moins grande ni moins brillante (1). C'est à la même époque que vivait un autre violoniste dont le nom est resté justement fameux, Giuseppe Torelli, qui était né à Vérone vers 1660, et qui, attaché d'abord à l'église San Petronio, de Bologne, où on le trouve en 1685 comme membre de l'Académie des Philharmoniques, se rend ensuite en Allemagne, devient maître des concerts du margrave d'Anspach en 1703, et meurt jeune encore, à Anspach, en 1708. Non seulement violoniste hors de pair, mais aussi compositeur instruit et remarquable, Torelli a publié de nombreuses œuvres : concerto *da camera* à deux violons et basse, symphonies à deux, trois et quatre instruments, caprices *da camera* pour violon et viole ou archiluth, concertinos pour violons et violoncelle. Parmi ses compositions, Fétis signale surtout, et d'une façon toute particulière, le recueil posthume publié, en 1709, à Bologne, sous ce titre : *Concerti grossi, con una Pastorale per il santissimo Natale.* « Cet œuvre dit-il, son plus beau titre de gloire, a été publié par son frère après sa mort ; il con-

---

(1) Il était aussi organiste, comme le prouve ce titre d'un de ses recueils : *Suonate da camera*, cioè balletti, correnti, gighe e sarabande a violino o spinetta, di G. B. Bassani, organista e maestro di musica nella venerabile Confraternita della Morte del Finale di Modena e Accademico Filarmonico di Bologna. Op. Jᵃ. — Venetia, 1680.

tient douze concertos à deux violons concertants, deux violons d'accompagnement, viole et clavecin pour la basse continue ». Et nous avons vu qu'à ce propos Fétis revendique en faveur de Torelli l' « invention » du *concerto grosso*, au détriment de Corelli. Cette discussion, je l'ai dit, me semble sans importance et sans intérêt, et je m'en tiens, sur cette vaine question de primordialité, à cette réflexion fort juste d'un critique italien, disant que « dans l'histoire de l'art, ainsi que dans toute manifestation de l'activité humaine, l'invention, le plus souvent, n'est qu'une élaboration des matériaux déjà existants ». Ce qui est singulier et pourtant exact au sujet de Torelli, c'est que l'on ne sache rien des maîtres qui ont formé le talent d'un si grand artiste, l'un des plus justement célèbres de ce temps si fertile en grands virtuoses.

Mais nous en trouvons bien d'autres à cette époque. Et d'abord un dilettante qui paraît avoir eu l'étoffe d'un artiste, Francesco-Antonio Bonporti, conseiller aulique de l'empereur d'Autriche, né à Trente vers 1660, et qui, comme compositeur, fit preuve d'une assez rare fécondité, car on note parmi ses œuvres plusieurs recueils de sonates à deux violons et violoncelle, 10 *Partite* à violon seul et basse continue, un recueil de concertos à quatre, 2 violons, viole et basse avec violons d'accompagnement, enfin *le Triomphe de la Grande Alliance*, consistant en 100 menuets pour violon et basse, etc. Vers la même année naissait à Ferrare, Giovanni Bianchi, qui publia en deux suites 18 sonates à trois et un recueil de *concerti di chiesa* à quatre instruments. Et c'est encore en cette année 1660 ou environ, que vit le jour à Brescia un artiste fort remarquable, Giulio Taglietti, à qui son talent valut l'emploi de maître de chapelle du collège noble de Saint-Antoine de cette ville, et qui non seulement se distingua comme compositeur, mais ne fut pas étranger pour sa part à l'agrandissement des formes de la musique instrumentale dans les dernières années du dix-septième siècle : celui-ci ne publia pas moins de quatre recueils de sonates pour un ou deux violons et basse et trois recueils de concertos à quatre violons, viole, *violone* et basse continue, sans compter le reste. On peut nommer ensuite rapidement : Evaristo-Felice Dall'Abaco, né à Vérone en 1662, mort le 27 février 1726, virtuose habile qui fut directeur des concerts de l'Électeur de Bavière Maximilien-Emmanuel, et qui publia à Amsterdam cinq recueils importants de concertos et sonates pour violon et divers instruments, dans lesquels il fait preuve d'un rare souci de la forme ; Bernardo Tonini, né aussi à Vérone, vers 1668, auteur de trois recueils de sonates à deux violons et basse ; et Michel-Angelo Besseghi (que Fétis appelle à tort *Bezegui*), compositeur et violoniste habile, né à Bologne en 1670, et qui, paraît-il, vint de bonne heure à Paris, où il devint directeur de la musique de Fagan, surintendant des finances. Au dire même de Fétis, « il eut le malheur de se casser le bras, et son protecteur lui assura une existence aisée, ce qui ne le consola jamais de son accident ». Il mourut en 1744, après avoir publié à Amsterdam un recueil de *12 sonate di camera a violino solo col violone e cembalo* et une suite de pièces de clavecin.

Qui encore ? car les noms se pressent ici de tous côtés. Carlo Passionei, artiste attaché à la musique du duc de Ferrare, qui publia à Amsterdam, en 1710, une suite de 12 sonates pour violon seul, avec basse continue pour le clavecin. Andrea Fadini, à qui l'on doit un recueil de 12 sonates pour deux violons, violoncelle et orgue. Antonio Corelio, né à Messine, auteur d'une suite de sonates à trois parties (1710). Antonio-Luigi Baldacini, qui publia un recueil semblable de douze sonates à trois parties. Andrea Zanni, virtuose fort distingué, natif de Casal-Maggiòre, et qui montra comme compositeur une certaine fécondité, prouvée par les ouvrages suivants : *Sei sonate per violino e basso ; Sei concerti grossi a doi violini principali, 2 violini di ripieno, violetta, violone e organo ; Sei sinfonie a due violini, viola di gamba e organo ; Dodici concerti a violino solo, 2 violini di ripieno, violetta e organo.* Giovanni-Guido Antonio, qui publia à Amsterdam, en 1726, un premier livre de sonates pour le violon, et qui vint certainement en France, car ce recueil est dédié au duc d'Orléans. Pietro-Antonio Avondano, violoniste et compositeur dramatique, qui fit paraître, aussi à Amsterdam, 12 sonates pour violon et basse (1732) et des duos de violon et basse. N'oublions pas un virtuose remarquable, Carlo-Francesco Cesarini, né à Rome en 1664, qui appartint à la musique de l'église de la Pietà de cette ville, puis devint maître de chapelle de celle des Jésuites ; son talent d'exécution le fit appeler Cesarini *del violino*, mais, quoiqu'il se soit fait remarquer comme compositeur par des oratorios et diverses œuvres de musique religieuse, il ne paraît pas avoir rien écrit ou publié pour le violon. On peut par contre mentionner à cette place deux artistes illustres, Caldara et Porpora, qui, sans s'être jamais manifestés comme violonistes, ne dédaignèrent pas de se distraire parfois de leurs grands travaux en écrivant quelques compositions pour l'instrument qu'ils aimaient. Caldara publia ainsi un recueil de *Sonate a tre*, deux violons et violoncelle, avec orgue (1700), et un autre de *Sonate di camera* pour deux violons avec basse continue (1701); et l'on doit à Porpora deux livres de chacun douze sonates de violon avec accompagnement de basse.

Il faut ici s'arrêter à la figure singulièrement intéressante d'Antonio Vivaldi, surnommé le prêtre roux (*il prete rosso*) à cause de la couleur de ses cheveux, artiste d'un ordre exceptionnel, que l'exercice de son ministère n'empêcha pas non seulement de devenir un violoniste et un compositeur remarquable pour son instrument, mais encore de faire représenter une trentaine d'opéras. Fils de Giovanni-Battista Vivaldi, violoniste de la chapelle de l'église Saint-Marc, à Venise, Antonio Vivaldi était né en cette ville, où il mourut, très vieux, en 1743. Après avoir séjourné quelque temps en Allemagne, où il fut attaché à la musique de l'Électeur Philippe de Hesse-Darmstadt, il se vit, après son retour à Venise, nommé directeur du Conservatoire de *la Pietà*. Non seulement il devint un violoniste d'un talent exceptionnel, qui fit, par son jeu plein de flamme et de nouveauté, l'admiration de ses contemporains nationaux ou étrangers, mais, en tant que compositeur pour son instrument, il a droit à une étude et à une attention spéciales, en raison des progrès que son génie lui permit d'accomplir. Outre un certain nombre de sonates pour violon seul et basse continue, il n'a guère publié moins de quatre-vingts concertos, dont l'accompagnement ne se borne plus à l'emploi des seuls instruments à cordes, mais où son orchestre se

ANT . VIVALDI

complète par l'adjonction de divers instruments à vent, qui ne doublent pas simplement les parties, mais prennent un rôle particulier et personnel. Un critique
italien très expert, E. Villanis, apprécie ainsi les facultés que Vivaldi a déployées
dans la composition de ses *concerti grossi*, les nouveautés qu'il y a introduites
et la personnalité dont il a fait preuve à cet égard : « Dans l'œuvre de Vivaldi,
dit-il, non seulement le violon principal procède plus librement et avec plus d'élan,
mais encore on voit qu'à l'orchestre d'instruments à archet commencent à s'ajouter les cors et les hautbois, qui ne se bornent plus au redoublement de la partie
des autres instruments, mais qui ont leurs passages et leurs dessins particuliers.
Ce sont les premiers exemples de la vraie orchestration qui dans le concerto
moderne atteindra une nouvelle grandeur ; mais l'œuvre de Vivaldi apporte
surtout une nouvelle contribution au développement de l'art instrumental moderne, et elle marque une phase digne de remarque dans l'histoire des formes
instrumentales italiennes ». Il faut ajouter que Vivaldi ne se refusait pas certaines originalités que son admirable talent aurait suffi d'ailleurs pour faire excu-
ser, si elles avaient eu besoin d'excuse. Entre autres, il semble avoir été l'un
des premiers partisans de la musique imitative. « Ce fut lui, dit Fétis, qui mit
à la mode les concertos imitatifs, tels que ceux qui sont connus sous le titre des
Saisons. Son concert du *Coucou* fut longtemps entendu avec admiration dans les
concerts (1).

Ce qui prouve la véritable valeur musicale des *concerti grossi* de Vivaldi,
c'est que le grand Bach ne dédaigna pas d'en réduire seize pour le clavecin et
quatre pour l'orgue. Cela donne aussi la preuve de l'admiration que, comme je l'ai
dit, le grand artiste inspirait aux étrangers aussi bien qu'à ses compatriotes. Et
nous en trouvons un autre exemple dans les Lettres de l'excellent président de
Brosses, dont l'esprit très ouvert était à la recherche de toute intéressante mani-

(1) *Revue musicale* (1827), t. II, pp. 208-209. — Une jeune femme qui se piquait de sentiment musical
et qui appartenait à la maison de la duchesse d'Orléans, Mlle Clémence de Villers, publiait en 1774 un
petit écrit insignifiant, intitulé : *Dialogues sur la musique*, dans lequel elle parlait ainsi de Vivaldi : «... On
vit paroître Vivaldi, fameux violon qui composa *les Quatre Saisons*, symphonies qui conservent encore
une très grande réputation. Il forma une chanteuse surnommée la Faustina, à laquelle il fit imiter avec
la voix tout ce qu'un violon, une flûte, un hautbois pouvaient exécuter de son temps. Le public, qui est
toujours pris par les choses extraordinaires, força, pour ainsi dire, tous les chanteurs et les castrats à suivre
cette route... »

festation artistique, et qui parle ainsi de Vivaldi, lors de son séjour à Venise, où il avait eu le désir de le connaître (1) :

... Ce n'est pas que je manque de musique ; il n'y a presque point de soirée qu'il n'y ait *académie* (concert) quelque part ; le peuple court sur le canal l'entendre avec autant d'ardeur que si c'étoit pour la première fois. L'afollement de la nation pour cet art est inconcevable. Vivaldi s'est fait de mes amis intimes, pour me vendre des concertos bien cher. Il y a en partie réussi, et moi à ce que je désirais, qui étoit de l'entendre et d'avoir souvent de bonnes récréations musicales : c'est *un vecchio*, qui a une furie de composition prodigieuse. Je l'ai ouï se faire fort de composer un concerto, avec toutes ses parties, plus promptement qu'un copiste ne le pourroit copier. J'ai trouvé, à mon grand étonnement, qu'il n'est pas aussi estimé qu'il le mérite en ce pays-ci, où tout est de mode, où l'on entend ses ouvrages depuis trop longtemps, et où la musique de l'année précédente n'est plus de recette. Le fameux Saxon [Hasse] est aujourd'hui l'homme fêté. Je l'ai ouï chez lui aussi bien que la célèbre Faustine, sa femme, qui chante d'un grand goût et d'une légèreté charmante ; mais ce n'est plus une voix neuve. C'est sans contredit la plus complaisante et la meilleure femme du monde, mais ce n'est pas la meilleure chanteuse (2).

Le président de Brosses nous apprend en même temps, et ceci n'est pas sans intérêt, qu'à Venise, alors, les femmes mêmes jouaient du violon, et quelques-unes avec une éclatante supériorité. Les détails qu'il donne, avec son esprit et sa grâce ordinaires, sur la musique à Venise à cette époque, sont d'ailleurs très curieux :

... La musique transcendante est ici celle des hôpitaux. Il y en a quatre, tous composés de filles bâtardes ou orphelines, et de celles que leurs parents ne sont pas en état d'élever. Elles sont élevées aux dépens de l'État, et on les exerce uniquement à exceller dans la musique. Aussi chantent-elles comme des anges, et jouent du violon, de la flûte, de l'orgue, du hautbois, du violoncelle, du basson ; bref, il n'y a si gros instruments qui puissent leur faire peur. Elles sont cloîtrées en façon de religieuses. Ce sont elles seules qui exécutent, et chaque concert est composé d'une quarantaine de filles. Je vous jure qu'il n'y a rien de si plaisant que de voir une jeune et jolie religieuse, en habit blanc, avec un bouquet de grenades sur l'oreille, conduire

(1) On sait que Charles de Brosses, savant jurisconsulte, philologue et antiquaire, auteur de la *Mécanique des langues*, l'ami de Buffon et de Diderot, fut premier président au Parlement de Bourgogne. Né en 1709 à Dijon, où il mourut en 1777, il était âgé de trente ans et plein d'enthousiasme artistique lorsque, avec quelques amis, il entreprit son voyage en Italie, qui nous valut ses délicieuses *Lettres écrites d'Italie,* publiées pour la première fois en l'an VIII (1800), et auxquelles j'aurai l'occasion de faire plus d'un emprunt, l'auteur étant non seulement un esprit délicat, mais un dilettante tout ensemble intelligent, instruit et raffiné.

(2) Lettre 18, à M. de Blancey, de Venise, 29 août 1739.

l'orchestre et battre la mesure avec toute la grâce et la précision imaginables. Leurs voix sont adorables pour la tournure et la légèreté ; car on ne sait ici ce que c'est que rondeur et sons filés à la française. La Zabetta des Incurables est surtout étonnante par l'étendue de sa voix et les coups d'archet qu'elle a dans le gosier. Pour moi, je ne fais aucun doute qu'elle n'ait avalé le violon de Somis. C'est elle qui enlève tous les suffrages, et ce seroit vouloir se faire assommer par la populace que d'égaler quelqu'un à elle. Mais, écoutez, mes amis, je crois que personne ne nous entend, et je vous dis à l'oreille que la Margarita des Mendicanti la vaut bien et me plaît davantage.

Celui des quatre hôpitaux où je vais le plus souvent et où je m'amuse le mieux, est l'hôpital de la Pieta (1) ; c'est aussi le premier pour la perfection des symphonies. Quelle raideur d'exécution ! C'est là seulement qu'on entend ce premier coup d'archet, si faussement vanté à l'Opéra de Paris. La Chiaretta seroit sûrement le premier violon de l'Italie, si l'Anna Maria des Hospitalettes ne la surpassoit encore. J'ai été assez heureux pour entendre cette dernière, qui est si fantasque qu'à peine joue-t-elle une fois en un an. Il est ici une espèce de musique que nous ne connaissons point en France, et qui me paroit plus propre que nulle autre pour le jardin de Bourbonne. Ce sont de grands concertos où il n'y a point de *violino principale* (2).

La grande et juste renommée de Vivaldi, qui se détache avec éclat d'un ensemble plein d'intérêt, ne doit pas nous rendre oublieux envers toute une série d'artistes très actifs qui, sans prétendre à la célébrité, continuaient cependant de prendre leur part, de façon non seulement honorable, mais souvent distinguée, dans le mouvement qui caractérisait les progrès incessants de la grande école italienne de violon. Nous avons à en mentionner ici un certain nombre, dont nous ne pouvons que rappeler sommairement les travaux. Nicolò Cosimi, né à Rome, où il paraît avoir été élève de Corelli, et qui, se trouvant à Londres en 1706, publia en cette ville une suite de douze solos de violon qu'il dédia au duc de Bedford. — Tommaso Albinoni, originaire de Venise, virtuose habile et compositeur très fécond, car il ne fit pas représenter moins de quarante-deux opéras, de 1694 à 1741, mais dont la musique instrumentale, très nombreuse aussi, et où l'on rencontre beaucoup d'œuvres pour violon et divers instruments, paraît avoir été supérieure à celle qu'il écrivit pour la scène. — Giuseppe-Antonio Brescianello, violoniste et compositeur, qui devint, en 1716, maître de chapelle du duc de Wurtemberg, et qui a publié, en 1733, douze concertos ou symphonies pour deux violons, alto et

____

(1) On sait que c'est celui-là dont Vivaldi avait la direction.
(2) De Brosses, lettre 10.

basse. — Luigi Taglietti, sans doute parent, peut-être frère de celui indiqué plus haut, né comme lui et plus tard à Brescia, duquel on connaît toute une série de sonates pour violon et violoncelle, pour deux violons, violoncelle, *violone* et clavecin, et diverses autres compositions du même genre. — Francesco Manfredini, né en 1688 à Pistoie (1), qui fut membre de l'Académie des Philharmoniques, et de qui l'on a publié une suite de *Concertini per camera a violino e violoncello*, une *Sinfonia de chiesa a due violini con organo obbligato* et un recueil de concertos à deux violons et basse. — Le comte Pirro Capecelli Albergati, descendant d'une noble famille de Bologne, qui, bien que simple amateur, compte parmi les compositeurs de musique instrumentale les plus distingués de son temps, et auquel on doit, entre autres, un livre de sonates à deux violons avec orgue, et, sous le titre de *Pletro armonico*, une suite de dix sonates *da camera* pour deux violons et basse avec violoncelle obligé (1687). — Bartolomeo Bernardi, qui, avant de devenir maître de chapelle du roi de Danemark et membre de l'Académie philharmonique de Copenhague, avait publié à Bologne, en 1696, 12 sonates à violon seul et un recueil de sonates à deux violons et violoncelle avec orgue. — Andrea Grossi, violoniste au service du duc de Mantoue, ville où il était né, artiste fort distingué dont on connaît plusieurs compositions, parmi lesquelles douze sonates *da chiesa* à 2, 3, 4 et 5 instruments, ainsi qu'un recueil de sonates *da camera* à 3 instruments. — Giovanni-Martino Ruggeri, compositeur dramatique estimé, qui donna, de 1696 à 1713, à Venise, sa ville natale, une dizaine d'opéras, ce qui ne l'empêcha pas de publier aussi plusieurs recueils de sonates *da camera* ou *da chiesa* pour deux violons et *violone* avec cembalo ou théorbe. — Cajetano-Maria Schiassi, excellent violoniste et compositeur, né à Bologne, qui, comme le précédent, a fait représenter plusieurs opéras, tout en publiant une série de douze concertos pour violon principal avec accompagnement de violons *di ripieno*, alto-viola, violoncelle et cembalo. — Giuseppe Aldovrandini, membre de l'Académie des Philharmoniques de

---

(1) Et non en 1673, à Bologne, comme le dit Fétis. Cette rectification m'est fournie par le *Catalogo della collezione d'autografi lasciata alla R. Accademia filarmonica di Bologna dall'accademico Masseangelo Masseangeli.* Ce catalogue mentionne une lettre de Manfredini, en l'accompagnant de cette note : « MANFRE-DINI (Francesco), dit *il Bolognese*, né à Pistoie en 1688. Élève pour la composition de Giacomo-Antonio Perti. Séjourna successivement à Ferrare, à Bologne, à Pistoie, à Munich, comme maître de chapelle de l'Électeur de Bavière. Écrivit plusieurs oratorios exécutés à Bologne. »

Bologne, où il était né vers 1665, qui prenait sur ses compositions le titre de maître de chapelle du duc de Mantoue, et qui publia, entre autres, un recueil de *Sonate da chiesa a tre*, deux violons et violoncelle. — Giorgio Gentili, né vers 1668 à Venise où il devint premier violon de la chapelle de l'église Saint-Marc et à qui l'on doit un recueil de *12 sonates a violino solo e continuo* et deux livres de *Sonate a tre, due violini e violoncello col basso per l'organo*. — Giovanni-Lorenzo Gregori, né dans le même temps, qui était violoniste au service de la République de Lucques en 1695, et qui fut l'auteur de diverses compositions. —
— Lodovico Ferronati, qui publia en 1710 un recueil de *10 sonate per violino e violane*, et en 1715 un autre recueil de *Sonate per camera a violino e cembalo*, compositions qui, sans présenter aucune nouveauté, sont loin d'être sans mérite. — Francesco Mancini, artiste remarquable, né et mort à Naples (1674-1739), qui fut directeur du Conservatoire de Loreto et maître de la chapelle royale, et qui, tout en faisant représenter une vingtaine d'opéras, publia une suite de Douze solos pour violon avec basse continue. — Ange-Marie Fiore, virtuose au service du duc de Savoie, plutôt violoncelliste que violoniste, mais qui fit paraître à Amsterdam en 1701, sous le titre de *Trattenimenti di musica*, un recueil contenant dix solos pour le violon et quatre solos pour le violoncelle.

On peut dire qu'à cette époque les grands violonistes surgissent de toutes parts en Italie. L'un des plus fameux fut Giambattista Somis, artiste supérieur, qui a été, de la part de Fétis, l'objet d'une omission et d'une confusion singulières. Fétis, en effet, ne mentionne même pas Giambattista Somis, dont la renommée était européenne, mais il consacre une notice à son frère Lorenzo, lui-même violoniste distingué d'ailleurs, mais qui n'a point laissé le même souvenir, et il attribue à celui-ci tous les faits qui se rapportent à celui-là. En fait, Giambattista Somis, qui tenait son très beau talent de Corelli dont il avait été l'un des meilleurs élèves, mais en conservant sa propre personnalité, devint maître de chapelle du roi de Sardaigne, et à ce titre occupa à la cour de ce prince une situation artistique très importante. C'est Francesco Regli, qui, dans sa prétendue *Storia del violino in Piemonte*, qui n'est qu'une compilation informe et sans valeur, remet cependant les choses au point en ce qui concerne ce grand artiste, grâce à un document authentique ; il nous apprend, d'après les registres de la paroisse de la cour, à Turin, que Somis mourut en cette ville, le 14 avril 1763, âgé de quatre-vingt-sept ans, ce qui placerait donc l'année de sa naissance à 1676.

Virtuose de premier ordre, Somis produisit peu comme compositeur, et l'on ne connaît guère de lui qu'un recueil de sonates pour violon et violoncelle ou piano (1). Il fut, en réalité, le chef de l'école piémontaise, à laquelle se rattachent, par leur naissance, Viotti, Bruni, la Parravicini, Olivieri, Polledro, et jusqu'à Paganini et Sivori. Il forma directement de nombreux élèves, parmi lesquels on peut citer, outre son neveu Chabran, Felice Giardini, Pugnani et deux Français, Jean-Marie Leclair, lui-même créateur de notre école de violon, et Guillemain, qui fut un de nos artistes les plus distingués. Le vrai, c'est qu'il conquit en Italie une renommée qui se répandit partout à l'étranger, et dont nous trouvons la trace dans une des lettres du président de Brosses, qui, s'arrêtant à Turin au retour en France de son voyage d'Italie, et toujours avide de connaître les grands artistes, manifesta un vif désir d'entendre Somis :

J'allai un matin à la chapelle, dit-il, dans l'intention d'entendre Somis, mais il ne joue pas tous les jours, et son tour ne devoit revenir que dans quelque temps ; de sorte qu'il me fallut user de cajolerie, tant envers le maître de la chapelle qu'avec lui, pour l'avoir incessamment. Je dis à l'un que sa musique étoit la meilleure de l'Europe, à l'autre qu'il en faisoit le principal ornement, et qu'il seroit dur pour moi, après avoir entendu les plus fameux violons de l'Italie, de partir sans entendre le maître de tous. Avec cette rhétorique, j'eus mon Somis pour le lendemain. Il joua un concerto *a posta* (expressément) pour moi, et fit une sottise ; je serois parti persuadé qu'il était de la première force, au lieu que, quoique bon violon, je le trouvai inférieur aux Tartini, Veracini, Pasqualini, San Martini et quelques autres encore. Oh ! que je le troquerais bien pour avoir sa sœur, la charmante, la céleste Vanloo, dont aucune voix que j'aie entendue en Italie ne m'a fait perdre l'idée ! Il y en a beaucoup de plus grandes et de plus sonores, mais on ne trouve nulle part plus de grâces ni plus de goût, ni personne qui mette autant qu'elle de vie et de joie dans son chant (2).

(1) Encore ne saurais-je l'affirmer. C'est Fétis qui cite ainsi ce recueil : *Opera prima di sonate a violoni e violoncello o cembalo*. Or, dans un des très intéressants catalogues de la librairie musicale Liepmanssohn de Berlin (cat. 183), j'ai relevé cette mention au nom de Lorenzo Somis : *Sonate da camera a violino solo e violoncello o cimbalo* (sic). *Opera seconda*. Et comme la notice de Fétis s'applique, je l'ai dit, à Lorenzo, il y a toute apparence que c'est à celui-ci qu'il faut attribuer le premier recueil de sonates.

(2) De Brosses : Lettre 55, à M. de Neuilly. — On sait que Carle Vanloo avait épousé, pendant son premier voyage en Italie, la jeune et toute charmante Anna-Maria-Cristina Somis, et que lorsqu'il la ramena en France elle fit l'admiration de la cour et du grand monde par la beauté de sa voix et la façon délicieuse dont elle chantait la musique italienne, alors inconnue parmi nous. Mais ici, de Brosses est dans l'erreur : Mme Vanloo était la fille et non la sœur de Somis.

On voit que, malgré son sens artistique généralement très fin, notre magistrat dilettante ne se montra pas enthousiaste du talent de Somis et qu'il ne le prisait que médiocrement ; ici, il était manifestement dans son tort, car son sentiment était tout à l'encontre de l'opinion générale.

On ne saurait dire si Somis voyagea beaucoup à l'étranger ; et peut-être ses fonctions à la chapelle royale de Turin ne lui en laissaient-elles pas toujours la possibilité ; cependant, ce qui est certain, c'est qu'il vint une fois au moins à Paris, en 1733, et qu'il se fit entendre avec succès au Concert spirituel, ainsi que le constatait en ces termes *le Mercure* (avril 1733) : « Le sieur Somis, fameux joueur de violon du Roy de Sardaigne, a exécuté différentes sonates et des concertos dans la dernière perfection et a été très applaudi par de nombreuses assemblées que la justesse et la brillante exécution de ce grand maître y avaient attirées... » Il est certain que le succès de Somis fut très grand à Paris, non seulement au Concert spirituel, mais dans le monde, où il fut très recherché pendant son séjour (1).

Après Somis, il nous faut mettre en lumière un autre élève de Corelli, et des plus excellents, Francesco Geminiani, qui naquit à Lucques en 1680. C'est après avoir commencé l'étude du violon avec un artiste habile, Carlo-Ambrosio Lunati, surnommé par ses contemporains *il gobbo* (le bossu), que Geminiani se plaça sous la direction de Corelli et profita si bien de ses conseils qu'il méritera plus tard de devenir presque aussi célèbre que son maître. La très grande renommée qu'il sut acquérir est justifiée non seulement par le superbe talent qu'il déploya comme

---

(1) Ce succès fut surtout constaté dans un livre bizarre dont l'auteur, ennemi farouche des nouveaux instruments qui peu à peu remplaçaient la famille des violes, était un amateur nommé Hubert Le Blanc, qui jouait de la basse de viole et qui exhala sa mauvaise humeur dans un petit pamphlet publié en 1740 sous ce titre : *Défense de la basse de viole contre les entreprises du violon et les prétentions du violoncel* (sic) ; malgré tout, l'écrivain hargneux ne peut s'empêcher de rendre justice, dans son langage très personnel, au beau talent de Somis, qui l'avait subjugué lui-même : « Somis parut sur les rangs, dit-il, il étala le majestueux du plus beau coup d'archet de l'Europe. Il franchit la borne où l'on se brise, surmonta l'écueil où l'on échoue, en un mot vint à bout du grand œuvre sur le violon : *la tenue d'une ronde.* Un seul tiré d'archet dura au point que le souvenir en fait perdre haleine quand on y pense, et parut semblable à un cordage de soie tendu qui, pour ne pas ennuyer dans la nudité de son uni, est entouré de festons d'argent, de filigranes d'or entremêlés de diamants, de rubis, de grenats et surtout de perles ; on le voyoit sortir du bout des doigts (!). La musique descendit de l'Olympe, et, ayant son dessein, mit dans l'esprit aux dames de faire accueil à Somis. Il fut reçu tantôt chez les unes, tantôt chez les autres, et ce, l'espace d'un mois, sans que durant ce temps il fût mention de porter un jugement, ou que l'on songeât seulement à lui opposer un rival. »

virtuose et qui lui valut d'immenses succès en Angleterre et en Irlande, où il habita durant un demi-siècle (il mourut à Dublin, fort riche, dit-on, le 24 décembre 1762), mais aussi par ses belles et très nombreuses compositions instrumentales. Celles-ci comprennent, entre autres, vingt-quatre solos de violon, douze sonates pour violon et basse au clavecin, vingt-quatre *concerti grossi*, une série de trios, etc., auxquelles il faut joindre son remarquable traité de *l'Art de jouer du violon*, publié à Londres, en 1740, sous ce titre : *the Art of playing the violin*, que M. Hugo Riemann affirme être « la plus ancienne de toutes les Méthodes pour cet instrument », ce qui peut sembler extraordinaire (1). Dans le livre que j'ai déjà cité, don Stefano Arteaga dit que « la mémoire de Geminiani restera longtemps chère aux artistes intelligents, à cause de son habileté dans l'imitation du style de son maître et dans son exécution, comme Somis pour la légèreté flexible, l'égalité, la suavité et la limpidité de son style (2) ».

FR. GEMINIANI

Si Geminiani ne se fit pas entendre à Paris, il y vint cependant faire un assez long séjour, à partir de 1750 environ, jusque vers 1755, et à cette époque plusieurs de ses compositions furent exécutées avec succès au Concert spirituel. Qui sait même s'il n'avait pas alors le désir de s'y produire au théâtre ? Car j'ai découvert un fait resté inconnu jusqu'ici : c'est que Geminiani écrivit, pendant son séjour en France, la musique d'une des grandes pantomimes

---

(1) **M.** Riemann se contredit d'ailleurs implicitement lorsque, au nom de Montéclair, il mentionne la *Méthode pour apprendre à jouer du violon* de cet artiste, en donnant la date de sa publication : 1720. Cette date même est fautive, car la véritable est 1712.

(2) *Le Rivoluzioni del teatro musicale italiano*, t. I, p. 294.

décoratives que son compatriote, l'architecte et mécanicien Servandoni, faisait représenter dans la superbe salle des Machines, aux Tuileries, à son fameux spectacle en décoration, dont les merveilles éblouirent et enchantèrent les Parisiens pendant plusieurs années. Il s'agit de *la Forêt enchantée*, représentée le 31 mars 1754, et dont un périodique contemporain, les *Annonces, affiches et avis divers*, rendait compte en ces termes dans son numéro du 10 avril 1754, en faisant connaître la part que Geminiani avait prise à cet ouvrage : « Le sieur Servandoni, peintre et architecte ordinaire du Roi et de l'Académie royale de peinture, donna pour la première fois le 31 du mois dernier, sur le grand théâtre des Tuileries, un spectacle de son invention, sous le nom de *la Forêt enchantée*, sujet tiré de *la Jérusalem délivrée* du Tasse. Ce spectacle muet est une espèce de tableau mouvant orné de machines, animé par des acteurs pantomimes et accompagné d'une musique expressive de la composition de M. Geminiani. » Quoi qu'il en soit de cette sorte d'essai dramatique, qu'aucun biographe n'a connu ni mentionné jusqu'ici, Geminiani ne tarda pas à retourner ensuite en Angleterre. Il fit en ce pays plusieurs élèves fort distingués, parmi lesquels on cite surtout Michel-Chrétien Festing, qui se fit remarquer par ses nombreuses compositions pour son instrument (entre autres, douze concertos) et qui fut, en 1738, le fondateur de la Société royale des musiciens ; l'excellent violoniste Mathieu Dubourg, qui devint directeur de la musique du roi, et aussi Mme Arne, née Cécile Young, épouse du célèbre compositeur dramatique, qui ne fut pas seulement une chanteuse de grand talent, vaillante interprète des opéras de Haendel, mais aussi une violoniste émérite. Il eut encore pour disciple l'organiste Charles Avison, son ami dévoué, à qui l'on doit deux recueils de sonates pour piano avec accompagnement de deux violons, et une série de quarante-quatre concertos de violon (1). On peut dire de Geminiani qu'il fut vraiment, à tous égards, un artiste d'une valeur exceptionnelle.

---

(1) Au reste, si l'on ne saurait parler d'une école anglaise de violon, il faut bien reconnaître qu'il y eut en Angleterre nombre de violonistes distingués, et que le violon y fut cultivé avec ardeur dès son apparition. Dans son livre *le Violon*, George Hart écrit : « A la date reculée de 1653, c'est à-dire l'année même de la naissance de Corelli, le docteur Benjamin Rogers composait déjà des airs à quatre parties pour violon. John Jenkins écrivit douze sonates pour deux violons et basse, qui furent gravées à Londres en 1660 et qui sont les premières sonates écrites par un compositeur anglais. » Parmi les violonistes anglais de ce temps, on peut citer encore Richard Jones, qui fut chef d'orchestre du théâtre de Drury-Lane ; John Banister (1630-1676), maître de chapelle de Charles II qui l'avait envoyé en France pour se

En 1685, environ, naissait à Florence un des plus nobles artistes qui aient illustré l'école italienne de violon, Francesco-Maria Veracini, élève de son oncle Antonio Veracini, lui-même excellent violoniste et auteur de nombreuses compositions pour son instrument, entre autres divers recueils de sonates de chambre ou d'église. En disant que Veracini fut considéré comme « le plus habile violoniste de son temps après la mort de Corelli », Fétis semble oublier que Geminiani vivait encore et était dans toute la force de l'âge. Il est certain néanmoins que son talent était de premier ordre, ce que prouverait surtout certaine anecdote à laquelle se trouvent mêlés le nom et la personne de Tartini. D'après cette anecdote, Veracini, se trouvant à Venise vers 1715, s'y produisit avec un tel succès et déploya dans son jeu une si étonnante supériorité que Tartini, alors âgé de vingt-trois ans et déjà en possession de rares qualités de virtuose, fut frappé de cette supériorité et de la nature des procédés employés par l'artiste, au point qu'il résolut d'aller se retirer pour un temps à Ancône, et de s'y livrer dans l'isolement à de nouvelles études, grâce auxquelles il fortifia et compléta le talent qui devait lui conquérir une si éclatante et si juste célébrité.

L'existence de Veracini, qui fut celle d'un virtuose dont les talents sont recherchés de toutes parts, fut agitée de diverses façons. Il voyagea beaucoup, parcourut l'Europe en tous sens, et au cours de ses pérégrinations fut victime au moins de deux accidents graves : Fétis raconte qu'étant à Dresde, où il occupait les fonctions de compositeur et de virtuose de la musique particulière du roi de Pologne,

perfectionner dans son art ; son fils John Banister, dit *le jeune* (1663-1725), élève de son père, qui fut violoniste au théâtre de Drury-Lane et dont on a publié quelques caprices pour violon ; Thomas Dean, que son talent fit nommer docteur en musique de l'Université d'Oxford, et qui, dit-on, fit entendre le premier en Angleterre les sonates de Corelli (1709) ; Obadia Shuttleworth, à la fois violoniste et organiste de talent, auteur de concertos et sonates de violon, et chef d'orchestre des concerts de Swan Tavern à Londres, où il mourut en 1735 ; William Corbett (1668-1748), virtuose remarquable, qui exerça les fonctions de chef d'orchestre au théâtre de Hay Market et qui écrivit de nombreuses compositions pour violon et pour flûte ; John Clegg, artiste d'un talent exceptionnel, qu'une maladie mentale obligea d'enfermer à Bedlam (1742), où l'on assure que les curieux se rendaient en foule pour l'entendre jouer du violon dans les moments de tranquillité que lui laissait sa folie ; John Ravenscroft, artiste également habile sur la cornemuse et sur le violon, et qui se faisait applaudir au théâtre de Goodmansfield en jouant des concertos de Corelli ; John-Henry Eccles, excellent virtuose, qui, peu satisfait de l'emploi de son talent dans son pays, vint en France, fut admis dans la musique de Louis XIV et publia à Paris une suite de douze solos de violon... Et l'on ne saurait oublier de mentionner que le célèbre compositeur Henry Purcell publia en 1697 un recueil de dix sonates pour deux violons et violoncelle avec basse continue pour orgue et clavecin.

il tomba malade et, « dans un accès de fièvre chaude, se jeta par la fenêtre de sa
chambre, le 13 août 1722, et *fut assez heureux pour ne se casser que la jambe* (1) ».
Et un autre de ses biographes, l'anglais George Dubourg, nous apprend, sans
d'ailleurs donner aucun autre détail à ce sujet, qu'il fit naufrage et perdit dans ce
désastre tout ce qu'il avait avec lui ; voici comme il en parle : « Outre qu'il fut
au service du roi de Pologne, il séjourna pendant un temps considérable dans les
diverses cours de l'Allemagne et deux fois en Angleterre, où il composa plusieurs
ouvrages et où le docteur Burney eut l'occasion de l'entendre et d'apprécier la hardiesse et la maîtrise de son jeu. Bientôt après ce dernier séjour (vers 1745) il fit
naufrage et perdit ses deux fameux violons de Stàiner, considérés comme les meilleurs qui existassent, et tous ses bagages. Avec le ton léger qui lui était habituel
dans la conversation, il avait coutume d'appeler l'un de ses instruments saint Pierre
et l'autre saint Paul (2). » Tous ces voyages n'empêchaient pas Veracini de se retrouver de temps à autre en Italie, car le président eut la chance de pouvoir l'entendre à Florence, en 1739, ainsi qu'il le raconte : « J'ai entendu les deux virtuoses du pays : l'un est Tagnani, petit violon minaudier, dont le jeu est tout rempli de gentillesses assez fades ; il a inventé une clef aux violons faite comme celle
des flûtes, qui s'abaisse sur les cordes en poussant le menton, et fait la sourdine ;
il a aussi ajouté, sous le chevalet, sept petites cordes de cuivre, et je ne sais combien d'autres mièvretés ; mais il accompagne parfaitement ; cette justice lui est due.
L'autre est Veracini, le premier, ou du moins l'un des premiers violons de l'Europe ; son jeu est juste, noble, savant et précis, mais assez dénué de grâce. Il avait
avec lui un autre homme qui jouait du théorbe et de l'archi-luth, et en jouait aussi
bien qu'il est possible ; et par là il m'a convaincu qu'on n'avait jamais mieux fait
que d'abandonner ces instruments (3). »

(1) C'est en 1720 que le roi de Pologne Auguste, qui était en même temps électeur de Saxe, avait
engagé Veracini comme violon-solo de sa musique. Et c'est alors que celui-ci publia un recueil de
sonates avec cette dédicace au souverain : *Dedicata a sua Altezza reale il serenissimo principe reale di Polo-
nia et elettorale di Sassonia* da Francesco Maria Veracini, Florentino, compositore di camera di sua Maesta.
(2) GEORGES DUBOURG, *The Violin* (3ᵉ éd., Londres, Cocks, in-12, s. d.). — On sait qu'à cette époque,
en Angleterre et même ailleurs, les violons de Stainer étaient considérés comme supérieurs à tout ce
que faisaient les luthiers de Crémone et de Brescia. Il fallut du temps pour que l'on finît par rendre
pleine justice aux produits de l'admirable lutherie italienne. On peut consulter à ce sujet le livre de
GEORGE HART, *le Violon.*
(3) Les renseignements que le président de Brosses nous donne sur les artistes italiens sont parti

Le talent de Veracini comme compositeur ne le cédait en rien à celui du virtuose, et Villanis a caractérisé de façon heureuse ses tendances progressives et la nouveauté qu'il apportait dans les formes : « Violoniste applaudi, dit-il, pour ce qui concerne le développement du style italien, il fut un compositeur assez important dans cette période. Pour comprendre le rôle qu'il a joué dans le développement de l'art, on doit songer aux dernières productions de Corelli, père d'une nombreuse phalange d'autres compositeurs. Dans l'œuvre de Corelli on voit encore une sévérité qui nous parle du temps passé et quelquefois étouffe l'expression passionnelle dans les liens de l'allure scolastique. Ces tendances étaient bien naturelles, en considérant la tradition de laquelle la musique instrumentale se détachait peu à peu. Mais aussitôt que les formes furent tout à fait établies et la technique perfectionnée, alors la voix de l'âme moderne pénétra plus facilement à travers les pages des artistes ; et comme dans cette âme les passions élevaient leur chant de plus en plus, l'élément passionnel ou expressif devait avoir le dessus. Or, à cet égard, Francesco-Maria Veracini, contemporain de Bach, appartient presque à notre école contemporaine pour la fraîcheur des idées et la passion répandue dans ses œuvres. La basse y procède avec élégance et efficacité : l'idée mélodique est pure, claire, facile et très souple. Il a donc une physionomie tout à fait italienne, mais il réussit encore à se distinguer de tous ses contemporains comme un géant dont la voix et la figure s'élèvent par-dessus la foule. »

Veracini, devenu vieux, était retourné définitivement dans sa patrie, et mourut à Pise vers 1750, après s'être fait admirer en Allemagne, en Bohême et en Angleterre. Il a publié, entre autres œuvres, deux recueils de chacun douze sonates pour violon et basse, dont l'un parut à Paris, chez Leclerc. Il a laissé, dit-on, en manuscrit, plusieurs concertos.

A cette époque appartiennent encore plusieurs artistes distingués. L'un des premiers à signaler est Giuseppe Alberti, né à Bologne en 1685, qui fut premier violon à l'église San Petronio de cette ville, puis prince, c'est-à-dire président de la fameuse Académie des Philharmoniques, ce qui donne la mesure de l'estime en laquelle le tenaient ses confrères ; il publia un recueil de *Concerti a* sept, un autre culièrement intéressants, en ce sens que, à l'encontre de beaucoup de biographes, il avait l'avantage de les avoir entendus et donnait, par conséquent, des impressions personnelles.

de douze sonates pour violon seul avec basse continue, et un troisième de douze symphonies pour deux violons avec viole, violoncelle et orgue. Cet artiste remarquable avait été élève de Carlo Manzolini pour le violon, et avait étudié le contrepoint avec Floriano Aresti, organiste de l'église métropolitaine de Bologne (1). — A Rimini, en 1690, naissait Carlo Tessarini, un des nombreux élèves de Corelli, qui fut premier violon de l'église métropolitaine d'Udine, et que son rare talent d'exécution rendit célèbre en son pays. Celui-ci écrivit beaucoup pour son instrument, et, outre plusieurs traités didactiques, publia de nombreux recueils de sonates, de *concerti grossi*, de *divertimenti* et de duos pour deux violons. — C'est, croit-on, dans la même année 1690 que naquit à Florence Giuseppe Valentini, artiste excellent dont Fétis à fait à tort le rival heureux de Corelli, qui fit partie de la musique du grand-duc de Toscane et se distingua aussi par un grand nombre de compositions : sonates, concertos, fantaisies, symphonies, « bizarreries », pour la plupart à deux violons et violoncelle. — Et c'est encore en 1690 qu'on place la naissance, à Rome, d'un autre élève très distingué de Corelli, Pietro Castrucci, que son caractère fantasque n'empêcha pas de devenir un artiste tout particulièrement remarquable. Fort jeune encore il s'attacha au service du comte Richard Burlington qui l'emmena avec lui à Londres, où il devint chef d'orchestre de l'Opéra, pour obtenir, ensuite, le plus grand succès en jouant les solos au théâtre de Haendel. Ses bizarreries, ses excentricités et l'enthousiasme absolument extraordinaire qu'il témoignait en toute occasion pour son art firent, dit-on, qu'il servit de type et de modèle à Hogarth pour sa caricature devenue si célèbre du « Musicien enragé ». Castrucci, qui mourut à Londres en 1769, âgé de quatre-vingts ans, a publié en cette ville deux recueils de sonates *a violono e violine o cembalo*, et un autre de douze concertos. Il avait un frère cadet, Prospero Castrucci, violoniste aussi, qui fit partie de l'orchestre de l'Opéra de Londres, fut ensuite en cette ville directeur de concerts, et publia un recueil de six solos de violon avec basse.

Nous ne sommes pas au bout, et les noms continuent de se présenter en foule. C'est Gasparo Visconti, né à Crémone (à qui Tartini dédia un recueil de sonates,

____

(1) Un autre Alberti (Pietro), violoniste aussi et son contemporain, entra au service du prince de Carignan, frère du duc de Savoie Victor-Amédée II, avec lequel il vint à Paris, où, dit-on, il se fit entendre devant Louis XIV. On connaît de lui un recueil de *Sonate a tre*, qui fut publié à Amsterdam.

ce qui suffit à indiquer le cas qu'il faisait de son talent), et qui vécut à Londres où il publia, en 1703, un livre de sonates ; — c'est Martinello Bitti, violoniste et compositeur au service du grand-duc de Toscane, qui vivait à Florence aux environs de 1715, et à qui l'on doit aussi un recueil de douze sonates pour deux violons et basse ; — c'est un des bons élèves de Corelli, Giovanni Massi, né à Rome, qu'il semble n'avoir pas quittée et où son talent était fort apprécié, et qui, outre deux recueils de sonates de violon (1730), publia une série de vingt concertos à trois, cinq et huit instruments ; — c'est un autre élève fort distingué de Corelli, Stefano Carbonelli, qui de Rome se rendit à Londres, où, après s'être fait entendre en public avec succès en jouant des sonates et des concertos de sa composition (notamment dans des concerts au théâtre de Drury-Lane), il devint chef d'orchestre de l'Opéra, et un peu plus tard s'engagea avec Haendel pour le service de ses oratorios ; on assure que, quelques années avant sa mort en cette ville (1772), il abandonna la musique pour se faire marchand de vins ; — c'est le P. Diogenio Bigaglia, compositeur, religieux bénédictin au monastère de Saint-Georges-Majeur, qui, né à Venise vers la fin du XVIIe siècle, laissa en manuscrit dans la bibliothèque de son couvent un grand nombre de ses ouvrages, après en avoir publié quelques-uns parmi lesquels on signale un recueil de *Dodici sonate a violino solo ossia flauto, con violoncello* (Amsterdam, 1725) ; on connaît aussi, de ce religieux, un opéra intitulé *Gioale*, qui fut représenté en 1731 ; — c'est Alessandro Marcello, frère de Benedetto Marcello, auteur des Psaumes, né à Venise vers 1684, amateur fort distingué de poésie et de musique et compositeur dont la maison, dit Fétis, « était ouverte à tous les artistes et amateurs étrangers de musique » ; chaque semaine il y donnait « un concert où l'on exécutait particulièrement ses compositions » ; il a publié, entre autres, avec un recueil de 12 solos de violon (Augsbourg, 1737) un autre de *VI concerti a 2 flauti trav. o violini principali, 2 violini ripieni, viola e violoncello obligato e cembalo* (Augsbourg, 1738) ; — c'est Francesco Montanari, virtuose remarquable, né à Padoue, qui se fixa en 1717 à Rome, y devint premier violon-solo de la chapelle de Saint-Pierre du Vatican, et mourut en 1730, après avoir publié à Bologne une suite de douze sonates de violon (1) ;

(1) Dans sa notice sur Pasqualino Bini, Fétis dit : « Lorsque ses études musicales furent terminées, le cardinal Olivieri le fit venir à Rome, où il étonna tous les professeurs par la hardiesse et la pureté de

— c'est Giambattista Tibaldi, qu'on trouve à Modène, comme violoniste au service de la cour, dans les premières années du xviiie siècle, et qui publia deux séries de trios pour deux violons et basse ; — c'est Giovanni Madonis, originaire de Venise où il obtint de gros succès de virtuose, qui vint se faire entendre à Paris, au Concert spirituel, en 1729, et qui, engagé peu après à Saint-Pétersbourg, au service de l'impératrice de Russie, dans des conditions brillantes, résida longtemps en cette ville où sans doute il mourut ; le fameux flûtiste Quanz, qui avait entendu Madonis, fait dans ses écrits le plus grand éloge de cet artiste distingué, qui publia divers recueils de sonates et de concertos de violon ; — c'est Giovanni Piantanida, Florentin de naissance, qui obtint de brillants succès en Russie, en Allemagne et en Hollande (où il publia six concertos de violon et des trios pour instruments à cordes), et qui, de retour en Italie, se fixa à Bologne, où Burney, qui l'entendit en 1770, le considérait comme le premier violoniste italien de ce temps ; — c'est encore Giorgio Erba, violoniste né à Milan, qui vivait à Rome vers 1730, et dont on connaît entre autres un recueil de dix *Sonate di camera* pour violon seul et basse ; et Giovanni de Sanctis, virtuose et compositeur napolitain qui vivait dans le même temps et dont on connaît deux opéras : *l'Antigno* et *il Licurgo*, il publia aussi trois sonates avec basse et six concertos avec orchestre ; et enfin Angelo-Maria Scacchi, virtuose élégant, qui à la même époque aussi vivait à Milan, où il publia, en 1740, six concertos de violon.

Et nous arrivons aux deux admirables artistes qui partagent l'exceptionnelle célébrité de Corelli, c'est-à-dire Tartini et Locatelli, tous deux exactement contemporains, puisqu'ils naquirent à une année de distance, le premier en 1692, le second en 1693.

V

Tartini — Locatelli.

C'est à Pirano, agréable ville de l'Istrie située non loin de Trieste, que Giuseppe Tartini vit le jour, le 12 avril 1692 (1). Non seulement on ne sait rien de la

son jeu. On dit que Montanari fut si affecté de la supériorité de Bini qu'il en mourut de chagrin. » Et Fétis qui ne reproduit pas cet « on dit » dans sa notice sur Montanari, ne remarque pas qu'il fait arriver celui-ci à Rome en 1717 et qu'il fait naître Bini « vers 1720 ».

(1) Ce qui fait que les Triestins considèrent Tartini comme leur compatriote, et qu'ils ont voué à sa

famille de l'artiste destiné à acquérir une si grande célébrité (sinon que son père, Florentin de naissance, s'appelait Giovanni-Antonio Tartini, et que sa mère, originaire de Pirano, était née Caterina Giangrandi), mais, comme pour Corelli, on ignore quel fut le maître qui lui enseigna les premiers principes de l'art qu'il devait si noblement illustrer. Ce maître était sans doute un musicien obscur dont les leçons suffirent à familiariser l'élève avec l'instrument qu'il avait choisi ; l'intelligence de celui-ci, son travail et ses facultés exceptionnelles firent le reste.

La jeunesse de Tartini n'est pas sans une apparence assez romantique. Il est certain qu'il reçut une bonne éducation littéraire, d'abord au collège de Capo d'Istria, où il prit, dit-on, ses premières leçons de violon, ensuite à l'Université de Padoue. C'est ici que, tout en étudiant le droit, pour obéir au vœu de sa famille, il mena, au milieu de ses compagnons de l'Université, une existence assez orageuse et accidentée, entremêlée de querelles, de duels, d'aventures amoureuses, et couronnée, à la suite d'un enlèvement, par un mariage secret qui le fit accuser de rapt à l'instigation du cardinal Giorgio Cornaro, évêque de Padoue et oncle de la jeune épouse. Celui-ci mit la police aux trousses de l'imprudent séducteur et l'obligea à se tenir caché pendant deux années au fond d'un couvent. Fayolle, s'appuyant, je crois, sur un écrit italien (1), a raconté ainsi les suites de cette aventure :

... Il ne lui resta (à Tartini) d'autre parti que de laisser sa femme à Padoue, et de fuir à Rome, déguisé en pèlerin. Ne trouvant de sûreté nulle part, il erroit de ville en ville. Le couvent des minorites à Assise, dont le gardien était son parent, lui offrit enfin un asile assuré contre les poursuites du cardinal. Il demeura deux ans dans ce monastère, et s'appliqua à l'étude du violon, qu'il avait presque entièrement négligée à Padoue. Les leçons du P. Boemo, célèbre organiste de ce couvent, achevèrent de l'initier dans l'art de la musique. Un autre avantage qu'eut pour lui ce séjour retiré, ce fut le changement total de son caractère. De violent et emporté qu'il était, il devint aimable et modeste, et perdit pour toujours, par cette vie tranquille et laborieuse, les défauts qui avaient causé son malheur.

Sa retraite était longtemps restée inconnue ; un accident imprévu la fit découvrir. Jouant du violon dans le chœur de l'église, un coup de vent emporta le rideau qui le dérobait à la vue des assistants, et il fut reconnu par un habitant de Padoue. Tartini se crut perdu. Quelle fut sa

mémoire un véritable culte. La ville de Trieste, très musicale, a donné son nom à l'un des deux Conservatoires qu'elle possède. Quant à Pirano, la ville natale du maître, elle lui a élevé, il y a quelques années, une statue sur une de ses places publiques. Cette statue, œuvre d'un sculpteur vénitien, M. Antonio dal Zotto, fut inaugurée en 1896.

(1) *Elogio di Tartini*, par le baron AGOSTINO FORNO, Naples, 1792.

surprise lorsqu'il apprit que le cardinal lui avait pardonné et le cherchait pour le conduire dans les bras de son épouse ! De retour à Padoue, il fut appelé à Venise pour être membre d'une académie qui devait se former sous les auspices du roi de Pologne. Il s'y rendit. Mais il eut occasion d'entendre le célèbre violoniste Veracini de Florence, et fut si étonné de son jeu hardi et nouveau, qu'il aima mieux quitter Venise le lendemain que d'entrer en concurrence avec lui. Il envoya son épouse à Pirano auprès de son frère, et il se retira à Ancône, pour se livrer plus commodément à l'étude. C'est à partir de cette époque qu'il se créa une manière nouvelle de jouer du violon (1).

Après plusieurs années passées ainsi dans l'étude et la méditation, et lorsque, à la suite du travail sévère auquel il s'était livré, Tartini se sentit sûr de lui et maître de son art, il voulut affronter le public et commencer à se faire connaître. Son talent avait acquis toute son ampleur, toute sa plénitude, et le succès ne pouvait que récompenser ses efforts. Aussi est-ce au bruit des applaudissements qu'il parcourut toute l'Italie, visitant tour à tour Venise, Milan, Livourne, Bologne, Naples, Palerme, etc., se faisant entendre en toutes ces villes, excitant partout l'enthousiasme et l'admiration, et voyant sa renommée s'établir aussitôt et grandir à chaque pas. C'est dans ces conditions qu'on le retrouve, en 1721, à Padoue, où, sans doute pour se reposer, il accepte de remplir à la chapelle de la basilique de Saint-Antoine les fonctions de violon-solo. Il n'y reste pas longtemps cependant, et au bout de deux années il se rend à Prague, où il était appelé à l'occasion des fêtes du couronnement de Charles VI, fêtes auxquelles la musique prenait une part brillante. Il était accompagné dans ce voyage par son ami Antonio Vandini, excellent violoncelliste, avec lequel il accepta les offres avantageuses que faisait à tous deux un noble Polonais, le comte Kinsky, pour faire partie de sa musique particulière. Tartini resta trois ans chez cet opulent dilettante, après quoi il retourna de nouveau à Padoue, avec la volonté de s'y fixer définitivement, en se promettant de ne plus s'en éloigner désormais, sinon pour quelques rares excursions à Rome ou ailleurs. Il reprit, à la basilique de Saint-Antoine, ses fonctions de violon-solo à la chapelle, en y joignant celle de chef d'orchestre. Cette chapelle, que les artistes considéraient comme une des meilleures de l'Italie, comprenait seize chanteurs et vingt-quatre instrumentistes, personnel modeste, mais suffisant pour permettre à-

---

(1) FAYOLLE, *Notices sur Corelli*, etc.

celui qui était à sa tête de faire un travail non seulement honorable, mais certainement intéressant et vraiment artistique.

Une fois réinstallé dans ses fonctions, Tartini devait les conserver jusqu'à son dernier jour, c'est-à-dire près d'un demi-siècle. Il aimait d'ailleurs Padoue, où il avait passé les meilleures années de sa jeunesse aventureuse et brillante, alors qu'il était étudiant à l'Université, et les souvenirs qu'il en avait conservés la lui rendaient chère à ce point qu'il déclina successivement et sans hésitations toutes les offres qui lui furent faites à diverses reprises, par les plus grands personnages, pour l'en éloigner et l'attirer soit en Angleterre, soit en France. Il résista ainsi aux instances très vives et répétées de lord Walpole et de lord Middlessex, qui désiraient l'un et l'autre l'emmener à Londres, et de même, dit-on, à celles faites dans le même temps auprès de lui par le duc de Noailles, le prince de Condé et le duc de Clermont, qui énuméraient et faisaient briller à ses yeux tous les avantages que le séjour de Paris offrait à l'existence d'un grand artiste. Rien n'y fit, et il resta inébranlable dans sa résolution (1).

Mais on pense bien que Tartini, dans toute la force de l'âge, ne pouvait pas borner son activité à diriger l'orchestre de la chapelle de Saint-Antoine. Ses travaux de composition ne pouvaient même lui suffire, et il résolut de consacrer une partie de son temps à l'enseignement. Ainsi que Corelli l'avait fait à Rome, il ouvrit à Padoue, en 1728, une école de violon où, sur le bruit de sa renommée, les élèves affluèrent de toutes parts, non seulement de toute l'Italie, mais de tous les pays étrangers, France, Allemagne, Angleterre, etc., si bien qu'on appela bientôt Tartini *il maestro delle nazioni*. Il serait impossible, tellement ils sont nombreux, de citer tous les élèves qui sont sortis de cette école devenue rapidement célèbre ;

(1) Ces renseignements nous sont donnés par l'abbé Francesco Fanzago, recteur de l'Université de Padoue dans l'*Elogio* de Tartini prononcé par lui, le 31 mars 1770, dans l'église des RR. PP. Servites de cette ville. Ce sont d'ailleurs les seuls que l'on rencontre en cet écrit sans intérêt et d'une insignifiance absolue, qui n'est que pur verbiage et phraséologie emphatique, ainsi qu'on peut témoigner cette bizarre invocation : «... O ma Padoue, tu devais avoir l'avantage de le conquérir pour toujours. Tu n'en dois pas savoir gré à ton air salubre, à l'aménité de tes rues, à tes édifices majestueux et superbes, à l'affabilité de tes habitants, à la gloire des lettres et des beaux-arts, à toute prérogative de jugement sain et d'intelligence, mais bien au grand Thaumaturge ton protecteur, qui toucha intimement le cœur de ce fidèle et très pieux dévot, et l'engagea à établir chez toi son domicile pour enrichir l'insigne orchestre de la célèbre Basilique Antonine ! » — Voy. *Elogio di Giuseppe Tartini e del P. Francesco-Antonio Vallotti*, par l'abbé Fanzago. Padoue, Conzatti, 1792, in-8.

on peut cependant rappeler au moins les noms de quelques-uns d'entre eux : pour l'Italie, Pietro Alberghi ; Lorenzo Carminati, qui vint, vers 1750, se fixer comme professeur à Lyon, où il vivait encore en 1770 ; Antonio Capuzzi, qui fut professeur à l'Institut musical de Bergame et directeur de l'orchestre de Sainte-Marie-Majeure de cette ville ; Pietro Nardini, l'un des artistes les plus réputés pour la grâce touchante de son jeu ; Domenico Ferrari, dont les succès furent grands à Paris, où il se fixa ; Pasqualino Bini, qui fut surtout l'un des favoris du maître et des plus affectionnés ; Filippo Manfredi, l'ami et le dévoué compagnon de Boccherini, qu'il suivit et seconda dans ses voyages ; Angiolo Morigi, qui devint directeur de la musique du duc de Parme ; Giulio Meneghini, successeur de son vieux maître dans la direction de la chapelle de Saint-Antoine ; Giuseppe Signoretti, que l'on vit se fixer à Paris, comme Ferrari ; la toute charmante Mme Lombardini-Sirmen, qui, avec son mari, violoniste aussi, parcourut toute l'Europe au bruit des applaudissements ; et encore Mosel père, Costanzi, Giorgi, Fischer, Tromba et Polani ; pour la France, Pagin, Petit et La Houssaye ; pour l'Allemagne, Jean-Amédée Naumann, qui ne fut pas seulement un compositeur fécond, mais aussi un violoniste distingué ; Hans Gottlieb Graun, frère cadet du célèbre compositeur dramatique ; Obermayer, Anton Kammel, Heinrich Eiselt, Lobst et Joseph Holzbogen.

On sait le beau et remarquable talent dont Pagin donna des preuves répétées au Concert spirituel où il se faisait applaudir en jouant surtout les sonates et les concertos de son maître. Quant à Petit, dont le nom a été négligé à tort par Fétis, son apparition très heureuse au Concert, le 24 décembre 1741, donnait au *Mercure* l'occasion d'un triple éloge à l'adresse des deux violonistes et de leur illustre maître : « M. Petit, écrivait ce journal, est encore un des élèves et des admirateurs de Tartini... Il n'y a guère moyen de ne pas convenir du grand mérite du maître au récit qu'en font des élèves aussi distingués que MM. Pagin et Petit (1). »

(1) Je trouve la trace de deux autres élèves français de Tartini, qui n'ont, que je sache, jamais été signalés par les biographes du maître. L'un est ainsi mentionné par Choron et Fayolle dans leur *Dictionnaire historique des musiciens* : « Turlet, élève de Tartini, et qu'on appelait *le Tartini du Midi*, est mort à l'hôpital de Toulouse vers 1799. Il a fait des concertos, des duos, des caprices pour le violon. » Fétis, qui n'a pas cru devoir s'occuper de celui-ci, en signale un autre, Joseph Touchemoulin, né à Châlons en 1727 et qui, selon lui, se serait fait entendre au Concert spirituel en 1754. Cet artiste se fixa ensuite en Allemagne, entra au service du prince de Tour et Taxis à Ratisbonne, et mourut en cette ville le 25 oc-

Certains des élèves italiens de Tartini venaient aussi se produire avec succès à notre Concert spirituel, entre autres Domenico Ferrari, Carminati, et surtout Mme Lombardini-Sirmen, dont le talent expressif et plein de grâce fit vraiment sensation sur un public sérieusement connaisseur et rendu particulièrement difficile par le choix et la qualité des artistes qu'on lui faisait entendre (1). Quant aux élèves allemands de Tartini dont on a vu les noms, nous sommes renseignés au moins sur deux d'entre eux, Holzbogen et Lobst, par le fameux écrivain musical Burney, qui, au cours de son voyage en Allemagne, avait eu l'occasion de les entendre à Munich, où ils étaient au service de l'Électeur de Bavière : « Holzbogen a une grande main, dit-il, un son pur et plus de feu qu'on n'en rencontre d'habitude chez les élèves de Tartini, école remarquable plutôt par la délicatesse, l'expression et le fini du chant que par l'esprit et la variété du style. Cet artiste, bon compositeur, nous joua d'une manière vraiment magistrale un concerto de sa façon. Lobst mit une grande délicatesse dans un concerto de Tartini ; naturellement timide, son manque de pratique n'est pas fait pour l'aguerrir ; cependant, malgré ces désavantages, il se montra digne élève de son maître (2). »

Si l'on en devait croire Fétis, il faudrait, parmi les élèves italiens de Tartini, compter aussi Pugnani. « Élève de Somis, son compatriote, dit-il dans sa notice sur ce dernier, il reçut de lui les traditions de Corelli. Devenu habile sur son instrument, il fit le voyage de Padoue pour consulter Tartini sur son jeu, et ne dédaigna pas de se mettre sous sa direction dans l'espoir de perfectionner son talent. » Pour ce qui est d'une de ses élèves bien authentiques, Mme Lombardini-Sirmen, on connaît la lettre si intéressante qu'il lui adressa de Padoue (5 mars 1760) sur la façon d'étudier le violon et les procédés à employer pour que cette étude soit vraiment fructueuse et donne les résultats qu'on en peut attendre. Cette lettre, que tous les jeunes violonistes devraient étudier et méditer, fut publiée quelques semaines après la mort de son auteur dans *l'Europa letteraria* (année

tobre 1801. Je crois que ce n'est pas comme violoniste, ainsi que le dit Fétis, mais comme compositeur, qu'il se produisit au Concert spirituel.

(1) « Son violon est la lyre d'Orphée dans les mains d'une Grâce », disait avec une galanterie madrigalesque un critique du temps.

(2) Ce Lobst épousa une jeune cantatrice italienne élève de la célèbre Regina Mingotti, Rosa Capranica, comme lui au service de la cour de Bavière, et se rendit avec elle en Italie, où elle obtint de grands succès, particulièrement à Rome.

1770, tome V, part. II, pp. 74 et suiv.), sous ce titre : *Lettera alla signora Maddalena Lombardini, inserviente ad una importanta lezione per i suonatori di violino*. Traduite en anglais par Burney et publiée à Londres en 1771, en allemand par Rohrmann et publiée à Hanovre en 1786, elle fut enfin traduite en français, par Fayolle, qui donna sa traduction, avec le texte italien en regard, en tête de sa brochure : *Notices sur Corelli*, etc. (1). Et je remarque que deux de ses recueils de sonates à violon seul et basse continue (op. 5 et op. 6) sont dédiés par Tartini à son élève Pagin, ce qui est évidemment une preuve d'estime de sa part pour le talent de celui-ci (2).

Mais les soins de son enseignement ne ralentissaient point ses travaux de composition, car le nombre de ses œuvres est, comme nous le verrons, vraiment extraordinaire. Il est vrai que, sous ce rapport, il avait commencé fort jeune, puisqu'il était âgé seulement de vingt et un an lorsqu'il écrivit sa fameuse *Sonate du Diable* devenue si célèbre et dont l'histoire a été racontée, d'après son propre récit, par le grand astronome Lalande, qui avait connu Tartini au cours de son voyage en Italie. C'est dans l'énorme relation qu'il publia de ce voyage (3), que Lalande rapporte ainsi, en laissant la parole à Tartini, l'anecdote relative à la naissance de la sonate devenue légendaire :

Une nuit (en 1713), disait-il, je rêvais que j'avais fait un pacte, et que le Diable était à

(1) Cette lettre est reproduite dans *Une leçon de G. Tartini* de CH. BOUVET, Paris, Sénart.

(2) A cette époque de la plus grande gloire de Tartini, on trouve encore les noms d'un certain nombre de violonistes italiens habiles qui se produisaient aussi comme compositeurs, et parmi lesquels se rencontreraient peut-être quelques élèves de l'illustre maître. Voici les noms de ces artistes, dont, à part deux ou trois, je n'ai trouvé mention dans aucun Dictionnaire biographique, mais dont l'existence m'a été révélée par leurs œuvres : Nafieri, Spadina et Barbella (Emanuele), dont Cartier a reproduit divers fragments dans son *Art du violon ;* le dernier, né à Naples où il mourut en 1753, fit représenter au Teatro Nuovo de cette ville, en société avec Logroscino, un opéra intitulé *Elomira generosa ;* — Polazzo (Bernardino), qui publia en 1743, à Paris, un recueil de six sonates ; — Carl'Antonio Campion, que Fétis appelle Campioni, qui était à Livourne, que l'on voit en 1764 maître de chapelle du grand-duc de Toscane, dont on connaît sept recueils de trios de violons, trois de duos de violon et violoncelle, et qui écrivit aussi pour l'Eglise, entre autres un *Te Deum* qui fut exécuté en 1767 par 200 musiciens ; — Melchior Chiesa, maître de chapelle à Milan, qui publia à Paris six trios pour deux violons et basse, op. 1, « gravés par Mme Leclair » ; — Benvenuto, comte de San Rafaele, amateur (six sonates, vers 1750) ; — Giuseppe San Martino, autre amateur (12 sonates à deux violons et violoncelle, Londres, 1743) ; — Antonio Kolichi (6 sonates, op. 1, Paris, vers 1750) ; — Giovan-Battista Marella (six solos avec basse continue, — Dublin, 1753) ; Carlo Zuccari, qui était attaché vers 1750 à l'Opéra italien de Londres, et qui publia, outre douze sonates et trois trios pour deux violons et basse, un ouvrage intitulé *Art of adagio playing* (l'Art de jouer l'adagio), une collection de solos de violon avec basse continue, etc.

(3) *Voyage d'un Français en Italie*. Paris, 1769, 8 vol. in-8.

mon service. Tout me réussissait au gré de mes désirs, et mes volontés étaient toujours prévenues par mon nouveau domestique. J'imaginai de lui donner mon violon, pour voir s'il parviendrait à me jouer quelques beaux airs ; mais quel fut mon étonnement lorsque j'entendis une sonate si singulièrement belle, exécutée avec tant de supériorité et d'intelligence que je n'avais même rien conçu qui pût entrer en parallèle. J'éprouvai tant de surprise, de ravissement, de plaisir, que j'en perdis la respiration. Je fus réveillé par cette violente sensation. Je pris à l'instant mon violon, dans l'espoir de retrouver une partie de ce que je venais d'entendre ; ce fut en vain. La pièce que je composais alors est, à la vérité, la meilleure que j'aie jamais faite, et je l'appelle encore la *Sonate du Diable* ; mais elle est tellement au-dessous de celle qui m'avait si fortement ému, que j'eusse brisé mon violon et abandonné pour toujours la musique, s'il m'eût été possible de me priver des jouissances qu'elle me procurait (1).

Quoiqu'il n'ait que peu voyagé hors de l'Italie, puisqu'il alla seulement passer trois ans en Allemagne, Tartini jouissait comme virtuose d'une incontestable célébrité qui s'étendit à toute l'Europe ; et beaucoup faisaient le voyage d'Italie surtout dans le but de l'entendre et de l'admirer. Le fameux flûtiste Quantz, le professeur de celui qu'on a appelé le grand Frédéric, qui avait eu l'occasion de l'apprécier à Prague, en parle dans ses écrits, sans lui rendre complète justice : — « Tartini, dit-il, est un violoniste de la première force ; il produit de très beaux sons. Ses doigts et son archet lui obéissent également bien. Il exécute sans peine les plus grandes difficultés. Il fait avec perfection, de tous les doigts, des trilles et même des doubles trilles, et joue beaucoup dans la partie aiguë. Mais son exécution n'a rien de touchant ; son goût n'est pas noble, et souvent même il est tout à fait contraire à la bonne manière. »

Cette dernière réflexion peut surprendre, car elle ne s'accorde guère avec ce que l'on pourrait appeler la devise de Tartini, qui ne cessait de dire toujours à ses élèves : *Per ben suonare, bisogna ben cantare* — pour bien jouer, il faut bien chanter. Et cela ne s'accorde pas non plus avec ce que disait de lui précisément un de ceux-ci, l'excellent violoniste français La Houssaye, qui fut chef d'orchestre du

(1) Aucun biographe de Tartini ne nous renseigne sur la façon dont il fit ses études de composition et sur le maître auquel il eut recours. Fétis lui-même ne nous l'apprend que de façon indirecte, dans sa notice sur un musicien tchèque, le moine Bohuslaz Czernohorsky : « Grand musicien, dit-il de cet artiste, compositeur pour l'église, et, de plus, organiste excellent, il fut pendant plusieurs années directeur de chœur dans l'église Sainte-Anne de Padoue, et, pendant son séjour en cette ville, il eut au nombre de ses élèves le célèbre violoniste et compositeur Tartini. » Selon le même écrivain, Czernohorsky fut aussi le maître de Gluck.

théâtre Feydeau, et qui rapportait ainsi l'impression qu'il ressentit lorsque, ayant fait dans sa jeunesse le voyage de Padoue tout exprès pour lui demander des leçons, il l'entendit pour la première fois : « Rien ne saurait exprimer, disait-il, la surprise et l'admiration que me causèrent la justesse, la pureté de son, *le charme de l'expression*, la magie de l'archet, enfin toutes les perfections dont le jeu de Tartini venait de m'offrir le modèle. »

Au surplus, je vais emprunter à don Stefano Arteaga une très intéressante appréciation de l'admirable talent de Tartini, considéré sous le double rapport du virtuose et du compositeur ; le morceau vaut d'être connu :

Le grand Giuseppe Tartini a bien mérité de l'art, en employant tous les moyens qui contribuent à son avancement. Il fut un excellent maître et compositeur distingué. A toute chose tendant au perfectionnement il a su imprimer l'esprit d'invention, la nature réfléchie et sagace qui constituaient son propre tempérament. En grossissant les cordes du violon, jusqu'alors trop fines et trop faibles, et en allongeant un peu l'archet, il adoucit l'âpreté de cet instrument, strident de sa nature, et en étudiant la manière de conduire l'archet, de le ralentir, de le presser, de le maintenir, il parvint à obtenir des sons pleins de douceur et merveilleux. Dans ses compositions, on distingue cette sincérité précieuse, cette unité de pensée, cette incomparable simplicité, ce pathétique doux et délicat, aussi agréables aux âmes sensibles que difficiles à bien définir. Il comprit dans toute sa force la vérité du précepte d'Horace : *Non fumum ex fulgore, sed ex fumo dare lucem.*

Contenu dans ses premiers travaux, il s'éleva ensuite peu à peu jusqu'au degré d'expansion qui caractérise ses compositions, que certains compareraient à la muse de Pétrarque, dont ce musicien se déclarait très grand admirateur. De ce fait peut faire foi l'habitude qu'il avait, avant de se mettre à composer, de lire et de méditer quelques sonnets de ce poète, afin de réchauffer son génie à la pure flamme de ce platonique et sublime amoureux. Quelques-uns lui reprochent une excessive maigreur dans ses accompagnements, et assurément, si l'on compare sous ce rapport ses compositions à celles de ses confrères, la différence est trop sensible ; mais ce défaut disparaît bientôt, si l'on veut réfléchir que le style de Tartini, coloré d'une teinte très fine, perdrait peut-être toute sa grâce si l'on y ajoutait en trop grande abondance une foule d'accords ; comme si, à la gentille grâce chérubine de l'Albane un peintre voulait accoupler l'attitude animée de Giulio (Jules Romain ?), ou si l'aimable ingénuité de l'Aminta du Tasse s'exprimait dans le style lumineux et fort d'un Alessandro Guidi ou d'un Frugoni (1).

Et un des nôtres, l'excellent président de Brosses, qui avait pu entendre Tar-

---

(1) *Le Rivoluzioni del teatro musicale italiano*, t. I, pp. 294-296.

tini, nous le fait connaître à la fois comme artiste et comme homme. Il écrivait de Bologne, le 6 septembre 1739 :

... Au bout de vingt-cinq milles, nous revîmes Padoue et notre ami le marquis Soleni, qui nous renouvela ses politesses. Il fallut séjourner le 31 pour entendre Tartini, qui passe communément pour le premier violon de l'Italie. Ce fut un temps fort bien employé. C'est tout ce que j'ai ouï de mieux pour l'extrême netteté des sons, dont on ne perd pas le plus petit, et pour la parfaite justesse. Son jeu est dans le genre de celui de Le Clerc (Le Clair), et n'a que peu de brillant ; la justesse du toucher est son fort. A tous autres égards, l'Anna-Maria des Hospitalettes de Venise l'emporte sur lui ; mais il n'a pas son pareil pour le bon esprit. Ce garçon, qui n'étoit pas fait pour ce métier-là, et qui s'y est vu réduit après avoir été abandonné de ses parents pour avoir fait un sot mariage tandis qu'il étudiait à l'Université de Padoue, est poli, complaisant, sans orgueil et sans fantaisie ; il raisonne comme un ange, et sans partialité, sur les différents mérites des musiques française et italienne. Je fus au moins aussi satisfait de sa conversation que de son jeu. Je ne fus pas moins content du jeu excellentissime, sur le violoncelle, d'un abbé Vandini qui étoit avec lui (1).

Et ce n'est pas tout ; plus loin, à propos de l'empressement que les compositeurs italiens mettaient à s'emparer des poèmes de Métastase, notre jeune magistrat s'occupe encore incidemment de Tartini :

... Il faut que les compositeurs italiens soient d'une étonnante fécondité pour travailler à tant d'ateliers, sur le même poème, sans se trop rencontrer. Leur facilité n'est pas moins grande ; un maître, à qui l'entrepreneur demande une pièce, la compose entière en un mois ou six semaines. « Faut-il s'étonner, me disait un jour Tartini, si la plupart du temps le récitatif de nos opéras ne vaut rien, lorsque le musicien donne tout son soin à la composition des airs, et broche à la hâte tout ce qui est de déclamation ? ». Pour moi, je les excuse, aujourd'hui que les spectateurs ont si bien pris l'habitude de ne pas écouter le récitatif. Tartini se plaignait aussi d'un autre abus, en ce que les compositeurs de musique instrumentale veulent se mêler d'en faire de vocale, et réciproquement. « Ces deux espèces, me disait-il, sont si différentes, que tel qui est propre à l'une, ne peut guère être propre à l'autre ; il faut que chacun se renferme dans son talent. J'ai, dit-il, été sollicité de travailler pour les théâtres de Venise, et je ne l'ai jamais voulu, sachant bien qu'un gosier n'est pas un manche de violon. Vivaldi, qui a voulu s'exercer dans les deux genres, s'est toujours fait siffler dans l'un, tandis qu'il réussissait fort bien dans l'autre (2). »

(1) De Brosses, Lettre 19, à M. de Maleteste.
(2) De Brosses, Lettre 50, à M. de Maleteste. — Cet aimable président de Brosses joignait vraiment à un esprit plein de grâce un sentiment inné et très fin de l'art sous toutes ses formes et tous ses aspects — à part ceci, qu'il avait horreur du gothique et ne le comprit jamais, ce qu'il faut lui pardonner. Il faut citer encore de lui ce passage charmant d'une lettre adressée de Rome à son ami de Quintin : « N'oubliez pas

Peut-être ne saurait-on pas, sans cette confidence rapportée par de Brosses, que si Tartini ne s'est pas produit au théâtre comme plusieurs violonistes de ce temps (Bassani, Vivaldi, Albinoni, Ruggeri, Schiassi), c'est qu'il s'y est volontairement refusé.

Cependant, et de l'aveu même de Tartini, il arrivait que ce récitatif des compositeurs italiens, considéré par lui comme méprisable, et qui l'était en effet généralement, offrait parfois un modèle de diction émouvante et pathétique, à l'impression de laquelle nul ne pouvait se soustraire. C'est Jean-Jacques Rousseau qui nous l'apprend en ces termes, au mot « récitatif » de son *Dictionnaire de musique:* « M. Tartini rapporte avoir entendu, en 1714, à l'Opéra d'Ancône, un morceau de récitatif d'une seule ligne, et sans autre accompagnement que la basse, faire un effet prodigieux, non seulement sur les professeurs de l'art, mais sur tous les spectateurs. C'étoit, dit-il, au commencement du troisième acte. A chaque représentation un silence profond dans tout le spectacle annonçait les approches de ce terrible morceau ; on voyait les visages pâlir, on se sentoit frissonner, et l'on se regordoit l'un l'autre avec une sorte d'effroi ; car ce n'étoient ni des pleurs, ni des plaintes ; c'étoit un certain sentiment de rigueur âpre et dédaigneuse, qui troubloit l'âme, serroit le cœur et glaçoit le sang. » Cette traduction de Rousseau est un peu libre, quoique suffisamment expressive. Heureusement, il nous donne le texte même de sa citation de Tartini, qu'il ne me semble pas inutile de reproduire avec le regret de ne pas savoir d'où il l'a tirée (1).

de venir ce soir à l'oratoire en musique, dans la chapelle des Pères de ce nom. On y chante des dialogues, de petits opéras sacrés de Métastase, musique de Léonard de Vinci. La pièce affichée pour aujourd'hui est *Caïn et Abel.* Saint Philippe de Neri, sachant bien que nous ne nous passerions pas de spectacles, a, dit-on, inventé ceci ¦pour nous détourner de ces vilaines tragédies profanes. Ce qu'il y a de plus sûr c'est qu'il nous a donné un spectacle de plus, et je lui en sais bon gré ; arrivez de bonne heure, car tout ici mérite votre présence : l'assemblée, les voix, la musique, la maison, l'église, la chapelle, les peintures, les stucs, les statues, tout y est brillant, agréable et d'un grand goût. »

(1) Voici le texte de Tartini : L'anno quatordecimo del secolo presente, nel dramma che si rappresentava in Ancona, v'era su'l principio dell'atto terzo una riga di recitativo non accompagnato da altri stromenti che dal basso ; per cui, tanto in noi professori quanto negli ascoltanti, si destava una tale e tanta commozione di animo, che tutti si guardavano in faccia l'un l'altro, per la evidente mutazione di colore che si faceva in ciascheduno di noi. L'effetto non era di pianto (mi ricordo benissime che le parole erano di sdegno), ma di un certo rigore e freddo nel sangue, che di fatto turbava l'animo. Tredici volte si recite il dramma, e sempre segni l'effetto stesso universalmente ; di che era segno palpabile il sommo previo silenzio, con cui l'uditorio tutto si apparecchiava a goderno l'effetto.

En ce qui concerne les compositions instrumentales de Tartini, Burney, qui l'avait sérieusement étudié sous ce rapport, fait à leur sujet des remarques intéressantes, qui ne sont pas inutiles à connaître et qui viennent compléter celles d'Arteaga ; voici comme il en parle :

Quoiqu'il eût pris Corelli pour modèle quant à la pureté de son harmonie et à la simplicité de sa modulation, il le surpasse de beaucoup en fertilité et en originalité d'invention, non seulement pour ce qui est de la coupe de ses mélodies, mais aussi dans la façon de les traiter en véritable *cantabile*. A un grand nombre de ses adagios, il ne manquerait que des paroles pour en faire d'excellents chants pathétiques d'opéras. Ses allegros sont parfois difficiles, mais les passages les plus ardus sont parfaitement dans la nature de l'instrument, et ils lui sont inspirés par la connaissance absolue du mécanisme et celle des ressources de l'archet. En tant qu'harmoniste, il est peut-être plus vraiment scientifique qu'aucun compositeur de son temps pour la clarté, le caractère et la précision de ses basses, qui ne sont jamais écrites au hasard ni par routine ou simple désir de flatter l'oreille, mais établies par un choix savant, judicieux et sûr de lui-même. Et cependant je dois, pour rendre justice à d'autres, convenir que, bien que le jeu de ses élèves soit généralement d'un fini et d'une expression exquis dans les morceaux lents, il semble néanmoins qu'il manque de cette énergie, de ce feu, de cette liberté d'archet que réclament la symphonie moderne et l'exécution orchestrale.

On ne connaît que la moindre partie des œuvres écrites par Tartini, dont, je l'ai dit, la fécondité fut extraordinaire. En effet, si, de son vivant, il a publié environ vingt *concerti grossi* et une soixantaine de sonates (les unes à violon seul et basse continue pour le clavecin, d'autres pour deux violons et violoncelle), il a laissé à sa mort près de deux cents compositions inédites. Le fait est attesté par cette note de la notice que Fayolle lui a consacré : « On lit dans le *Journal encyclopédique* de Venise de 1775, que le capitaine P. Tartini, neveu du célèbre Tartini, a déposé chez Antoine Nozzani, excellent violoniste, les sonates et concertos suivants, composés et écrits de la main de son oncle, savoir : 1°, 48 sonates ; 2°, 6 autres plus modernes ; 3°, un trio ; 4°, 114 concertos ; 5°, 13 autres plus récents, etc. On était prié, pour en faire l'acquisition, de s'adresser à M. Carminer à Venise, qui avait parlé plusieurs fois de Tartini dans son *Europe littéraire* et y avait même inséré des morceaux de ce grand artiste. »

Qu'est devenue toute cette musique ? Je ne sache pas qu'en Italie même il en ait jamais été question. Peut-être en trouverait-on quelques traces éparses dans certaines bibliothèques spéciales ? Il est singulier, en tout cas, que cinq ans après la mort du vieux maître, dont la gloire était encore dans tout son rayonnement, il ait fallu une annonce comme celle-ci pour faire connaître et offrir au public italien un nombre si considérable d'œuvres laissées par lui. Et il est à supposer, ce qui est plus singulier encore, que même ces œuvres ne trouvèrent point d'acquéreurs. Pourtant Fétis, en publiant dans sa *Revue musicale* (t. II, p. 209) un article sur *le concerto*, disait ceci : « Le nombre de concertos qu'il (Tartini) a composés est immense ; on en a gravé plus de deux cents (!), mais il en avait laissé un plus grand nombre, dont le gouvernement français a acquis les manuscrits originaux. Ceux-ci se trouvent maintenant (1827) à la bibliothèque du Conservatoire de Paris, avec quelques autres ouvrages inédits du même auteur. » Je ne sais où Fétis a pris cela. La bibliothèque du Conservatoire ne possède, en fait de manuscrits autographes de Tartini (dans sa Réserve), que deux concertos, dont un en *la* majeur et l'autre en *ré* (avec une *cadenza* de 38 mesures), et une sonate à trois, deux violons et basse, avec quelques fragments peu importants. Nous voilà loin de son assertion. Par exemple, dans le fonds public, la bibliothèque possède plusieurs recueils manuscrits (non autographes), comprenant, dans leur ensemble, 85 concertos d'une part, et, de l'autre, 88 sonates (dont la *Sonate du Diable*) ou symphonies avec violon principal, plus une gigue avec variations, et des variations sur une gavotte de l'op. V de Corelli.

C'est aussi Fétis qui nous donne des renseignements, cette fois plus sérieux, sur deux ouvrages destinés à l'éducation des jeunes violonistes : « Tartini, dit-il, avait composé pour ses élèves un Traité pratique des ornements employés de son temps dans la musique de violon ; c'est cet ouvrage que l'abbé Fanzago a cité dans la note 24 (p. 34), de la première édition de son Éloge de Tartini, sous ce titre : *Lezioni pratiche per violino ;* mais le titre véritable de cet ouvrage est celui qu'on trouve dans le catalogue de Joseph Benzon (Venise, 1818, p. 4) : *Trattato delle appoggiature si ascendenti che discendenti per il violino, come pure il trillo, tremolo, mordente, ed altro, con dichiarazone delle cadenze naturali e composte.* La Houssaye, élève de Tartini, avait apporté à Paris une copie de cet ouvrage, d'après laquelle Pietro Denis en a donné une traduction française intitulée : *Traité des agréments de la musique, contenant l'origine de la petite note, sa valeur, la manière de la placer, toutes les différentes espèces de cadences*, etc., Paris, de la Chevardière, 1782, in-8º de 94 pages. On connaît aussi de Tartini, un recueil pour le violon publié à Amsterdam sous le titre : *l'Arte dell'arco*, dont Cartier a publié, à Paris, une nouvelle édition intitulée : *l'Art de l'archet* (1). »

Je dois remarquer qu'en France, où nos violonistes ne cessent, avec raison, d'étudier les excellentes et superbes sonates de Corelli, nous ne connaissons guère, sinon pas du tout, les compositions, pourtant si nombreuses de Tartini (2).

Parvenu à l'extrême vieillesse, c'est-à-dire près d'accomplir sa soixante-dix-huitième année, Tartini fut frappé d'une atteinte de scorbut. A la nouvelle qu'il reçut de cette maladie, l'un de ses élèves les plus dévoués, Nardini, accourut en hâte de Livourne pour prodiguer ses soins à son vieux maître. Mais tout fut inutile, et Tartini s'éteignit, le 26 février 1770, entouré de l'affection et du respect de tous.

Sa mort fut un véritable deuil pour la ville de Padoue, où le vieux maître était aimé et estimé pour son caractère autant qu'admiré pour son talent. On lui fit, dans l'église Sainte-Catherine, des funérailles solennelles qui prirent le caractère d'un véritable et touchant hommage public (3) ; puis, le 21 mars, dans la chapelle de l'église des Servites, un service funèbre était célébré à sa mémoire, à l'occasion duquel l'abbé Fanzago prononçait son éloge, et enfin on exécutait à la chapelle

(1) Je n'ai pas eu à m'occuper ici des écrits de Tartini sur sa théorie de l'harmonie, qui était une erreur, non plus que de sa découverte du phénomène du troisième son. Je m'en suis tenu au seul violoniste.

(2) Remarquons cependant qu'aux concours de 1913 au Conservatoire de Paris, les classes supérieures de violon avaient, pour morceau d'exécution, un fragment d'une sonate en *sol* mineur de Tartini. C'est la première fois que pareil fait se produisait.

Il n'est peut-être pas inutile de faire remarquer qu'un violoniste italien, M. Emilio Pente, a publié récemment un certain nombre de compositions de Tartini, en parties séparées et en partition voici la liste de celles dont j'ai connaissance : *Quatro-sonate a tre*, pour deux violons et violoncelle ; *Sei sonate a tre*, id. ; *Due sonate per violino*, avec accompagnement de piano construit sur la basse de l'auteur par M. Carlo Angeletti ; *Due trii* pour deux violons et piano ; *Due quartetti* pour deux violons, alto et violoncelle ; *Concerto* pour violon, avec accompagnement d'orchestre ou de piano ; *Tre sonate* pour violon avec accompagnement de piano ; *Tre trii* pour deux violons et piano.

(3) C'est dans cette église qu'il fut inhumé. On y trouve encore, près de l'autel de Santa Dolorata, le tombeau de l'illustre artiste, avec cette inscription :

Joseph TARTINI

sibi

et conjugi suæ

posuit

obiit IV kal. Mart. MDCCLXX

Æt. LXXVIII

Antonine un *Requiem* de la composition de son vieil ami le P. Valotti, maître de chapelle de l'église Saint-Antoine (1). Ajoutons que Padoue, qui se glorifie d'avoir été le séjour de Tartini pendant près d'un demi-siècle, ne semble pas disposée à négliger le culte de sa mémoire. Ce qui le prouve, c'est la plaque de marbre blanc qu'elle a fait placer le 8 avril 1892, à l'occasion du 200e anniversaire de sa naissance, dans la cour intérieure du cloître de l'église Saint-Antoine, avec cette inscription :

A

GIUSEPPE TARTINI

DA PIRANO

VIOLINISTA INSIGNE

NELL' ANTONIANA BASILICA

PER DIECI LUSTRI DIRETTORE D'ORCHESTRA

1721–1770

CHE

LARGHE OFFERTE DI PRINCIPI STANIERI

RESPINTE

A QUESTA TERRA OSPITALE

MENTE E OPERA

SACRO

—

L'AMMINISTRAZIONE DELLA VENERANDA ARCA

GRATA EREDE E GELOSA CUSTODE

DEI SUOI LAVORI

NEL SECONDO CENTENARIO DELLA NASCITA

8 APRILE 1892

P.

(1) L'abbé Fanzago nous apprend, dans son *Elogio* de Tartini, qu'en 1761, un autre prêtre fort distingué, l'abbé Vincenzo Roto, qui était à la fois bon peintre et bon musicien, avait fait le portrait de Tartini, qui fut « gravé sur ouivre ». Je crois qu'il existe un autre portrait du maître dans la salle des Philharmoniques de Bologne.

On voit que Pirano, ville natale du maître, Trieste, où il passa les brillantes années de son ardente jeunesse, et Padoue, qui vit s'écouler dans l'étude, dans le calme et dans la sérénité la dernière et la plus grande partie de son existence laborieuse ont, chacune à sa façon, rendu au génie de l'artiste l'hommage dont il était digne et qu'il méritait à tant de titres (1).

Si nous ne manquons pas de quelques renseignements sur la carrière et sur l'existence d'ailleurs très tranquille de Tartini, — existence qui, une fois passée la première jeunesse, se poursuivit, calme et paisible, entièrement consacrée à l'enseignement et à la composition, dans cette belle ville de Padoue dont il ne devait plus jamais s'écarter, — il n'en est pas de même en ce qui touche le grand artiste, son contemporain, dont la renommée fut presque égale à la sienne : Pietro Locatelli. Sur celui-ci, nous ne savons absolument rien, et le mystère est complet. Né à Bergame, en 1693, d'une famille restée complètement inconnue, il fut, dit-on, envoyé par elle à Rome pour prendre des leçons de Corelli, déjà âgé à cette époque. On ajoute qu'ensuite, son éducation musicale terminée, il fit de grands voyages artistiques où son extraordinaire virtuosité lui valut d'éclatants succès, et parcourut l'Europe au bruit des applaudissements, jusqu'au jour où, parvenu en Hollande, il s'arrêta en ce pays et se fixa à Amsterdam qu'il ne devait plus quitter et où il mourut, en 1764, âgé de soixante et onze ans. Aucune précision même sur la date exacte de sa naissance, non plus que sur celle de sa mort. Pour ce qui est des détails et des incidents relatifs à ses voyages, aux succès qui l'y accueillirent, il n'en reste aucune trace. On a seulement à ce sujet quelques mots

(1) Deux petits faits à rappeler en mémoire de Tartini.

Aux environs de 1830, notre Panseron, dont la renommée était grande comme compositeur de romances, publiait sous ce titre : *le Songe de Tartini*, une grande scène vocale avec violon obligé, dont le succès, très grand dès lors, fut encore accentué plus tard, lorsque l'admirable Mme Viardot s'en empara et le fit entendre dans les concerts, où sa superbe interprétation lui valut une véritable vogue.

Le 19 janvier 1849, l'Opéra donnait la première représentation d'un ballet fantastique en deux actes et quatre tableaux, *le Violon du Diable*, de Saint-Léon, musique de Pugni, dans lequel Saint-Léon et sa femme, la charmante Fanny Cerrito, remplissaient les deux principaux rôles. Ce ballet avait été précédemment joué en Italie, je ne saurais dire sur quel théâtre, sous le titre de *Tartini*, et c'est sous ce titre qu'il fut répété à l'Opéra, où, définitivement, on l'appela *le Violon du Diable*. Saint-Léon, qui possédait un talent remarquable sur le violon, y paraissait à la fois comme chorégraphe, comme danseur, comme virtuose et comme compositeur, car les morceaux qu'il exécutait étaient écrits par lui-même.

de Burney, assurant que Locatelli « avait plus de main, de caprice et d'imagination qu'aucun violoniste de son temps ». Mais Burney ne devait parler ainsi que par ouï dire, n'ayant sans doute pas entendu Locatelli ; car son voyage en Hollande ne date que de 1771, alors que Locatelli était mort depuis plusieurs années déjà.

Ce qui est bien certain, toutefois, c'est que Locatelli, par le brillant de son jeu, par sa virtuosité absolument exceptionnelle et par l'originalité parfois étrange de sa musique, acquit une renommée que l'on peut dire européenne. Pour donner une preuve de cette renommée, Fétis a cru pouvoir avancer que notre Leclair fit le voyage de Hollande tout exprès pour aller l'entendre, ce qui n'est assurément pas exact. Lorsque Leclair se rendit non à Amsterdam, qu'habitait Locatelli, mais à La Haye, c'est, comme on le verra plus tard, dans un tout autre but et à une tout autre époque que celle indiquée par Fétis, — bien qu'il soit fort probable qu'il ait fait alors la connaissance de Locatelli et qu'il ait eu la satisfaction de l'entendre.

Il paraît évident, au surplus, qu'à l'époque où Locatelli se fixa en Hollande (à la suite de circonstances restées complètement ignorées) la musique était déjà en honneur dans ce pays, comme elle n'a cessé de l'être jusqu'à ce jour, et particulièrement à la cour où elle était très cultivée. Ce qui le prouve, c'est que l'on constate en Hollande, à cette époque, la présence d'un grand nombre d'artistes étrangers, appartenant à divers pays, et avec lesquels on peut croire que le grand virtuose italien dut se trouver en rapports plus ou moins étroits, ne fût-ce qu'au point de vue purement professionnel. Ce sont d'abord certains violonistes ses compatriotes : l'un, Francesco Guerini, napolitain, né vers 1710 et mort à Londres en 1780, qui fut au service du prince d'Orange de 1740 à 1760 et publia à Amsterdam toute une série de concertos et solos, deux recueils de sonates à un ou deux violons, ainsi que des trios et des quatuors ; un autre, nommé Lorenziti, qui fut aussi au service de ce prince, et dont le fils, Antonio, reçut, au dire de Fétis, des leçons de Locatelli après avoir commencé ses études avec son père. D'autres artistes sont encore à mentionner pour leur présence à Amsterdam (qui, remarquons-le, était alors un grand centre d'éditions musicales) (1). Parmi les Allemands, Frei-

(1) On sait la puissance et la célébrité qu'obtint, dès les premières années du xviiie siècle, la grande maison d'éditions musicales fondée à Amsterdam par Etienne Roger (dont le nom indique l'origine fran-

schmut, professeur de clavecin, qui publia, en 1758, un Traité élémentaire de musique, ainsi que diverses compositions de peu d'importance ; Jean Triemer, de Weimar, violoncelliste, auteur d'un recueil de six sonates de violoncelle, qui résida plus de vingt ans à Amsterdam où il mourut en 1762 ; Heinrich Anders, organiste de talent, qui était établi dès 1720 en cette ville, où il devint et resta longtemps organiste à l'église principale ; Chrétien-Théophile Tubel, qui s'y installa vers le milieu du xviiie siècle comme professeur, et y publia, en allemand et en hollandais, un manuel de musique, de clavecin et de composition ; Wilhelm Solnitz, artiste de talent, auteur de trios et quatuors pour instruments à cordes, qui mourut à Amsterdam en 1758 ; Witvogel, qui était, vers 1730, organiste à l'église luthérienne ; Frédéric-Conrad Hurlebusch, qui ne tenait pas seulement le même emploi à l'église réformée, mais qui publia de nombreuses et importantes œuvres de musique sacrée ou profane : les 150 psaumes de David, des concertos et sonates de clavecin, des fugues pour orgue, des ouvertures, etc. ; Élie Brunmuller, professeur et compositeur, à qui l'on doit des solos de violon, des sonates pour violon ou hautbois et basse, des trios, des airs italiens et allemands. Parmi les Français, on peut signaler surtout Charles Chalons, violoniste et claveciniste à la fois, qui, dans le même temps, se faisait connaître par diverses compositions, consistant en symphonies et sonates de clavecin ; Antoine Mahaut, flûtiste, auteur d'une bonne Méthode pour son instrument et d'assez nombreuses œuvres, et Charles Mansuy, professeur et compositeur, qui fit représenter un opéra-comique en deux actes intitulé : *Jérôme et Suzette...* Mais il n'y avait pas à Amsterdam que des musiciens étrangers, et l'on y comptait aussi des artistes nationaux, parmi lesquels on peut nommer Sybrand von Noort, excellent organiste de la vieille église et l'un des plus remarquables de son temps ; Hollendal, violoniste distingué qui, dit-on, avait fait le voyage d'Italie pour prendre des leçons de Corelli ; Barthélemy Rulafs ou Rulofs, né à Amsterdam même, artiste de grande valeur, à la fois pianiste, organiste et

çaise), et dirigée après sa mort par Charles Le Cène, son gendre et son successeur. Le catalogue des œuvres imprimées par Étienne Roger, publié par lui sans date (1716), était fort riche, et le devint bien plus encore dans la seconde édition, très augmentée, donnée par Le Cène, aussi sans date (1732). C'est en 1725 que Le Cène, probablement à la mort de son beau-père, prit la direction de la maison ; il mourut lui-même en 1742, et alors disparut cette maison importante qui, pendant tout un demi siècle, avait vu affluer chez elle les œuvres des musiciens les plus fameux de l'Europe entière.

violoniste, qui devint chef d'orchestre du théâtre hollandais, où il fit représenter
plusieurs ouvrages dont il avait écrit les paroles et la musique, ainsi que divers
opéras français traduits par lui, et dans lesquels sa femme, cantatrice distinguée,
faisait briller son talent ; et aussi Jacques Potthoff ou Pothorst, musicien singulièrement intéressant, aveugle depuis l'âge de sept ans à la suite d'une atteinte de
petite vérole, qui n'en devint pas moins un organiste de premier ordre, et qui se
rendit plus célèbre encore comme carillonneur, cet art si cultivé alors dans toutes
les Flandres. Potthoff, malgré son infirmité, avait acquis un assez grand talent
sur l'orgue pour être chargé, dès l'âge de treize ans, de celui de la Western-kerk.
Il y déploya même une telle supériorité que le docteur Burney, l'auteur de la
fameuse *History of Music*, lui témoigna un jour, en l'entendant, son étonnement
de lui voir déployer, sans avoir jamais quitté son pays, des qualités de charme et
de grâce qui y étaient si peu communes. Potthoff lui répondit qu'en assistant
souvent aux concerts que dirigeait Locatelli et en entendant le grand artiste lui-
même, il l'avait étudié avec soin et s'était efforcé de s'assimiler ses meilleures
qualités. On n'eût su faire un plus bel éloge du talent du célèbre violoniste. — Il
est vraisemblable que, comme je le disais, Locatelli dut entretenir des relations
au moins professionnelles avec la plupart de ces artistes (1).

Mais la résidence qu'il avait adoptée dans les Pays-Bas ne l'empêchait pas de
conserver et d'entretenir, malgré son éloignement, des relations avec son pays et
les confrères qu'il y avait laissés. J'en trouve la preuve dans une lettre qu'il adressait d'Amsterdam, le 22 décembre 1754, au célèbre père Martini, de Bologne, et
qui est ainsi analysée dans un catalogue italien d'autographe : — « ... Après la
première représentation de l'Opéra, il lui dit que le Tibaldi qu'il lui a recommandé s'est fait beaucoup d'honneur (2), et il continue en disant : *Quoique je*
sois professeur, je reste tout à fait éloigné du public, en conservant toujours

(1) En plus des noms de ces artistes, je trouve ceux de deux luthiers qui, à cette époque, exerçaient
leur profession à Amsterdam, et auxquels Locatelli put avoir affaire. D'abord un Français nommé Lefebvre,
qui travailla en cette ville de 1720 à 1740, et dont on signale de bons violons dans le style d'Amati ; puis
un Hollandais, Peeter Rambouts, qui, dans le même temps, faisait « des violons, des altos et des violoncelles qui ne sont pas sans mérite » au dire de Vidal.

(2) Ce Tibaldi appartenait sans doute à la famille des chanteurs de ce nom signalés par les biographes
et était probablement attaché à la troupe d'opéra italien de La Haye.

pourtant la grande estime due à tous les virtuoses de la profession harmonique (1)... »

On a vu plus haut que, selon Fétis, Locatelli aurait, à Amsterdam, donné des leçons à un jeune artiste nommé Lorenziti. C'est, je crois, la seule trace qu'on puisse trouver d'un élève dû à ses soins; du moins, malgré mes recherches, n'en ai-je pu rencontrer d'autres; et si ce grand artiste forma quelques disciples en Hollande, ce qui est au moins vraisemblable, ils sont restés complètement obscurs et inconnus. Aussi ne saurait-on dire qu'il a fondé une école, comme son maître Corelli et son condisciple Tartini, et qu'il a laissé une tradition. C'est donc, il faut le répéter, l'étude seule de sa musique qui explique aujourd'hui et justifie à nos yeux la célébrité qui s'est attachée à son nom, parce qu'elle nous donne la mesure de son talent extraordinaire. Elle est non seulement fort intéressante, cette musique, en ce qui touche sa valeur proprement artistique, sa richesse d'invention et sa facture élégante; mais elle est aussi très curieuse si on se reporte au temps, pour les difficultés techniques extraordinaires qu'elle offre aux violonistes, pour ses combinaisons d'effets inconnus jusqu'alors, pour de véritables tours de force, et enfin, disons-le, pour certaines excentricités qui font, comme on l'a dit, de son auteur un vrai précurseur de Paganini. A cet égard, il n'est pas sans intérêt de faire connaître l'opinion que don Arteagea exprimait sur les compositions de Locatelli, en parlant des plus célèbres élèves de Corelli : « Parmi les renommés disciples de ce grand homme, disait-il, la postérité distinguera toujours le Bergamasque Locatelli, Geminiani et Somis. Le premier, compositeur inégal et fécond, présente aux amateurs du Beau musical d'excellents exemples d'imitation dans ses majestueux et pathétiques *Gravi*, travaillés en grande partie sur l'exemple des *Adagi* de son maître, dans ses brillantes variations, et surtout dans ses sonates à violon seul, lesquelles forment le recueil le plus précieux qui nous

(1) *Catalogo... degli autografi di celebre musicisti, posseduti da Emilia Succi, Bologna,* 1888, in-8. Il n'est pas superflu de faire remarquer que les lettres de Locatelli, comme celles de Corelli, sont d'une excessive rareté. On trouve néanmoins dans un autre catalogue, celui de la collection d'autographes légués à l'Académie philharmonique de Bologne par un de ses membres, Masseangelo Masseangeli, la mention suivante : « Dans la bibliothèque du Lycée philharmonique de Bologne se trouvent six lettres adressées par Locatelli au P. Martini qui lui avait confié la correction de ses sonates pour cembalo et orgue, qu'il faisait imprimer à Amsterdam. »

reste de l'école corellienne. Mais ses *Caprices* (1) pleins d'étrangetés laborieuses, et inventés seulement pour le plaisir de vaincre les difficultés, ne devront point servir de modèles à qui que ce soit, sinon quand l'embarras gothique semblera préférable à la simplicité grecque (2). » Et un autre critique disait : « Locatelli, violoniste fameux par ses *Caprices*, a suivi le plan de Vivaldi, et s'est plus occupé du soin d'étonner l'oreille que de celui de la charmer. »

Du long séjour que Locatelli fit en Hollande et qui se prolongea jusqu'à sa mort, c'est-à-dire pendant une quarantaine d'années, on ne sait rien de plus que des autres particularités de sa carrière artististique et de son existence un peu mystérieuse. On peut supposer qu'en dépit de ses premiers et brillants succès, ce grand artiste était dépourvu d'ambition, puisque, dans toute la force de la jeunesse, il se confina dans un pays singulièrement éloigné du sien et dont les manifestations artistiques, pour intéressantes qu'elles fussent, étaient sans rayonnement européen. Tout ce qu'on sait de l'activité que Locatelli put déployer en ce pays, c'est qu'il fonda à Amsterdam une entreprise de concerts publics dont il avait évidemment la direction, et où sans doute il faisait fonction de chef d'orchestre. Et à cela on ajoute seulement que sa mort, en 1764, donna lieu à une manifestation intéressante de la part des membres de la Société des amateurs de musique, qui décidèrent de prendre le deuil pour témoigner de la considération en laquelle ils tenaient l'homme et l'artiste. C'était un digne et touchant hommage à la mémoire de celui qui avait vécu si longtemps au milieu d'eux (3).

Après Corelli et Tartini, l'école italienne de violon est définitivement fondée, et désormais établie sur les bases indestructibles qui ont été fixées par ces deux

---

(1) Les célèbres *Caprices énigmatiques*.

(2) *Le Rivoluzioni del teatro musicale italiano*, t. I, pp. 293-294.

(3) Toutes les compositions de Locatelli ont été gravées et publiées à Amsterdam, de 1719 jusqu'à sa mort ; en voici la liste : *12 Concerti grossi*, op. 1 (1719) ; — *12 Sonate a flauto traversiere*, op. 2 (1732) ; — *L'Arte del violino : 12 Concerti per violino solo e 24 Capricci*, op. 3 (1733) ; — *6 Introduzioni teatrali e 6 Concerti per violino*, op. 4 (1735) ; — *6 Sonate a tre, o due violini o due flauti traversieri e basso*, op. 5 (1736) ; — *12 Sonate a violino solo e basso*, op. 6 (1737) ; — *6 Concerti a quattro*, op. 7 (1741) ; *10 Sonate, — 6 a violino solo e basso e 4 a tre, un violino, violoncello e basso*, op. 8 (1744) ; — *L'Arte di nuova modulazione* (contenant les fameux « Caprices énigmatiques », si extraordinaires sous le rapport de l'invention), op. 9 ; — *Contrasto armonico, concerti a quattro*, op. 10. — La bibliothèque de la célèbre Université de Leyde possède une collection complète de ces compositions, qu'elle tient vraisemblablement de Locatelli lui même.

maîtres incomparables, elle n'a plus qu'à consacrer ses efforts au maintien de la place qu'elle a glorieusement conquise grâce à leur initiative, à leur intelligence et à leur admirable sentiment de l'art. Elle n'aura garde d'y manquer, et toute une pléiade d'artistes superbes va continuer les nobles traditions des deux chefs illustres, dont ils se montreront les dignes successeurs. Ceux-là sont en foule encore, et leurs noms doivent être inscrits à la place qu'ils méritent dans les annales de l'art que l'Italie a été la première à porter à sa plus grande splendeur. On ne peut que les citer par ordre chronologique, pour rappeler et leurs services et la renommée qu'ils ont légitimement acquise : Giardini (1716-1796); Nardini (1722-1793); Chabran (1723-?); Pugnani (1727-1803); Lolli (1733-1802); Manfredi (1738-1780); Giornovicchi, dit Jarnowick (1745-1804); Mestrino (1748-1789); Puppo (1749-1827); Campagnoli (1751-1827), pour arriver à Viotti (1753-1824), qui, lui, est le véritable chef de l'école moderne et le régulateur définitif de l'art du violon. Et à la suite de Viotti nous trouvons, pour arriver aux temps contemporains, Fiorillo (1753-1823); Rolla (1757-1841); Bruni (1759-1823); Mme Parravicini (1769-183.); Polledro (1781-1853), et enfin Paganini (1784-1840), artiste phénoménal et exceptionnel, Sivori (1815-1894), et Bazzini (1818-1887).

Et parmi ceux qui, moins glorieux, étaient cependant encore fort habiles, combien seraient à citer des violonistes italiens qui vécurent au cours de la seconde moitié du xviiie siècle! On peut rappeler au hasard les noms de quelques-uns d'entre eux : Modele « artiste fort distingué », que Burney dit avoir entendu en 1770 à Florence, jouant avec son fils un concerto à deux violons; Platti, vénitien, qui était virtuose habile à la fois sur le violon et sur le hautbois; Giovannini et Virocaj, qui obtinrent de grands succès en Allemagne et en Russie; Carlo Zuccari, qui appartenait à l'orchestre de l'Opéra italien, et qui publia un traité sur l'*Art de jouer l'Adagio*; Andrea Zaniou, Zanni, né à Casalmaggiore, qui publia 12 concertos de violon, 7 *concerti grossi*, 6 symphonies, etc.; Carlo Giuseppe Treschi, membre important de la chapelle de l'électeur Palatin et compositeur fécond; son fils Giov. Battista, qui lui succéda dans ses fonctions et fut aussi compositeur; Trani, violoniste de la chapelle de l'empereur à Vienne; Giuseppe Caselli, né à Bologne, qui fit carrière en Russie; Antonio Stulichi, napolitain, auteur d'un recueil de sonates de violon publié en France; Ferdinando Mazzanti, né à Rome, à la fois violoniste, chanteur et compositeur, que Burney, l'ayant connu en cette ville, tenait pour un artiste instruit et fort remarquable; Tranquillini, qui vivait à Vérone; Zucchi et Domenico Antenori, qui vivaient à Milan; Fabio, qui était, en 1770, directeur d'orchestre au théâtre San Carlo, de Naples; Ferdinando Galimberti, né à Milan, qui publia diverses compositions pour son instrument, etc., etc.

Titre des *Pièces de Viole*, par Marais. Gravé par du Plessis (1725).

LE VIOLON EN FRANCE

I

Il serait difficile, sinon impossible, de fixer de façon précise l'époque à laquelle le violon fut introduit en France, pour vivre d'abord en assez bon voisinage avec la viole qu'il devait, par la suite, supplanter de la façon la plus complète. On ne sait même pas au juste à quelle date la forme actuelle du violon fut définitivement établie par les luthiers italiens qui, les premiers, lancèrent dans le monde des instruments conçus sous cette forme. On a cité surtout, sous ce rapport, le nom d'André Amati, chef d'une dynastie devenue célèbre, attiré en France par Charles IX pour lui construire une série de vingt-quatre violons destinés au service de la musique de sa chambre. En fait, on connaît d'André Amati deux violons

17

datés, l'un de 1546, l'autre de 1551. Mais voici que Fétis, dans sa notice sur le luthier tyrolien Duiffopruggar, d'abord établi à Bologne, nous parle d'un violon construit par lui dès 1539 : « François Ier, dit-il, étant dans cette ville (Bologne) en 1515 pour y établir un concordat avec Léon X, entendit parler des talents de Duiffopruggar, et lui fit faire des offres si avantageuses qu'il le détermina à venir à Paris. Il paraît que, le climat nébuleux de la capitale ne convenant point à la santé de cet artiste, il obtint la permission de se retirer à Lyon... L'instrument le plus intéressant peut-être qui existe aujourd'hui de ce luthier célèbre est un violon de grand patron, le seul connu jusqu'à ce jour, et qui porte son nom, avec la date de 1539. La qualité de son de cet instrument est puissante, pénétrante, et porte au loin dans une grande salle. La tête représente une figure de fou de roi, avec une fraise plissée. Ce violon a appartenu à M. Merts, professeur au Conservatoire de Bruxelles. »

Qu'est devenu ce violon qui, selon Fétis, portait la date, singulièrement intéressante en la circonstance, de 1539? Les assertions du célèbre écrivain sont si souvent sujettes à caution, même lorsqu'il parle de choses qu'il prétend avoir vues ou entendues, que l'on ne saurait toujours s'y fier aveuglément. De son côté, Vidal, qui s'était fait une spécialité des questions de lutherie, émet, dans son beau livre sur *les Instruments à archet*, certaines affirmations qui peuvent paraître excessives ou hasardées : « Il est bien probable, dit-il, que le violon a dû être construit en Italie vers 1550, peut-être même dès 1520, mais aucune preuve, aucuns spécimens certains ne sont là pour venir corroborer cette supposition (1). » Et plus loin : — « A l'époque où Duiffopruggar travaillait, le violon commençait à peine à naître ; son nom même ne se rencontre la première fois en Italie qu'en 1533, et en France, que nous sachions du moins, pas avant 1550. Duiffopruggar n'a donc pas fait de violons, parce que de son temps l'instrument n'existait encore qu'à l'état rudimentaire, et que ses formes n'étaient pas encore arrêtées (2). »

Malgré la conscience qu'il apportait d'ordinaire en ses travaux, Vidal commet ici une double erreur, et d'abord en croyant pouvoir affirmer que le nom même du

(1) *Les Instruments à archet*, I, 57.
(2) *Id..* I, 164.

violon ne se rencontrait pas en France avant 1550. Il s'en serait rendu compte, s'il avait lu attentivement *Gargantua* et *Pantagruel* et fréquenté plus intimement Rabelais. En effet, non seulement dans son « quart livre », publié en 1548, mais encore dans son « tiers livre », paru deux ans plus tôt, en 1546, Rabelais, cette encyclopédie vivante, qui savait tout, qui s'occupait de tout, aussi bien de musique que de médecine, de botanique, d'archéologie, de politique ou d'architecture, à diverses reprises cite le violon, de façon que l'on ne puisse douter qu'il l'eût parfaitement connu. Dans le tiers livre, au chapitre 46, il dit : « ... Plus me plaist le son de la rusticque cornemuse que les fredonnemens des lutz, rebecz et violons aulicques. » Et dans le quart livre, au chapitre 6, lorsqu'il nous montre Panurge voulant acheter un mouton à Dindenault, il fait dire à celui-ci, vantant le parti qu'on peut tirer de l'animal : « ... des boyaulx on fera cordes de violons et harpes, lesquelles tant chèrement on vendra comme si fussent cordes de Munican ou d'Aquileie. » Ceci nous prouve donc, de façon certaine, qu'avant la seconde moitié du XVIᵉ siècle le violon était connu en France, puisque à diverses reprises Rabelais en parle alors à son lecteur (1).

Mais il y a plus, et c'est ici qu'apparaît la seconde erreur de Vidal, affirmant que Duiffoprugcar n'a pu faire de violons parce que les formes de l'instrument n'étaient pas encore arrêtées. Il existe de Duiffoprugcar un très beau portrait, bien connu, dû à un artiste lorrain, Pierre Woëiriot, qui fut graveur du duc de Lorraine Charles III. Ce portrait, d'autant plus intéressant qu'il n'en existe d'aucun autre luthier de ces premiers temps de la lutherie, représente le célèbre artisan entouré des divers instruments connus à cette époque, peut-être même de ceux qu'il avait fabriqués. Or, parmi les luths et les mandores qui figurent dans ce groupe d'instruments étalés sous ses yeux, se trouvent, bien en vue, deux violons, l'un à cinq cordes, celui dont les Italiens se servaient alors, l'autre à quatre cordes, plus petit.

---

(1) Il est encore question du violon au cinquième livre de *Pantagruel* (chap. XIII), lors de la querelle de Panurge avec Grippeminaud : «... Panurge, ces mots achevés, jetta au milieu du parquet une grosse bourse de cuir, pleine d'escus au soleil. Au son de la bourse commencèrent tous les Chats fourrés jouer des griphes comme si fussent violons desmanchés. » Mais on sait que ce cinquième livre, publié seulement en 1562, près de dix ans après l'époque supposée de la mort de Rabelais, est aujourd'hui considéré comme apocryphe. Il n'en reste pas moins qu'on y trouve encore la trace de l'instrument déjà mentionné par lui. Et même le mot « desmanchés » semble caractéristique à certain point de vue.

qui est le violon français, que Monteverde indiquait ainsi : *piccoli violini alla francese*, dans la composition de son orchestre en tête de sa partition d'*Orfeo* (1607). Il n'y a donc pas d'hésitation possible, et si, comme on peut le voir dans cette gravure, le violon n'a pas encore atteint dans sa forme la grâce, la noblesse et l'élégance qui, dans la main des grands luthiers italiens, devaient en faire bientôt un chef-d'œuvre d'art accompli, du moins peut-on être certain qu'il existait déjà en France, où il allait commencer à lutter contre la fortune si bien établie de la viole à laquelle il était appelé à succéder, comme celle-ci avait succédé au rebec (1).

A ce moment, la grande école de lutherie de Crémone, appelée à devenir si célèbre, faisait ses premiers pas et commençait à se constituer. Nous avons vu qu'André Amati, qui fut parmi ses premiers représentants, avait été appelé à Paris par Charles IX, grand amateur de musique, comme tous les Valois (certains prétendent qu'il jouait du violon), pour lui construire une série d'instruments destinés au service de sa chambre. Et c'est en 1572 que ce souverain donne à l'un de ses musiciens les moyens d'acheter précisément un violon de Crémone, ainsi que nous l'apprend ce fragment curieux des comptes du roi rapporté par Cimmar et Danjou dans leurs *Archives de l'Histoire de France* (T. VIII, p. 355) : « 27 octobre 1572. Payé à Nicolas Doliner, joueur de fluste et de violon du dict sieur (le Roy), la somme de cinquante livres tournois pour lui donner le moyen d'acheter un violon

(1) Au sujet de Duiffoprugcar, on trouve dans le *Dictionnaire historique des musiciens* de Choron et Fayolle (1810), les détails suivants, dont certains sont bizarres :

« M. Roquefort, homme de lettres à Paris, possesseur d'une collection curieuse d'instruments, a trois basses de Duiffoprugcar. La première est montée à sept cordes, qui s'accordaient ainsi :

La table de dessous représente le plan de Paris au xvie siècle, exécuté *en bois de rapport et de diverses couleurs*; au-dessus est un saint Luc, d'après Raphaël.

« La seconde porte en dedans cette inscription : *Gaspard Duiffoprugcar, à la coste saint Sébastien, à Lyon*. On a représenté sur la table de dessous le *Moïse* de Michel-Ange qui se voit sur le tombeau de Jules II. Sur le manche est sculptée une salamandre, qui était la devise de François 1er.

« La troisième est une taille de violon : sur la touche de cet instrument, se trouvent ces deux vers latins qui forment la devise de ce luthier :

Viva fui in sylvis, sum dura occisa secuti,
Dum vixi, tacui ; mortua dulce cano.

On a figuré, sur la table de dessous, saint Jean l'évangéliste d'après Raphaël. Les manches de ces trois basses sont supérieurement sculptés. »

de Crémone pour le service du dict sieur. » Et du coup nous apprenons quel était à cette époque le prix d'un violon de Crémone (1).

On voit de quelle faveur le violon était entouré en France, dès le troisième quart du XVIe siècle. Le temps n'était pas éloigné où il allait faire brillamment son apparition publique. En 1577, le maréchal de Brissac, alors gouverneur du Piémont, envoyait de Turin à Catherine de Médicis, sans doute sur sa demande, un artiste italien réputé, Baltazarini, qui avait surtout la renommée d'un violoniste fort habile. Il va sans dire que la reine-mère fit un excellent accueil à ce musicien son compatriote ; elle lui donna aussitôt le titre de valet de chambre, en le chargeant spécialement d'organiser les fêtes musicales et dansantes qui se donnaient fréquemment au Louvre, fêtes dont la cour de France se montrait si friande et dont Catherine ne pouvait qu'encourager le goût qu'elle avait elle-même rapporté de son pays. Très habile, très

FIGURE DES TRITONS DU *Balet comique de la Royne*, PAR BALTAZAR DE BEAUJOYEULX (1582).

subtil, doué d'ailleurs d'un véritable sentiment artistique, Baltazarini ne tarda pas à se distinguer tout particulièrement dans l'emploi qui lui était confié, y apportant tant de zèle, tant d'activité, et aussi tant de belle humeur communicative, que peu à peu il en vint — ou on en vint — à modifier son nom et à le compléter en lui donnant celui de Baltazar de Beaujoyeulx. Il allait bientôt donner toute la mesure de ses talents

____

(1) « Le plus ancien nom de violoniste que nous rencontrons de façon certaine est celui de Hondré Castelan, signalé comme violon de la chambre de Henri II. Il n'était certainement pas le seul, mais c'est le seul que nous trouvons comme nommé à cet emploi en 1555, d'après un compte manuscrit de l'année 1559 qui se trouve à la Bibliothèque nationale. » FÉTIS, *Revue musicale*, 1832.

d'intendant des réjouissances royales, en organisant la fête somptueuse par laquelle Henri III, qui avait succédé à son frère, voulait illustrer le mariage de sa belle-sœur Marguerite de Lorraine, princesse de Vaudemont, avec le duc de Joyeuse, son favori. On sait que ce fut à cette occasion que l'on représenta, le 15 octobre 1581, dans la salle du Petit-Bourbon, attenante au Louvre, le fameux *Balet comique de la Royne*, qui fut un véritable événement et dont la dépense ne s'éleva pas, dit-on, à moins de 1.200.000 écus, soit 3.600.000 francs, ce qui constituait un assez joli denier pour l'époque. Cet ouvrage, qu'on pourrait très justement qualifier d'opéra-ballet, car il comprenait, outre la danse, une très importante partie de chant, solos et chœurs, était l'œuvre de Baltazarini, c'est-à-dire qu'il en avait conçu le plan et le sujet (la fable de Circé), et qu'il en avait réglé lui-même tous les infinis détails d'exécution et de mise en scène. Toutefois, il n'en avait écrit ni les vers, qui étaient dus à La Chesnaye, aumônier du roi, ni la musique, dont les auteurs étaient deux musiciens de la chambre fort distingués, Beaulieu et Salmon, tandis que Jacques Patin, peintre du roi, avait donné les dessins des décors et des costumes (1). Bien que le sujet soit particulièrement intéressant et qu'à tous égards il sollicite l'attention, je ne saurais entrer dans plus de particularités relativement à ce ballet, que j'ai dû rappeler seulement à cause d'un détail qui se rattache à l'étude ici tracée : Baltazarini, violoniste habile, comme on l'a vu, n'était pas venu seul à Paris; il avait amené avec lui une bande de violonistes ses compatriotes, au nombre de dix selon les uns, de vingt selon d'autres. Ces artistes (qui se servaient du violon à cinq cordes, en usage alors dans leur pays, accordé de quarte en quarte : *la, ré, sol, ut, fa*)

---

(1) Dans sa notice sur le célèbre compositeur Claude Lejeune, qu'on appelait simplement Claudin, Fétis dit que cet excellent artiste prit aussi part à cette musique. Il a puisé ce renseignement dans l'*Histoire de la musique*, de BOURDELOT (V. t. I, p. 219). Baltazarini publia *son* ballet en une édition luxueuse et très curieuse, avec dessins et musique, qu'il fit précéder d'une préface dédicace « Au Roy de France et de Pologne » : *Balet comique de la Royne*, faict aux nopces de Monsieur le duc de Joyeuse et madamoyselle de Vaudemont, par Baltasar de Beaujoyeulx, valet de chambre du Roy et de la Royne sa mère (Paris, par Adrien le Roy, Robert Ballard et Mamert Patisson, imprimeur du Roy, 1582). Inutile de dire qu'on trouverait difficilement aujourd'hui (et à quel prix ?) un exemplaire de ce livret devenu rarissime. J'en ai vu vendre un naguère 260 francs, à la vente de la bibliothèque de Farrenc, et plus récemment, le catalogue 175 de la librairie musicale Liepmannssohn, de Berlin, en offrait un au prix de 950 marks, soit 1.187 fr. 50. C'est qu'en vérité c'est un document inappréciable pour l'histoire de la musique dramatique en France et sa première manifestation. — Sur ce sujet, on peut voir l'excellent livre de LUDOVIC CELLER (Louis Leclercq) : *les Origines de l'opéra* et le *Ballet de la Reine*, 1868.

s'étaient déjà produits en diverses circonstances dans les fêtes de la cour, mais pas avec un succès comparable à celui qu'ils obtinrent dans le *Balet comique de la Royne*, où Baltazarini leur avait réservé un rôle spécial. Tandis que, dans l'orchestre, le corps des instruments à archet ne comprenait que des violes, au son terne et sans vigueur, les violons italiens, qui se produisaient seuls dans certains épisodes de danse, se faisaient remarquer par leur sonorité brillante et pleine d'éclat. Or ce fut surtout, paraît-il, un enchantement lorsqu'on les entendit ainsi, seuls, à l'apparition de Circé sortant de son palais et s'élançant sur les Naïades, dans un air de danse qu'on appela l'air de la *cloche* ou de la *clochette*, et dont voici la transcription (donnée par Weckerlin dans son *Musiciana*) :

Malgré la simplicité de cet air, on peut se rendre compte de l'effet de surprise et de joie qu'il put produire lorsqu'il fut attaqué à l'unisson sur la chanterelle par une dizaine ou une vingtaine de violonistes exercés, à une époque où le violon, avec sa stridence et son éclat, était encore presque complètement inconnu. En réalité, les virtuoses (!) de Baltazarini provoquèrent chez leurs auditeurs un véritable enthousiasme (1).

Il semble que ce soit surtout à partir de ce moment que le violon commença à se répandre, pour prendre bientôt en vainqueur la place qui lui revenait dans la civilisation musicale. Les deux auteurs de la musique du *Balet comique de la Royne*, Beaulieu et Salmon, étaient tous deux violonistes. On en peut déjà citer d'autres à cette époque, ou très peu après : Chevalier, habile musicien de la chambre

---

(1) Au sujet de l'emploi du violon dans les actions scéniques : intermèdes, ballets ou autres, qui se propageaient de plus en plus, voici ce que disait le P. Menestrier dans son livre : *Des représentations en musique* (Paris, Guignard, 1681) : « Les violons l'ont emporté parmi nous sur l'ancien usage des flûtes pour les intermèdes des actions de théâtre, parce que les violons font un concert plus mêlé et mieux soutenu que ne sçauroient faire les instrumens à vent, où il faut nécessairement reprendre haleine ; ce qui fait qu'ils sont moins propres pour les danses délicates ; ainsi les ballets étant devenus les sujets les plus ordinaires des intermèdes des artisans de théâtre, on a substitué les violons aux flûtes dont se servaient les Anciens, et c'est en ces symphonies que la multitude des parties est fort agréable, parce que la diversité des tons (sons) s'y marque plus distinctement que l'on ne sçauroit faire avec d'autres instruments qui sont plus propres à accompagner les voix et les récits que le bruit de ces grandes symphonies qui les étoufferaient entièrement. » Que ce soit pour cette raison ou pour une autre. ce qu'on voit, c'est que l'emploi du violon se généralisait de plus en plus.

sous Henri IV et sous Louis XIII, qui composa, en tout ou en partie, la musique
de trente-cinq ballets dansés à la cour, de 1595 environ à 1616 ; les deux Nyon,
père et fils, et François Richomme, qui tous trois appartenaient aussi à la musique
de la chambre ; Antoine Boileau, qui fut maître de violon de Louis XIII ; puis,
certains qui surent se faire un nom par leur talent, comme Louis Constantin, Lazarin, Bocan... Quelques-uns de ces artistes, tels que Nyon, Richomme, Constantin,
à qui échut la « dignité » de Roi des violons, nous amènent à dire rapidement
quelques mots de la fameuse Corporation des Ménétriers, qui, pendant près de cinq
siècles, s'efforça de régenter et d'asservir tous les musiciens de France.

La corporation des jongleurs, bateleurs, ménestrels ou ménestriers fut fondée
par quelques-uns d'entre eux dans les premiers mois de l'année 1321 (1) ; et le
14 septembre de cette année un règlement composé de onze articles établi par eux,
présenté au prévôt de Paris et sanctionné par celui-ci, la constitua définitivement.
Dix ans plus tard, le 23 novembre 1331, le roi Philippe VI de Valois accorde aux
membres de la corporation des lettres patentes qui les organisent en confrérie.
Ainsi reconnus formellement, les jongleurs et « appointeurs de vielle » renoncent,
vers 1397, aux tours de passe-passe et de gibecière et prennent décidément le titre
de ménestrels (2) ; en 1407, Charles VI promulgue une ordonnance par laquelle
il approuve les statuts et règlements de leur communauté ; en 1467, en vertu de
nouvelles lettres royales confirmatives de leur existence, on voit figurer, dans de
nouveaux règlements établis par eux, la dénomination officielle de « ménestrels et
joueurs d'instruments tant hauts que bas ». A cette époque, et depuis longtemps
déjà, l'association avait à sa tête un chef choisi par elle et qui prenait le titre de

---

(1) « L'art des ménestrels était complexe et se divisait en plusieurs branches. Il comprenait : le récit
en vers, le récit en prose, le chant, la déclamation, la pantomime, les tours de force et d'adresse ; les
spectacles de différente nature avec des animaux dressés, notamment des singes et des ours ; la pratique
des instruments de musique en usage, et jusqu'à l'improvisation et à la composition des chansons et des
poèmes... Souvent le même individu réunissait tous les genres de talents qu'exigeait sa profession, et
quelquefois il n'en possédait qu'un certain nombre, laissant à ses confrères le soin d'exercer ceux qui lui
manquaient. » (GEORGE KASTNER, Parémiologie musicale de la langue française).

(2) Déjà, et dès la fin du XIIIᵉ siècle, Paris possédait une rue aux Jugleurs (jongleurs), qui ne tarda
pas beaucoup à échanger ce nom contre celui de rue des Ménétriers. Cette rue des Ménétriers subsista
jusque vers 1842, époque à laquelle elle disparut, lors des travaux entrepris pour la création de la rue de
Rambuteau. C'était le dernier souvenir d'une corporation bruyante et turbulente qui ne cessa de faire
parler d'elle durant plus de quatre siècles.

« Roi des Ménétriers ». Comme toutes les corporations de ce genre (comme les syndicats d'aujourd'hui) celle-ci avait surtout et essentiellement pour but d'établir un monopole au profit de ses membres, et ses règlements avaient moins pour objet de déterminer les conditions d'entrée dans le corps que d'exclure du droit d'exercer la profession ceux qui refusaient de s'enrégimenter et d'en faire partie.

En un temps où tout se rattachait à la religion, la confrérie des Ménétriers ne tarda pas à vouloir posséder une église en propre. Ses membres résolurent donc dès 1331, de fonder un édifice consacré au culte et leur appartenant. Grâce à de nombreuses quêtes organisées par leurs soins et à des dons faits en leur faveur, ils réussirent à réaliser assez promptement leur projet, et, en 1335, la première messe pouvait être célébrée dans l'église nouvelle, qu'ils placèrent sous l'invocation de saint Julien en lui donnant le nom de Saint-Julien des Ménétriers. Cette église était de style gothique et située rue Saint-Martin, sur l'emplacement où se trouvent aujourd'hui, dit-on, les numéros 164, 166 et 168 de cette rue; la façade en était richement sculptée, et

ÉGLISE SAINT-JULIEN DES MÉNÉTRIERS.

ornée de douze statuettes d'anges jouant de divers instruments. Elle fut longtemps fameuse et subsista jusqu'en 1790, époque où elle fut démolie (1).

(1) Et cependant ses adeptes avaient fait récemment un geste particulièrement honorable. On était au moment où la grande effervescence nationale était à son comble ; les dons patriotiques affluaient de toutes parts aux mains de l'Assemblée nationale ; nos braves artistes ne voulurent pas être en reste avec leurs concitoyens, et le *Journal de Paris* nous l'apprenait ainsi en rendant compte, dans son numéro du 18 décembre 1789, de la séance de l'Assemblée du 17 : « Les Ménétriers, dits Maîtres à danser de Paris,

Mais on ne saurait tracer ici, dans tous ses détails, l'historique complet de cette association des Ménétriers, qui, avec le temps, devint aussi tyrannique qu'elle était ridicule, et dont les prétentions devinrent tellement odieuses qu'elle souleva de toutes parts de véhémentes protestations, et qu'il fallut enfin, pour la faire disparaître après quatre cent cinquante-deux ans d'une existence agitée, un édit prohibitif du roi de France en date du mois de mars 1773. Il suffit de constater que son chef, qui, nous l'avons vu, portait d'abord le titre de Roi des Ménétriers, prit par la suite celui de Roi des violons, parce qu'alors, en effet, ce monarque bouffon était toujours un violoniste. Il semble que ce soit dans les dernières années du seizième siècle que se produisit ce changement de titre, qui faisait passer définitivement dans l'archet la suprême puissance.

Il a été impossible, jusqu'ici, d'établir de façon complète la liste des noms qui forment cette longue dynastie de souverains burlesques. Pour ma part, voici ceux qu'à grand'peine j'ai pu réunir, avec, pour les commencements, la date approximative de leur « avènement (1) » :

1295. — Jehan CHARMILLON. Né vers le milieu du xiiie siècle. « Le silence des monuments historiques connus jusqu'à cette époque sur ce sujet, dit Fétis, a fait considérer Jean Charmillon comme le premier roi des ménestrels qu'il y ait eu en France; cependant il y a lieu de croire que cette charge avait été créée antérieurement à la cour, et qu'on y trouvait avant Philippe le Bel un roi des ménestrels, aussi bien qu'un *roi des hérauts d'armes* et un *roi des ribauds.* »

1321. — Robert PETIT (2).

avoient une chapelle dont les ornemens valaient 40.000 livres. Ces 40.000 livres ont été données à la Nation par les Ménétriers. »

(1) A ce propos, on lit ce qui suit dans l'*Abrégé historique de la Ménestrancia* (1774) : « Les ménétriers sont les seuls qui aient conservé jusqu'à nos jours cette ridicule parodie de la souveraineté. La dynastie et la chronologie de leurs rois n'est pas exactement connue : les savans ont négligé cette partie intéressante de l'Histoire ; ainsi on ne peut être instruit des vertus ni des défauts de ceux qui ont été décorés de ce titre fastueux. Ce que l'on sait de positif, c'est qu'à Constantin, racleur de violon de son tems (raoleur est dur), succéda en 1658 Guillaume Dumanoir Ier, ensuite Guillaume II, fils du précédent, et à ce dernier le sieur Jean Pierre Guignon. » Comme on le verra, ces derniers renseignements appellent quelques rectifications.

(2) On trouve quelques détails sur cet artiste dans un travail de Fétis : *Recherches sur la musique des rois de France et de quelques princes* (*Revue musicale* du 21 juillet 1832). On voit que le premier nom inscrit sur la liste que j'essaye de former est antérieure à la date de la création officielle de la corporation. C'est qu'évidemment les ménétriers, avant même de s'associer directement, avaient cependant

1338. — Robert Caveran.

1349. — Coppin de Brequin. — « Ménestrel du roi de France Charles V, dit Fétis, vivait en 1364 ; il était alors attaché à la musique, suivant un compte daté de cette année qui est à la Bibliothèque impériale de Paris. » Il faisait même partie de celle de son prédécesseur, qu'il suivit dans sa captivité, selon ce que, de son côté, nous rapporte Vidal : « Lorsqu'en 1356, le roi Jean le Bon fut fait prisonnier après la bataille de Poitiers et conduit en Angleterre, il fuit, suivi de ses Ménestrels. Nous remarquons alors Coppin de Brequin, qui portait le titre de Roi de la corporation établie en 1321, remplir auprès de son maître les fonctions les plus diverses (1). » Et l'on peut croire que celui-là était instruit, car Fétis dit encore de lui : « Dans un manuscrit de la Bibliothèque royale, à Bruxelles, il existe une chanson française à trois voix de ce musicien, qui était contemporain de Guillaume de Machault. »

1387. — Jean Caumez.

1392. — Jehan Portevin.

1420. — Jehan Boisard, dit Verdelet (2).

1422. — Jehan Facien, ou Fassien, ou Farcien (3).

reconnu le besoin de se donner un chef qui pût, à l'occasion, défendre autant que possible leurs intérêts.

(1) *Les Instruments à archet*, t. I, p. 328.

(2) En 1415, les ménétriers du Dauphin étaient au nombre de cinq : Héliot Nicolle, Jehan Millet, Oudinet Lescuyer, *Jehan Boisard, dit Verdelet*, et Simon Balen, dit Fassien.

(3) « Par une ordonnance de l'hôtel de Charles VI, roi de France, datée du mois de septembre 1418, on voit que parmi les ménestrels de ce roi il y avait deux frères dont l'un s'appelait Farcien l'aîné, et l'autre Farcien le jeune. En 1422, la France, partagée entre Charles VI et le roi d'Angleterre, le parti de la reine, celui du Dauphin (Charles VII) et ceux des Armagnacs et des Bourguignons, cette pauvre France, dis-je, était plongée dans la misère, et le roi, retiré à Senlis, avait été obligé de diminuer de plus de moitié les dépenses de sa maison. C'est ainsi que le nombre des ménestrels ou ménétriers fut fixé à cinq, par une ordonnance du 1er juillet 1422, au lieu de onze qu'ils étaient auparavant. Parmi ces musiciens on retrouve Farcien l'aîné et Farcien le jeune. Leurs avantages avaient été diminués ; ils ne mangeaient plus à la cour, n'avaient qu'un cheval, cinq sous par jour, et en hiver *un quart de molle de bûches*. Le *rôle des pauvres officiers et serviteurs du feu roi Charles VI, faict le 21 octobre 1422*, fait voir qu'à cette époque Farcien l'aîné était devenu *roi des ménétriers*, ce qui prouve qu'il jouait de la vielle ou *viole*, car ceux qui jouaient de cet instrument pouvaient seuls acquérir cette dignité ; c'est à cause de cela qu'on leur a donné plus tard le nom de *roi des violons*. Un extrait des comptes de François de Nerly, receveur et trésorier de la maison du Dauphin de France, fait voir qu'en 1415 il y avait parmi les musiciens de ce prince un nommé Simon Balin, dit Fassien. Les noms sont écrits avec si peu d'exactitude dans les manuscrits de cette époque, qu'il serait possible que ce *Fassien* ne fût autre que *Farcien*, qui serait ensuite porté dans la maison du roi, et dont le nom véritable serait *Simon Balin*. » (Fétis).

Ici, un intervalle d'un siècle et demi durant lequel on ne trouve aucun nom, et qui nous mène jusqu'à l'année 1572, à partir de laquelle la liste devient complète, jusqu'à l'abdication du dernier Roi des violons,

1572. — Pierre ROUSSEL (1).

13 octobre 1575. — Claude de BOUCHANDON, musicien de la chambre de Henri III. Resté tout à fait inconnu.

1590. — Claude NYON, violon ordinaire de la chambre du roi. Aussi inconnu que le précédent, mais jouissant sans doute d'une certaine influence, puisque au bout de dix ans il eut la faculté de « céder » sa royauté à son fils.

8 février 1600. — Claude-Guillaume NYON, dit *Lafont* ou *Le Foundy*, fils du précédent. Fétis, qui ne parle point de son père, consacre à celui-ci cette courte notice : « Nyon (Claude-Guillaume), dit le Foundy, né à Paris en 1567, se distingua par son habileté sur le violon, et fut breveté par lettres patentes comme *roi des violons et maître des joueurs d'instruments tant hauts que bas.* Dans un acte authentique passé le 21 août 1608, il prend aussi la qualité de *violon ordinaire de la chambre du roi.* Il mourut en 1641, et eut pour successeur Gaillard Taillasson, dit Mathelin.

Dans la collection d'ancienne musique française recueillie par Philidor, on trouve une sarabande connue sous le nom de *Sarabande de Guillaume* qui est de la composition de Nyon (2).

7 mars 1620. — RICHOMME (François). Inconnu à Fétis. Jal lui consacre seu-

---

(1) « Du 15ᵉ sept. 1572 fut baptisé Jehan, fils d'honorable homme Pierre Roussel, *Roy des joueurs d'instruments du Royaume de France*, et de Marie Garnier, sa femme ; parrain, honorable homme Mʳ Jehan Roullier, auditeur des comptes » (Sᵗ-Germ.-l'Aux.). En donnant ce renseignement, Jal dit : « Je ne sais rien de plus sur ce musicien qui eut l'honneur d'être violon de la chambre de Charles IX. »

(2) Dans sa notice sur Taillasson, Fétis écrit ceci : « Taillasson (Gaillard), dit Mathalin ou Mathelin, naquit à Toulouse en 1580. Dès son enfance il se livra à l'étude de la musique, et devint habile sur le violon... Après la mort de Nyon, ce musicien exerça la dignité burlesque de *roi des violons de France*, par lettres patentes signées de Louis XIII, il en remplit les fonctions jusqu'à sa mort qui arriva en 1647. »

Il est bien certain que Claude-Guillaume Nyon ne conserva pas jusqu'à sa mort (1641) le titre de roi des violons, puisque, comme on va le voir, François Richomme prenait ce titre en 1620, et que Louis Constantin « succédait » à celui-ci en 1624. Ce qui est certain aussi, c'est que si Taillasson succéda lui-même à Nyon, ce ne put être, comme le dit Fétis, à la mort de ce dernier, en 1641, et que, d'autre part, il ne put conserver sa « royauté » jusqu'en 1647. Je ne crois donc pas, pour ma part, et jusqu'à plus ample informé, que Taillasson puisse être compris dans la longue dynastie des rois du violon.

lement ces quelques mots : « Joueur d'instruments, qui fut Roi des violons après Pierre Roussel et avant Louis Constantin. Le 6 mars 1620, parrain d'un fils de ce dernier. Il se qualifiait « Roy des violons et violon ordinaire du Roy. » On voit que Jal n'a pas eu connaissance des trois artistes qui avaient exercé la « souveraineté » entre Roussel et Richomme. Celui-ci mourut en 1624.

12 décembre 1624. — Louis Constantin, compositeur et violon de la musique du roi, né vers 1585, mort dans les derniers jours d'octobre 1657. Il en sera question plus loin, ainsi que de ses successeurs.

20 novembre 1657. — Claude Du Manoir, violon de la musique du roi. Ni Fétis ni Vidal n'ont eu connaissance de ce Claude, qui fut le premier des Du Manoir à ceindre la couronne de roi des violons. Il était frère d'un Mathieu Du Manoir, violon de la musique du roi. C'est Jal qui, d'après des documents authentiques, nous fait connaître la souveraineté ménétrière de ce Claude Du Manoir, dont le nom n'est mentionné par aucun biographe (1) : — « La royauté des ménétriers, dit-il, entre dans la famille par Claude, un frère, je crois, de Mathieu, dont je n'ai pas vu le baptistaire. Le 20 novembre 1657, le roi de France lui donne la royauté des violons et la charge de premier violon de son cabinet, un double office que rendait vacant la mort de Louis Constantin. Claude Du Manoir était alors un des violons de la chambre du jeune Louis XIV. (Arch. de l'Emp. Ordon. des R. de Fr., reg. 10, tome VIe). Le parlement enregistra l'ordonnance du 20 nov. 1657, le 31 janvier 1658. La royauté de Claude Du Manoir ne fut pas de longue durée, car, en 1663, Guillaume, son neveu peut-être, était « Roi des joueurs d'instruments et des maistres à dancer de France ».

1663. — Guillaume Du Manoir II, l'un des 24 violons du roi, né le 16 novembre 1615, neveu du précédent et fils de Mathieu Du Manoir. C'est encore Jal qui va nous donner sur celui-ci les renseignements les plus précis, que je reproduis avec ses abréviations typographiques habituelles : — « Guillaume Du Manoir était né, le 16 novembre 1615, de Mathieu et de Nicole Laurent ; le 27 sept. 1639, jour de Saint-Cosme, il épousa Catherine Du Prou, fille d'un violon ordinaire du R., qui lui donna deux filles... Catherine mourut le 27 août 1644 (Saint-Severin)

____

(1) Excepté Eugène d'Auriac, qui, ainsi que Jal, enregistre la souveraineté de Claude du Manoir, mais en se perdant ensuite dans les dates, pour tomber d'erreur en confusion.

et Guillaume du M. se remaria. Il épousa Marie Chevalier, qui, entre autres enfants, eut Guillaume-Michel. Celui-ci, violon, comme son père, figura, avec Guillaume, dans une des entrées du ballet de *Psyché*, jouant de son instrument à la suite de Bacchus. En 1677, « Guill. Du Manoir et Guillaume Michel son fils, à survivance », étaient en tête de la liste des violons du Roi (Arch. de l'Emp., Z. 1343). Guillaume Michel Du M., eut le 15 août 1668, la charge du Roi des violons en survivance de « Gilles » (*sic* pour Guillaume) son père. (Arch. de l'Emp.) » Guillaume Du Manoir fut sans doute un artiste distingué ; tout au moins Louis XIV le tenait-il pour tel, puisqu'il créa en sa faveur une charge supplémentaire dans la bande des 24 violons du roi, en lui donnant même la direction de cette bande (1). Mais ce n'est pas à son talent seulement qu'il dut la renommée très réelle qui s'est attachée à son nom ; c'est à la vigueur, à l'âpreté avec lesquelles il voulut défendre les prétendus droits de la corporation des ménétriers dont il était le souverain. Celle-ci prétendait enregimenter, soumettre à sa juridiction et surtout faire payer, d'une part les organistes, clavecinistes et compositeurs, de l'autre les maîtres de danse, sous prétexte que ceux-ci se servaient du violon pour leurs leçons. La querelle n'était pas nouvelle ; mais elle prit sous le « gouvernement » de Du Manoir une rare ampleur, et devint la source de toute une série de procès entre la corporation des ménétriers et les artistes qui se refusaient à passer sous ses fourches caudines. C'est à cette occasion, et pour défendre sa cause et celle des siens, que Du Manoir publia sous ce titre : *Le mariage de la musique avec la dance* (1664), un pamphlet curieux, dont le retentissement fut considérable et qui engendra une foule d'autres libelles. On ne saurait entrer ici dans plus de détails sur cette affaire,

(1) Et ce, par une ordonnance royale dont voici le texte, tel que l'a publié Vidal :

« Aujourd'huy 4 du présent mois de janvier 1635, le Roy étant à Paris : S. M., considérant que la permission qu'elle a donné à Guillaume Dumanoir, violon de son cabinet, de se démettre de sa charge de l'un des vingt-quatre Violons ordinaires de sa chambre en faveur de Pierre Corneille, pourroit nuire à cette bande, si, à cette occasion, il demeuroit exclu de la société qu'il avoit avec elle, parce que sa capacité, soins et diligence l'ont fait juger nécessaire pour entretenir cette bande en sa perfection, S. M. voulant tesmoigner l'estime qu'elle fait dudit Dumanoir et l'obliger à continuer l'assiduité qu'il rend auprès d'elle, a déclaré et déclare qu'encore qu'il se soit démis de sa ditte charge de l'un des vingt-quatre violons de sa chambre, il demeure en la société de cette bande en qualité de vingt-cinquième qu'il jouisse de cette place... Qu'il prenne le soin de faire concerter ceux de la dite bande et de les faire s'assembler pour cet effet quand il le jugera nécessaire et que le service de S. M. le requérera ; et de faire observer les règles et les statuts imposez entre eux pour leur bien commun. » Et c'est ainsi que depuis lors les 24 violons du roi se trouvèrent être vingt-cinq.

mais il faut constater qu'elle se prolongea pendant nombre d'années et qu'elle ne fut pas terminée sous la royauté de Guillaume Du Manoir, qui semble être mort en 1689 ou 1690, laissant le pouvoir à son fils, lequel, nous a dit Jal, en avait la survivance.

1690. — Guillaume-Michel Du Manoir III, fils du précédent. En même temps que de son titre, il hérita de la situation difficile que lui avait léguée son père dans le procès toujours pendant entre la corporation des ménétriers et ceux qu'elle ne pouvait contraindre à l'obéissance. Cela dura encore pendant plusieurs années, c'est-à-dire jusqu'au 7 mars 1695, où un arrêt définitif de la cour du parlement, prononcé en la grand'chambre, vint mettre à néant les prétentions des « jurés de la communauté des joueurs d'instruments tant hauts que bas », et condamner « lesdits Dumanoir et jurés aux dépends faits chacun à leur égard ». C'en était fait du pouvoir et de l'autorité du Roi des violons ; Guillaume-Michel Du Manoir le comprit, et le 1ᵉʳ décembre 1695, peu de mois après la signification de ce jugement (30 mai 1695), il donna sa démission d'une souveraineté qui n'avait plus de raison d'être, et il ne fut pas remplacé. — Cependant, la royauté ménestrière n'était pas morte encore à tout jamais par l'effacement volontaire du dernier des Du Manoir. Nous verrons plus tard, quand nous aurons à nous occuper de Guignon, comment, après un silence de près d'un demi-siècle (exactement quarante-six ans) et sur l'initiative de cet artiste fort distingué, elle essaya de renaître de ses cendres déjà refroidies. Mais le résultat ne répondit pas à l'activité de ce dernier effort, et en 1773, à la suite de l'abdication de Guignon, un édit royal vint la supprimer définitivement. Cette fois, et pour tout de bon, la confrérie de Saint-Julien des Ménétriers avait rendu l'âme (1).

(1) Voir, entre autres, pour la corporation de Saint-Julien des Ménétriers et le Roi des violons : *Abrégé historique de la Ménestrandie*, par Besche, 1774 ; — *Curiosités historiques de la musique*, par Fétis, 1830 ; — *Recherches sur l'histoire de la corporation des ménétriers ou joueurs d'instruments de la ville de Paris*, par B. Bernhard (Bibliothèque de l'École des Chartes, mars et avril 1842) ; — *Dictionnaire critique de biographie et d'histoire*, par Jal, 1872 ; — *Les Instruments à archet*, par Antoine Vidal, 3 vol., 1876-1878 ; — *La Chapelle Saint-Julien des Ménétriers*, par le même, 1878 ; — *La Corporation des ménétriers et le Roi des violons*, par Eugène d'Auriac, 1880 ; — *Louis Constantin, roi des violons*, par Er. Thoinan, 1878 ; — et les nombreux pamphlets et écrits polémiques et satiriques auxquels donnèrent lieu ses prétentions, particulièrement *le Mariage de la musique avec la danse*, de Guillaume du Manoir, 1664 (dont une réimpression avec notes a été donnée par J. Gallay en 1870).

II

Il nous faut maintenant revenir un peu en arrière, afin d'établir la situation que le violon avait peu à peu acquise en France, et pour nous rendre compte de son expansion, de ses progrès, ainsi que des travaux des artistes qui le cultivaient et qui chaque jour se faisaient plus nombreux.

Nous avons vu que les deux auteurs du *Balet comique de la Royne*, Salmon et Beaulieu, qui faisaient partie de la musique d'Henri III, avaient la réputation de violonistes habiles pour leur temps ; à coup sûr c'étaient aussi des artistes instruits, puisque cette musique comprenait des airs, des chœurs, des symphonies et des danses (1). Dans le même temps qu'eux on peut signaler le chef de toute une dynastie de violonistes, Guillaume Mazuel, né vers 1540, qui avait le titre de violon ordinaire de la chambre du roi, titre qu'il transmit à son fils, Jean Mazuel, né en 1568 et mort en 1616 (2). Auprès de ceux-ci, en la même qualité, on trouve Antoine Denault, Michel Lejeune, Henri Michel, et trois artistes qui ont droit surtout à l'attention : Lazarin, Louis Constantin et Jacques Cordier, dit Bocan. Avant de parler de ceux-ci comme il convient, il ne sera sans doute pas inutile de constater l'importance que nos rois, Valois ou Bourbons, attachaient à la composition de leur musique particulière, et comme ils s'efforçaient de protéger, d'encourager l'art et les artistes. Sous Henri III, aux côtés de ceux qui viennent d'être cités, on voit Claude Balifre, qui, de 1586 à 1588, était à la fois valet de chambre et chantre ordinaire de la chambre du roi, pour devenir ensuite maître des enfants de la musique de la chambre (les futurs pages de musique); Eustache du Caurroy, qui avait été maître de musique de la chapelle sous Charles IX et conserva cette fonction sous Henri III et sous Henri IV, lequel créa pour lui, en 1599, la charge de surintendant de la musique (3); Claude le Jeune, qu'on appelait familièrement Claudin, compositeur resté justement célèbre, que ses contemporains surnom-

(1) Salmon, qui était né en Picardie, avait remporté, au concours du « Puy de musique » d'Évreux, en 1575, le prix du luth d'argent pour une chanson à quatre parties sur les paroles : *Je meurs, pensant à ta douceur.*

(2) Deux fils de celui-ci, Jean II Mazuel, né en 1593, mort en 1663, et Pierre Mazuel, né en 1605, furent aussi violons ordinaires du roi. Nous retrouverons plus tard un cinquième Mazuel.

(3) On sait que la musique des deux airs célèbres : *Charmante Gabrielle* et *Vive Henri IV,* est attribuée à Du Caurroy.

mèrent le « phénix des musiciens, » et qui eut le titre et les fonctions de compositeur de la musique de la chambre
sous Henri III et sous Henri IV (1);
Pierre Guédron, musicien aimable,
renommé pour ses chansons à voix
seule, dont Antoine Boësset épousa la
fille, et qui succéda à Claudin dans
son emploi... Mais c'est surtout sous
Louis XIII, prince mélancolique et
taciturne, que se fit sentir l'influence
artistique du roi, véritable amateur
de musique, la cultivant lui-même et
faisant œuvre de compositeur (2). On
voit alors Nicolas Formé succéder à
Du Caurroy comme maître de la chapelle, et Mathias Balifre recueillir la
survivance de son frère Claude comme
chantre et valet de chambre du roi et
maître des enfants. C'est ensuite Eustache Picot, qui devient sous-maître de
la chapelle; Henri de Bailly, qui est
nommé surintendant de la musique
du roi; Paul Auger, qui est maître de la musique ordinaire de la reine, et qui,

CLAUDE LE JEUNE.

(1) Il n'était pas seulement un compositeur remarquable, mais était réputé aussi comme violoniste,
et à ce seul titre trouverait ici sa place. « Claudin Le Jeune, excellent violon du xvi* siècle, dit Pacquot
dans ses *Mémoires littéraires*, vécut en France, du temps de François I*. » Il se rendit fameux surtout
par son beau recueil de Psaumes, dont la 7* édition, publiée plusieurs années après sa mort, avec son
portrait, portait ce titre: *les Pseaumes de David*, mis en musique à quatre et cinq parties par Claude Le
Jeune, *Phénix des musiciens* et rime françoise de Clément Marot et Théodore de Bèze (Leyde, Justus Livius,
1635). Un des contemporains de Claude Le Jeune fit sur lui ce quatrain bizarre, destiné à exalter son génie :

> *Qui son esprit ne satisfait*
> *En les chants si pleins de merveilles,*
> *S'il n'est un âne tout à fait*
> *Il en a du moins les oreilles.*

(2) Outre un professeur de luth, nommé Indret, Louis XIII avait aussi un professeur de violon, Antoine Boileau, que remplaça un artiste du nom de Charles Lecomte.

plus tard, devient aussi surintendant de la musique du roi, en fonctions de semestre avec Jean Boësset ; sans compter ceux que j'oublie...

Et c'est sous Louis XIII que fut créé le corps d'instrumentistes destiné à devenir célèbre sous le nom de « bande des 24 violons du Roy », et dont l'existence se prolongea pendant un siècle et demi. Cette dénomination était un peu arbitraire, et il est sans doute superflu de faire remarquer que cet ensemble de « 24 violons » n'était pourtant pas uniquement formé de violons proprement dits, ce qui aurait donné à leur exécution un caractère de monotonie un peu trop accusé. En réalité, c'était là un petit orchestre à cordes, comprenant des instruments de même famille, mais de dimensions diverses et d'accords différents. Henri Quittard a décrit ainsi, avec beaucoup de précision, la composition de la fameuse bande :

Il va sans dire que quoique désignés par le terme générique de « violons, » ces 24 artistes ne jouaient pas tous de ce que nous appelons aujourd'hui violon. Leurs instruments constituaient une famille complète du grave à l'aigu, chaque variété différant des autres par l'accord ou la taille. Des violons d'abord, tels que les nôtres, pour les parties supérieures, mais dont certains, quoique accordés de même et d'étendue pareille, devaient être d'un modèle un peu plus fort. Puis un instrument (taille ou quinte de violon) au diapason de nos altos, mais sensiblement plus grand. La basse enfin, accordée par quinte au-dessous de l'accord de la taille (*sol, do, fa, si b*), descendant par conséquent un ton plus bas que notre violoncelle. Ces basses de violon, essentiellement instruments d'orchestre et non faites pour le solo, étaient au reste assez différentes des nôtres. De taille beaucoup plus forte, montées de cordes robustes, elles étaient peu propres sans doute à la virtuosité, mais leur son volumineux et puissant, beaucoup plus fourni que celui des basses de violes, suffisait à donner des basses solides en l'absence des contrebasses, encore tout à fait inconnues. C'est par une méconnaissance inconcevable des textes les plus clairs que l'on a prétendu et que l'on répète encore quelquefois que dans l'orchestre de Lully les violes fournissaient les basses et les parties moyennes. On le voit, au contraire, la famille des violons était, du grave à l'aigu, complète, et les contemporains ne les confondaient pas du tout avec les violes, destinées à un emploi musical tout autre. Si les artistes qui se livraient à l'étude de la basse ne jouaient pas de cet instrument plus petit, pas plus que nos violoncellistes ne pratiquent nécessairement le violon, les autres pouvaient s'employer indifféremment sur le dessus ou la taille (comme aujourd'hui sur le violon et l'alto) au bout de quelques jours d'étude. Cette facilité permettait de partager les exécutants entre les diverses parties des pièces, selon qu'il y en avait plus ou moins. Les concerts de violon sont le plus souvent à cinq voix, mais à quatre aussi quelquefois. Dans le premier cas, le dessus et la basse comptent chacun six musiciens, les trois parties intermédiaires (haute-contre, quinte et taille), quatre. A quatre parties il y a six artistes à chacune. En ce cas, c'est l'exacte disposition de notre quatuor moderne.

Je dois dire qu'on n'est pas toujours absolument d'accord sur la répartition des parties dans la bande des 24. On le verra dans ce fragment d'un travail anonyme fort intéressant et très documenté que publiait sur ce sujet, en 1830, la *Revue musicale* de Fétis. A ce travail, qui avait pour titre : *Organisation de la musique de la chapelle, de la chambre et de l'écurie du roi de France sous le règne de Louis XIV*, il me semble utile d'emprunter les renseignements que voici :

... Outre le petit orchestre de la chambre, il y avait *la grande bande* des vingt-quatre violons, qui était fort ancienne. Chaque musicien avait 365 livres de gages. La grande bande était quelquefois appelée pour jouer au dîner du roi, aux ballets, comédies, opéras et autres divertissements. Du Manoir le père en était le chef. Elle se divisait en six *dessus de violons*, quatre *hautes-contre de viole*, quatre *tailles de viole*, trois *quintes de viole*, cinq *basses de viole* et deux *grosses basses* (1).

Enfin il y avait une autre bande, qu'on appelait les violons du cabinet ou *petits violons de Lully* ; ils étaient payés sur la cassette du roi, à 30 sous par jour. Cette bande, qui se composait de 23 musiciens, suivait le roi dans tous ses voyages et servait dans tous les divertissements de la cour, tels que sérénades, bals, ballets, opéras des appartements et concerts particuliers, ainsi que dans les fêtes qui se donnaient sur l'eau ou dans les jardins des maisons royales. Elle se trouvait au sacre, aux entrées de ville, aux mariages, aux pompes funèbres et autres solennités extraordinaires. Elle se divisait en six dessus de violon, deux hautes-contre, trois tailles, deux quintes, quatre basses, deux *dessus de cromorne* et deux bassons (2).

L'UN DES VINGT-QUATRE VIOLONS DU ROI

Il sera question un peu plus loin de cette petite bande de Lully.

(1) C'est par une erreur évidente de copie ou d'impression que le mot *viole* est substitué au mot *violon* dans cette énumération, puisqu'on sait pertinemment qu'il n'y avait point de violes dans la bande des 24 violons.

(2) *Revue musicale*, 22 mai 1830, pp. 72-73.

On sait quel degré de faveur atteignit, sous Louis XIV, la fameuse bande des 24, et ce qu'étaient les succès qu'elle remportait à la cour et chez les grands personnages, où le roi, qui n'en était pas médiocrement fier, lui laissait le loisir et la faculté de se faire entendre (1). Déjà, dès sa création, le P. Mersenne en parlait ainsi dans son *Harmonie universelle* : — « Toutes ces parties sonnant ensemble font une symphonie si précise et si agréable, que quiconque a entendu les vingt-quatre violons du roi exécuter toutes sortes d'airs et de danses, confessera volontiers qu'il ne se peut rien entendre dans l'harmonie de plus suave et de plus délicieux. » Si l'on met à part l'habileté, assurément relative, que pouvaient déployer alors les exécutants, il est à croire que le succès provenait aussi de la nouveauté qu'offrait l'ensemble de tous ces instruments de la famille du violon, dont la sonorité, brillante et incisive chez les uns, robuste et moelleuse à la fois chez les autres, présentait un contraste avantageux avec le son grêle, aimable sans doute, mais mélancolique et sans vigueur, des violes de toutes sortes et de toutes grandeurs. Il est certain que, dès ce moment, la victoire du violon sur la viole était complète en France, et que les jours de celle-ci étaient comptés.

Loret, dans la *Gazette* prétendue rimée qu'il adressait si assidûment à Mlle de Longueville, enregistre à chaque instant les hauts faits de la bande, ce qui est l'indéniable consécration de ses succès: Ainsi, il nous fait connaître sa participation artistique à une fête donnée chez Monsieur :

> . . . .
> La troupe, après ce beau régale,
> Dont la pompe parut royale,
> Eut en grande exultation
> Bal, Balet et Colation ;
> Les violons, tous vingt et quatre,
> Car on n'en vouloit rien rabattre,
> En jouant tous les airs nouveaux,
> Firent former des pas si beaux
> Que Vénus et les Grâces, mesmes,
> Avec leurs agrémens supresmes,
> Certes, n'auroient pas mieux dansé (2).

(1) La bande des vingt-quatre violons dépendait directement de la maison du roi, et les titulaires de ces charges (charges transmissibles à prix d'argent) avaient le rang d'officiers commensaux ; ils jouaient dans les concerts de la cour ainsi que dans les représentations théâtrales, et se faisaient entendre au lever et pendant les repas du souverain. Le roi leur accordait souvent l'autorisation de se produire chez les grands seigneurs.

(2) *La Muze historique*, 9 janvier 1655.

Plus loin, en rendant compte d'une fête donnée au roi, à Berny, par le comte de Lionne :

<table>
<tr><td>. . . . .</td><td>Par Beauchamp, dit-on, compozé,</td></tr>
<tr><td>Or, après ce beau Festin-là,</td><td>Moitié grave, moitié folâtre,</td></tr>
<tr><td>Et qu'à Dieu l'on eut rendu grâce,</td><td>Fut dansé sur un vert Téatre,</td></tr>
<tr><td>Toute la Cour ayant prit place,</td><td>Suivant les accors et les sons</td></tr>
<tr><td>Un Balet, certes, fort prizé,</td><td>Des Vingt et quatre Violons... (1).</td></tr>
</table>

Et encore, en énumérant les magnificences d'une réception dont le Légat était l'objet à Versailles :

<table>
<tr><td>. . . . .</td><td>Y joüa mainte Sarabande,</td></tr>
<tr><td>Et pour augmenter les délices,</td><td>Avec quantité d'airs nouveaux</td></tr>
<tr><td>Les agrémens et les apas</td><td>Que l'on trouva charmans et beaux,</td></tr>
<tr><td>De ce magnifique repas,</td><td>Où plusieurs Haut-bois se mêlèrent,</td></tr>
<tr><td>Des Violons la grande bande</td><td>Qui fort plaizamment rézonnèrent (2).</td></tr>
</table>

Comme on le voit, nos artistes étaient très répandus : appelés à toutes les fêtes, ils obtenaient partout des succès. En le constatant, l'excellent Loret n'était, on peut le dire, que le porte-paroles du public. Mais ce n'est pas, sans doute, faire injure à leur habileté, que de supposer que l'instrument dout ils se servaient était pour une part dans le brillant accueil qui leur était fait. En réalité, le violon s'imposait chaque jour davantage, se popularisait, si l'on peut dire, et donnait le coup de grâce à la viole, en dépit des efforts que faisait l'infortunée pour se maintenir dans les faveurs du public qui la délaissait de plus en plus.

(1) *La Muze historique*, 24 mai 1659.

(2) *Id.*, 12 juillet 1664. — Comme exemple du concours que la bande des 24 apportait aux représentations théâtrales, nous mentionnerons sa présence à un ballet dansé au Louvre par Louis XIII : *les Fées de la forêt Saint-Germain* (1625). Dans leurs *Archives de l'histoire de France*, Cimmer et Danjou, en enregistrant la représentation de ce ballet, font ressortir, d'après les documents de la maison du roi, l'importance considérable des dépenses auxquelles il donna lieu. Après avoir détaillé quelques-unes de ces dépenses, ils ajoutent : « Mais ce qui coûta le plus cher, ce fut le riche costume des 24 violons. Nous « citons textuellement : « Cent soixante-dix aunes de taffetas incarnadin pour 24 grandes robes, 672 livres « tournois. Quarante-huit aunes de bougran pour servir aux dites robes, 28 livres tournois. Trois cent « soixante aunes de passementeries d'or et d'argent pour les dites robes, 72 livres tournois. Vingt-quatre « aunes de gance d'or, 3 livres douze sols. Seize aunes de soie incarnadin à coudre aux dites robes, 14 li- « vres 8 sols. » On n'épargnait rien pour la toilette de nos 24 violons.

Je n'ai pu découvrir la date exacte de la création de la bande des 24 violons, et il ne serait pas moins difficile, je suppose, de réunir les noms des vingt-quatre artistes qui en formèrent le personnel à son origine. C'est dommage, et il est à croire que ce renseignement ne manquerait pas d'intérêt (1). Toutefois, cela me ramène aux trois artistes dont j'ai eu l'occasion de citer les noms. Louis Constantin, Lazarin et Bocan, dont les deux premiers firent certainement partie de la bande à ses commencements, et qui tous trois se firent sous Louis XIII, en tant que violonistes, une situation particulièrement brillante. Leur renommée sous ce rapport était telle que le P. Mersenne s'en faisait ainsi l'écho dans son *Harmonie universelle* (1636) : — « Plusieurs, dit-il, de ceux qui ont ouy le violon dont Bocan, Constantin, Lazarin et quelques autres jouent toutes sortes de chansons, avouent que la partie qu'ils jouent surpasse toutes sortes de concerts, et qu'ils quitteront très volontiers toutes les compositions à plusieurs voix pour les oüir, quoy qu'ils ne touchent jamais qu'une partie. » On voit donc que nos premiers violonistes, dont, à une distance de près de trois siècles, il nous est impossible d'apprécier le talent, exerçaient néanmoins une véritable action sur leurs auditeurs; de cela, le témoignage de Mersenne nous est le garant. Quelle était la nature de ce talent ? De quelle musique se nourrissait-il? C'est ce qu'en aucune façon l'on ne saurait dire. De Louis Constantin, qui naquit vers 1585 et dont la notoriété fut presque exceptionnelle, les maîtres nous restent inconnus, et nous ignorons tout ce qui touche son éducation musicale, soit comme virtuose, si tant est que l'on puisse ainsi le quali-

(1) Je n'ignore pas que Castil-Blaze, avec son aplomb ordinaire et sa coutume invétérée de ne jamais indiquer ses sources, a donné, dans sa *Chapelle-musique des rois de France*, une prétendue liste de ces 24 Violons, en ayant soin, pour donner plus de poids à son affirmation, de les classer selon leur emploi, en *dessus* de violon, *hautes-contre*, *tailles*, *quintes* et *basses* de violon, sans d'ailleurs indiquer la date à laquelle se rapportait cette précieuse liste. Or, parmi les artistes ainsi mentionnés par lui, il en est qui avaient été admis dans la bande en 1676, 1687, 1692, etc., d'autres en 1719, 1721, 1723, et dont la présence simultanée paraît tout au moins difficile à imaginer. Il semble, par exemple, que P. Gilbert, reçu seulement en 1723, a dû avoir de la peine à se trouver le camarade d'Auguste Le Peintre, dont l'admission remontait à 1676. D'autre part, Castil-Blaze inscrit côte à côte Roque père et Roque fils, alors que nous apprenons par ailleurs que ce dernier a été simplement le successeur de son père dans son emploi. Quant aux dates que je produis ici, je les emprunte au livre de Vidal, qui, lui-même, les avait prises aux Archives nationales, en ayant soin de citer les cotes. — Au sujet de Le Peintre, dont je viens de transcrire le nom, il n'est pas sans intérêt de rappeler ce qu'en dit Richelet au mot *violon* de son *Dictionnaire françois* (1679) : « Le Peintre, l'un des meilleurs joueurs de violon de Paris, gagne plus que Corneille, l'un des plus excellens et de nos plus fameux poètes françois. »

fier, soit comme compositeur ; car il écrivait, et, nous dit Fétis, « composa des pièces à cinq ou six parties, pour le violon, la viole et la basse, qui ne sont pas dépourvues de mérite ». L'une d'elles, même, intitulée *la Pacifique*, obtint une véritable vogue (1). Il nous paraît donc que lui-même n'était pas dépourvu de qualités, mais c'est tout ce que nous en pouvons dire. Toujours est-il que son talent, après l'avoir fait admettre au nombre des 24 violons, lui valut ensuite d'être investi, par lettres patentes en date du 12 décembre 1624, de « l'estat et office de Roy et maistre des ménestriers et de tous les joüeurs d'instrumens tant hauts que bas du Royaume », fonction dans laquelle il succédait à son ami François Richomme, qui, quatre ans auparavant, avait tenu un de ses enfants sur les fonts baptismaux. Il ne paraît pas qu'il ait fait beaucoup parler de lui au cours de sa souveraineté ménétrière, sinon pour refréner les écarts de certains de ses sujets trop indisciplinés. Il jouit de sa renommée et de sa situation jusqu'à sa mort, arrivée aux derniers jours d'octobre 1657 (2).

De Lazarin nous savons moins encore que de Constantin, s'il est possible, car son nom n'a tenté aucun historien, et les écrits du temps ne s'en occupent guère que pour le mentionner, en lui accordant un éloge rapide, exempt de toute espèce de détails. Il semble bien certain qu'il venait d'Italie, dont les relations artististiques avec la France étaient alors si étroites, et qu'il s'appelait réellement Lazzarini, nom qu'on aurait francisé en Lazarin, comme on francisa Lorenzani en Lorenzin. Ce qui est avéré, c'est qu'il fit partie de la bande des 24, et que, comme violoniste, sa renommée ne le cédait en rien à celle de Constantin. Il était aussi compositeur, et, sous ce rapport, très estimé de Louis XIII, qui le nomma compo-, siteur de la musique de la chambre. Plusieurs de ses morceaux avaient été recueillis dans la fameuse et si intéressante collection Philidor, mais ils se trouvaient, malheureusement, dans ceux des volumes de cette précieuse collection qui ont si fâcheusement disparu, de sorte que nous n'en pouvons apprécier la valeur. Lorsque Lazarin mourut en 1653, Lulli, qui commençait à mettre sérieusement à profit la

---

(1) On la trouve, avec la date de 1636, au tome I·· de la célèbre collection Philidor, à la bibliothèque du Conservatoire.

(2) Son service funèbre fut célébré en l'église Saint-Sulpice, le 25 de ce mois d'octobre 1657. Voir sur cet artiste la notice publiée par ER. THOINAN, *Louis Constantin, Roi des Violons*, 1878, in-8.

protection que lui accordait Louis XIV, se fit octroyer par ce prince la charge de compositeur de la musique de la chambre (1).

Quant à Bocan, celui-là était un type dont l'originalité attire l'attention, et qui demande qu'on s'y arrête quelque peu. Petit, laid, mal bâti, sans instruction même première, ne sachant ni lire ni écrire, et encore moins la musique, qui pour lui était indéchiffrable, il parvint à se faire une situation non seulement artistique, mais mondaine, eut une réputation de violoniste et de compositeur; sans savoir danser, il se fit professeur de danse, et fut recherché à la cour par les plus grandes dames, qui tenaient à honneur de recevoir ses leçons, qu'il n'accordait pas à tout le monde.

Jacques Cordier, dit Bocan, dont les origines sont absolument inconnues, était, dit-on, en Lorraine, aux environs de 1580. De ce personnage bizarre, dont Mersenne nous a déjà fait l'éloge comme violoniste et dont Michel de Marolles parle aussi avec avantage dans ses *Mémoires*, écoutons ce que dit Sauval dans ses *Antiquités de Paris;* le portrait est curieux :

... Bocan, maître à danser des reines de France, d'Espagne, d'Angleterre, de Pologne et de Danemark, favori du roi d'Angleterre Charles Ier, Bocan regardait au visage de ceux qui le priaient de jouer du violon, et s'il n'y avait parmi eux personne qui lui déplût, il se mettait à jouer et ravissait, mais non pas sans faire bien des grimaces.

Il ne montrait qu'aux dames et les aimait éperdument. Outre qu'il voulait qu'elles fussent belles, qu'elles lui plussent et souffrissent ses caresses, il fallait encore que pour sa peine d'aller chez elles trois fois la semaine, elles lui donnassent six pistoles par mois. Après tout, quoique goutteux, cagneux, qu'il eût les pieds tortus, les mains crochues, en tenant seulement ses écolières par la main il conduisait si bien leur corps, qu'il leur faisait danser jusqu'aux danses qu'elles ne savaient pas...

Depuis l'âge de seize ans jusqu'à soixante et dix, il a surpassé tous ses compagnons, et cependant il ne savait point la musique, et même ni lire, ni écrire, ni noter; il composait pourtant des airs justes, agréables, harmonieux. Charles Ier le faisait souvent manger à sa table et le combla de libéralités.

(1) Constantin et Lazarin n'étaient pas les seuls membres de la bande des 24 qui fissent œuvre de compositeur. Fétis nous en donne la preuve en un article de la *Revue musicale* (t. II, p. 12), en parlant de deux volumes de la collection Philidor, de ceux qui avaient déjà disparu : « Le 17e et le 26e volume contenaient les airs composés par les violons de la grande bande des 24, sous Louis XIII et sous Louis XIV. Leurs noms étaient Richemore, Belleville, Constantin, Lazarin, Branchu, Prévost, maître à danser de Louis de la Harpe, Robichon XIV, Dumanoir, Boulard, Charpentier, Lapiis, Pécourt, Conversel, Guillegaut, Le Peintre, Talon, Bomestre, Clos, Faure, Forcroix, de la Chatenneraye, Huguenet, Bonnard, Joncques, Baudy l'aîné, Plumet, Bonnefons, Alaix, Legrand, Toulon, Queversin, Ardoletz, Saliort, Carlier, Dubois, Farinelle et Duclos. »

Les cinq reines dont Sauval enregistre les noms comme élèves dansantes de Bocan étaient Anne d'Autriche, femme de Louis XIII; Elisabeth de France, femme de Philippe IV, roi d'Espagne; Henriette-Marie de France, femme de Charles Ier, roi d'Angleterre; Anne ou Constance d'Autriche, femme de Sigismond III, roi de Suède et de Pologne; enfin, Anne-Catherine de Brandebourg, femme de Christian IV, roi de Danemark. Brillante, on le voit, était la clientèle de Bocan. Et il ne se bornait pas à être le professeur de la reine de France, il montrait aussi à danser au roi; et il réglait souvent les danses des ballets si nombreux qui se représentaient à la cour; et il inventait des danses, témoin celle à laquelle il donna son nom et qu'on appela *la Bocane* (1). Il était si bien en cour qu'il avait pour parrains de ses enfants les plus grands personnages du royaume. Jal nous apprend qu'il avait épousé, en 1621, une jeune fille nommée Radegonde de Chédeville, d'une famille bien connue de musiciens, et il reproduit, d'après les registres de Saint-Germain-l'Auxerrois, l'acte de baptême de son premier enfant, lequel nous apprend que cet enfant eut pour parrain « Messire Bernard de La Valette, duc et pair de France, coronel (*sic*) général de l'infanterie française », et pour marraine « dame Laurence de Clermont, duchesse de Montmorency, veuve de feu Messire Henry, duc de Montmorency ».

On a peine à comprendre la vogue dont jouit un tel personnage; il faut se borner à l'enregistrer, sans chercher à démêler les causes de la fortune de ce grotesque. Et comme si la vile prose était insuffisante à chanter ses louanges, la poésie même se mettait de la partie, témoin cette épigramme, dans laquelle Saint-Amant faisait à son tour l'éloge du talent de Bocan comme violoniste :

> Thibaut se dit estre Mercure.
> Et l'orgueilleux Collin nous jure
> Qu'il est aussi bien Apollon
> Que Bocan est bon violon.

Et malgré qu'on en ait, il faut bien se résoudre à inscrire le nom de Bocan parmi les violonistes de ce temps, puisqu'il prenait et avait le droit le porter le titre

---

(1) « Bocane, Sorte de danse grave et figurée. Elle fut appelée *Bocane*, parce qu'elle avoit été inventée par Bocan, et elle fut long-tems dansée parce que Bocan était le maître de danse de la reine Anne d'Autriche. » (Compan, *Dictionnaire de danse*.)

20

de « violon du cabinet du roi ». On remarquera toutefois qu'il ne faisait pas partie
comme Constantin et Lazarin, des 24 violons, parce que là, du moins, il fallai
savoir lire la musique (1).

C'est précisément parmi les 24 violons que nous trouvons alors un artiste
intéressant, Michel Mazuel, descendant des Mazuel cités plus haut. Nous voyons
celui-ci, qui faisait partie de la bande en 1654, être alors l'objet d'une distinction
particulière de la part de Louis XIV en récompense de ses services artistiques. Par
le brevet que voici, le souverain lui octroyait le titre de compositeur de la musique
de la bande :

Aujourd'huy... du mois de May 1654, le Roy estant à Paris, restant assuré de l'intelligence
que Michel Mazuel s'est acquise en la composition de la musique instrumentale et de l'affection
qu'il a pour son service, Sa Majesté l'a retenu pour la servir en qualité de Compositeur de la
musique des 24 joueurs de violon de sa Chambre ; pour luy désormais jouir de ceste charge aux
honneurs et autres prérogatives et privilèges dont jouissent ses autres officiers commensaux et
aux gages qui luy seront ordonnés par les Estats de sa maison en vertu du présent Brevet qu'Elle
a signé (2)...

Michel Mazuel, qui avait sans doute fait son éducation de violoniste avec son
père ou un de ses oncles, avait étudié la composition avec un organiste d'une des
églises de Paris dont le nom est resté inconnu. C'était évidemment un artiste instruit et distingué. Outre les morceaux qu'il écrivait pour la musique de la bande et
dont malheureusement il ne reste pas de traces, on sait qu'il eut une part dans la
composition de la musique de divers ballets représentés à la cour et dansés par le
roi lui-même. Le fait nous est révélé par André Philidor, l'auteur de l'intéressante
collection manuscrite qui porte son nom et qui est demeurée si fâcheusement incomplète par la disparition de plusieurs volumes. Mais le quatrième, heureusement
conservé, porte en tête une lettre adressée au roi par André Philidor et dont voici le
commencement :

... Ce que je présente à Votre Majesté, à la suite de tous les Ballets qui ont esté donnés sous

(1) Bocan mourut à Paris, au mois de septembre 1653. Son acte de décès, qui ne porte pas son surnom de
Bocan, mais son nom véritable de Jacques Cordier, le qualifie ainsi : « Cordier, vivant maître à danser
du feu Roy et de la Reine et violon du cabinet de Sa Majesté. » Et Fétis nous dit : « Dans ces derniers
temps, la tombe de Bocan a été retrouvée à Saint-Germain-l'Auxerrois, et restaurée en 1843. C'est par
cette même tombe que le nom véritable du musicien a été connu. »

(2) Voy. *Un Bisaïeul de Molière, recherches sur les Mazuel*, par Em. Thoinan (Paris, Claudin, 1878, in-18.)

les derniers règnes, qui est une recherche aussi curieuse que la précédente et qui renferme de plus grandes beautez, d'autant que les airs des anciens ballets se ressentent de la simplicité des tems dans lesquels ils ont esté composez ; mais dans ceux-cy qui ont pour la plupart esté dansez par Votre Majesté, on y trouve de certaines grâces qui ne se rencontrent point dans les autres. Il faut avouer aussi que Messieurs Molier, Mazuel et Verpré, qui en composaient les symphonies avec Messieurs Camfort, Chansi et Boisset qui estoient pour le vocal, avoient déjà aperceu de loin les lumières du bon goût qui n'ont esté entièrement découvertes que par l'illustre M. de Lully... (1).

André Philidor ayant fâcheusement négligé d'inscrire les noms des auteurs en tête des compositions qu'il recueillait avec tant de soin, les éléments nous manquent pour apprécier le talent de Michel Mazuel à ce point de vue ; mais tout porte à croire que cet artiste très actif, dont le nom est resté inconnu à Fétis, fut aussi vraiment distingué. Il mourut à Paris au mois d'octobre 1676 (2).

L'artiste que l'on trouve le plus en vue après Michel Mazuel est Guillaume Du Manoir, dont il a été question plus haut au sujet du rôle joué par lui en qualité de roi des Violons. On a vu, à ce propos, en quelle estime Louis XIV tenait son talent. Il serait impossible de dire à quel maître Du Manoir dut son éducation musicale, mais il est certain que l'habileté dont il fit preuve comme violoniste lui valut une sérieuse réputation. On ignorerait qu'il fit œuvre de compositeur si l'on ne trouvait, dans le recueil des *Vingt suites d'orchestre* de Cassel, deux morceaux de lui, d'ailleurs assez insignifiants, et qui ne sauraient permettre de le juger sous ce rapport. Il est à peu près certain qu'il n'a rien publié. Quant aux deux morceaux ainsi exhumés, ils ont sans doute été écrits pour le service des 24 violons, dont il était devenu le vingt-cinquième. Du Manoir était né en 1615, mais la date de sa mort est restée inconnue. On suppose seulement qu'il mourut vers 1690. Des deux autres Du Manoir, son oncle Claude et son fils Guillaume-Michel, tous deux, avant et après lui roi des Violons, il n'y a rien à dire.

(1) Louis de Mollier était l'artiste si curieux, à la fois luthiste, poète, compositeur et danseur, que prisait beaucoup Mme de Sévigné ; Vertpré, danseur et compositeur comme lui, figurait souvent, ainsi que lui, dans les ballets représentés à la cour ; Cambfort et Jean-Baptiste Boësset furent tous deux surintendants de la musique de la Chambre, et François de Chancy, auteur d'un livre de tablature pour la mandore, était maître de musique à la cour.

(2) On trouve cependant deux morceaux de Michel Mazuel dans le recueil assez curieux publié récemment par Ecorcheville sous ce titre: *Vingt suites d'orchestre du XVIIe siècle français* (tirées d'un manuscrit de la bibliothèque de Cassel). Mais ces deux morceaux, d'un rythme aimable et d'un bon sentiment mélodique, sont insuffisants pour permettre d'apprécier la valeur de l'artiste.

C'est sous la « souveraineté » de Guillaume du Manoir que je rencontre aux Archives nationales, à la date de 1677, la liste détaillée que voici, nous donnant, pour cette époque, les noms de tous les artistes composant la bande des 24 violons du roi (lesquels, avec leur chef, étaient 25, comme je l'ai dit plus haut). Cette liste a, sur celle que Castil-Blaze a prétendu nous donner lors de la création de la bande, l'avantage d'une incontestable authenticité :

État des joueurs de violon de la chambre du Roi en 1677.

Guillaume DU MANOIR (Guillaume-Michel, son fils, en survivance). — Guillaume CHAUDRON (François, son fils, en survivance). — Jacques FAVIER (Jean, son fils, en survivance). — Pierre CAMILLE. — Antoine DESNOYERS. — Nicolas VARIN (Charles, son fils, en survivance). — Claude DESMATINS. — Laurent PESANT. — Étienne BONNARD. — François CHEVALIER. — César-Simon DE L'ÉPINE. — Simon de SAINT-PÈRE. — Nicolas de LA PLACE. — Nicolas BERNARD. — Urbain REFFIER. — Michel LÉGER. — Jean-François MARILLET DE BONNEFONDS. — Dominique CLERAMBAULT. — Pierre JOUBERT. — Pierre CHAUDRON. — Philippe BAZONCOURT. — Jacques QUALIÉ DE LA CHAPELLE. — Jean BALUS. — Pierre HUGUENET. — Augustin LE PEINTRE.

Chacun à 365 livres de gages (1).

Il faut signaler simplement, à la suite de Du Manoir, Charles Le Camus, appartenant à la musique du roi, fils d'un artiste distingué dont il a été question précédemment, Sébastien Le Camus, dont il publia un recueil posthume de composi-

---

(1) Aucun renseignement n'est inutile. A cette liste je joins la note que voici, que je rencontre dans un catalogue d'autographes et que je reproduis textuellement. A côté de quatre des noms cités ci-dessus, on trouvera ceux de quatre autres artistes qui firent un peu plus tard partie de la fameuse bande :

« Musiciens-Violons ordinaires de la chambre de Louis XIV non portés dans Fétis, 8 quittances signées sur vélin.

« BAZONCOURT (Philippe), 1682. Reçu de 91 liv. 5 sols pour ses gages et nourriture d'un quartier.

« BERNARD (Nicolas), 1680. Reçu de 91 liv. 5 sols pour un quartier de ses gages et appointemens.

« BURET (Jacques), 1682. Reçu d'une rente sur la ville de Paris.

« CHARPENTIER (Charles), 1707. Reçu d'une rente sur la ville de Paris.

« CHAUDRON (Guillaume), 1680. Reçu de 91 liv. 5 sols pour un quartier des gages attribués à sa charge.

« DUCHESNE (Thomas), l'un des 24 violons et juré en titre d'office de la communauté des maîtres de danse de Paris, 1693. Reçu d'une rente sur la ville de Paris.

« LÉGER (Michel), 1682. Reçu de 300 liv. pour une année des gages attribués à sa charge.

« VIEL (Jacques), 1682. Reçu de 91 liv. 5 sols pour un quartier de ses gages. »

(Catalogue de la vente d'autographes de feu M. A.-V. Delorme, 23 novembre 1879. Paris, Gabriel Charavay.)

tions ; élève sans doute de son père, il paraît ne pas avoir été sans quelque habileté comme exécutant, mais je ne crois pas qu'il ait fait lui-même œuvre de compositeur ; et encore Evrard-Dominique Clérambault, l'un des fils du célèbre organiste, qui, lui aussi, comme on vient de le voir, faisait partie de la bande des 24, et à qui l'on doit un certain nombre d'œuvres de divers genres, parmi lesquelles plusieurs cantates et un recueil de trios de violons.

Dans le même temps, nous trouvons quelques artistes dont le nom a droit à ne pas être tout à fait oublié. En premier lieu et le plus en vue, Jean-François Lalouette, que Fétis donne comme ayant été élève de Guy Le Clerc pour le violon, ce qui semble difficile à admettre, attendu que Lalouette, né en 1651, était certainement beaucoup plus âgé que Guy Le Clerc, que l'on trouve parmi les 24 violons de 1704 à 1722. Quoi qu'il en soit, Lalouette, qui fut aussi de la bande des 24, était tenu en son temps pour l'un des plus habiles sur son instrument. Élève de Lully pour la composition, il fit partie d'abord, comme simple violon, de l'orchestre de l'Opéra lors de la création de ce théâtre, devint ensuite le chef de cet orchestre, et conserva cet emploi jusqu'au jour où il fut congédié par Lully (1677), dont il avait été quelque temps le secrétaire, parce que, dit-on, il s'était vanté d'être l'auteur de quelques-uns des plus beaux airs des opéras de son maître (1). Il se livra alors à la composition et, particulièrement, écrivit la musique de deux ou trois pièces représentées chez de grands personnages, comme c'était la mode à cette époque. Plus tard enfin il devint maître de chapelle de Saint-Germain-l'Auxerrois, puis de Notre-Dame de Paris (2). C'est en cette qualité qu'il composa un grand nombre d'œuvres de musique religieuse, dont une partie seulement fut livrée au public. Je ne sache pas qu'il ait rien publié pour le violon. A l'orchestre de l'Opéra appartiennent aussi trois autres violonistes restés obscurs : Pierre Joubert, Verdier et Lalande, qui furent, au dire du *Mercure*, tous trois élèves de

---

(1) « ... J'avois aussi entendu attribuer à Lalouette le duo : *Hélas ! une chaîne*, etc. (de *Phaéton*), mais on m'a averti qu'il n'était pas possible qu'il y eût la moindre part, puisque Lulli l'avoit congédié plus de quatre ans avant que de faire *Phaéton*. Lalouette avoit été secrétaire de Lulli, et il l'avoit été avec beaucoup de distinction et d'agrémens, que son intelligence et son habileté lui avoient attirez. Mais Lulli crut s'apercevoir que son secrétaire faisoit un peu trop du maître, et il étoit homme que ces manières n'accommodaient pas. Il revint à Lulli qu'il s'étoit vanté d'avoir composé les meilleurs morceaux d'*Isis*, et il le congédia. » (LA VIÉVILLE DE FRENEUSE, *Comparoison de la musique italienne avec la musique françoise.*)

(2) V. *Mercure*, septembre 1738.

Lully (1). Je ne saurais dire si Joubert, que l'on trouve aussi dans la bande des 24 violons, fit office de compositeur. Quant à Verdier, je constate la présence de deux morceaux placés sous son nom dans le recueil des *Vingt Suites d'orchestre* de Cassel, et les frères Parfait, dans leur Histoire manuscrite de l'Opéra, nous apprennent qu'il épousa une chanteuse de ce théâtre : « Mlle Verdier, fille d'un joueur de violon et d'une revendeuse..., épousa Verdier, premier violon de l'orchestre de l'Opéra. » Pour ce qui est de Lalande, c'est La Viéville de Freneuse qui, dans sa *Comparaison de la musique italienne et de la musique française*, nous fait connaître de quelle façon il fut mis en rapports avec Lully : « M. de Grammont, dit-il, avoit un laquais nommé Lalande, qu'il fit depuis son valet de chambre, et qui est aujourd'hui un des meilleurs violons de l'Europe. A la fin d'un repas, il prioit Lully de l'entendre et de lui donner seulement quelques avis. Lalande venoit, jouoit et faisoit sans doute de son mieux. Cependant Lully ne manquoit pas de s'apercevoir qu'il passoit mal quelque note. Il lui prenoit le violon des mains, et quand une fois il le tenoit, c'en était pour trois heures... »

III

Ces souvenirs de l'orchestre de l'Opéra nous conduisent précisément à apprécier la valeur des critiques émises et sur les artistes de cet orchestre, et en général sur les violonistes de ce temps. Que n'a-t-on pas dit d'eux, et en quel mépris n'a-t-on pas tenu ces artistes ! C'étaient, selon quelques-uns, de véritables ménétriers, des

---

(1) Le *Mercure* d'août 1738 signale comme ayant été élèves de violon de Lully : Verdier, Joubert, Marchand, Rebel père et Lalande. Rappelons à ce sujet que c'est en 1655, à l'aurore de sa fortune auprès de Louis XIV, que Lully obtint de ce prince la création, en sa faveur, d'une nouvelle bande de violons, dont il eut la direction, et qui ne jouait absolument que sa musique. Cette bande, que dans le public on accoutuma d'appeler « la petite bande » en opposition avec la grande bande des 24, était composée de jeunes artistes que Lully formait en personne, et parmi lesquels il trouva plus tard une partie des éléments de l'orchestre de son Opéra. Selon ce qu'en dit Vidal, « les membres de la petite bande ne jouissaient pas des droits d'officiers commensaux comme ceux de la grande bande, et c'était une faveur de passer de l'une à l'autre. La bande des seize jouait aussi au lever, au grand couvert et aux bals de la cour ; elle fut supprimée au commencement du règne de Louis XV ». Il est juste de dire qu'elle n'approcha jamais de la renommée de la grande bande ; on ignore même les noms des artistes qui la composaient.

racleurs, absolument incapables de quoi que ce soit, et ne méritant aucune attention.

Quoi ? A une époque où le goût de la musique s'était répandu dans les plus hautes classes de la société, où elle était recherchée et apparaissait partout, où elle était mêlée à toutes les circonstances de la vie, et où, par conséquent, les amateurs étaient difficiles ; à une époque que le talent des artistes en tout genre faisait briller d'un véritable éclat, les violonistes seuls se seraient montrés incapables, et on les aurait supportés tels ? Quand les joueurs de luth et de théorbe s'appelaient Faverolles, de Visée, Ytier, Mollier, Le Bret, Mézangeau, Gallot, Denis Gaultier, Marandé ; les clavecinistes Couperin, Chambonnières, d'Anglebert, Dandrieu, Mlles Certain et Jacquet (de Laguerre); les violistes Forqueray, Sainte-Colombe, Marin Marais ; les flûtistes et hautboïstes Philbert, Descoteaux, Philidor, Hotteterre..., quand le public applaudissait chaque jour de tels virtuoses, dont le talent ne pouvait qu'affiner son goût et le rendre plus exigeant, il aurait subi sans broncher la médiocrité, la nullité de ceux qu'on nous présente comme de simples râcleurs de crin-crin! A qui le ferait-on croire ?

Nous avons vu ce que Mersenne disait des violonistes qu'il avait eu l'occasion d'apprécier, tels que Lazarin, Constantin, Bocan... Assurément, la technique du violon était encore très imparfaite à cette époque, et ne saurait être comparée à ce qu'elle devint après seulement un demi-siècle. Encore peut-on croire que les artistes qui la pratiquaient n'étaient pas les premiers venus, et ne méritaient pas le mépris dans lequel certains les ont tenus.

Voyons donc ce que dit à ce sujet Castil-Blaze, touchant spécialement l'orchestre de l'Opéra :

L'inhabileté, la gaucherie de l'orchestre de l'Académie en étaient venues au point que les symphonistes parisiens estropièrent la *Médée* de Charpentier. Cet opéra n'eut aucun succès. Le musicien s'était permis des modulations, des traits d'accompagnement qui s'élevaient au-dessus du style rampant de Lully. L'orchestre ne put s'en tirer. L'incapacité des symphonistes fut mise à découvert (1). Les élèves de Combert, de Lully, devenus vieux, s'étaient retirés en partie; ceux qui tenaient leurs places n'avaient pas plus de talent que d'émulation. C'est alors que le batteur de mesure était obligé d'avertir les violonistes quand ils avaient à changer la position de la main. Cette ridicule précaution, que le public avait remarquée, donnait lieu tous les jours à des plaisanteries faites aux dépens des musiciens. On leur criait du parterre : *Gare*

____

(1) Tout ceci est simplement un conte imaginé par Castil-Blaze.

l'ut!... Le public ne fit pourtant aucune réclamation au sujet des gants que les symphonistes avaient soin de chausser pendant l'hiver.

Voyez-vous ces violonistes jouant avec des gants, et la justesse qui pouvait s'ensuivre! Castil-Blaze nous la bâille belle, et se gausse un peu trop du lecteur. Laissons-le pourtant continuer.

Lully, directeur musical, était spéculateur avant tout. Il avait voulu se former un orchestre d'écoliers, un orchestre à bon marché, pour augmenter ses bénéfices; et sur ce point il avait réussi. Il est vrai qu'on lui en donnait pour son argent. Qu'importe, s'il savait adroitement vendre au prix le plus élevé les services de ses ménétriers aux auditeurs bénévoles qui les acceptaient? Lully connaissait parfaitement la portée de ses croque-notes, il n'écrivait rien qui ne pût être dit, sans accroc bien apparent, par cette bande maladroite (1).

Contentons-nous de dire qu'avant d'être « spéculateur, » comme dit Castil-Blaze, Lully était artiste, grand artiste, qu'il était justement amoureux de ses œuvres, et que leur parfaite exécution était naturellement son premier souci.

J'ai regret à constater qu'un écrivain plus sérieux et plus consciencieux que Castil-Blaze, Antoine Vidal, lui a cependant emboîté le pas dans cette question et s'est efforcé, lui aussi, de rabaisser l'orchestre de Lully et de proclamer sa médiocrité. Voici comme il en parle à son tour :

Lully fit de bons élèves qui préparèrent les voies à notre grande école de violon du XVIIIe siècle. Les Verdier, Baptiste père, Joubert, Marchand, Rebel père, Lalande, avaient la réputation de grands violonistes, mais nous savons aujourd'hui quel était le degré de perfection de ces virtuoses; nous n'avons qu'à jeter les yeux sur les productions de Lully qui étaient les plus compliquées de l'époque; nous y rencontrons une instrumentation d'une simplicité rudimentaire. La partition de *Cadmus et Hermione*, qui commença la grande réputation de l'auteur, n'offre pas, pour les premiers violons, de notes au-dessus du premier *la* sur la chanterelle! Pas une double croche, pas un coup d'archet sortant de la régularité la plus simple. La chacone de la troisième scène du premier acte, la marche du troisième acte, la gavotte et le menuet qui terminent le cinquième acte, tout cela serait bon aujourd'hui pour nos plus faibles écoliers.

En parcourant toutes les œuvres de Lully pour le théâtre, depuis les premières jusqu'aux dernières, comme *Armide, Acis et Galatée*, etc., on rencontre partout le même caractère de platitude instrumentale. Préludes, ritournelles, menuets, gavottes, sarabandes, chacones, passa-

(1) Castil-Blaze, *l'Académie impériale de musique*, I, 66-67.

cailles, etc., tout cela n'offre jamais à la virtuosité du violoniste de plus grande difficulté que d'atteindre le *si* dans le manche. Il arrivait cependant, parfois, que l'auteur, par une audace inusitée, se lançait jusqu'à l'*ut !* Mais les violons épouvantés s'avertissaient fraternellement de l'approche du danger en se disant l'un à l'autre : « Compère, gare l'*ut !* »

Cela nous fait sourire aujourd'hui, car nous avons passé l'*ut* depuis longtemps. Le fait est que jusqu'à la fin du xviie siècle, le démanché sur le violon fut complètement inusité en France ; nous n'étions pas encore sortis de la routine (1).

Mais non, mais non ; Vidal se trompe, et je le prouve. Si j'ouvre, par exemple, la partition de *Persée*, j'y trouve, au prélude de la scène III du troisième acte, ce passage :

et un peu plus loin, à la scène IV, ce petit trait :

Or, je voudrais bien connaître le violoniste habile qui ferait cela sans démancher et sans recourir à la troisième position (2)?

Il n'y a certainement pas, à part les accords, de double corde dans les parties de violons des opéras de Lully ; d'ailleurs, on n'en use guère davantage aujourd'hui dans l'orchestre, et, lorsque besoin est, on recourt au dédoublement des parties, ce qui est préférable au point de vue de la justesse. Quant à la liberté, à la vivacité de l'archet dans des rythmes vifs et parfois prolongés, on en trouve, à l'encontre de ce que dit Vidal, d'assez nombreux exemples dans les partitions de Lully.

Quoi qu'en aient pu penser Castil-Blaze et Vidal, il faut bien rappeler que si Lully était le directeur de l'Opéra, il était aussi, et surtout, l'auteur des ouvrages

____

(1) VIDAL, *les Instruments à archet*, II, 156-157.

(2) Le hasard a fait tomber entre mes mains l'original d'une mazarinade dont le titre attirait aussitôt mon attention ; c'est un petit cahier de douze pages in-8°, ainsi intitulé : « *La viole violée ou le violon démanché*. A Paris, MDCXLIX. » Ce titre est un simple trompe-l'œil, et il n'est question là-dedans que très accessoirement de viole et de violon. Néanmoins, ces mots de « violon démanché » coïncidant avec la date de 1649, nous sont une preuve que, quoi qu'en disent certains, et entre autres Castil-Blaze, le mot impliquant la chose, le démanché sur le violon était pratiqué dès cette époque, c'est-à-dire un quart de siècle avant l'Opéra de Lully et son orchestre.

représentés à ce théâtre ; que sur la beauté de ces ouvrages il entendait fonder sa gloire, et qu'à leur exécution il devait naturellement apporter tous ses soins. Or, nous savons pertinemment de quelle sollicitude il entourait, au cours des études et des répétitions, tout ce qui tenait au chant et à la danse. Aurait-il donc fait moins en ce qui touche l'orchestre, et s'en fût-il moins préoccupé? Ce n'est pas un instant admissible. Au surplus, nous avons ici le témoignage d'un contemporain, La Viéville de Freneuse, qui, peu d'années après la mort de Lully, publiait sa fameuse *Comparaison de la musique italienne et de la musique française*, dans laquelle il s'exprimait ainsi :

... Vous avez peut-être ouï dire qu'il (Lully) avoit l'oreille si fine, que du fond du théâtre il démêloit un violon qui jouoit faux, il accouroit et lui disoit : *C'est toi; il n'y a pas cela dans ta partie.* On le connoissoit, ainsi on ne se négligeoit pas, on tâchoit d'aller droit en besogne, et surtout les instrumens ne s'avisoient guère de rien broder. Il ne le leur auroit pas plus souffert qu'il ne le souffroit aux chanteuses. Il ne trouvoit point bon qu'ils prétendissent en sçavoir plus que lui, et ajouter des notes d'agrément à leur tablature. C'étoit alors qu'il s'échaufoit, faisant des corrections brusques et vives. Il est vrai que, plus d'une fois en sa vie, il a rompu un violon sur le dos de celui qui ne le conduisoit pas à son gré. La répétition finie, Lulli l'appeloit, lui payoit son violon au triple, et le menoit dîner avec lui. Le vin chassoit la rancune, et l'on avoit fait un exemple ; l'autre y gagnoit quelques pistoles, un repas et un bon avertissement. *Mais le soin qu'avoit Lulli de ne mettre dans son orchestre que des instrumens d'une habileté connue,* l'exemptoit d'en venir souvent à ces corrections violentes. Il n'en recevoit point sans les éprouver: il avoit coutume de leur faire jouer les songes funestes d'*Atys.* C'étoit la mesure de la légèreté de main qu'il leur demandoit.

Et nous avons un autre témoignage, plus intéressant encore. C'est celui d'un artiste allemand ou alsacien, Georges Muffat, qui, dans sa jeunesse, était venu à Paris pour y prendre, nous dit Fétis, des leçons de Lully. Ce qui est certain, c'est qu'il fut en relations étroites avec celui-ci, et que par lui il apprit à connaître de près l'Opéra. Devenu plus tard organiste de la cathédrale de Strasbourg, puis maître de chapelle à Passau, il publia en cette dernière ville deux recueils de compositions : *Florilegium primum* et *Florilegium secundum*, qu'il fit précéder de préfaces dans lesquelles il rappelait diverses circonstances de sa vie artistique. Dans l'une de ces préfaces (écrites en quatre langues : latine, italienne, française et allemande), il parle précisément de Lully et de l'Opéra de Paris, et son impression, en ce qui concerne l'orchestre de ce théâtre, diffère notablement des appréciations émises par Castil-Blaze et par Vidal. Tout d'abord il constate le grand soin apporté à la justesse, ce qui est en effet la première qualité de toute réunion musicale ; ensuite il loue l'ensemble dont faisaient preuve tous les violons dans la conduite et le maniement de l'archet pour atteindre l'exacte uniformité de l'exécution. « La plus grande adresse des vrais Lullystes, dit-il, consiste en ce que, parmy tant de reprises de l'archet en bas, on n'entend néanmoins jamais rien de désagréable ny de rude ; mais, au contraire, on trouve une meilleure conjonction d'une grande vitesse à la longueur des traits, d'une admirable égalité de mesure à la diversité des mouvemens et d'une tendre douceur à la vivacité du jeu. » Et encore : « La façon d'exécuter les airs de danse par l'orchestre à cordes, dans le style du génial Lully, a recueilli les applaudissements et l'admiration du monde entier ; et en vérité, elle est d'une si belle invention que c'est à peine si l'on peut imaginer rien de plus charmant, de plus élégant et de plus parfait. » Il me semble que cela n'est pas trop mal ; cette appréciation, par un étranger, de l'orchestre de l'Opéra et principalement de ses violonistes, est faite pour nous en donner une assez bonne opinion, et justifier ce que dit encore La Viéville de Freneuse : « La première fois que vous irez à l'Opéra de Paris, lorsque ce nombreux orchestre commencera à jouer, appliquez-vous à cette harmonie également pleine, douce, éclatante ; vous conclurez, en y songeant bien, qu'il y a toute apparence que rien en Europe ne vaut l'orchestre de l'Opéra de Paris. »

D'ailleurs, il semble que Vidal, après avoir fait ressortir à sa guise la faiblesse qu'il attribue bénévolement aux violonistes français de ce temps, vienne se contredire lui-même en constatant ensuite le bon accueil qui leur était fait à l'étranger, où ils étaient recherchés et trouvaient des emplois. « Il est permis de croire, cependant, dit-il, que nos violonistes ne manquaient pas d'une certaine habileté, car nous voyons figurer, en 1679, cinq de nos compatriotes dans la musique de l'Electeur de Saxe, qui passait pour la plus belle qu'il y eût en Europe. » Ces cinq artistes s'appelaient Aymé Berstein, G. Crosnier, Pierre Janary, Antoine Mustau et Jean Lesueur, et, selon un écrivain allemand, M. Moritz Fürstenau, ils recevaient à Dresde, à la cour de Jean II, un traitement annuel de 250 thalers.

Un autre exemple nous est offert par M. André Pirro, qui, dans son livre magistral sur Buxtehude, nous apprend que « dans les dernières semaines de 1664 étaient arrivés à la cour (1) six « violons » français : Gaspard Besson, né à Marseille, en était le chef ; Nicolas Gouffreville, Mathieu Rossignol, Pierre Gravelle et Pierre Bouquet l'accompagnaient, ainsi qu'Edme Moulier (Mollier), né à Chaumont en Champagne, qui jouait la basse (2) ». Enfin, si l'on recherchait à l'étranger le talent de nos violonistes en tant qu'exécutants, on ne les accueillait pas moins comme compositeurs, ainsi qu'en donne la preuve le recueil que j'ai précédemment cité des *Vingt suites d'orchestre* de Cassel, où l'on trouve des pièces de treize artistes français : Artus, Belleville, Bruslard, de la Croix, de la Haye, de la Voye, Mazuel, Nau, Pinel, Verdier, Constantin, Du Manoir et Lazarin.

Je crois donc, et il me semble que l'on peut affirmer, que les violonistes français de ce temps, maladroitement abaissés et ridiculisés par des historiens peu soucieux ou mal informés, n'étaient pas les ignorants et les incapables que ceux-là se sont efforcés de nous peindre sous de si sottes couleurs. Recherchés partout, environnés de sympathies, protégés par les grands, voire par le souverain, ils n'auraient certainement pas été l'objet de telles attentions si leur mérite eût été aussi complètement nul que certains l'ont affirmé délibérément. Et il semble aussi que leur nombre ne se fût pas multiplié comme on le sait, si l'on n'eût pas eu plaisir à les entendre et à les applaudir. A cette époque, en effet, on peut compter, avec la grande bande dite des 24 violons du roi, la petite bande dirigée par Lully, puis les violons de la chambre, ceux de la chapelle, ceux de la grande Ecurie, que sais-je encore (3) ! Est-ce que, si ces artistes avaient été aussi misérables qu'on nous les représente, le violon aurait pris une telle place, se serait ainsi répandu, popularisé, imposé de toutes parts, de façon à détrôner la viole, et, malgré les efforts de celle-ci, à prendre le haut du pavé et à se poser en conquérant définitif ? Pour ma part, je crois que les Lazarin, les Constantin, les Mazuel et leurs compa-

(1) A la cour de Danemarck, à Elseneur, cour très musicale et alors très française.

(2) *Dietrich Buxtehude,* par André Pirro, p. 81 (Paris, Fischbacher, 1913).

(3) Certains écrivains ont cru pouvoir affirmer que la musique de la grande écurie ne comprenait point de violons, pour ce qu'elle était destinée surtout à jouer en plein air. Ceux-là pourtant se sont trompés, comme on peut le voir par la composition de cette musique, que je reproduis telle que la donnait, en 1771, l'almanach intitulé : *État actuel de la musique du Roi et des trois spectacles :* — « Grande Écurie. Charges d'instrumens, à l'ordre de M. le Grand Écuyer : Les douze hautbois, haute-contre et taille de hautbois, *haute-contre et taille de violon ;* basses de hautbois, *basses de violon* et cornets de la chambre et écurie du Roi ; hautbois et musettes de Poitou ; tambours et fifres ; cromornes et trompettes marines et douze trompettes de bouche. »

gnons étaient, pour le temps, des artistes parfaitement distingués et dignes de la faveur qui les entourait.

IV

Aussi bien, nous voici arrivés au temps où nos violonistes, ne se bornant plus à faire apprécier leur valeur d'exécutants, vont entreprendre de se faire connaître aussi comme compositeurs.

Les travaux des premiers violonistes italiens commençaient à pénétrer chez nous et à y exercer leur influence. Ils y introduisaient la forme de la sonate, encore inconnue de nos artistes, et qui ne devait pas tarder à leur devenir familière. Très familière, sans doute, puisqu'ils multiplièrent bientôt les compositions conçues par eux sous cette forme, au point d'en fatiguer certains auditeurs peu favorables à la musique, tels que Fontenelle, dont on connaît la boutade devenue historique : *Sonate, que me veux-tu?* Un autre écrivait alors : « Les cantates et les sonates naissent ici sous les pas ; un musicien n'arrive plus que la sonate ou la cantate en poche ; il n'y en a point qui ne veuille faire son livre et être buriné, et ne prétende faire assaut contre les Italiens et leur damer le pion (1). » Dans le même temps, un fonctionnaire mélomane peu enclin aux nouveautés, le candide Jacques Bonnet, payeur de gages du Parlement et écrivain par occasion s'exprimait ainsi dans son innocente *Histoire de la musique* : « ... Passe encore à ceux qui travaillent pour le violon, de se livrer entièrement dans leurs sonates au feu de leur imagination, et de promener leurs fugues et leurs imitations par tous les modes, eux qui ne sont point *Gamez* (?) par l'expression des paroles qui doit faire la règle des compositeurs. Nous sommes redevables à l'Italie de ces sortes de pièces ; les Corelli, les Albinony, les Miquels et plusieurs autres grands musiciens ont produit dans ce caractère des pièces qui sont immortelles, où peu de gens peuvent atteindre ; cependant mille autres veulent les imiter. J'ai vu de ces pièces d'un chant si bizarre et d'une composition si extraordinaire, qu'on aurait cru qu'on avait jetté au hazard des gouttes d'encre sur le papier, auxquelles il semblait avoir

(1) *Mercure*, novembre 1713.

été ensuite ajouté des queues à quatre croches et divisées par mesures (1)... »

Et plus tard on verra Jean-Jacques Rousseau lui-même s'élever avec dépit contre la sonate, qui l'importunait, parce que l'auteur du *Devin du village* n'admettait la musique que sous les espèces du chant, et ne supportait les instruments que pour accompagner celui-ci. Voici comme il s'en explique dans son *Dictionnaire de musique*, de façon à nous faire sourire :

... Aujourd'hui que les instruments sont la partie la plus importante de la musique, les sonates sont extrèmement à la mode, de même que toute espèce de symphonie ; le vocal n'en est guère que l'accessoire, et le chant accompagne l'accompagnement. Nous tenons ce mauvais goût de ceux qui, voulant introduire le tour de la musique italienne dans une langue qui n'en est pas susceptible, nous ont obligés de chercher à faire avec les instrumens ce qu'il nous est impossible de faire avec nos voix. J'ose prédire qu'un goût si peu naturel ne durera pas. La musique purement harmonique est peu de chose ; pour plaire constamment, et prévenir l'ennui, elle doit s'élever au rang des arts d'imitation ; mais son imitation n'est pas toujours immédiate, comme celle de la poésie et de la peinture ; la parole est le moyen par lequel la musique détermine le plus souvent l'objet dont elle nous offre l'image, et c'est par les sons touchants de la voix humaine que cette image éveille au fond du cœur le sentiment qu'elle y doit produire. Qui ne sent combien la pure symphonie, dans laquelle on ne cherche qu'à faire briller l'instrument, est loin de cette énergie ? Toutes les folies du violon de M. Mondonville m'attendriront-elles comme deux sons de la voix de mademoiselle Le Maure ? La symphonie anime le chant et ajoute à son expression, mais elle n'y supplée pas. Pour savoir ce que veulent dire tous ces fatras de sonates dont on est accablé, il faudrait faire comme ce peintre grossier, qui étoit obligé d'écrire au-dessus de ses figures : *C'est un arbre, c'est un homme, c'est un cheval.* Je n'oublierai jamais la saillie du célèbre Fontenelle, qui, se trouvant excédé de ces éternelles symphonies, s'écria tout haut dans un transport d'impatience : « *Sonate, que me veux-tu ? (2)* »

Quoi qu'il en fût de certaines résistances, la sonate ne tarda pas à s'implanter chez nous, et de façon sérieuse, comme, un peu plus tard, devait faire le concerto. Deux de nos artistes doivent se partager l'honneur d'avoir su, les premiers, l'introduire en France et d'en avoir donné les premiers modèles nés en notre pays : l'un est François Du Val, dont le premier recueil de sonates est daté de 1704 ; l'autre Jean-Ferry Rebel, qui publia le sien en 1705.

---

(1) Jacques Bonnet, *Histoire de la musique et de ses effets*, 1715, p. 433.

(2) A titre de curiosité, on pourrait rappeler la façon sommaire, et singulière, dont Fétis caractérisait la sonate dans son livre intitulé : *la Musique à la portée de tout le monde* (édition de 1847) : — « La sonate est faite quelquefois pour un instrument et quelquefois pour plusieurs. Ce genre de pièce, qui a eu autrefois un succès de vogue, *est maintenant presque abandonné.* » O Haydn ! ô Mozart ! ô Beethoven !

François Du Val, aujourd'hui parfaitement oublié, jouit cependant en son temps d'une indiscutable renommée, et était un artiste évidemment distingué. Il faut ajouter que lorsqu'il s'offrit au public comme compositeur, il ne s'agissait pas de sa part d'un essai timide et isolé, mais que son œuvre, au contraire, est d'importance ; car il ne publia pas moins, coup sur coup, de quatre recueils de sonates, que suivirent trois autres plus espacés. Et ce qui prouve que sa situation artistique était considérable, c'est qu'il avait de hautes protections, en la personne du duc d'Orléans, le futur Régent, grand amateur de musique et compositeur lui-même, du maréchal duc de Noailles, et l'on pourrait presque dire du Roi, duquel il se fit entendre par l'intercession de ce dernier et qui agréa la dédicace de deux de ses recueils (1).

On ne sait pourtant rien de l'existence de cet artiste intéressant, qui, ne fût-ce que pour son initiative, eût mérité mieux que l'oubli complet qui, depuis deux siècles, enveloppe son nom et son œuvre. On ignore jusqu'au lieu et à l'époque de sa naissance, et l'on n'a que la date approximative de sa mort. Du fait qu'il fut remplacé, par une ordonnance en date de 26 janvier 1723, par son confrère Gabriel Besson, dans la bande des 24 violons à laquelle il appartenait, on doit supposer qu'il mourut dans le courant de ce mois de janvier. En tout cas, ceci infirme le renseignement donné par Fétis, qui, dans la notice qu'il lui a consacré, fait mourir Du Val en 1738.

Il paraît avéré que Du Val jouait les sonates de Corelli, ce qui suffirait à donner une idée de son habileté technique. Assurément il les connaissait, et la lecture de ses propres sonates l'indique à n'en pas douter. Non qu'il y ait, à proprement dire, imitation de sa part, mais parce qu'on sent la filiation des formes et des procédés. Qui nous dit que, comme un peu plus tard Baptiste Anet, Du Val ne fit pas le voyage d'Italie pour connaître le célèbre maître de Fusignano ? Il avait bien sans

---

(1) Voici les titres des sept recueils de François Du Val :
Premier livre de sonates et autres pièces pour le violon et la basse, dédié à S. A. R. Monseigneur le duc d'Orléans. — Paris, l'auteur, 1704.
Second livre de sonates à 3 parties pour 2 violons et la basse, dédié à Monseigneur le maréchal duc de Noailles. — Paris, l'auteur, 1705.
Troisième livre de sonates pour le violon et la basse, dédié au Roi. — Paris, l'auteur, 1707.
Quatrième livre de sonates pour le violon et la basse. — Paris, l'auteur, 1708.
Cinquième livre de sonates à violon seul et la basse, dédié au Roi. — Versailles, l'auteur, 1715.
Livre VI°. *Amusemens pour la chambre. Sonates* à violon seul avec la basse. — Paris, l'auteur, 1718.
Livre VII°. *Les Idées musiciennes. Sonates* à violon seul, avec la basse. — Paris, 1720.

doute une trentaine d'années lorsqu'en 1704 il publia son premier recueil, et il avait eu tout le temps de faire ce voyage. Ce ne sont là toutefois qu'hypothèses et suppositions.

Ici, je l'ai dit, sa réputation était réelle. « Symphoniste ordinaire de la chapelle et chambre du Roi », comme il se qualifiait sur ses compositions, l'un des 24 violons de la grande bande, attaché à la musique particulière du duc d'Orléans, il réunissait tous les titres et les avantages d'une importante situation artistique. Il ne semble pas pourtant qu'on lui ait rendu toute la justice qu'il mérite. Daquin, qui écrivait quelques années après sa mort, lui consacre seulement ces quelques lignes dans son *Siècle littéraire de Louis XV :* « Du Val est le premier violon français qui ait osé composer dans le goût italien. On prétend qu'il exécutait fort bien les sonates de Corelli, mais on ajoute que celles qu'il nous a données sont très médiocres. Pour moi, je pense qu'on doit lui avoir quelque obligation, puisque du moins il a retiré le violon de l'état d'abaissement où il était autrefois (1). »

Plus près de nous, Vidal, en s'occupant de Du Val, n'a pas montré plus d'enthousiasme : « La musique pour violon de Du Val, dit-il, est une très faible imitation du genre italien. Ce sont de petits airs portant pour titres *le Papillon, la Girouette, la Cascade, la Salpêtre, le Phaéton,* etc. Quelques-uns de ces morceaux sont travaillés avec plus ou moins de soin ; mais, en somme, toute cette musique est élémentaire, même pour l'époque où elle fut produite (2)... »

Ceci n'est pas juste. Vidal s'est trompé, ou il a lu avec trop peu d'attention. Évidemment, et l'on peut facilement s'en rendre compte, Du Val s'est inspiré des formes italiennes, et il n'aurait guère pu faire autrement, n'ayant pas d'autre modèle à suivre ; mais sa mélodie est franche et de goût très français. Quant au caractère « élémentaire » de sa musique, il ne gît pas sans doute dans l'emploi assez fréquent de la double corde (que Du Val semble bien avoir été le premier à pratiquer en France), non plus que dans celui des arpèges, tels qu'on les trouve dans le dernier morceau de la septième sonate du cinquième livre ; cela ne me paraît pas à ce point élémentaire, et exige au contraire une certaine dextérité jointe à une souplesse élastique de l'archet. En fait, cette musique est loin de manquer d'intérêt. Et il n'y a pas lieu de railler le violoniste sur les titres qu'il donne à certains de

____

(1) Daquin, *Siècle littéraire de Louis XV*, 1753. Daquin était le fils du claveciniste.
(2) Vidal, *les Instruments à archet*, t. II.

ses morceaux : il n'a fait en cela que suivre l'exemple que lui donnaient les premiers clavecinistes de son temps, les Couperin, les Dandrieu et autres. Mais on peut remarquer que les six petites sonates du deuxième livre sont d'une apparence un peu *corellienne*, que les douze qui composent le troisième livre sont particulièrement intéressantes, et que les huit du quatrième livre sont caractéristiques au point de vue de l'instrument ; et l'on peut ajouter que certains morceaux du premier livre comprennent une partie de basse ingénieusement travaillée et qui n'est pas de simple accompagnement.

Et ce qu'il faut dire, parce que c'est la vérité, c'est que Du Val, par son talent et son initiative, a droit à une place, et à une place distinguée, dans l'histoire du violon en France.

Il en est de même de Jean-Ferry Rebel, qui fut, avec Du Val, l'initiateur du mouvement par lequel nos violonistes furent amenés à s'occuper de composition pour leur instrument ; Rebel n'est pas resté moins ignoré de la postérité, bien qu'il ait joui d'une situation artistique très importante et particulièment en vue. Ces deux compositeurs furent compagnons aux 24 violons, dont ensemble ils faisaient partie ; mais tandis que, sans doute, Du Val se confinait modestement dans l'enseignement, Rebel, d'abord simple violon, puis accompagnateur au clavecin et enfin chef d'orchestre à l'Opéra, devint ensuite compositeur de la chambre et chef d'orchestre des ballets de la Cour. La Borde, dans ses *Essais sur la musique*, nous apprend que « Rebel a longtemps battu la mesure à l'Opéra et a passé dans son temps pour un grand compositeur ». En tout cas, on voit qu'il fut, musicalement, un véritable personnage. Ce qui n'empêche que plus tard sa renommée fut complètement étouffée sous celle de son fils, François Rebel, le collaborateur fidèle et assidu de Francœur, auteur avec celui-ci d'une dizaine d'opéras, avec lui chef d'orchestre et directeur de l'Académie royale de musique, et en même temps que lui surintendant de la musique du roi et chevalier de l'ordre de Saint-Michel.

Ce fut pourtant un enfant précoce que Jean-Ferry Rebel, si l'on doit s'en rapporter à une anecdote assez singulière que l'abbé de Fontenay raconte en ces termes et dont je ne saurais garantir l'authenticité :

... Dès l'âge de huit ans il jouoit du violon à Saint-Germain-en-Laye, aux opéras représentés devant le roi. Un jour qu'on faisoit une répétition générale en présence d'une partie de la cour, Lully s'étant apperçu d'un gros rouleau de papier de musique que le petit **Rebel** avoit dans sa poche, le prit, et l'ayant développé, vit que c'étaient les parties d'un acte d'opéra de la composition de cet enfant. Curieux d'entendre une production aussi précoce, Lully engagea son auditoire à rester, et dit au petit Rebel de distribuer les rôles et les parties de cet acte, et de le faire exécuter. On dressa une table dans l'orchestre, sur laquelle on le fit monter, et l'on parut très content de la musique (1).

On ne possède aucune précision sur la date de naissance de Jean-Ferry Rebel; il y a lieu de supposer qu'il naquit entre 1660 et 1670, et c'est tout ce que l'on en peut dire. On est fixé d'une façon plus certaine sur la date de sa mort, qui dut être le 2 ou le 3 janvier 1747 (2). Il était fils d'un musicien resté complètement obscur, Jean Rebel, qui était chantre de la chapelle royale et faisait aussi partie, comme chanteur, de la musique de la reine. Ce qui est certain, c'est que, comme violoniste, il fut élève de Lully, qui le prit dans son orchestre de l'Opéra (3). C'est de là qu'il devint accompagnateur, puis chef de l'orchestre, sans doute en remplacement de Lacoste, qui, lui-même, semble avoir succédé à Marais dans cette fonction (4).

Jean-Ferry Rebel ne commença à se manifester comme compositeur qu'une fois parvenu presque à l'âge mûr; son premier appel au public date en effet seulement de 1703, et il s'agissait alors d'un opéra, *Ulysse*, qui fut représenté le 21 janvier de cette année. Le violoniste étant ici seul en cause, nous n'avons pas à nous occuper de cet ouvrage, dont le succès d'ailleurs fut nul, bien qu'il ne fût pas sans valeur, et qui clôt sa carrière dramatique à peine commencée, car il ne renouvela jamais l'épreuve. Mais ses compositions pour le violon appellent

(1) L'abbé de FONTENAY, *Dictionnaire des artistes.*
(2) Elle était annoncée dans les *Annonces, affiches et avis divers* du 5 janvier 1747.
(3) V. le *Mercure* d'août 1738.
(4) Fétis semble avoir ignoré que Lacoste fut chef d'orchestre à l'Opéra : il dit simplement: « Lacoste, compositeur, entra à l'Opéra de Paris comme choriste en 1693, et se retira avec la pension en 1708. » Duray de Noinville n'en fait pas mention davantage dans son *Histoire de l'Opéra.* Mais voici, au nom de Lacoste, la note que donnent les frères Parfait dans leur *Histoire* (manuscrite) *de l'Académie royale de musique :* « Étant encore fort jeune, il entra à l'Opéra, où il resta quelque tems dans les chœurs. Ses talens pour la musique l'ayant fait connoître, il fut choisi par M. de Francine pour battre la mesure dans l'orchestre et dresser les jeunes artistes qui se présenteroient. C'est ce qu'il a fait avec succès pendant plusieurs années, et le public lui a obligation de quelques bons sujets qui, par ses soins et conseils ont acquis les grâces et le goût du chant. » Gustave Chouquet, dans son *Histoire de la musique dramatique,* transpose les dates, et fait de Rebel le prédécesseur de Lacoste, dont il fut au contraire le successeur.

notre attention; car, pour n'être pas aussi nombreuses que celles de François Du Val, elles n'en sont pas moins importantes.

Des trois recueils publiés par Jean-Ferry Rebel et qui portent les dates de 1705, 1712 et 1713, le premier est sans doute le moins intéressant. Il porte ce titre : *Pièces pour le violon* avec la basse continue, divisées par suite de tons, qui peuvent aussi se jouer sur le clavecin et sur la viole. Livre Iᵉʳ, 1705. Ce sont trois suites de petites pièces avec simple basse chiffrée, portant pour la plupart des titres de danses, comme chez les Italiens : *Sarabande, Chacone, Courante, Gigue, Gavotte*, etc., et dans lesquelles il semble que le talent de l'auteur ne se soit pas encore donné pleine carrière. Il n'en est pas de même du second recueil : *Recueil de douze sonates à II et III parties*, avec la basse chiffrée, 1712. Celui-ci est divisé en deux suites et contient : 1° en forme de trios, sept sonates pour deux dessus (violons) et basse d'archet (basse de viole), avec basse chiffrée pour le clavecin ; 2° en forme de duos, cinq sonates pour un dessus et basse d'archet, et basse chiffrée pour le clavecin. Ceci est plus sérieux et vraiment digne d'intérêt. Rebel a abandonné les appellations de danses, et donne à ses divers morceaux des titres de fantaisie, tels que *la Flore, l'Apollon, la Vénus...* Les sept sonates en trios sont bien écrites et d'un bon style, avec un fréquent emploi de la double corde ; à signaler surtout la septième, intitulée *le Tombeau de M. de Lully*, en *ut* mineur, composée de cinq morceaux de caractère grave, comme il convient au sujet, qui est caractéristique et d'un bon sentiment, avec une réelle ampleur de forme (1). Les cinq sonates en duos ne sont pas moins dignes d'attention. Et le troisième recueil : *Sonates à violon seul mellées de plusieurs récits pour la viole* (de basse), ne le cède en rien à celui-ci. C'est une œuvre intéressante, où le compositeur ne mérite pas moins d'éloges que le violoniste. Il faut surtout citer le troisième morceau de la quatrième sonate, et le premier (*Grave*) de la sixième, où la partie de la basse de viole est traitée de façon élégante et ingénieuse, en instrument concertant avec le violon.

En ce qui concerne l'opinion des contemporains sur les œuvres de violon de

(1) On sait que ce fut, au xviiᵉ et au xviiiᵉ siècle, de la part de nos musiciens, comme une sorte de mode d'écrire et de publier des « Tombeaux », hommage funèbre rendu par eux à la mémoire d'un confrère regretté. On eut ainsi le *Tombeau de Mézangeau* (luthiste), par Gaultier le vieux, le *Tombeau de M. de Lenclos* (luthiste), par Denis Gaultier ; celui de Sainte-Colombe (violiste), par Marin Marais, celui de Chambonnières, par d'Anglebert... On n'en finirait pas si l'on voulait les citer tous.

Jean Ferry Rebel, je ne trouve à rapporter que celle-ci, placée par Lecerf de La Viéville de Freneuse dans la bouche d'un des interlocuteurs de sa *Comparaison de la musique française et de la musique italienne*, et qui porte bien sa marque de fabrique : « Oh! parbleu, pour Rebel, nous le retenons, et ne lui faites pas, s'il vous plaît, l'affront de croire que ses sonates brillassent en Italie. Rebel y a véritablement mis une partie du génie et du feu italien; mais il a eu le goût et le soin de le tempérer par la sagesse et par la douceur françoise, et il s'est abstenu *de ces chutes effrayantes et monstrueuses qui font les délices des Italiens*. »

Ce qui reste, je l'ai dit, et il faut le répéter, c'est que Jean-Ferry Rebel fut, avec François Du Val, l' « importateur » en France de la sonate de violon créée par les virtuoses italiens, et, avec lui, le premier à en doter notre pays. C'est un honneur qui leur revient et qu'on ne saurait leur enlever. On peut regretter que Cartier n'ait pas jugé à propos, ne fût-ce qu'à titre de curiosité, de reproduire un ou deux fragments de ces deux artistes dans son excellent *Art du violon* (1).

Presque en même temps qu'eux se produisait un autre violoniste compositeur, Joseph Marchand, qui publiait, en 1707, un recueil de douze pièces ou sonates pour son instrument. Ce Marchand appartenait à une famille de musiciens dont tous les membres étaient violonistes, tous appartenant, à un titre quelconque, à la musique du roi, et si nombreux qu'il est presque impossible de les identifier de façon certaine, d'autant que trois d'entre eux portaient le même prénom de Joseph. Voici la liste de ceux que j'ai pu retrouver, sans pouvoir assurer qu'elle soit complète :

Marchand (Jean-Noël), violon de la chapelle, où il est reçu en 1686.

Marchand (Jean-Baptiste), frère cadet du précédent, joueur de petit luth à la chambre, et violon de la chapelle en 1691. Auteur d'une messe intitulée : *Quis est Deus?*

---

(1) Jean-Ferry Rebel était le beau-frère du célèbre organiste Michel-Richard de Lalande, qui avait épousé sa sœur, Anne Rebel, elle-même fameuse pour son talent de cantatrice et artiste favorite de Louis XIV. En dehors de son opéra d'*Ulysse* et de ses sonates de violon, il n'est pas sans intérêt de rappeler qu'il écrivit, étant chef d'orchestre de l'Opéra, plusieurs symphonies destinées à accompagner des actions dansantes, dont quelques-unes fort importantes (entre autres celle intitulée : *les Caractères de la danse*, qui eut pour héroïne la fameuse Mlle Prévost), obtinrent à ce théâtre d'éclatants succès ; les autres avaient pour titre les *Plaisirs champêtres*, les *Éléments*, *Terpsychore*, *Fantaisie*, *Boutade*. — Le grand peintre Watteau a fait un portrait intéressant de Jean-Ferry Rebel.

Marchand (Joseph Ier), fils de celui-ci, violon de la chambre et de la chapelle.

Marchand (Pierre), l'un des 24 violons, où il est reçu le 31 octobre 1695, en remplacement de son fils, démissionnaire.

Marchand (Joseph II), sans doute fils de celui-ci, l'un des 24 violons où il est admis le 12 janvier 1695.

Marchand (Joseph III), l'un des 24 violons, du 20 août 1706.

Marchand (Charles-Philippe), sans doute fils du précédent, reçu aux 24 violons le 1er mars 1731, en remplacement de son père Joseph Marchand, démissionnaire.

Ce n'est pas tout. Après avoir établi cette liste, aussi scrupuleusement que possible, nous ne sommes pas au bout de nos recherches et de nos indécisions. Le Marchand qui nous occupe, Joseph Ier, auteur des douze pièces ou sonates indiquées ci-dessus, se fait nommer sur ce recueil daté de 1707, Marchand « le fils ». Or, vingt et un ans auparavant, en 1686, je trouve mention de l'ouvrage suivant : « *Les Amans jaloux*, petite pastorale en cinq actes, mise en musique par Marchand *le fils*, chantée aux Appartemens en 1686 (1). » Et ce n'est pas tout encore : aux « grandes nuits » de Sceaux de la duchesse du Maine, en 1706 et années suivantes, La Vallière catalogue quatre ouvrages mis en musique par Marchand (sans autre indication) : *Dialogue d'Hesperus et de l'Aurore*, paroles de l'abbé Genest; *Vertumne et Pomone*, paroles du même; *les Égyptiennes*, paroles de Roy ; et *Cérès*, paroles de Destouches (2). Tout cela doit-il être mis au compte du même Joseph Marchand « le fils » ? Et pour augmenter la confusion, il faut ajouter que Fétis mentionne, au nom d'un Joseph Marchand, mort en 1737, un recueil portant ce titre et la date de 1709 : *Douze sonates pour flûte traversière, ou hautbois, ou violon, avec basse continue.* C'est à s'y perdre.—

En l'absence de toute précision, tenons-nous-en au recueil déjà signalé et dont voici le titre exactement reproduit : « *Suite de pièces meslées de sonates* pour le violon et la basse, qui ont été exécutées plusieurs fois devant Sa Majesté. Dédiez

---

(1) C'est Beauchamps qui, dans ses *Recherches sur les théâtres de France*, catalogue cet ouvrage, dont ne fait mention aucun autre annaliste, pas plus Maupoint que La Vallière, de Léris que l'abbé de Laporte, et que Fétis n'a pas connu davantage.

(2) Voy. LA VALLIÈRE, *Ballets, opéras et autres ouvrages lyriques.*

au Roy, par M. Marchand le fils, officier ordinaire de la chapelle et chambre du Roy, 1707. » L'auteur s'exprime ainsi dans sa dédicace au roi : « ... Je n'aurois pas eu la hardiesse de présenter à Votre Majesté cet ouvrage si peu digne de lui être offert, si elle n'avoit eu la bonté de me marquer, par ses applaudissemens, qu'il lui a donné quelque plaisir quand j'ai eu l'honneur de l'exécuter devant elle. »

C'est aussi en 1707 qu'un autre artiste, Charles La Ferté, qui faisait partie des 24 violons, publie de son côté un recueil de Sonates dont j'ai trouvé l'unique trace dans un catalogue (N° 33) de la librairie musicale Liepmannssohn à Berlin, qui le mentionne ainsi : « La Ferté (Charles de), premier livre de sonates pour le violon et la basse. Paris, Camus Sellier, 1707. » Fétis, en quatre lignes, mentionne bien cet artiste, mais de façon à dérouter quelque peu à son sujet; voici le peu qu'il en dit : « Ferté (Charles la) violoniste français, vivait à Bordeaux en 1743. Il publia dans cette année une œuvre de sonates à violon seul, qui a été gravée à Paris. » L'écrivain s'est-il trompé? ou faut-il croire que ce serait le même violoniste qui, à trente-six ans de distance, aurait publié un second recueil?...

Et nous voici arrivés à l'apparition de la première Méthode de violon publiée en France. Dans un de ses excellents articles de la *Gazette musicale* (1), Henri Blanchard, qui était violoniste, le rappelait en ces termes : « Ce fut dans l'année où l'auteur du *Devin du village* vint au monde, en 1712, que parut la première Méthode de violon. Cet ouvrage élémentaire est intitulé : *Méthode facile pour apprendre à jouer du violon, avec un abrégé des principes de musique nécessaires pour cet instrument*, par M. Montéclair, de l'Académie royale de musique, 24 pages. Prix : 25 sols, broché. On voit qu'on pouvait s'initier à bon marché aux mystères de jouer du violon. »

Montéclair, musicien instruit, l'auteur du fameux opéra de *Jephté* qui fit tant de bruit à son apparition, l'introducteur dans l'orchestre de l'Opéra de la contre-basse, dont il ne jouait d'abord que le vendredi, grand jour à ce théâtre, était-il donc violoniste? Sans peine on peut le croire, la pratique de la contrebasse n'étant pas de sa nature si absorbante et si passionnante qu'elle ne puisse laisser place à d'autres jouissances. Une seconde édition de sa *Méthode*, augmentée, parut en

(1) Du 11 août 1839.

1720. Mais ce n'est pas seulement pour cela que le nom de Montéclair a droit à être ici mentionné. Il a publié aussi un recueil de *Six trios ou sonates pour deux violons et basse*, 1728 ; et sa première composition livrée au public portait ce titre : « *Sérénade ou concert divisé en trois suites de pièces pour les violons, flûtes et hautbois*, composées d'airs de fanfare, d'airs tendres et d'airs champestres, propres à danser. Paris, Ballard, 1697 (1). »

La *Méthode* de Montéclair était très élémentaire. Elle fut suivie, peu d'années après, d'une autre qui ne l'était pas moins. En 1718, un nommé Pierre Dupont, qui s'intitulait maître de musique et de danse, et qui sans doute était plus familier avec les préceptes de l'art qu'avec ceux de la grammaire, publiait un petit ouvrage sous ce titre : *Principes de violon* par demandes et par réponses, par *lequel* toutes personnes pourront apprendre d'*eux-mêmes* à jouer dudit instrument (2). »

Ces *Principes*, disais-je, étaient élémentaires : la façon dont ils étaient présentés ne l'était pas moins. Toutefois, il faut remarquer que, bien qu'on en ait dit, le démanché n'était pas alors tout à fait inconnu, puisqu'on en trouve, dans ces quelques pages, la démonstration, avec le moyen de le pratiquer. En effet, à la demande : « Que faut-il faire pour faire l'*ut* d'en haut ? » le manuel répond, avec le même insouci orthographique que ci-dessus : « Il faut descendre le petit *doit* d'un *traver de doit* », ceci pour l'extension ; puis il ajoute : « et l'orsque l'on trouve les notes plus hautes que l'*ut*, il faut descendre le premier *doit* à la place du *la* naturel qui est marqué du troisième. » Et voici posé le principe de la troisième position.

Quelque médiocres et sommaires que fussent ces deux Méthodes de Montéclair et de Pierre Dupont, elles ne laissèrent pas cependant, il faut le croire, de rendre des services et d'avoir du succès, puisque chacune eut deux éditions. En effet, en 1740, plus de vingt ans après leur première apparition, l'éditeur Boivin lançait

---

(1) A propos de Montéclair, quelques rectifications à sa biographie trouveront naturellement leur place ici. Michel Pinolet, dit Montéclair, n'est pas né en 1666 à Chaumont-en-Bassigny, comme le disent tous ses historiens, mais le 4 décembre 1667, à Andelot (V. *Essai sur Montéclair*, par ÉMILE VOILLARD, Paris, s. d. [1878]). Il n'est pas mort en septembre 1737, mais le 24 mars de cette même année (V. le *Mercure* de mars 1738, qui, à propos d'une reprise de *Jephté*, donne la date de cette mort). Quant à son pseudonyme de Montéclair, il l'avait emprunté à une forteresse ruinée de ce nom, qui domine Andelot et qu'il aimait à contempler dans ses jeunes années.

(2) VIDAL, *les Instruments à archet*, II, 271.

de nouveau dans le public les *Principes* de Dupont (1). C'est que, pour singulier que cela paraisse, il semble bien que durant presqu'un demi-siècle on ait manqué d'un ouvrage sérieux pour l'enseignement du violon, et qu'il fallut attendre jusqu'en 1760 pour voir paraître enfin une véritable méthode, celle que L'Abbé publiait sous ce titre : « *Principes du violon*, pour apprendre le doigté de cet instrument et les différends (*sic*) agréments dont il est susceptible. Paris, Deslauriers (2). » On eut ensuite, en 1763, les *Réflexions sur la musique et la vraie manière de l'exécuter sur le violon*, de E. P. Brijon ; en 1779, la *Méthode raisonnée pour apprendre à jouer du violon*, du professeur et éditeur Antoine Bailleux ; puis, successivement celles de Michel Corrette (1783), de Bornet l'aîné (1788), de Demar et de bien d'autres.

C'est à cette époque qu'il faut signaler une sorte d'invasion en France de plusieurs violonistes étrangers, surtout italiens, qui venaient s'installer en notre pays et y poursuivre leur carrière, en francisant même leur nom pour le rendre plus familier au public. L'un des premiers fut un artiste napolitain, Michele Masciti, qui se fit connaître surtout sous le nom de Michel, et qui, par la publication de compositions nombreuses, fit preuve ici d'une assez remarquable fécondité. Avant de se fixer, dans les premières années du xviiie siècle, à Paris, où il fut bientôt attaché à la musique particulière du duc d'Orléans, il avait, paraît-il, beaucoup voyagé, et parcouru l'Italie, l'Allemagne et la Hollande. Une fois établi en France, où il resta jusqu'à sa mort, il publia, de 1704 à 1731, jusqu'à neuf recueils de

(1) V. le catalogue 33 de la librairie musicale Liepmannssohn.

(2) Ici se présente un manque de mémoire au moins singulier de la part de Fétis. Au premier volume de la *Biographie*, dans sa notice sur *Abbé* (Joseph-Barnabé *Saint-Sévin*, dit *L'*), il fait bien connaître le vrai nom de celui-ci, mais sans mentionner sa méthode, que sans doute il ne connaît pas. Puis, au tome VII, on trouve cette autre notice : « *Saint-Sévin* (Joseph-Barnabé), premier violon du théâtre de Bordeaux, dans la seconde moitié du xviiie siècle, était né dans un village des environs de Béziers. On a de lui des *Principes de violon*, Bordeaux, 1772, in-4° ». En écrivant celle-ci, l'auteur ne s'est donc pas rappelé que Saint-Sévin était le vrai nom de L'Abbé, et les prénoms semblables de Joseph-Barnabé sont restés impuissants à lui rafraîchir la mémoire. — En tout cas, on voit que les *Principes de violon* signés à Bordeaux Saint-Sévin, n'étaient évidemment qu'une nouvelle édition des *Principes du violon* signés à Paris L'Abbé fils. Et celui-ci n'était pas le premier venu. Fils et neveu de deux violonistes qui appartinrent aux orchestres de l'Opéra et du Concert spirituel, il en fit partie lui-même après avoir été élève de Leclair, ce qui peut donner une idée de son habileté. Il eut d'ailleurs de grands succès comme soliste au Concert, où il débuta tout enfant en compagnie de Gaviniés, avec lequel il joua une sonate de Leclair pour deux violons. Né en 1727, l'Abbé mourut, selon Fétis, en 1787. Il a publié plusieurs recueils de sonates et de trios.

sonates et concertos qui furent fort bien accueillis, ainsi que nous l'apprend Daquin dans son *Siècle littéraire de Louis XV :* « M. Michel, napolitain, auteur encore vivant, mit au jour à peu près dans le même temps huit livres de sonates

dans le goût français, qui plûrent beaucoup. Sa re-nommée bien établie ne souffre point des nouveau-tés modernes. La facilité de jouer ces pièces, et la beauté de plusieurs, en-tretient toujours leur dé-bit, et ma surprise est que la mode courante ne puisse pas en interrompre le cours (1). »

Un autre violoniste na-politain, Giovanni-Antonio Piani, vint vers le même temps s'établir en France, où il se fit appeler Des Planes. Fétis, qui fixe son

arrivée en 1704, dit qu'il fut le maître de Senaillé, bien que dans sa notice sur celui-ci il lui donne pour maîtres successifs Queversin, Bonnefonds et Baptiste Anet. On ne sait rien d'ailleurs de l'existence en France de cet artiste, sinon qu'il fit partie de la musique particulière d'Alexandre de Bourbon, comte de Toulouse, lequel, comme tant d'autres grands seigneurs de l'époque, entretenait un orchestre. « J'ai

(1) Les catalogues de la librairie musicale Liepmannssohn et le catalogue de la bibliothèque Farrem m'ont permis de reconstituer la liste complète des publications de Masciti pendant son séjour en France, où il est mort peu après 1750 : *Sonate a violino solo col violone o cimbalo e sonate a due violini, violoncello e basso continuo,* op. 1, 1704 ; — *Sonate da camera a violino solo col violone e cimbalo,* op. 2. 1706 ; — *Sonate a violino solo e basso,* op. 3, 1707 ; — *Sonate a violino solo e basso e sonate a due violini e basso,* op. 4, 1711 ; *Sonate a violino solo e basso,* op. 5, 1714 ; — *Sonate a violino solo e basso,* op. 6, 1722 ; — *Sonate e concerti per violino,* op. 7 ; — *Sonate a violino solo e basso,* op. 8, 1731. — Outre cela, Fétis indique un recueil de trios pour deux violons et basse avec basse continue pour l'orgue.

lu quelque part, dit encore Fétis, que Desplanes, étant retourné en Italie et s'étant fixé à Venise, y fut accusé d'avoir fait de fausses signatures, et fut condamné à avoir le poing coupé. » Or, comme le dit de son côté Vidal, Fétis a probablement tiré cette anecdote du *Mercure* de juin 1738, où elle est racontée tout au long ; mais il est fâcheux qu'il n'ait pas également lu l'article du même journal qui parut dans le numéro d'août suivant, et qui est conçu en ces termes : « … Nous saisissons cette occasion avec joie pour avertir d'une négligence de notre part, et d'une grande imprudence de la part de l'auteur des premiers mémoires dans l'article inséré à la page 1115 du *Mercure* (juin 1738), au sujet d'un célèbre musicien contre lequel on a avancé un fait qui se trouve faux, selon le témoignage de gens d'honneur qui nous l'ont assuré. »

Il ne reste rien, on le voit, de cette calomnie singulière qui avait frappé un artiste parfaitement honorable. Ce qui reste, c'est que Piani Des Planes était un virtuose très habile, et qu'il publia en France un recueil de sonates en trio pour violon, violoncelle et piano, dédié par lui à son mécène dans les termes redondants que voici : *Sonate a violino solo e violoncello col cimbalo, dedicate all' Altezza Serenissima di Lodovico Alessandro di Borbone, conte di Tolosa, Grand'Ammiraglio di Francia, da Gio. An. Piani detto Des Planes, Napolitano, musico di violino della sopra detta Altezza Serenissima. Opera prima. Parigi, 1712.*

Un troisième artiste italien, Angelo Besseghi, né à Rome selon les uns, à Bologne selon d'autres, doit être compris parmi ceux qui s'éloignaient de leur pays pour venir chercher fortune dans le nôtre, où ils recevaient toujours bon accueil. « Il était, dit La Borde, bon compositeur et excellent violon. Personne n'en a jamais tiré un plus beau son que lui. Il vint à Paris et devint le chef de la musique de M. Fagon, intendant des Finances. Dans un voyage à Véré, terre appartenant à M. Fagon, Angelo fit une chute et se cassa le bras gauche. Ce malheur l'ayant privé pour toujours de la faculté de jouer d'aucun instrument, il donna son violon, qui était un Guarnerius admirable, à M. de Saint-Saire, son ami, et le plus habile amateur qu'il y eût alors (1). M. Fagon lui procura un

---

(1) Cette appréciation, tirée d'un livre publié en 1780, tendrait à faire croire que la grande lutherie italienne n'était pas, à cette époque, aussi ignorée en France que tous les chroniqueurs n'ont cessé de le répéter.

emploi qui lui assura une vie aisée, mais qui ne le consola jamais de la perte qu'il avait faite. Cet habile musicien mourut en 1744. » Besseghi, que Fétis appelle à tort Bezegui, a publié, outre un livre de pièces de clavecin, un recueil de *Sonate a violino solo e violoncello o basso continuo*, op. 1, qui porte bien le nom de Besseghi.

Il faut signaler encore deux violonistes italiens : Miroglio (Pietro), que Fétis dit s'être établi à Paris comme marchand de musique, et son fils, Miroglio (Giovann-Pietro), qu'il dit être né à Paris vers 1750 et avoir été élève de son père. J'ai retrouvé, de Miroglio père, un recueil de *Six sonates* dédiées à Geminiani, et de son fils un recueil, également de six sonates. Selon Fétis, celui-ci n'en aurait pas fait graver moins de cinq volumes, ainsi que plusieurs livres de duos de violon.

Enfin, il reste encore à mentionner un artiste que Fétis a enregistré, avec son frère, dans la petite notice que voici : « CANAVASSO. Deux frères italiens de ce nom, plus connus sous celui de *Canavas*, se sont fixés à Paris vers 1735. L'aîné (Alexandre), bon professeur de violoncelle, a publié un livre de sonates pour cet instrument ; le plus jeune (Joseph) avait un talent distingué sur le violon. Il a fait graver deux livres de sonates pour violon seul, et le *Songe*, cantatille. Tous deux vivaient encore à Paris en 1753. » En 1752, Joseph Canavas est mentionné au premier rang parmi les premiers violons de l'orchestre du Concert spirituel, où il se faisait entendre aussi comme soliste. Il disparaît du personnel en 1762, ce qui semblerait indiquer l'époque de sa mort. Il ne fit point partie de l'orchestre de l'Opéra, et se cantonna sans doute dans l'enseignement (1).

Il est permis de supposer que le séjour en France de ces artistes italiens et leur voisinage ne furent pas sans quelque avantage pour les nôtres, qui surent tirer profit de leur exemple et de l'habileté dont ils faisaient preuve, habileté qu'ils avaient acquise dans leur pays, alors beaucoup plus avancé que le nôtre, et où l'art du violon avait atteint son plus grand développement et sa plus éclatante supé-

---

(1) Jean-Jacques Rousseau signale la présence de son frère le violoncelliste à Chambéry, à l'époque où, employé lui-même au cadastre, c'est-à-dire sans doute aux environs de 1735, lors de son retour de Lausanne, il organisait chez maman (Mme de Warens) de petits concerts mensuels : « Maman chantoit, dit-il ; le P. Caton, dont j'ai déjà parlé et dont j'ai à parler encore, chantoit aussi ; un maître à danser appelé Roche, et son fils, jouoient du violon ; Canavas, musicien piémontais, qui travailloit au cadastre et qui depuis s'est marié à Paris, jouoit du violoncelle... »

riorité. Ces artistes, qui apportaient chez nous, au point de vue technique, les préceptes et les traditions de la grande école de Corelli, y joignaient le sentiment du vrai style instrumental en ce qui concerne les compositions spécialement destinées au violon, avec l'élégance de forme et la finesse harmonique qui distinguaient leurs œuvres. De tout cela, nos musiciens surent tenir compte et tirer parti; ils s'approprièrent, des artistes italiens, les qualités qui leur semblaient nécessaires, les procédés dont ils pouvaient le mieux profiter ; puis, sans se faire imitateurs, ils adaptèrent ces qualités et ces procédés à la grâce et au goût qui caractérisent le tempérament français en toute matière artistique, de façon à s'en former un style personnel, différent de celui qui leur avait servi de modèle, et qui avait sa couleur propre et précise.

Dans le même temps que ces violonistes italiens, venait s'établir en France un artiste anglais qui paraît avoir été fort distingué, John-Henry Eccles, et qui a presque droit à être compris dans l'école française, puisqu'il fut admis dans la bande des 24 violons du roi et se produisit ici comme compositeur. Il était le second de trois frères musiciens, et fut sans doute élève de son père, Salomon Eccles, lui-même violoniste. Selon Fétis, Henry Eccles « fut un violoniste d'une force peu commune pour son temps ; mécontent de ce que son talent n'étoit pas récompensé dans sa patrie comme il devoit l'être, il se rendit à Paris et y fut admis dans la musique du roi ». On n'a, du reste, pas d'autres renseignements sur lui, sinon qu'il publia, en deux recueils une série de *Douze solos de violon* qui parurent à Paris en 1720 (1).

(1) Parlant du dernier des trois frères Eccles, George Hart, dans son beau livre sur *le Violon*, rapporte, d'après un écrivain du temps, cette anecdote curieuse le concernant : « ... C'était au mois de novembre 1735 ; nous étions réunis, mes amis et moi, dans une taverne de la cité, pour y passer la soirée, lorsqu'un homme vêtu pauvrement, mais d'une manière décente, fut introduit dans la salle où nous étions par un des garçons. Au moment où s'ouvrit la porte, j'entendis distinctement le frôlement des cordes d'un instrument qu'il tenait caché sous son habit. « Messieurs, nous dit-il, voulez-vous me permettre de vous jouer quelque chose ? » Notre curiosité et la modeste apparence de l'étranger nous firent acquiescer à sa demande, et il nous donna de la musique comme je n'en avais jamais entendu auparavant, et comme je n'en entendis jamais depuis, surtout dans les mêmes circonstances. D'une main fine et délicate, il joua d'une manière admirable le cinquième et le neuvième solo de Corelli, avec deux chants de Haendel; son exécution aurait satisfait l'oreille la plus difficile et nous fit nous demander avec stupeur ce qui pouvait forcer un homme de ce talent à chercher son existence d'une manière si humble. Il ne nous cacha point son nom. Il nous raconta qu'il était le plus jeune de trois frères, que le cadet, Henry, avait été son maître et qu'il était alors au service du roi de France. Il demeurait lui-même à Butcher Row, près de Temple Bar, et était bien connu des musiciens de son temps ; ceux-ci pensaient qu'il les dégradait par cette habitude, et ils la flétrissaient d'une appellation à présent peu intelligible, celle de *going a-busking.* »

V

Revenons à nos Français, parmi lesquels nous rencontrons d'abord quelques artistes sur qui les renseignements font défaut d'une façon presque absolue. Tels les deux Huguenet, père et fils. Pierre Huguenet, le père, entra au service du roi en 1661, comme ténor de viole de la chapelle; il fit partie ensuite de la bande des 24 violons ; mais il donna sa démission en 1687, et vivait encore, dit-on, en 1699. Il ne paraît pas s'être produit comme compositeur. Il avait un frère, violoniste aussi, sur lequel le silence est complet, mais qui devait faire partie, à un titre quelconque, de la musique du roi; car l'un et l'autre figurent dans la distribution de *Psyché*, de Molière et Pierre Corneille, lors de sa représentation à la cour (17 janvier 1671), Pierre Huguenet comme troisième violon, et Huguenet « cadet » comme septième violon, dans les divertissements. Quant à Jacques Huguenet, fils de Pierre, il fut d'abord élève de son père, puis reçut des leçons de Jean-Noël Marchand, et fit partie non des 24 violons, mais de la petite bande de Lully. Nous savons qu'il fit œuvre de compositeur, car il publia deux recueils de sonates pour le violon, la basse et le clavecin ; le premier, dédié au roi, porte la date de 1713.

On n'en sait guère davantage de deux frères, Louis Quentin et Quentin le jeune (dont il est impossible de découvrir le prénom). Fétis consacre au premier ces quelques lignes : « Louis Quentin, violoniste de l'Opéra de Paris, entra à l'orchestre de ce théâtre en 1706 et se retira en 1746 avec la pension, après quarante ans de service. » Cette dernière date ne doit pas être tout à fait exacte, car un petit almanach, *le Tableau des Théâtres* pour 1748, inscrit encore le nom de Quentin parmi les violons de l'orchestre ; il ne disparaît du personnel que l'année suivante. Quoi qu'il en soit, il faut constater que Louis Quentin montra une certaine activité comme compositeur; il publia en effet, de 1713 à 1737, quatre livres de sonates à violon seul et trois livres de trios pour deux violons et basse. Sur Quentin le jeune, dont le nom ne figure dans aucune biographie, on en sait moins encore, et le seul détail le concernant nous est donné par un écrivain allemand, Marpurg, qui, dans ses *Musikalische Beytraege* (1), le cite comme un des violonistes les plus remarquables de son temps. Peut-être Marpurg avait-il eu l'occasion de l'entendre et de l'apprécier lors du voyage qu'il fit à Paris où il connut Rameau. Ce qui est certain, et ce qui semble prouver que Quentin le jeune n'était pas le premier venu et méritait mieux que le silence dont son nom est resté entouré, c'est la fécondité assez rare qu'il déploya comme compositeur. On trouve à la bibliothèque du Conservatoire, de cet artiste intéressant et inconnu, trois livres de sonates à *violon* seul et basse continue (dont le premier est daté de 1724), et neuf livres de sonates en trios pour deux violons ou flûtes et basse continue. Et cette musique n'est nullement sans intérêt.

Dans le même temps que les Huguenet et les Quentin, on peut citer quelques violonistes qui ne paraissent pas avoir été sans talent. L'un, Gabriel Besson, qui, à la mort de François Du Val (1723), lui succéda dans la bande des 24 violons, publia en 1720 un recueil de six sonates à violon seul ; un autre, Duplessis « l'aîné », qui appartenait à l'orchestre de l'Opéra où il entra en 1704 pour prendre sa retraite en 1748, publia, de son côté, deux livres de sonates de violon (2) ; un autre encore, M. Denis, qui, au dire de Fétis, après avoir été maître de musique des cathédrales de Tournay et de Saint-Omer, aurait ensuite « exercé la profession de musicien à Lyon, à Rouen, à Marseille, à Lille, à Bruxelles, à Louvain et dans beaucoup d'autres villes (2) », publia aussi deux recueils de sonates à violon seul avec la basse, dont le premier parut en 1723 (3).

Nos violonistes, on le voit, suivaient l'exemple que leur avaient donné Jean-Ferry Rebel et François Du Val, et se lançaient résolument dans le courant ouvert par les artistes italiens. S'ils avaient attendu un peu avant de suivre l'exemple de ceux-ci, nous allons les voir se mettre énergiquement à l'œuvre et s'efforcer de rattraper le temps perdu.

---

(1) T. 1, p. 472.

(2) Celui-ci avait un frère, Duplessis « le jeune », qui, violoniste comme lui, fit, comme lui, partie de l'orchestre de l'Opéra ; s'il n'a rien écrit pour son instrument, ce que je ne saurais ni nier ni affirmer, il fit du moins représenter à ce théâtre, le 22 juillet 1734, un opéra-ballet en trois actes intitulé : *les Fêtes nouvelles.*

(3) Voy. le catalogue 33 de la librairie musicale Liepmannssohn. — Il faut bien encore signaler l) compositeur François Bouvard, qui, tout en donnant à l'Opéra deux ouvrages : *Médus, roi des Mèdes* (1702 et *Cassandre* (avec Berlin, 1706), était sans doute aussi violoniste, puisque, entre autres nombreuses compositions, on connaît de lui un livre de sonates de violon. Bouvard, qui fut marié deux fois, avait épousé en premières noces la veuve de Nicolas Coypel, le chef de la fameuse dynastie des peintres de ce nom.

Tout d'abord nous en trouvons un qui, en son genre, fut un véritable personnage, et qui mérite de ne pas être oublié. C'est Jacques Aubert, dit « le vieux » (sans doute pour le distinguer de son fils, Louis Aubert, violoniste aussi), qui réunissait une foule de titres artistiques, étant à la fois, outre l'un des 24 de la grande bande, « ordinaire de la chambre du roi, membre de la chapelle, chef des premiers violons à l'Opéra, soliste au Concert spirituel », et par-dessus tout intendant de la musique de S. A. S. le duc Louis-Henri de Bourbon, prince de Condé. Étant donné tant de titres qu'il offrait à l'attention, il est assez singulier que les contemporains aient si complètement négligé de nous renseigner sur cet artiste fort distingué, qui, de plus, fit représenter un grand ouvrage à l'Opéra, et qui, enfin, se fit remarquer par une fécondité exceptionnelle dans la composition instrumentale.

Ce qui est vrai, c'est que la date de la naissance de Jacques Aubert est restée tout à fait ignorée. Quant à celle de sa mort, que les uns, comme La Barde, plaçaient en 1748, et d'autres, comme Choron et Fayolle, en 1758, nous avons heureusement une précision, grâce à cette note que les *Annonces, affiches et avis divers* inséraient aux derniers jours de mai 1753 : « Jacques Aubert, ordinaire de la chambre du Roi et de l'Académie royale de musique, intendant de la musique de S. A. S., M. le Duc, est mort au village de Belleville, près Paris, le samedi 19 mai 1753 (1). » Et comme, l'on nous dit que l'artiste était alors âgé de soixante-dix ans, il en résulte qu'il devait être né en 1683.

Fétis, dans la courte notice, à la fois incomplète et fautive, qu'il a consacrée à Jacques Aubert, né nous donne aucun renseignement concernant le ou les maîtres à qui il dut son éducation, tant comme virtuose que comme compositeur. Nous sommes, à ce sujet, dans l'inconnu complet. Un écrivain actuel n'a pourtant pas hésité à dire simplement que Jacques Aubert fut « formé par Jean-Baptiste Senaillé ». Or, le dit Senaillé étant né le 13 novembre 1687, il s'en suivrait que le maître aurait eu quatre ans de moins que l'élève. Ceci n'est pas sérieux. En réalité, sur la façon dont Jacques Aubert accomplit son éducation musicale on ne peut absolument rien dire. Mais ce qu'on peut constater, c'est le talent et l'activité dont il fit

(1) Les frères Parfait ont reproduit cette note au septième volume de leur *Dictionnaire des Théâtres.*

preuve comme compositeur. On se rendra compte de celle-ci par cette liste de ses œuvres instrumentales que j'ai pu dresser, mais que je me garderai de donner comme complète :

Cinq livres de Sonates à violon seul et basse continue, dont le premier porte la date de 1719 et le dernier celle de 1731.

Deux œuvres de Sonates pour le violon, la basse et le clavecin.

Un livre de Sonates à deux violons.

Un livre de Pièces à deux violons ou deux flûtes.

Un recueil de *Jolis Airs* ajoutés à deux violons, avec des variations.

Six Trios pour deux violons et violoncelle obligé.

Six Symphonies à trois violons obligés, avec la basse continue.

Concerts de symphonies pour violons, flûtes et hautbois, en 12 suites.

Concerts à quatre violons, violoncelle et basse continue pour le clavecin, en deux recueils.

Et ce n'est pas tout, car Jacques Aubert se produisit aussi comme compositeur dramatique. Le 10 avril 1725, il donnait à l'Opéra la *Reine des Péris*, « comédie persane » en cinq actes et un prologue, dont Fuzelier lui avait fourni le poème, et quelques années auparavant il avait écrit, pour le service du duc de Bourbon, la musique d'un ouvrage de genre, *le Ballet des 24 heures*, « ambigu-comique » en trois actes et un prologue, qui fut représenté le 5 novembre 1722 devant Louis XV, au château de Chantilly, dans « la Fête royale donnée à Sa Majesté par Son Altesse Sérénissime Monseigneur le duc de Bourbon » les 4, 5, 6, 7 et 8 novembre 1722 (1). J'ajoute, ce qu'aucun biographe n'a connu jusqu'ici, que Jacques Aubert avait débuté sous ce rapport beaucoup plus modestement, en écrivant la musique de deux pièces représentées sur les théâtres de la Foire en 1716 :

(1) Voici le titre exact de la pièce imprimée : « *Le Ballet des vingt-quatre heures*, ambigu comique représenté devant Sa Majesté à Chantilly le 5 nov. 1722, par l'Académie royale de musique, les comédiens François et Italiens. » — Le livret ne porte point les noms des auteurs (Legrand pour les paroles, Jacques Aubert pour la musique) ; mais voici, à la fin, le texte assez inusité de l' « Approbation » du censeur, qui n'était autre qu'Antoine Dauchet, membre de l'Académie française et de celle des Inscriptions, auteur dramatique aussi fécond qu'oublié et le collaborateur favori de Campra : « J'ai lu, par l'ordre de Monseigneur le Garde des Sceaux, le *Ballet des vingt-quatre heures*, ambigu comique représenté devant le Roy à Chantilly, et j'ai cru que le public verroit avec plaisir ce qui a pu contribuer à tous les autres divertissements qu'un grand prince y avoit préparez pour Sa Majesté. Fait à Paris, le 20 novembre 1722. — Dauchet. »

Arlequin gentilhomme malgré lui, en trois actes, de d'Orneval (au jeu d'Octave, le 3 février) et *Arlequin Hulla* ou *la Femme répudiée,* en un acte, de Le Sage et d'Orneval (au théâtre de Bel-Air, le 24 juillet) (1).

Mais revenons à sa musique instrumentale, qui est tout particulièrement intéressante et constatons en même temps que Jacques Aubert fut un des virtuoses favoris du Concert spirituel, bien qu'il eût déjà dépassé la quarantaine lors de la création de cette brillante entreprise artistique (1725), à qui la musique fut redevable chez nous de si grands progrès. Jacques Aubert s'y montrait fréquemment, soit seul, en y jouant ses propres sonates, soit en y exécutant des duos avec Guignon, et toujours avec succès. Nous avons vu que, grâce à François Du Val et à Ferry Rebel, la forme de la sonate, telle que l'avaient comprise et pratiquée les violonistes italiens, avait fait son entrée en France. C'est à une initiative du même genre que se rattache le nom d'Aubert, grâce à qui le *concerto grosso* dans le genre italien fut introduit chez nous, avec les modifications qui lui semblaient nécessaires pour n'en pas faire une imitation servile. Ses concerts de symphonie pour violons, flûtes et hautbois sont en effet des *concerti grossi* d'un genre particulier, et l'auteur s'en explique dans l' « Avertissement » placé par lui en tête du premier recueil, daté de 1730. Voici comment il fait connaître ses idées et ses intentions :

Quoique les concertos italiens aient eu quelque succès depuis plusieurs années en France, où l'on a rendu justice à tout ce que Corelli, Vivaldi et quelques autres ont fait d'excellent dans ce genre, on a cependant remarqué que cette sorte de musique, malgré l'habileté d'une partie de ceux qui l'exécutent, n'est pas du goût de tout le monde, et surtout de celui des dames, dont le jugement a toujours déterminé les plaisirs de la nation. De plus, la plupart des jeunes gens, croyant se former la main par les difficultés et les traits extraordinaires dont on charge depuis peu presque tous ces ouvrages, perdent les grâces, la netteté et la belle simplicité du goût françois. On a observé encore que ces pièces ne peuvent s'exécuter ni sur la flûte, ni sur le hautbois que par un très petit nombre de gens illustres. C'est ce qui a déterminé à essayer un genre de musique qui non seulement fût plus aisé à entendre, mais aussi dont l'exécution fût à la portée des écoliers plus ou moins habiles comme à celle des maîtres, et où toutes sortes d'instruments pussent conserver leurs sons naturels et les plus imitateurs de la voix, ce qui a toujours dû et doit toujours être leur objet. Le projet de l'auteur a été de joindre des traits vifs et de la gaieté à ce que nous appelons des chants françois; il ne se flatte

____

(1) **Voy.** le *Dictionnaire des Théâtres,* des frères Parfait.

pas de l'avoir rempli; mais il ouvre la carrière à de plus habiles. Ces pièces peuvent s'exécuter à grand chœur, comme les concertos, et sont très utiles pour les académies et tout ce qui s'appelle orquestre.

On voit quelles étaient les idées directrices d'Aubert lorsqu'il entreprit la composition de ses concerts de symphonie. Ces concerts sont en effet d'un genre moins sévère que les *concerti grossi* qui nous étaient venus d'Italie sous les noms de Corelli, de Torelli et autres; leur caractère est plus léger, plus souriant, si l'on peut dire, et, dans sa fantaisie, révélant la grâce française. D'autre part, ils s'écartent de la forme italienne, en ce sens qu'on n'y trouve point d'instrument solo, de partie prédominante, et que ce sont bien, comme les qualifie l'auteur, des « concerts de symphonie », c'est-à-dire des compositions symphoniques d'une étendue modeste, comprenant trois ou quatre morceaux, avec un nombre restreint d'instruments et de timbres. De même, dans les concerts à quatre violons, violon-celle et basse continue de clavecin, nous ne trouvons point d'instrument solo; si parfois le premier des quatre violons semble prendre la parole pour prononcer un petit discours et se mettre un instant en évidence, le fait est purement acci-dentel, et bientôt ce *primo violino* se mêle de nouveau à ses compagnons et reprend simplement sa place dans un ensemble d'ailleurs peu compliqué (1). Ce qui ressort de ce court aperçu critique, c'est que, sans imiter les Italiens, mais en leur empruntant un principe et en profitant de leur exemple, Jacques Aubert a fait preuve d'initiative et nous a dotés, dans une proportion modeste encore, de la forme du concerto, inemployée en France avant lui. Il est juste de déclarer que le mérite de cette innovation lui revient de droit, et qu'elle lui fait honneur, lui assignant une place légitime dans l'histoire du violon et des violonistes fran-çais (2).

(1) On sait que le violoniste allemand Maurer (1789-1878) a écrit un concerto pour quatre violons avec accompagnement d'orchestre.

(2) Fétis, qui néglige presque complètement la musique instrumentale si importante de Jacques Aubert, en indiquant seulement trois livres de sonates, fait presque de lui, au contraire, un compositeur purement dramatique, ce qui est précisément l'inverse de la vérité. « Aubert, dit-il, a écrit pour l'Opéra la musique des ouvrages suivants : 1° *La Paix triomphante*, 1713, ballet non représenté ; 2° *Diane*, divertissement, 1721, en société avec Bourgeois ; 3° *Le Ballet des vingt-quatre heures*, 1722 ; 4° *la Reine des Péris*, 1725 ; 5° *la Fête champêtre et guerrière*, 1746. » De *Diane*, je n'ai trouvé trace nulle part dans le répertoire de l'Opéra, et il est probable que ce divertissement a été écrit pour le service de la cour ; *le Ballet des vingt-quatre heures* a été représenté, on l'a vu, non à l'Opéra, mais à Chantilly, chez le duc de Bourbon ; *la Fête champêtre et*

En même temps que Jacques Aubert vivait un artiste fort distingué, qui fut un vrai virtuose, Jean-Baptiste Anet, lequel pouvait se recommander de Corelli, dont il avait été chercher les leçons en Italie. Cet excellent violoniste, qui était connu et désigné à Paris sous le simple nom de Baptiste, était issu d'une famille d'artistes, au sujet de laquelle Vidal, s'appuyant sur des documents authentiques nous donne ces renseignements intéressants : « En 1673, vivait à Paris un Claude Anet, *joueur d'instruments ;* il avait eu, en 1651, un fils qui reçut le nom de Jean-Baptiste et devint l'un des bons élèves de Lulli. Jean-Baptiste était entré très jeune dans la musique de Mgr le duc d'Orléans, frère du roi, et en faisait encore partie en 1694. Il s'était marié le 21 octobre 1673. Il passa, en 1699, dans les violons de la chambre du roi, et il mourut dans cette charge le 28 avril 1710, à l'âge de cinquante-neuf ans, laissant un fils, Jean-Baptiste Anet, violoniste, qui acquit la réputation d'un virtuose de grande valeur. Nous n'avons pu retrouver la date certaine de la naissance de ce dernier. »

Il semble que l'on puisse placer la naissance de Jean-Baptiste Anet entre 1675 et 1680 (1). On peut présumer qu'il dut sa première éducation musicale à son père. Par suite de quelles circonstances fit-il le voyage d'Italie pour aller demander des leçons à Corelli ? On ne trouve aucun détail à ce sujet. Mais le fait était de notoriété publique, et il est enregistré par tous les contemporains qui lui en font gloire et qui d'ailleurs ne tarissent pas d'éloges sur son talent. Voici ce qu'en dit Daquin :

M. Baptiste, le plus grand violon qui ait jamais existé, a été long-tems dans sa jeunesse en Allemagne, en Pologne et en Italie; il avoit déjà une exécution prodigieuse lorsqu'il arriva à Rome... La plus grande et la plus saine partie du public le regardoit comme un prodige, et, pour l'exécution, supérieur à tous les violonistes italiens qui étoient venus à Paris... Il jouit à présent d'une retraite honorable à la cour du roi de Pologne; mais ce qui doit lui faire plus d'honneur, c'est l'amitié que Corelly avoit pour lui. M. Baptiste qui aimoit par préférence les

guerrière est, de même que *Diane*, inconnue à l'Opéra et a peut-être aussi été composée pour la cour, bien qu'aucun annaliste n'enregistre plus l'une que l'autre. *La Reine des Péris,* seule, a réellement paru à l'Opéra, sans y produire d'ailleurs une profonde impression.

(1) Et, en tout cas pas, en 1661, comme a cru pouvoir l'indiquer un historien moderne, sans songer qu'à cette date son père eût été âgé de dix ans seulement. D'autre part, si l'on pouvait fixer la naissance de Baptiste à 1661, il en résulterait qu'il aurait eu soixante-quatre ans lorsqu'il fit ses débuts au concert spirituel (1725), et quatre-vingt-quatorze ans lorsqu'il mourut à Lunéville en 1755, ce qui serait possible, mais invraisemblable.

pièces de ce grand maître, en avoit si finement saisi le goût, que les ayant jouées à Rome devant lui, ce célèbre maître l'embrassa et lui fit présent de son archet (1).

Un autre amateur, Ancelet, ne lui accorde pas moins d'éloges dans une brochure anonyme intitulée : *Observations sur la musique, les musiciens et les instrumens*, où il s'exprime ainsi :

Baptiste a été le premier violon de son tems; il avoit le tact excellent, de la justesse et de l'archet; le célèbre Corelli lui avoit donné des leçons et lui avoit appris à jouer correctement ses sonates, que fort peu de gens en ce tems-là étaient en état d'exécuter. Baptiste joignoit à son talent beaucoup de caprice; d'ailleurs il étoit médiocre lecteur, et nullement compositeur (2).

Passons sur cette dernière réflexion, et voyons ce que dit à son tour, de Baptiste, l'excellent abbé Pluche dans son intéressant *Spectacle de la nature* :

Ce fameux artiste n'examine point ni de quelle nation ni de quelle main vient une pièce. S'il la trouve noble et gracieuse, il la joue et la rend comme propre par la justesse de ses sons et par la singulière énergie de son expression. Il applique à la musique ce qu'on a dit de la poésie, que c'est peu de chose de causer la surprise à quelques amateurs, par une vivacité brillante, mais que le grand art est de plaire à la multitude par des émotions douces et variées ; il avoit l'expression, qui est ce que la musique et la peinture ont de plus touchant, et il tirait de son instrument les plus beaux sons dont l'oreille humaine peut être frappée (3).

Tous sont d'accord, on le voit, dans leurs éloges ; mais ceux qui me frappent surtout et qui me semblent le plus intéressants sont ceux de l'abbé Pluche, qui, tout en rendant justice à l'habileté, à la virtuosité de Baptiste, nous fait entendre qu'à son sens, néanmoins, la meilleure qualité qu'on lui pouvait reconnaître résidait dans l'expression touchante qu'il donnait à son jeu, dans l'émotion qu'il éprouvait et savait communiquer à ses auditeurs, ce qui est le propre d'un véritable artiste. Toucher, émouvoir, attendrir, n'est-ce pas en effet le propre de tout artiste, en quelque genre que ce soit, et n'est-ce pas là la plus belle faculté qui lui soit dévolue par la nature et par l'éducation ? Il faut ainsi toujours en revenir à la maxime de Tartini : *Per ben suonare, bisogna ben cantare.*

(1) Daquin, *Siècle littéraire de Louis XV*, pp. 130-132.

(2) Ancelet, *Observations sur la musique*, etc. (1757), pp. 12-13. Cet Ancelet, major aux Mousquetaires noirs, dont la brochure est un peu timide, et qui se défend avec modestie d'être un critique, était un ami et un admirateur de Jean-Jacques Rousseau, à qui il rendit service en le faisant escorter discrètement jusque chez lui, un soir que le philosophe avait été vivement malmené à l'Opéra.

(3) L'Abbé Pluche, *Spectacle de la nature*, 1732.

C'est précisément ce qui me fait entrer en méfiance au sujet d'une anecdote que, depuis deux siècles, tous les historiens et les chroniqueurs se sont plu à reproduire, les uns à la suite des autres, d'après Lecerf de La Viéville, qui le premier l'a mise en cours dans sa *Comparaison de la musique italienne et de la musique française.* Cette anecdote met en jeu Louis XIV, d'une façon qui peut paraître au moins singulière. Voici ce que raconte Lecerf de La Viéville, affirmant que le roi était surtout « attaché à la musique et aux musiciens de France » :

... Un courtisan qui avoit vanté au Roi ces symphonies [italiennes] lui amena le petit Batiste, violon françois, qui a joint trois ou quatre années d'étude sous Corelli à une disposition surprenante. Les intérêts de l'Italie étoient en bonnes mains. Vous concevez que le petit Batiste avoit encore étudié sa leçon. Il joua des vitesses qui auroient fait pâmer Mademoiselle de plaisir ou de frayeur avant que Madame l'eût prêchée. Le Roi écouta avec toute l'attention que l'Italie pouvoit souhaiter ; et lorsqu'elle s'attendoit à être admirée, *qu'on me fasse venir*, dit-il, *un violon de ma musique.* Il en vint un, on ne le nomme point, c'en fut apparemment quelqu'un d'un mérite médiocre, qui se rencontra là. *Un air de Cadmus*, dit le Roi. Le violon joue le premier dont il se ressouvient, un air simple, uni, et *Cadmus* n'est pas celui de nos opéras d'où l'on eût le mieux aimé en prendre un, si cela avoit été prémédité. *Je ne sçaurois que vous dire, Monsieur,* dit le monarque au courtisan, *voilà mon goût, à moi, voilà mon goût* (1).

Dans son ardeur, on dirait presque dans sa rage d'exalter la musique française aux dépens de la musique italienne, alors qu'elles pouvaient vivre paisiblement l'une auprès de l'autre sans exciter d'inutiles querelles, La Viéville prête au roi, en cette circonstance, un rôle qui me semble non seulement injuste, mais quasiment ridicule. Après tout, Louis XIV, que l'on sache, n'était pas un imbécile, et, ce qui est certain, c'est qu'il aimait vraiment la musique. Si, ce qu'on peut tenir pour assuré, le talent que ses contemporains attribuaient à Baptiste était réel, et s'il eût été admis à se faire entendre devant le souverain, nul doute qu'il eût été reçu par lui comme il le méritait. L'aventure racontée par La Viéville — et que je ne retrouve chez aucun des écrivains du temps — me paraît donc absolument apocryphe..

Quoi qu'il en soit de son plus ou moins d'authenticité, la carrière de Baptiste ne fut nullement entravée par cet incident. Dès la fondation même du Concert spirituel et à ses premiers jours, il fut appelé à s'y faire entendre, ce qui donne la preuve de la notoriété qu'il avait acquise. Il s'y produisit fréquemment, et avec le

---

(1) LECERF DE LA VIÉVILLE, *Comparaison de la musique italienne*, etc., t. II, pp. 320-321.

plus grand succès, en jouant surtout les sonates de son maître Corelli, peu connues encore du grand public, et aussi quelques-unes des siennes (1). Il s'y manifesta même comme compositeur en dehors de son instrument, et voici comment : Paris, et même le « Paris artiste » de l'époque, était alors singulièrement entiché de vielles et de musettes. La mode, une de ces modes bizarres comme il s'en produit chez nous en toutes choses, même en musique, la mode s'était établie de ces instruments populaires et d'une harmonie relative ; on les trouvait partout, ils avaient droit d'entrée dans tous les salons, jusque chez les grands seigneurs, et les dames en raffolaient (2). Et l'on vit alors surgir toute une cohorte de joueurs de musette, virtuoses d'ailleurs fort habiles en leur genre, qui, mettant à profit les circonstances, s'emparèrent de la vogue et firent les délices du public. C'étaient les Chédeville, les Hotteterre, les Danguy, les Bâton, les Charpentier et autres dont les exploits tournaient toutes les têtes, et qui, en dépit du peu de noblesse de leur instrument, virent même s'ouvrir devant eux les portes sévères du Concert spirituel. C'est précisément pour quelques-uns de ceux-là que Baptiste ne jugea pas indigne de lui d'écrire et de publier deux *Suites de pièces à deux musettes* qui furent exécutées au Concert spirituel.

On ne connaît rien d'autre sur Baptiste, qui, les jugements des contemporains nous le prouvent, fut certainement un artiste non seulement distingué, mais remarquable. On sait seulement qu'en l'année 1738, touchant à la vieillesse, il crut devoir se rendre aux désirs du roi Stanislas, qu'il avait peut-être connu lors de son voyage en Pologne, et qui l'appelait auprès de lui, dans son élégante et modeste

---

(1) Car il publia trois livres de *Sonates à violon seul avec basse continue*, dont le premier parut en 1724 et le second en 1729.

(2) C'est au point qu'un grave magistrat, avocat au parlement de Paris, Charles-Emmanuel Borjon de Scellery, grand amateur de musique et cultivant lui-même la musette aux instants qu'il pouvait dérober à l'étude des lois, n'hésitait pas à publier (sous le couvert de l'anonyme) un *Traité de la Musette ou Nouvelle méthode pour apprendre soy-mesme à jouer de cet instrument facilement et en peu de temps* (Lyon, Girin, 1672). Dans ce livre, Borjon constate lui-même la fureur qui s'était emparée de tous — et de toutes — au sujet de la musette : — « Il n'y a rien de si commun depuis quelques années, que voir la Noblesse, particulièrement celle qui fait son séjour ordinaire à la campagne, compter, parmy ses plaisirs, celui de jouer de la Musette. Les villes sont toutes pleines de gens qui s'en divertissent. Combien d'excellens hommes, et pour les sciences et pour la conduite des grandes affaires, délassent, par ce charmant exercice, leur esprit fatigué ! Et combien de dames prennent soin de jouer de la Musette, à laquelle plusieurs joignant leurs voix, elles semblent lui faire prononcer les paroles des airs qu'elles chantent. »

cour de Nancy, pour faire partie de sa musique — et peut-être la diriger. Il quitta donc Paris pour répondre à l'appel du vieux souverain et aller s'installer dans la capitale de la Lorraine. Ce fut sans doute pour l'artiste une douce et aimable retraite, qu'il ne devait plus quitter. Jean-Baptiste Anet mourut à Nancy en 1755 (1).

Après Baptiste Anet, et nous acheminant vers Leclair, artiste admirable qui fut le vrai fondateur de la grande école française de violon, il nous faut signaler un virtuose aimable et d'un véritable talent, qu'une mort précoce empêcha peut-être de donner toute sa mesure : Jean-Baptiste Senaillé.

Artiste vraiment digne d'attention, exécutant remarquable et compositeur élégant, Senaillé, qui sut se faire un nom en dépit de sa trop courte existence, a été l'objet, de la part de Fétis, d'une notice qui commence en ces termes : « Senaillé, né à Paris le 23 novembre 1687, était fils d'un hautbois de l'Opéra. Il reçut les premières leçons de Queversin, un des 24 violons de la bande de Louis XIV, et fut d'abord prévôt d'un maître à danser nommé Bonnefons ; puis il devint élève de Baptiste Anet, et fit sous ce maître de si grands progrès qu'il fut considéré bientôt comme le plus habile violoniste de France. »

Il y a à prendre et à laisser dans ces quelques lignes. Tout d'abord, Senaillé n'était point fils d'un hautbois de l'Opéra, mais de Jean Senaillé, l'un des 24 violons du Roi (2). Il fut bien, en effet, élève de Queversin, puis de Baptiste Anet, bien que, comme on l'a vu plus haut, Fétis, se contredisant lui-même, dise dans sa notice sur Desplanes, que ce dernier « fut le maître de Senaillé ». Quant à avoir été prévôt d'un maître de danse nommé Bonnefons, je ne sais ce que cela veut dire, et en fait de Bonnefons, je ne rencontre à cette époque qu'un François Marillet de Bonnefons, qui n'était point maître de danse, mais faisait partie de la bande des 24 (3).

Il est certain que Senaillé acquit de bonne heure une grande habileté et se fit une sérieuse réputation. De bonne heure aussi, il se livra à la composition, car il avait vingt-trois ans à peine lorsqu'en 1710 il publia son premier livre de sonates,

---

(1) Cette date nous est donnée par Albert Jacquot dans son livre sur *la Musique en Lorraine*. Je ne crois pas utile de rectifier ici la notice, essentiellement fautive, que Fétis a consacrée à Anet.
(2) Voy. VIDAL, *les Instruments à archet*.
(3) *Idem*.

que quatre autres devaient bientôt suivre (1). Nul, je pense, ne saurait dire avec quel maître il fit ses études théoriques ; mais sa musique prouve que ces études furent sérieuses, et, selon ce que rapporte Vidal, il ne fut pas moins heureux comme compositeur que comme virtuose : « Ses sonates ont eu du succès, dit celui-ci ; car après sa mort, sa mère, la veuve Senaillé, demanda et obtint du roi un nouveau privilège pour les rééditer. Ce privilège, joint à la deuxième édition, porte la date du 20 mai 1740. »

Son père étant mort en 1713, Senaillé prit sa succession dans la bande des 24 violons et devint « ordinaire de la musique du roi ». C'est, semble-t-il, vers cette époque que naquit en lui le désir de visiter l'Italie, sans doute dans le but de connaître les violonistes si justement renommés de ce pays et de fortifier encore son talent par leur exemple. Il réalisa bientôt son désir, et partit effectivement pour l'Italie ; on ignore au juste en quelle année, mais on croit savoir seulement qu'il fut de retour en 1719. Le seul détail que l'on possède relativement à ce voyage consiste en cette anecdote que Lacombe paraît bien avoir été le premier à rapporter dans son *Dictionnaire des Beaux-Arts* : « ... Etant allé à Modène au mois de May, qui est le temps de la grande Foire de ce pays, le compositeur de l'Opéra pria Senaillé de vouloir bien jouer dans son orchestre ; en même temps il lui fit préparer une place au-dessus des autres musiciens, et vint l'y installer avec une sorte de cérémonie. Senaillé joua après l'opéra, en présence du duc de Modène, des princes et princesses de sa cour et d'un grand nombre d'étrangers que les plaisirs attirent en cette ville, des sonates de sa composition qui furent fort applaudies. »

Si l'on songe qu'à cette époque l'Italie se faisait gloire des noms de Corelli, de Veracini, de Vitali, de Vivaldi, de Somis, de Geminiani, un tel succès était particulièrement flatteur pour le jeune violoniste français — et peut en même temps nous donner une haute idée de son talent. Ce succès eut d'ailleurs pour lui une suite heureuse, d'après ce que nous rapporte Fétis en faisant connaître son retour :

(1) Senaillé publia cinq livres de *Sonates à violon seul avec la basse continue* (Paris, chez l'auteur), qui portent les dates de 1710, 1712, 1716, 1721, et 1727 ; chaque livre comprenait dix sonates. Le catalogue de la librairie musicale Liepmannssohn (Paris, 1870), en offrait la collection complète au prix de 110 francs. Déjà fort rares à cette époque, les sonates de Senaillé le sont plus encore aujourd'hui, et je crois qu'une semblable collection serait singulièrement difficile à réunir à l'heure présente.

« De retour à Paris en 1719, Senaillé fut attaché au service du duc d'Orléans, régent du royaume, à la recommandation de la duchesse de Modène, fille de ce prince. »

Senaillé allait trouver chez le duc d'Orléans, dont la musique était dirigée par Gervais, deux de ses confrères violonistes, François Du Val et Michele Masciti, dont il a été question plus haut. Toutefois, il ne devait pas profiter longtemps de cette situation, le prince étant mort subitement, comme on sait, au mois de décembre 1723. On dit qu'il se consacra dès lors à l'enseignement, ce qui ne l'empêcha pas de se produire en public, et toujours avec un vif succès. Il se fit entendre ainsi dès les premières années du Concert spirituel, et fut accueilli avec toute la faveur qu'il méritait. Mais une fin prématurée vint mettre un terme à l'éclat de sa renommée grandissante. Fétis place la date de sa mort au 29 avril 1730, et Vidal au 22 octobre de cette année. Il eut pour successeur aux 24 violons, François Francœur, qui s'était déjà fait connaître par la publication de deux livres de sonates.

Nous avons peu de jugements des contemporains sur Senaillé ; encore s'adressent-ils plutôt à sa musique qu'à son talent de virtuose, qu'ils se bornent à signaler. Daquin s'exprime ainsi : « Senaillé, mort fort jeune, avait fait quelque séjour en Italie ; sa musique est chantante et à la portée de tout le monde. Sans être de premier ordre, il plaît encore aux oreilles sensibles, et il ne faut pas oublier que dans son tems, où l'on commençoit à peine à se familiariser avec la musique un peu recherchée, la sienne parut si brillante que tous ceux qui aimoient le violon firent des efforts pour apprendre à le jouer (1). » Quant au brave Ancelet, fervent de la plus extrême simplicité, ennemi de toute recherche et de tout semblant de complication il s'ingénie à expliquer les difficultés qu'il rencontre dans la musique de Senaillé : « Senaillé, homme de goût et d'une assez faible exécution (!), a formé un grand nombre d'écoliers ; il a composé plusieurs livres de sonates, qui ont plû généralement par la beauté de leur chant. Et comme il étoit absolument nécessaire de se concilier avec la basse de viole, qui étoit à la mode en ce tems-là, Senaillé, pour la faire valoir, composa des basses travaillées, remplies de batteries et de

(1) *Siècle littéraire de Louis XV*, pp. 129-130.

difficultés. L'amour-propre des accompagnateurs y fut intéressé, parce qu'il était comme décidé que celui qui faisoit une plus grande quantité de notes étoit le plus brillant et le plus habile; de sorte que ces sonates eurent un débit prodigieux dont Senaillé a profité pour secourir et établir sa famille. » Et l'écrivain termine par cette réflexion éminemment morale : « Bel exemple pour les musiciens (1). »

Ce qui reste de tout cela, c'est que Senaillé fut un artiste intéressant, bien doué et très justement accueilli du public (2).

VI

LECLAIR (3).

Et nous voici en présence du grand artiste qui a joué, en France, un rôle analogue à celui que Corelli avait joué soixante ans auparavant en Italie, à l'artiste

---

(1) *Observations sur la musique*, etc., p. 13.

(2) Il n'est sans doute pas inutile de faire remarquer, pour constater l'importance que le violon prenait de jour en jour, que certains compositeurs non violonistes ne dédaignaient pas d'écrire pour l'instrument qui décidément se posait en maître et en vainqueur. C'étaient des organistes et des musiciens religieux : d'abord Michel-Richard de Lalande, surintendant de la musique du roi, de qui, nous dit Titon du Tillet dans son *Parnasse François,* « On a plusieurs suites de violons et de symphonies à deux et trois parties dignes de la réputation de ce grand musicien » ; puis François Couperin (« le grand »), qui publia une suite de trios pour 2 violons et basse d'archet avec basse chiffrée, ainsi qu'une *Apothéose de Corelli* en trio et *les Goûts réunis* (1724) pour clavecin et violon ; l'excellent claveciniste Dandrieu, dont on a une suite de pièces pour les violons intitulée *les Caractères de la guerre,* des sonates pour un ou deux violons et une basse et un livre de sonates à violon seul ; Antoine Dornel, organiste de la Madeleine en la Cité, puis de Sainte-Geneviève, qui publia un recueil de *Sonates à violon seul et suites pour la flûte traversière avec la basse* et un *Livre de symphonies comprenant six suites en trios pour les flûtes, violons, hautbois, avec une sonate en quatuor;* Boismortier, chanteur et compositeur dramatique, auteur d'une suite pour 2 violons et basse... etc. (Pour ces diverses compositions, souvent inconnues à Fétis, on peut consulter les nombreux catalogues de la librairie musicale Liepmannssohn, à Paris et à Berlin.)

(3) J'adopte cette forme pour le nom de Leclair, non pas par choix, mais parce que, entre beaucoup d'autres, elle est la plus usitée. On sait quel était, au xviii' siècle, le dédain ou la négligence de l'orthographe des noms propres, et celui de Leclair en donne une preuve manifeste. Les Lyonnais eux-mêmes, ses compatriotes, ne savent à quoi s'en tenir sous ce rapport en ce qui le concerne lui et sa famille. « Il est impossible, dit l'un d'eux dans un ouvrage volumineux, de justifier le choix d'une des orthographes *Leclair, Le Clair, Leclerc* ou *Le Clerc ;* toutes se trouvent dans les états civils des divers membres de la famille. Ainsi, l'acte de mariage d'un des frères Leclair est rédigé au nom de *Le Clerc* et signé Antoine *Leclair* et Pierre *Le Clair* (Voy. *La Musique à Lyon au dix-huitième siècle,* par LÉON VALLAS, Lyon, 1908, t. I, p. 65). Il faut remarquer toutefois que la seule signature connue de Leclair est ainsi conçue : *Leclair l'aîné,* et je constate que toutes celles de ses œuvres que j'ai eues sous les yeux portent bien, ainsi écrit, le nom de *Leclair.*

qui a vraiment donné l'essor, chez nous, à l'art du violon, non seulement par son superbe talent d'exécution auquel chacun rendait un hommage éclatant, par la nouveauté et la sûreté de la technique apportée par lui à l'instrument, mais par ses facultés créatrices et par sa fécondité de compositeur. Cette fécondité lui a permis de léguer à ceux qui vinrent après lui tout un riche répertoire d'œuvres remarquables dont l'étude devait non seulement fortifier, assouplir et compléter leur talent, mais surtout lui donner, avec son caractère particulier, sa personnalité propre et sa marque véritablement française (1). Le rôle de Leclair est capital dans l'histoire du violon en France et marque une étape glorieuse dans la formation de notre école, dont, indiscutablement, il est le chef et le vrai créateur. Si nous ne devons pas, sans être injustes, oublier ceux qui l'ont précédé et ont posé les premiers jalons, nous ne saurions oublier non plus que c'est à lui que nous devons la synthèse de l'art, et que c'est lui qui, par son exemple, par ses œuvres, par son enseignement, a ouvert la voie à tant de nobles artistes qui, depuis un siècle et demi, ont conquis la célébrité et sont devenus la gloire de notre pays. En fait, on pourrait presque dire que Leclair est le père de tous nos violonistes. Et l'on peut -trouver extraordinaire qu'aujourd'hui l'étude de sa musique soit si complètement négligée au Conservatoire, bien qu'elle soit particulièrement propre à former les doigts, l'archet et le style. Tel élève, dans nos classes, à qui l'on fait jouer (trop souvent) un concerto de Vieuxtemps ou de Paganini, serait parfois fort embarrassé d'interpréter, comme il convient et sans hésitation, une des belles sonates de Leclair, d'un si grand style et d'une si noble allure (2).

Fils d'un « maître passementier » de Lyon, Jean-Marie Leclair (dit « l'aîné », pour le différencier d'un frère qui portait le même double prénom) naquit en cette

(1) Je me sers du mot « répertoire », qui est significatif et dit ce qu'il veut dire, au lieu du terme « littérature » appliqué à la musique, que certains écrivains actuels ont fâcheusement emprunté à la phraséologie allemande, toujours prétentieuse. Or, quand on compose de la musique, on ne fait point de la littérature ; et lorsque, pour désigner l'ensemble de la musique écrite pour un instrument, on parle de la « littérature du violon » ou de la « littérature du piano », on emploie une expression qui, dans l'espèce, n'offre aucun sens, outre qu'elle prête à l'équivoque. Car, à proprement dire, la « littérature du violon », devrait se comprendre de l'ensemble des ouvrages littéraires qui s'occupent spécialement du violon. Là seraient la logique et la précision.

(2) Constatons pourtant qu'au concours de 1914 (8 juillet), l'un des deux morceaux d'exécution était un *adagio* d'une sonate de Leclair. C'est la première fois que le fait se produisait depuis la fondation du Conservatoire, c'est-à-dire depuis cent seize ans !

ville le 10 mai 1697 (1). Il était le premier de huit enfants, trois filles, cinq garçons, dont trois au moins, sinon quatre, furent musiciens. On sait, en effet, que Leclair « le cadet », né le 23 septembre 1703, et dont les prénoms étaient Antoine-Rémi, était aussi violoniste, fut jusqu'à sa mort (30 novembre 1777) premier violon au Concert et à l'Opéra de Lyon, et publia deux recueils de sonates à violon seul et basse continue. Un autre, Pierre, né le 19 novembre 1709, était de même violoniste et fit aussi partie du Concert de Lyon, et je suppose que c'est lui qui publia, en 1764, un recueil de *Six duos de violons*, op. 1, qui parut sous le nom de Pierre Leclair. Mais il y en a un quatrième, Jean-Benoît, né le 25 septembre 1714, dont nul n'a parlé jusqu'ici, et qui pourrait bien, lui aussi, avoir été musicien. Du moins ai-je trouvé la trace d'un J.-B. Leclair, qui en 1749, étant directeur du théâtre de Liége, puis de celui de Bruxelles, faisait représenter sur ce dernier un ouvrage dont voici le titre d'après la pièce imprimée : « *Le Retour de la Paix dans les Pays-Bas*, ballet héroïque, dédié à son Altesse Royale Monseigneur le duc Charles-Alexandre de Lorraine, généralissime des armées de Leurs Majestés Impériales et gouverneur général capitaine des Pays-Bas, etc., mis en musique par le sieur Le Clair, directeur de la Comédie de Bruxelles, représenté pour la première fois sur le Grand Théâtre de ladite ville le 2 avril 1749, en présence de Sa dite Altesse Royale. Les paroles du sieur Bruseau de la Roche. (Bruxelles, Boucherie. s. d., in-4°.) » Ce J.-B. Leclair, qui fut, l'année suivante, directeur du théâtre de Gand avec un associé nommé Langlois, est-il Jean-Benoît Leclair, le plus jeune de tous les Leclair lyonnais ? Je ne saurais l'affirmer sans autre preuve, mais cela me semble tout au moins possible. En tout cas, je n'ai pas cru pouvoir passer ce fait sous silence (2).

Il faut dire qu'à cette époque le nom de Leclair, très commun sous ses formes

---

(1) Voici l'extrait de son acte de baptême (Lyon, paroisse Saint-Nizier), à la date du 12 mai : « Le dit jour, j'ay baptisé Jean-Marie, né avant-hier, fils de sieur Antoine Leclerc (*sic*), maître passementier, et de Benoîte Ferrier, sa femme. » Suivent les signatures, parmi lesquelles celle du père, qui signe *Leclair*. Tous les biographes, à partir de la mort de Leclair, ont donné pour sa naissance la date du 16 mai 1697, copiant la notice anonyme de de Bernis insérée dans le *Nécrologe des hommes de France*. Cette erreur me paraît le fait d'une simple faute typographique (16 au lieu de 10), mais elle s'est perpétuée jusqu'à nos jours, et il a fallu, pour la rectifier, la publication de l'acte de baptême de Leclair.

(2) Sur ce Leclair et la pièce qu'il fit ainsi représenter à Bruxelles, voir l'*Histoire du théâtre français en Belgique*, de Frédéric Faber, t. I, pp. 140, 191, 194 et 214 ; t. III, p. 327 et t. IV, p. 318.

différentes (Leclair, Le Clerc, Lecler, etc.) et porté par un grand nombre de musiciens, a donné lieu à une foule de confusions qu'il était difficile d'éviter en l'absence de documents précis qu'on est parvenu seulement de nos jours à mettre quelque peu en lumière. On trouve parmi eux plusieurs violonistes, ce qui facilitait encore les erreurs : un Guy Leclerc, qui faisait partie de la bande des 24 violons (1704-1733); un Jean-Lecler, violoniste et compositeur, aussi de la bande des 24 en 1722; un Charles-Nicolas Leclerc, violoniste et éditeur de musique, encore de la bande des 24 et qui appartint à l'orchestre de l'Opéra, de 1729 à 1753; un autre Leclerc, qui faisait partie, à Nancy, de la musique du duc de Lorraine, en 1722; un autre Leclerc encore, premier violon à la Comédie-Française en 1764, puis à l'Opéra en 1767, en même temps qu'il était au Concert spirituel, et qui disparaît de l'un et de l'autre en 1770, étant mort sans doute à cette époque. Sans compter d'autres Leclerc, dont deux éditeurs de musique, un flûtiste, un chanteur, un organiste, des facteurs d'instruments, que sais-je (1) ? Il n'est donc pas étonnant que Fétis, — et il n'est pas le seul — trompé par ce nom de Leclair ou Leclerc appartenant à tant d'artistes différents et qui suivaient la même carrière, ait pris les uns pour les autres et soit tombé dans diverses méprises.

Mais n'anticipons pas, et revenons à notre Jean-Marie Leclair, dont l'éducation musicale, ou du moins la façon dont elle s'accomplit, est assez mystérieuse. Fétis nous dit de lui : « La marquise de la Mésangère le recueillit chez elle dans son enfance, et prit soin de son éducation. On lui avait appris à jouer du violon ; mais il ne se servit d'abord de cet instrument que pour la danse, et dans sa jeunesse il débuta comme danseur au théâtre de Rouen. Plus tard, il fut maître de ballets à Turin. Somis, qui se trouvait alors en cette ville, lui adressa des compliments sur quelques airs de ballet qu'il avait composés et le prit ensuite comme élève. Ses progrès rapides le firent renoncer à la danse pour la musique... »

En ce qui touche la protection de Mme de la Mésangère, je ne saurais rien dire. Pour ce qui est de la présence de Leclair à Rouen comme danseur, je crois que le fait, reproduit par tous les biographes à la suite, fut mentionné pour la première fois dans l' « Éloge de Le Clair » publié par le *Nécrologe des hommes*

(1) Voir, dans la *Revue musicale* du 15 juin 1906, un article curieux de Michel Brenet, intitulé: *les Leclerc.*

célèbres de France : « La première anecdote de sa vie, dit celui-ci, n'est pas la
moins intéressante pour prouver que la nature est souvent contrariée dans ses
dispositions par le hasard, ou par le caprice des parens : en effet, soit obéissance,
soit inclination, Le Clair parut d'abord pencher vers la danse, et ce fut à Rouen
qu'il fit ses premiers essais en ce genre; Dupré y était, et, par une circonstance
non moins bizarre, il se trouva jouer du violon pour faire danser Le Clair. Ils furent
réciproquement très peu satisfaits, et tous deux se rendirent justice sans l'attendre
des autres; dès le même instant, ils résolurent de changer de place. Dupré quitta
l'orchestre pour amener au théâtre cette noblesse, cette élégance, cette précision, ces
grâces qui ont si long-temps charmé les yeux... Le Clair quitta, de son côté, le théâtre
pour l'orchestre, et ouvrit bientôt à l'harmonie une nouvelle carrière (1). »

Il est difficile d'affirmer l'authenticité de cette anecdote, qui pourtant n'a pas
dû être inventée. Il n'existe pas, à ma connaissance, de document probant qui
puisse démontrer ou démentir la présence de Leclair comme danseur au théâtre de
Rouen. Nous sommes donc tenus d'ajouter foi, sur ce point, au récit du narrateur,
qui, malheureusement, ne donne aucune précision et n'indique point l'année où le
fait se produisit, ce qui ajoute encore à l'obscurité qui entoure les premiers temps
de l'existence artistique de Leclair, dont la jeunesse paraît cependant avoir été
singulièrement active de toutes façons.

Commença-t-il l'étude de la musique et du violon à Lyon? Cela ne semble pas
faire de doute, et il est plus que probable que ce fut avec son père, qui joignait à
la profession de maître passementier la qualité de musicien, et qui longtemps fit
partie, avec deux autres de ses fils, de l'orchestre du Concert de Lyon (2). Est-ce
donc en même temps qu'il s'adonna aussi à la danse? et avec quel maître? Voilà
deux études particulièrement absorbantes, et qui, sans doute menées de front,
n'empêchaient pourtant pas chez lui l'ardeur des sentiments, puisque nous voyons
qu'âgé seulement de dix-neuf ans il se mariait, le 9 novembre 1716, avec une
jeune fille nommée Marie-Rose Castagnié (3).

(1) Ces lignes ont été reproduites dans l'almanach *les Spectacles de Paris* de 1775, pp. 44-45.
(2) « Un état des pensionnaires du Concert en 1757 porte les noms de Leclair père et des frères
Leclair (Jean-Marie le second et Pierre). » (Léon Vallas, *la Musique à Lyon au dix-huitième siècle*, t. I,
p. 87.)
(3) Ainsi qu'en témoignent les registres de la paroisse Sainte-Croix, à Lyon.

A partir de l'époque de ce mariage, et si l'on excepte le séjour plus ou moins authentique à Rouen, nous ne savons plus rien de Leclair pendant six années, c'est-à-dire jusqu'en 1722. A ce moment, nous le trouvons engagé au Théâtre-Royal de Turin, en qualité de *primo ballerino* et *maestro di ballo* — premier danseur et maître de ballet. Il avait donc acquis un réel talent de danseur, pour occuper, sur un des théâtres les plus importants de l'Italie, un double emploi si considérable. Et cette fois le doute n'est pas possible, car le fait s'appuie sur un témoignage contemporain qu'on ne saurait récuser, et les détails nous en sont révélés par un livre spécial qui nous donne les renseignements les plus précis (1). Dans ce livre, qui, comme tous ceux de ce genre, forme une sorte d'agenda chronologique, dressé d'après des documents certains, de tous les faits et incidents qui se produisaient au Théâtre-Royal de Turin, nous apprenons la présence de Leclair à ce théâtre, en 1722, dans l'emploi ci-dessus désigné, et nous apprenons de plus qu'il composa trois intermèdes dansants à ajouter à un opéra d'Orlandini, *Semiramide* (2). Toutefois il ne fit, à ce moment, qu'une saison à Turin, et en 1723 il était assurément à Paris, puisqu'il y publie son premier livre de sonates, dédié à un riche financier, M. Bonnier, trésorier général des États du Languedoc (3).

Et c'est ici que nous trouvons une preuve et de l'étonnante activité de Leclair, et de l'obscurité qui, ainsi que je le disais, entoure ses années de jeunesse. En 1723, il a vingt-six ans seulement, nous l'avons vu danseur à Rouen; nous l'avons retrouvé danseur et maître de ballet à Turin; il fallait bien qu'il s'occupât de ce métier qui, on le sait, exige un exercice incessant et très fatigant. Cependant, il est loin de négliger l'étude du violon, étude qu'au contraire il a poussée très avant, ce que nous prouve son premier livre de sonates, qui n'est pas sans offrir déjà certaines difficultés d'exécution ; ce premier recueil ne contient pas moins de douze sonates, et il a bien fallu qu'il apprît à les écrire et qu'il ait fait pour cela quelques études théoriques! Tout cela ne paraît-il pas un peu extraordinaire ?

(1) Teatro Regio di Torino, *cenni storici interno al teatro e cronologia degli spettacoli rappresentati dal 1669 al 1890*, da Giacomo Sacerdoti (Torino, 1892).
(2) Cet opéra de *Semiramide* est resté inconnu à Fétis. Quant au nom d'Orlandini, auteur d'une trentaine d'opéras et de plusieurs oratorios, il n'est même pas mentionné dans le Dictionnaire de George Grove.
(3) *Premier livre de sonates à violon seul avec la basse continue*, par M. Leclair, l'aîné.

Et tout cela pourtant est indéniable, puisque les faits sont là, et qu'on peut les contrôler.

On peut supposer qu'entre son séjour à Rouen et son premier voyage à Turin, Leclair a dû habiter quelque temps Paris, où il fit, entre autres, la connaissance du personnage opulent auquel il dédia son premier ouvrage, et sans doute aussi celle d'André Chéron, artiste instruit et distingué qui devint plus tard inspecteur de la musique et chef d'orchestre à l'Opéra, et dont il reçut des leçons et des conseils. Dans ses *Essais sur la musique*, La Borde nous dit, en parlant de celui-ci : « On prétend qu'il aidait Le Clair dans ses compositions, et que les basses des premiers livres de ses sonates étaient de Chéron. » Ces quelques leçons de Chéron furent peut-être les seules qu'il reçût jamais, car il semble bien que Leclair dut surtout à lui-même, à ses lectures et à ses observations, le meilleur de son éducation musicale (1).

Je viens de parler de son « premier voyage » à Turin. C'est qu'en effet il en fit un second quelques années après, en 1727, et dans les mêmes conditions, c'est-à-dire comme *primo ballerino* au Théâtre-Royal, ce qui prouve qu'il y avait été bien accueilli. Mais il n'avait pas attendu ce nouvel engagement pour retourner assez promptement à Turin, où il savait retrouver un grand artiste, le célèbre violoniste Somis, dont la renommée s'étendait sur toute l'Italie. Somis, alors âgé d'une cinquantaine d'années et maître de la chapelle royale, jouissait d'une haute situation; Leclair l'avait connu précédemment, avait excité son intérêt, et lui demanda des leçons, que Somis ne lui refusa pas. Il travailla ainsi avec lui pendant deux années, dit-on, et l'on juge du profit qu'un tel élève put tirer d'un tel enseignement. Aussi ses obligations envers le théâtre ayant pris fin, Leclair jugea-t-il à propos de ne pas perdre son temps et s'empressa-t-il de revenir à Paris, se sentant prêt à entamer, avec l'éclat que l'on sait, sa brillante carrière de virtuose. Du coup, il avait abandonné la danse.

Il était donc ici aux premiers jours de 1728, désireux de se présenter au public, et dès le mois d'avril, il faisait brillamment son début au Concert spirituel, où

(1) Leclair montra d'ailleurs de la reconnaissance à Chéron dans la dédicace qu'il lui fit de son œuvre VII (six concertos à trois violonsalto et basse), où il lui, dit, relativement à cet ouvrage : « S'il s'y trouve quelques beautés, je les dois aux sçavantes leçons que j'ai reçues de vous. »

la série de ses succès nous est révélée par les comptes rendus, malheureusement un peu trop sommaires, du *Mercure* : « Le 17 et le 19 (avril 1728), dit ce journal, le sieur Le Clerc, *fameux violon*, joüa deux sonates qui furent extrêmement goûtées et généralement applaudies par les meilleurs connoisseurs... ». « Le 1er et le 3 de ce mois (mai), le concert continua au château des Thuilleries... Le sieur Le Clerc joua un concerto qui fit extrêmement plaisir. » Et le *Mercure* continue ainsi ses éloges en août, septembre et octobre 1728, en juin 1729 et en juin 1730 (où Leclair, non seulement joue un concerto, mais fait exécuter un trio). Et l'on voit, par ces éloges sans restriction, que le succès du grand artiste, dès l'abord très brillant, s'affermissait chaque jour davantage, bien que le public du Concert spirituel eût eu précédemment l'occasion d'entendre et d'applaudir d'excellents violonistes tels que Baptiste Anet, Guignon et Senaillé.

La qualification de « fameux violon » donnée par le *Mercure* à Leclair dès son début semblerait indiquer qu'il était avantageusement connu déjà avant de se présenter au grand public. On peut croire qu'il s'était fait entendre au moins dans des réunions privées, dans les concerts particuliers, si nombreux alors, qui se donnaient périodiquement, et avec une sorte de régularité, chez de grands personnages comme le duc d'Aumont, le financier Crozat, la belle et intrigante marquise de Prie, maîtresse du duc de Bourbon, chez de simples particuliers, comme l'abbé Grave, ou chez des artistes en renom, comme Clérambault et autres. Quant aux sonates que Leclair exécutait au Concert spirituel avec tant de succès, il est probable qu'elles étaient de lui-même, et faisaient partie, soit de son premier recueil, publié en 1723, soit du second, qui paraissait justement vers cette époque.

Nous avons vu que le premier de ces recueils était dédié à M. Bonnier, trésorier général des États du Languedoc; le second s'adressait à « M. Bonnier de la Mosson, maréchal général des logis des camps et armées du Roi, trésorier général des États de la province du Languedoc ». C'est le même personnage, qui simplement a augmenté son nom et doublé sa fonction, et c'était, avec son père, le protecteur et l'ami de Leclair, ainsi que nous l'apprend le *Nécrologe* : « Ses talens (de Leclair), jeunes encore, n'eurent point à combattre cette adversité décourageante qui ne flétrit que trop souvent les premières années des artistes, qui les retient dans la médiocrité, et qui ensevelit quelquefois les dispositions les plus heureuses.

Le Clair commença par avoir des protecteurs utiles : il fut successivement attaché à MM. Bonnier père et fils, qui s'empressèrent à lui fournir les moyens d'étudier dans le repos et de se faire connaître. »

Ce Bonnier de la Mosson, le fils, grand financier, riche à 800.000 livres de rente, ce qui ne l'empêchait pas d'être à la fois galant homme et homme de goût, possesseur, en terre de Languedoc, d'un immense domaine, l'un des plus beaux de France, dans lequel il donnait des fêtes somptueuses, jouissait longuement et intelligemment de son opulente fortune. Esprit cultivé que ne déparait pas une bonté généreuse, aimant l'art et les artistes et se plaisant à leur être utile, aimant aussi la science et les livres, menant de front les affaires, le plaisir et l'étude, s'étant formé une superbe bibliothèque, il avait aussi réuni, à force de recherches et d'argent, une collection inestimable d'objets de toutes sortes, artistiques et scientifiques : tableaux, tapisseries, bronzes et porcelaines, émaux et bijoux, coquillages, plantes, minéraux, insectes et tout ce qui touche l'histoire naturelle, l'ensemble formant un véritable musée d'une valeur inappréciable. Cet homme original et vraiment distingué étudiait la physique et la chimie, ce qui ne l'empêchait pas de fréquenter l'Opéra, où il avait fait la connaissance d'une gentille chanteuse dont la beauté n'excluait pas le talent, Mlle Petitpas, pour laquelle il fit des folies et qui mourut à la fleur de l'âge (1).

Les Bonnier, père et fils, s'étaient faits, comme on l'a vu, les protecteurs en titre de Leclair, qu'ils aidaient de leur fortune et de leur influence, et qui, dit-on, demeurait chez eux lors de son second mariage. Car il avait perdu de bonne heure sa jeune femme, et à la fin de 1730 il épousait une graveuse en musique, Mlle Louise Roussel, âgée de trente ans, qui, ainsi qu'on le voit sur le titre de son second livre de sonates, avait gravé ce recueil (2).

(1) Sur Mlle Petitpas et les détails de sa liaison avec Bonnier de la Mosson, voir *Gélyotte et les chanteurs de son temps,* par Arthur Pougin ; et sur Bonnier lui-même, *les Portraits intimes du dix-huitième siècle,* des frères de Goncourt.

(2) Ce qui infirme complètement la nouvelle donnée en ces termes par Fétis : « La femme de cet artiste fut cantatrice à l'Opéra pour les seconds rôles : elle se retira en 1750 avec la pension. Elle se livra alors à la gravure de la musique et grava plusieurs ouvrages de son mari, à qui elle survécut. » Si l'on veut bien consulter le petit almanach intitulé *le Tableau des Théâtres* pour les années 1748 et 1749, on constatera qu'il n'est point de Mme Leclair dans la liste des « actrices » de l'Opéra, qui sont alors Mlles Fel, Chevalier, Romainville, Metz, Coupée et Riquier ; on ne la trouve pas davantage dans le personnel des chœurs. Je ne sais où Fétis a pu prendre ce renseignement fantaisiste. Au reste, sa notice sur

Cela ne l'empêcha pas, comme on le pense, de poursuivre sa carrière de virtuose et de compositeur. La continuité, pendant plusieurs années, de ses succès au Concert spirituel, augmentait chaque jour la renommée qu'il y avait acquise dès l'abord, si bien qu'en 1734 il recevait son brevet d' « ordinaire de la musique de la chapelle et de la chambre du Roy ». Il en remercia le souverain en lui offrant la dédicace de son troisième livre de *Sonates à violon seul*, qui porte le chiffre d'œuvre V, avec cette mention : « Gravées par Mme Leclair, son épouse. » On peut croire, par ce fait, que ce recueil parut en 1734 ou 1735. Auparavant, et à la suite de son deuxième livre, il avait publié, comme œuvres III et IV, un recueil de *Sonates à deux violons sans basse* et un autre de *Sonates en trio pour deux violons et la basse continue*. Et il faisait preuve d'une rare activité, car, peu après, il livrait coup sur coup au public trois autres ouvrages : *Première Récréation de musique, d'une exécution facile, pour deux violons et la basse continue*, œuvre VI ; *Concerti a tre violoni, alto e basso per organo e violoncello*, œuvre VII (contenant six concertos, avec dédicace « à M. Chéron, maître de chapelle ») ; et *Deuxième Récréation de musique pour deux violons ou pour deux flûtes et la basse continue*, œuvre VIII.

Nous voyons, à partir de l'année 1736, le nom de Leclair disparaître, en tant que virtuose, des programmes du Concert spirituel ; je dis « en tant que virtuose », parce que ses sonates continuent d'y être exécutées, ainsi que ses concertos, par d'autres violonistes, ce qui prouve l'estime en laquelle on les tenait. Son silence à cette époque me paraît déterminé par une série de voyages à l'étranger, dont il n'est pas sans intérêt de faire connaître quelques détails.

C'est sans doute à ce moment qu'il faut placer un premier voyage en Hollande, entrepris sur la demande même de la princesse d'Orange, dilettante instruite et raffinée, qui avait exprimé le désir de l'entendre et de connaître son talent. Fétis, dont je n'ai pu relever une à une toutes les erreurs dans sa notice sur Leclair (elles se réfutent par le présent récit), a écrit ceci au sujet de ce voyage : « Leclair, dit-il, était un véritable artiste de cœur ; on en a la preuve par le voyage qu'il fit en Hollande pour entendre Locatelli, quoiqu'il ne fût déjà plus jeune. Les

Leclair est non seulement fautive, mais aussi, il faut le dire, bien incolore et bien insuffisante, pour un tel artiste.

nouveautés que lui fit connaître le violoniste italien ne furent pas sans influence
sur son goût : on en remarque des traces dans l'œuvre posthume de ses sonates
publié par sa femme. Ce fut peu de temps après son.retour de Hollande que Leclair,
rentrant chez lui à 11 heures du soir, fut assassiné près de sa porte, le 22 octobre
1764. » Or, à la suite de son excursion en Hollande, Leclair eut le temps de publier
son œuvre IX, dédié à la princesse d'Orange, son œuvre X, dédié à l'infant duc de
Parme à la suite d'un autre voyage en Italie, de faire représenter à l'Opéra, en 1746
(dix-huit ans avant sa mort), son opéra de *Scylla et Glaucus*, etc. On voit en
quelle méfiance il faut tenir la notice de Fétis.

Combien de temps Leclair passa-t-il à la cour d'Orange? Je ne saurais le
dire; mais il y fut reçu, certainement, avec tous les honneurs dus à son talent, et
il en conserva un aimable souvenir, qu'il fit connaître dans la dédicace de son
quatrième livre de *Sonates à violon seul* (œuvre IX), laquelle est ainsi conçue :

A Son Altesse Royale Madame la Princesse d'Orange.

Madame,

Le goût de V. A. R. pour les vraïes beautés de la musique, et la connoissance profonde
que vous avés des principes de cet art, ne sont pas les seuls motifs qui m'ont inspiré la confiance de vous offrir cet ouvrage. Je sçai que non contente d'aimer tous les talens, vous faites
gloire de les protéger. Je l'ai éprouvé, Madame, pendant tout le tems que j'ai passé dans votre
cour, *où vous m'aviés fait l'honneur de m'appeler.* Les applaudissemens sont la récompense la
plus flatteuse des arts. Le souvenir de ceux que j'ai reçus de V. A. R. est plus précieux pour
moi que celui de ses bienfaits. Je ferai toute ma vie de nouveaux efforts pour les justifier.

Je suis, Madame, avec le plus respectueux attachement,
de Votre Altesse Royale,
le très humble et très obéissant serviteur.
LE CLAIR l'aîné (1).

(1) En tête de ce recueil, après la dédicace qu'on vient de lire, se trouve l' « Avertissement » que
voici, intéressant et curieux à tous égards, et qui mérite d'être reproduit :

« AVERTISSEMENT. — Tous ceux qui voudront parvenir à exécuter cet ouvrage dans le goût de l'Auteur
doivent s'attacher à trouver le caractère de chaque pièce, ainsi que le véritable mouvement et la qualité
de son qui convient aux différens morceaux. Un point important sur lequel on ne peut trop insister,
c'est *d'éviter cette confusion de notes que l'on ajoute aux morceaux de chant et d'expression, et qui ne servent
qu'à les défigurer.* Il n'est pas moins ridicule de changer les mouvements à deux rondeaux faits l'un pour

La plupart des biographes : l'abbé de Fontenay (*Dictionnaire des artistes*), La Borde (*Essais sur la musique*), Choron et Fayolle, en signalant, dans leurs notices si vides d'intérêt, les relations que Leclair eut à Amsterdam avec Locatelli, donnent à entendre, ainsi que Fétis, que le grand violoniste français entreprit le voyage de Hollande dans ce but exprès et précis. On vient de voir que ce n'est pas exact, et que d'ailleurs ce n'est pas à Amsterdam que Leclair se rendit, mais à La Haye. Il n'en reste pas moins évident, la distance étant courte entre les deux villes (une heure de chemin de fer aujourd'hui), qu'il dut profiter de son séjour en ce pays pour aller voir son célèbre confrère, et, sinon lui demander des conseils, comme certains l'ont prétendu, du moins échanger avec lui des idées, des observations relatives à l'art qui faisait leur gloire et qui était le but de leur existence. Qu'il ait tiré de cet échange d'idées quelque profit, quelques vues nouvelles, cela est probable, et il en put être de même pour Locatelli, de tels entretiens entre de tels artistes ne pouvant qu'être avantageux pour tous deux (1).

Ce premier voyage en Hollande, dont nous ignorons la durée, ne devait pas tarder beaucoup à être suivi d'un second, qui est resté inconnu de tous les biographes, et qui fut assurément beaucoup plus prolongé. Si nous ignorons l'époque exacte du premier, nous sommes renseignés d'une façon plus précise au sujet du suivant, qui devait prendre fin prématurément et dans des conditions assez singulières. Il est à peu près certain qu'entre les deux, Leclair, de retour à Paris, dut y rester quelque temps et reprendre ses occupations habituelles, mais, semble-t-il,

l'autre, et de jouer plus vite le majeur que le mineur : à la bonne heure, que l'on égaie le majeur par la façon de le jouer, mais cela se peut faire sans précipiter la mesure.

« J'ai trop d'obligation aux connoisseurs et au public des louanges flatteuses dont ils m'honorent depuis si long temps pour avoir épargné ni mon tems, ni mes soins afin de rendre cet ouvrage aussi instructif qu'agréable. J'ose espérer qu'on ne trouvera pas mauvais que je vende ce livre 15 t. l., de même qu'on ne débitera plus à l'avenir les précédents qu'au même prix de 15 t. l., à cause des frais considérables que je suis obligé de faire pour rétablir quantité de planches entièrement usées. »

(1) Il me semble que ce pourrait être à l'occasion de la présence de Leclair en Hollande que fut publiée, à Amsterdam, une édition d'un de ses premiers recueils : *Six sonates à deux violons sans basse,* composées par M. LECLAIR l'aîné, troisième œuvre. Imprimé aux dépens de Gerhard Fredrik Witvogel, organiste de l'Église neuve des Luthériens à Amsterdam. Se trouve à Amsterdam, chez Jean Covens fils. » Un exemplaire de cette édition se trouve à la bibliothèque du Conservatoire.

Ce Witvogel, non mentionné par Fétis, était renommé comme organiste et mit en musique *Cinquante Psaumes de David.* A ses fonctions artistiques à l'église, il joignait un commerce d'édition de musique. Né à Bâle, aux dernières années du xviiᵉ siècle, il mourut en 1742 à Aix-la-Chapelle, où il s'était rendu pour raisons de santé. (V. ED. GREGOIR, *les Artistes musiciens néerlandais,* Bruxelles, Schott, 1864.)

sans reparaître de nouveau au Concert spirituel, car je ne sache pas qu'il s'y soit produit alors, malgré ses succès antérieurs et bien que ses œuvres continuassent d'y être exécutées par divers artistes, ses sonates en duos, qui étaient particulièrement bien accueillies. C'est après ce repos, repos tout relatif, sans doute, et qui ne pouvait manquer d'être laborieux avec un homme doué de cette activité que nous voyons Leclair partir de nouveau pour la Hollande, dans des conditions toutes spéciales.

Il existait alors à La Haye un juif hollandais ou portugais colossalement riche, nommé François du Lys ou du Liz (qu'on appelait aussi François Lopez), qui avait été, à Paris, l'amant d'une des plus célèbres cantatrices de l'Opéra, Mlle Pélissier; sa rupture avec cette personne douée de plus de talent que de moralité, avait été accompagnée de tels méfaits (une tentative avortée d'assassinat par un complice sur un autre amant de la belle, le violoniste Francœur), que la justice avait été mise en mouvement à ce sujet, et qu'à la suite d'un procès retentissant, ledit du Lys, contumax, avait été condamné, par un arrêt de la cour du Parlement du 8 mai 1731, à être roué vif en place de Grève (1).

Il va sans dire que le personnage n'éprouva pas un instant le désir de venir purger sa contumace. Très tranquille à La Haye, où il était rentré, il jugea plus expédient d'y rester, et d'y jouir paisiblement de sa fortune. Il avait, paraît-il, des goûts artistiques, et s'imagina un jour d'organiser à La Haye un théâtre d'opéra dont il assumerait tous les frais. N'ayant pu y réussir, il se borna à réunir un brillant personnel vocal et instrumental au moyen duquel il donnait chez lui, dans une salle spécialement aménagée à cet effet, des concerts et de somptueuses fêtes musicales. On trouve à ce sujet des détails curieux dans un livre contemporain dû à un écrivain français : *Le Hollandais* ou *Lettres sur la Hollande ancienne et moderne*, par A. de la Barre de Beaumarchais (2), qui parle ainsi des fêtes données par cet amphitryon lyrique :

... Il fit venir des païs étrangers les plus belles voix et les symphonistes les plus parfaits qu'il put rencontrer. Il païa les uns et les autres en grand seigneur. Il attira par sa libéralité tout

(1) On peut voir tous les détails de cette affaire scandaleuse dans mon livre sur *Jélyotte et les chanteurs de son temps.*

(2) Francfort, 1738.

ce qui passoit d'hommes excellents en ce genre-là par la Hollande. Ainsi se formèrent les concerts dont il a régalé les honnêtes gens et les personnes les plus illustres de La Haye pendant quelques années de suite. Les ministres de l'État, ceux des puissances étrangères, les voyageurs du plus haut rang, les princes mêmes s'y rendoient. On recevoit les principaux dans une salle superbement illuminée et meublée. La musique elle-même étoit placée dans une chambre fort ornée et toute brillante, et c'était là que des personnes d'une moindre condition étoient admises. Des laquais faits au tour et habillés du meilleur air présentoient des rafraîchissemens de toutes sortes à l'assemblée. Pour moi, je m'imaginois alors être chez un prince, et je ne sais effectivement aucun particulier dans le monde qui fasse rien d'aussi digne d'un prince que ce que je vous raconte.

A l'époque où ces lignes étaient écrites (1738), il n'était pas encore question de Leclair dans les concerts de du Lys. C'est seulement à partir de 1740 qu'il fut appelé à y prendre part, en qualité tout à la fois de virtuose et de chef d'orchestre, par un traité dont la durée n'était pas moindre de cinq années, puisqu'il partait du 1er juillet 1740 pour prendre fin au 1er juillet 1745. Ce traité, rédigé en français (ou à peu près) par du Lys ou en son nom, spécifiait que Leclair était engagé par lui « pour diriger mes concerts comme premier de tous les musiciens que j'ai présentement à ma pension ou que je pourrai avoir à l'avenir; en outre y jouer du violon deux fois par semaine, sçavoir le jeudi et le samedy ou autres jours selon ma volonté et mon bon plaisir, lui laissant la liberté entière tout le reste de son temps à sa volonté. » Moyennant quoi Leclair recevait un traitement de 10.000 florins (environ 21.000 francs) échelonnés dans l'espace de cinq ans, ce qui faisait donc à peu près 4.000 francs par année (1).

Mais ce traité ne put être exécuté jusqu'à son expiration, par suite de la déconfiture du nommé du Lys, déconfiture qui mit fin, dès le mois d'août 1742, à ses somptuosités artistiques. En effet, celui que l'on croyait, et qui avait été si riche, s'était livré à de si folles prodigalités, qu'en fin de compte il avait été réduit aux expédients pour essayer de maintenir aux yeux de tous sa situation, jusqu'au jour de l'inévitable désastre. Ce fut alors toute une histoire, qui, de nos jours, a éveillé la curiosité et motivé des recherches dont le résultat ne fut pas sans intérêt, surtout en ce qui concerne Leclair. Ces recherches, faites récemment à La Haye, ont

(1) Je tire ces renseignements d'un article publié en allemand : *Jean-Marie Leclair l'aîné in Holland*, par M. D. F. SCHEURBEER, de La Haye, dans le *Recueil de la Société internationale de musique* (Leipzig), de janer-mars 1909.

abouti d'abord à la détermination précise de la maison qu'habitait du Lys en cette ville, maison qui existe encore et est occupée aujourd'hui par le commissaire royal de la province du Sud de la Hollande. En reconstituant l'histoire de cette maison, on découvrit qu'en 1742 son possesseur avait dû, en raison de sa déplorable situation financière et des réclamations qui, de toutes parts s'élevaient contre lui, être mis en curatelle, et les actes judiciaires de cette affaire ont mis en lumière tous les détails de la débâcle du personnage. On constate que l'homme qui jetait sans compter autour de lui des milliers et des milliers de florins, n'avait pas, depuis des années, payé les gages de ses domestiques ; que, fastueusement, il avait prêté des sommes considérables à de grands personnages et à des ambassadeurs étrangers, mais qu'il en devait, à droite et à gauche, de bien plus considérables encore ; que sa maison, dont il avait fait une sorte de palais, était remplie de porcelaines, d'argenterie et d'objets de grande valeur, qu'il possédait une quantité de joyaux et de pierres précieuses, mais que, dans les derniers temps, toutes ces magnificences avaient dû, les unes après les autres, prendre le chemin des maisons de prêts de La Haye et de Rotterdam. Bref, la catastrophe étant devenue inévitable, elle se produisit, et il fallut procéder à une liquidation lorsque, au mois d'août 1742, les appointements des artistes engagés par du Lys, déjà fortement en retard, ne purent être payés. C'est au bout de six mois seulement, à la fin de janvier 1743, que la situation, terriblement embrouillée, put être éclaircie, et que l'on parvint, après arrangements préalables, à procéder à un règlement général. En ce qui touche personnellement Leclair, les recherches ont permis d'établir qu'il reçut d'abord 666 florins 66, formant le montant de quatre mois de traitement arriérés, et ensuite une somme de 2.500 florins pour solde de tout compte, et on a retrouvé la quittance de cette somme signée par lui à cet effet.

Tel fut le dénouement de sa seconde campagne de Hollande (1).

Cependant, tout amour des voyages n'était pas éteint encore dans le cœur de

---

(1) C'est évidemment pendant ce voyage ou pendant le précédent que Leclair fit, en Hollande, la connaissance de Locatelli. Prenant prétexte de son séjour en ce pays, Maurice Bourges, dans un feuilleton de la *Gazette musicale* du 27 juillet 1845, rapporte une rencontre fantaisiste de Leclair et de Locatelli à Amsterdam, en y mêlant une aventure amoureuse de celui-ci absolument ridicule. Je n'aime pas beaucoup cette façon fâcheuse de travestir l'histoire même artistique, surtout dans un journal spécial et plutôt destiné à l'éducation du lecteur.

Leclair ; car c'est peu après son retour que, sur l'invitation qui lui en était faite par l'infant don Philippe, duc de Parme, il se mit en route pour l'Italie afin de répondre à l'appel de ce prince. L'infant, fort jeune alors, étant né en 1720, n'en était pas moins fou de musique ; amateur pratiquant lui-même et jouant assez habilement, dit-on, de la basse de viole, il attirait à sa cour une foule d'artistes, et Leclair fut un des premiers qu'il engagea à se rendre auprès de lui. Le fait est d'autant plus significatif que l'Italie regorgeait alors, on peut le dire, d'excellents violonistes, et des plus renommés. Mais on ne saurait oublier que don Philippe, fils du roi d'Espagne Philippe V, était un Bourbon, qu'il avait épousé une fille de Louis XV, la princesse Élisabeth, et qu'il se faisait gloire d'avoir en Italie une cour toute française. Leclair reçut auprès de lui un accueil aussi flatteur que celui qu'il avait trouvé à la cour des Pays-Bas : entouré de prévenances et d'attentions, choyé par tous, ne connaissant que des succès, il crut ne pouvoir mieux témoigner au prince sa gratitude qu'en lui dédiant, ainsi qu'il avait fait à la princesse d'Orange, l'œuvre qu'il publia après son retour. C'était son recueil (le second) de *Sei Concerti a tre violini, alto-viola e basso per organo a violoncello* (op. X).

Mais déjà sans doute roulait-il en sa tête un autre projet, et d'importance. Le voyage en Italie, auprès de l'infant, avait eu lieu vraisemblablement en 1743, ou, au plus tard, en 1744. Il n'avait donc pas à perdre de temps pour mettre sur pied la musique d'un grand ouvrage dramatique destiné à être présenté au public dans le cours de l'année 1746. En effet, Leclair avait eu l'idée de se produire au théâtre, et il ne s'agissait de rien moins pour lui que d'une tragédie lyrique en cinq actes et un prologue intitulée, *Scylla et Glaucus*, dont le poème mythologique (on n'était pas encore rassasié de la mythologie, à l'Opéra) lui avait été fourni par un certain d'Albaret, qui avait le titre de censeur royal. Qu'était-ce que ce d'Albaret ? Censeur royal, c'est une fonction, non une profession ; on n'en sait pas davantage sur son compte, et le dit censeur n'en est pas moins resté profondément obscur et inconnu.

C'est le 4 octobre 1746 que *Scylla et Glaucus* fit son apparition à l'Opéra (1). avec une interprétation dont les auteurs, certes, n'avaient point à se plaindre.

____

(1) Et non en 1747, comme l'indique Fétis.

Scylla, l'infortunée victime de Circé, était représentée par l'adorable Marie Fel, dont le talent et la beauté sont restés justement célèbres, et c'est la belle Mlle Chevalier qui personnifiait Circé elle-même, tandis que Glaucus paraissait sous les traits de Jélyotte, la fleur des hautes-contre, le roi des ténors passés, présents et futurs (1). Malgré le talent de ces artistes et l'autorité qu'ils exerçaient sur le public, on ne saurait dire que l'accueil fait à *Scylla et Glaucus*, pour très honorable qu'il fût, puisse être considéré comme un véritable succès. « Le mardi 4 octobre, dit le *Mercure*, dans son' article sur l'Opéra, on a donné la première représentation de *Scylla et Glaucus*, tragédie. Les paroles sont de M. d'Albaret, et la musique de M. Le Clair, célèbre dans toute l'Europe pour ses sonates sçavantes et travaillées, et pour l'élégance de son jeu sur le violon. Son génie se reconnoît dans la composition de son opéra (2). » Et c'est à peu près tout pour la musique.

La partition de Leclair est assurément intéressante ; elle est écrite, cela va sans dire, par un vrai musicien, et l'on en peut signaler certaines pages comme empreintes d'un heureux sentiment ; on ne saurait nier pourtant que l'œuvre en son ensemble manque de verve, d'élan et de véritable chaleur dramatique. Le compositeur a-t-il été gêné par les paroles, n'ayant écrit jusqu'alors que de la musique instrumentale ? En tout cas, l'existence de *Scylla et Glaucus* ne se prolongea pas beaucoup sans doute, malgré son excellente interprétation, et je crois que l'ouvrage ne se maintint pas longtemps au répertoire. Ce qui est certain, c'est qu'il ne fut, plus tard, l'objet d'aucune reprise. Leclair dédia sa partition à une grande dame qui était excellente musicienne, la comtesse de La Mark, qui joignait à un talent de claveciniste habile celui d'une chanteuse accomplie, et dont la maison était renommée pour ses belles séances musicales (3) ; sa dédicace, comme on en peut

(1) Les rôles secondaires étaient tenus par Mlles Coupée et Jacquet, par Albert, Lamare et La Tour. A remarquer que, dans les premiers mois de cette année 1746, Jélyotte, excellent musicien, venait de faire représenter lui-même à la cour un opéra intitulé *Zéliska*.

(2) *Mercure* d'octobre 1746. Dans son numéro de novembre suivant, ledit *Mercure* publiait la musique d'un air de Glaucus au premier acte de l'opéra.

(3) Marie-Anne-Françoise de Noailles, née le 12 janvier 1719, mariée en 1744 au comte Louis-Engelberg-de La Mark, était ainsi dépeinte par le duc de Luynes dans ses *Mémoires* : « ... Elle est grande et assez grasse, elle n'est point du tout jolie, cependant sa figure ne déplaît point ; elle se tient mal et a l'air assez matériel » ; et il ajoute : « elle a de la grâce, de la douceur, de la piété, en tout un caractère fort aimable ; elle joue du clavecin supérieurement et comme les plus grands maîtres. »

La comtesse de La Mark joua un rôle dans la société française du xviiie siècle ; elle se montra

juger, laisse voir le désir qu'il avait de renouveler une épreuve qui, en somme, ne fut pas concluante :

A Madame la Comtesse de la Mark.

MADAME,

Votre illustre nom à la tête de cet ouvrage annonce la protection dont vous l'honorés, protection glorieuse, que le goût, les connoissances et les talens que vous réunissés rendent encore plus flatteuse. Oui, Madame, permettés moi de le dire, quelques succès qu'ayent eus les différentes œuvres que j'ai déjà mises au jour, mon ambition n'eut pas été satisfaite sans vos suffrages. J'entre aujourd'hui dans une nouvelle carrière ; vous daignés, Madame, agréer l'hommage de mon premier essai en ce genre : pouvois-je commencer sous de plus heureux auspices ?

Je suis avec un profond respect,

Madame, votre très humble et très obéissant serviteur

LECLAIR (1).

« J'entre dans une nouvelle carrière », disait Leclair dans cette dédicace. Ce n'était donc là pour lui qu'un début, et il avait le désir et l'espoir de continuer. Cependant, je l'ai fait remarquer, l'épreuve n'avait pas été concluante, et, en fait, il ne la renouvela pas, soit qu'on ne lui en ait pas offert la facilité, soit que, par la suite, il y ait renoncé de lui-même. Ce demi-échec ne saurait, d'ailleurs, diminuer en rien sa personnalité et la place brillante qu'il occupe dans l'histoire de l'art.

Pourtant, à partir de ce moment, sa carrière publique semble complètement terminée, bien qu'il ne renonce pas à toute activité. C'est alors qu'il trouva un nouveau protecteur en la personne du duc Antoine de Gramont, brigadier des armées du roi et pair de France (de la grande famille des Gramont qui donna à l'armée deux maréchaux de France). Grand amateur de musique et de théâtre, le duc de Gramont, qui donnait d'élégantes fêtes artistiques dans sa jolie villa de Puteaux, avait, dit-on, pris des leçons de Leclair, qu'il avait connu fort jeune et qu'il tenait en réelle affection : il se l'attacha en qualité de « premier violon de sa musique »,

l'ennemie déclarée des philosophes et se fit la protectrice de leur adversaire acharné, Palissot, qui lui dédia ses *Petites lettres sur de grands philosophes*. D'où vient que Diderot en parle sans sympathie dans son *Neveu de Rameau*.

(1) Chose assez singulière : Castil-Blaze, dans son *Académie impériale de musique*, passe complètement sous silence l'apparition à l'Opéra de *Scylla et Glaucus*, et de leur côté Travenol et Durey de Noinville, dans leur *Histoire du théâtre de l'Opéra*, ne mentionnent même pas le nom de Leclair dans leur liste biographique des musiciens qui ont travaillé pour ce théâtre. Drôle de façon d'écrire l'histoire !

c'est-à-dire comme chef d'orchestre et, en quelque sorte, comme surintendant de cette musique. Dans une notice signée De Rozoy et que publiait le *Mercure* au lendemain de l'assassinat et de la mort de Leclair, l'auteur s'exprimait ainsi à ce sujet : « Il (Leclair) ne faisait plus d'écoliers et n'était plus qu'amateur, quand M. le duc de Gramont crut rendre service au public en faisant une douce violence à cette inaction qui ensevelissoit des talens aussi supérieurs. Ce seigneur le pensionna, et cet art heureux de conduire à ne vouloir que leurs volontés, dont les grands font un usage si glorieux quand le goût des arts le consacre, cet art enchanteur rendit à Leclair tout son amour pour le travail... A l'âge de soixante ans (c'est-à-dire de cinquante), toute la vigueur de son génie sembla prendre de nouvelles forces, pour répondre aux bontés d'un seigneur dont il avait été le maître (1). »

Leclair fit preuve en effet d'une grande activité chez le duc de Gramont, et écrivit spécialement pour les fêtes de Puteaux toute une série d'ouvrages plus ou moins importants, dont nous ne saurions malheureusement apprécier la valeur, puisque, de tout cela, il ne reste rien. Ce fut d'abord un « divertissement » composé de chants, chœurs et danses pour *le Danger des épreuves*, comédie anonyme en un acte, représentée le 19 juin 1749 ; puis, le second acte d'un opéra-ballet qui en comprenait trois, intitulé *les Amusemens lyriques*, qui parut en février 1750 : cet acte avait pour titre spécial *Apollon et Climène*, et l'on sut que l'auteur, qui avait été aussi désigné comme anonyme, était le marquis de Senneterre (2). De Rozoy, dans la notice signalée ci-dessus, donne quelques autres détails qui sont en partie con-

---

(1) *Mercure*, novembre 1764. — Ce de Rozoy, ou plutôt du Rozoy, qui se qualifiait « citoyen de Toulouse », et dont le véritable nom de famille était *Cochon*, est resté justement et complètement obscur, malgré tous ses efforts. Il fit jouer dans divers théâtres un certain nombre de pièces dont aucune ne put atteindre le succès, et il publia en 1755 une *Dissertation sur le drame lyrique* dont la valeur est nulle. Puis, royaliste convaincu, et dès les premiers jours de la Révolution défendant ses principes avec ardeur dans la *Gazette de Paris*, journal qu'il dirigeait, il se vit en butte aux sarcasmes de la *Chronique de Paris*, qui le qualifiait de la sorte : — « M. du Rozoi, poète sifflé à la Comédie-Italienne, resifflé à la Comédie-Française, et persifflé dans le monde. » A défaut de talent, il paya de sa vie son ardeur courageuse. Arrêté le 10 août 1792 et accusé de haute trahison et de conspiration, mis en jugement et condamné à mort le 25, il fut, dit un historien, « la troisième victime de la nouvelle méthode de décapitation».

(2) « *Les Amusemens lyriques*, opéra en trois actes, représenté à Puteaux, chez M. le duc de Gramont, dans le mois de février 1750. C'est un ballet composé de trois entrées. La première, intitulée *Azor et Thémire*, est de M. Laujon, et a été mise en musique par M. Le Vasseur. La deuxième, intitulée *Apollon et Climène*, est d'un anonyme, et a été mise en musique par M. Le Clair. La troisième, intitulée *le Bal militaire*, est de M. Roy et a été mise en musique par M. Martin (*Dictionnaire des Théâtres*, par De Léris).

firmés par celle du *Nécrologe*. Selon lui, Leclair aurait refait une musique pour l'acte de *la Provençale*, de Mouret. De même il refit presque entièrement, avec le chanteur-compositeur Naudé, la musique du *Triomphe des Arts*, de La Barre, et celle des *Saisons*, de Lully et Colasse. Enfin il avait encore entrepris d'écrire une nouvelle musique sur le poème d'*Orion*, mais il n'eut pas le temps d'achever ce dernier travail (1).

Tous ces ouvrages, la surveillance des études qu'exigeait leur exécution, la direction de la musique du duc, qui lui incombait tout entière, occupaient assez la verte vieillesse de Leclair pour qu'il ne lui restât guère le temps de songer à autre chose. Nous le voyons cependant publier encore à cette époque deux nouveaux recueils, dont l'un était son *Second livre de sonates à deux violons sans basse*, dédié à M. Baron, conseiller du Roy, qui porte le chiffre d'œuvre XII (2) ; quant à l'autre, qui n'était qu'un arrangement de compositions antérieures, nous connaissons son titre, sa nature et sa date exacte par cette note insérée dans les *Annonces, affiches et avis divers* du 4 avril 1753 :

Ouvertures et sonates en trio pour deux violons avec la basse continue, composées par M. Le Clair l'aîné. Œuvre XIII, Prix, 9 livres. A Paris, chez l'auteur, rue Taranne, carrefour S. Benoît, et aux adresses ordinaires de musique.

Ce célèbre compositeur avertit qu'après avoir examiné et entendu plusieurs fois cet ouvrage, il a cru que le public ne désapprouveroit pas le choix qu'il a fait de ses sonates pour les mettre en trio. Il y a joint l'ouverture de son opéra, peu connue à cause de la difficulté de son exécution. On la trouvera plus facile ici, et sans être affoiblie.

L'auteur s'explique sur le terme d'*Allegro*. Il n'exprime pas, dit-il, un mouvement vite, mais seulement gai, qui ne doit pas être pressé, sur-tout dans les fugues à quatre tems.

C'est au milieu de ces derniers et paisibles travaux que la mort vint frapper Leclair d'une façon soudaine et tragique. Comme il rentrait chez lui, de retour

(1) Mouret avait donné à l'Opéra, le 19 août 1714, avec un grand succès, *les Fêtes de Thalie*, opéra-ballet en trois actes. Pour une reprise de cet ouvrage, le 17 septembre 1722, il y avait ajouté un quatrième acte, intitulé *la Provençale* ; c'est celui qui fut refait par Leclair pour les fêtes de Puteaux. — *Le Triomphe des Arts*, opéra-ballet en cinq actes, paroles de La Motte-Houdard, musique de La Barre, représenté à l'Opéra le 16 mai 1700. — *Les Saisons*, opéra-ballet en quatre actes et un prologue, paroles de l'abbé Pic, musique de Lully (posthume) et Colasse, représenté à l'Opéra le 18 octobre 1695. — *Orion*, tragédie lyrique en cinq actes, paroles de Fuzelier, musique de Matho, représentée à l'Opéra le 10 avril 1714.

(2) Comme nous le verrons, Leclair vivait séparé de sa femme ; toutes relations pourtant n'étaient pas rompues entre eux, puisque ce second livre de sonates porte encore la mention : « Gravées par Mme son épouse. »

d'un dîner en ville, le soir du 22 octobre 1764, il tomba, atteint de plusieurs blessures, sous les coups d'un assassin, à l'entrée même de la maison qui lui appartenait et qu'il habitait, à la Courtille, à l'extrémité du faubourg du Temple. C'est le lendemain matin seulement que l'on découvrit son corps, étendu et sanglant dans le vestibule, et que la police, aussitôt avisée, commença ses investigations (1). Cette maison que Leclair habitait seul, puisqu'il vivait séparé de sa femme, était située dans un endroit très désert, loin de tout secours possible, et son isolement n'était pas sans inspirer des inquiétudes à ses amis, particulièrement au duc de Gramont, dont l'affection était sincère, et qui s'étoit efforcé de l'attirer auprès de lui, ainsi que le raconte de Rozoy, son biographe du *Mercure :* « Il semble, dit celui-ci, que l'amitié ait des pressentimens. Celle de M. le duc de Gramont pour le Clair, je me sers de ses expressions, en eut d'affreux. Il lui offrit mille fois un logement chez lui, et l'avoit déterminé à l'accepter quand il fut assassiné. » Il est des fatalités !

Il n'a jamais été possible, malgré toutes les recherches, de découvrir le ou les assassins de Leclair, bien que les soupçons se soient tout d'abord portés sur deux personnages dont la tenue et les propos avaient parus suspects, son jardinier, nommé Jacques Paysant, et même un de ses neveux, Guillaume Vial, assez mauvais drôle, fils de sa sœur Françoise Leclair, qui était veuve d'un certain Vial. L'instruction, menée avec activité, fut longue et minutieuse, mais, en l'absence de toute espèce de preuves contre ceux qu'on avait soupçonnés dès l'origine, elle resta sans

(1) La date varie, selon les nouvellistes. Bachaumont écrit, sous la date du 24 octobre : — « Le Clair, musicien célèbre et très connu par ses sonates ainsi que par son talent pour le violon, a été assassiné il y a trois jours (donc, le 21), à dix heures du soir, en rentrant chez lui. » L'*Avant-Coureur* annonçait ainsi l'événement : — « *Mort de M. Le Clair.* Un accident imprévu (!) vient de nous enlever ce grand musicien. Il a été assassiné la nuit du mercredi 24 octobre et enterré le lendemain à Saint-Laurent, sa paroisse. » Félis donne bien la date exacte du 22, ainsi que Choron et Fayolle, qui enregistrent ainsi la mort de Leclair : « Il fut assassiné dans la nuit (c'est-à-dire dans la soirée) du 22 octobre 1764, comme il rentrait chez lui. M. de Boisgelou fils disait que *c'était à l'entrée de sa cave, mort digne d'un musicien.* » Boisgelou, qui, d'ailleurs, a rendu des services à l'art musical, aurait pu se dispenser de chercher à faire de l'esprit en une circonstance semblable, et surtout à propos de Leclair, à qui nul n'a jamais songé à adresser le reproche d'intempérance.

De nos jours même se sont produites, sur cette question, des erreurs bizarres. Vidal nous dit que Leclair mourut rue Martel, et Michel Brenet (*les Concerts en France*) dit que sa maison était « près de la Croix du Trahoir » ; or, la Croix du Trahoir se trouvait au carrefour de l'Arbre-Sec, rue Saint-Honoré, près Saint-Germain-l'Auxerrois ; on l'appelait, au XVIIᵉ siècle, la Croix du Tiroir. (V. TALLEMANT DES RÉAUX, *Historiettes.*)

résultat, et l'affaire finit par être classée. Elle est restée jusqu'à ce jour impénétrable et mystérieuse (1).

C'est ainsi que disparut d'une façon tragique, six semaines après la mort de Rameau et la même année que son confrère Locatelli, l'un des plus grands et des plus nobles artistes qu'ait produits la France (2).

Lorsqu'il périt ainsi sous les coups d'un assassin, Leclair, âgé de soixante-sept ans cinq mois et douze jours, n'avait plus rien à désirer au point de vue de la renommée, non plus que de l'admiration qu'il inspirait et du respect dont il était l'objet de la part de tous, admiration et respect justifiés à tous les titres. Virtuose merveilleux et dont les succès avaient été éclatants, compositeur de premier ordre en son genre et doué d'une rare fécondité, c'est bien à lui que revient, par le talent exceptionnel dont il a fait preuve, par les œuvres d'un caractère si neuf qu'il livrait au public et dans lesquelles il fixait la véritable technique de l'instrument, c'est à lui que revient la gloire d'avoir fondé sur des bases solides la grande école française de violon, dont l'avenir devait être si brillant. Et la dignité du caractère venait encore rehausser chez lui l'éclat d'un talent exempt de tout clinquant et de toute supercherie. Respectueux de son art et peu soucieux d'occuper le public de sa personne, il aurait rougi sans doute de se livrer, pour augmenter son influence et son autorité, à certaines excentricités, à certaines petites manœuvres

(1) Un musicien amateur, M. de la Laurencie, qui s'est beaucoup occupé de cette affaire en consultant les documents des Archives nationales et des Archives de la Bastille, a groupé à son sujet les renseignements suivants dans un article sur *Jean-Marie Leclair l'aîné* : « ... J.-M. Leclair était couché sur le dos, et revêtu de ses vêtements tout maculés de sang. Il avait été frappé de trois blessures faites « au moyen « d'un instrument pointu », l'une sur le haut du mamelon gauche, l'autre au bas de l'estomac du côté droit, et la troisième sur le milieu de la poitrine. A côté du corps gisaient divers objets qui semblaient avoir été rassemblés avec intention, un chapeau, un livre intitulé *l'Élite des bons mots,* du papier à musique, et un couteau de chasse ne présentant pas de traces de sang. Leclair portait le ceinturon de ce couteau, et il était évident que l'assassin avait imaginé ainsi toute une mise en scène. L'examen du cadavre fait par le docteur Pierre Charles, maître en chirurgie, relatait du reste des « equimozes » dans la partie lombaire, puis à la lèvre supérieure et inférieure et à l'os maxillaire, ce qui prouvait que Leclair avait lutté avec son assassin, qui l'avait ensuite couché sur le dos. Ces premières constatations faites, la police ouvrit son enquête, et pendant que le commissaire Thiot commençait l'interrogatoire des voisins, l'inspecteur Hubert Receveur se livrait de son côté à une information dont il adressait, le 1ᵉʳ novembre 1764, les conclusions au lieutenant de police. » Et plus loin : — « ... Les charges relevées contre Vial et Paysant ne parurent pas assez précises pour motiver leur arrestation, et l'affaire fut classée. Dans le public, l'opinion générale se rangea à l'hypothèse d'un vol suivi d'assassinat. » — (*Recueil de la Société internationale de musique,* [Leipzig] janvier-mars 1905.)

(2) Rameau était mort le 12 septembre 1764.

un peu trop empreintes de charlatanisme, qui ne répugnaient pas à tels de ses confrères, comme Guignon et Mondonville. Chez lui, nulle trace de gloriole, nulle recherche extérieure de succès, mais une gravité et, si l'on peut dire, une austérité de conduite artistique qui forçait l'estime et excitait la sympathie. Un biographe qui avait été son ami, et que j'ai déjà cité, caractérisait ainsi l'homme en même temps que l'artiste : « Leclair avoit dans les mœurs cette noble simplicité, caractère distinctif du génie. Il étoit sérieux et penseur, n'aimoit point le grand monde. Il n'avoit ni cette modestie intéressée qui mendie des éloges, ni cet orgueil qui en rend indigne. Il étoit assez grand homme pour oser dire qu'il étoit content de ses ouvrages, et pour les retoucher s'il croyoit qu'un meilleur avis lui eût découvert des beautés qu'il n'avoit point saisies. L'Europe entière connoît ses sonates ; et, si la France a des Gaviniés et des Caprons, ce sont ses ouvrages qui les ont formés. Il débrouilla le premier l'art du violon, il en décomposa les difficultés et les beautés. Il manqua un Léclair à Lulli ; il est le créateur de cette exécution brillante qui distingue nos orchestres, et Rameau lui doit autant qu'à son propre génie. La surveille de sa mort il apporta à M. le duc de Gramont un morceau de musique plein de feu et d'enthousiasme. Il fallait le voir, à soixante-sept ans, exécuter avec une vigueur étonnante, communiquer à un orchestre tout son feu, et si près du jour fatal, goûter le plaisir d'être admiré, avec cette joie modeste et pure qui conviendroit si bien à un jeune homme qu'on loueroit pour la première fois (1). »

Bien que la critique proprement dite fût loin d'exister alors en ce qui concerne la musique, l'opinion exprimée sur Leclair par quelques écrivains contemporains est intéressante à connaître en ce qu'elle reflète le sentiment général. L'un d'eux, Daquin, fils du fameux organiste, s'exprime ainsi :

L'admirable M. Le Clair, après une longue étude et beaucoup de réflexions sur l'étendue et la portée du violon, fit paroître un livre de sonates dont la difficulté, capable de rebuter les musiciens les plus courageux, a fait moins de peur ensuite. Cette espèce d'algèbre est devenue une langue intelligible; et depuis qu'on a pu pénétrer les principes de la belle harmonie en général et du violon en particulier, le nuage s'est dissipé et ses compositions ont été goûtées autant qu'elles devoient l'être, et sont regardées aujourd'hui comme ce qu'il y a de plus parfait en ce genre; il s'y trouve à tout moment des traits lumineux qui surprennent. Plusieurs personnes prétendent que M. Le Clair est le premier qui, à l'imitation des Italiens, ait joué sur

(1) De Rozoi, *Mercure* de novembre 1764.

le violon deux ou trois et jusqu'à quatre parties par le moyen du pouce, ce qui s'appelle jouer la double corde. D'autres soutiennent que Duval l'avoit fait le premier, et que M. Baptiste et Senaillé l'ont fait aussi avec succès. Au reste, M. Le Clair a porté si loin cette partie, qu'il n'y a rien à lui opposer de l'aveu même des Italiens (1).

Comme le dit Daquin, certains ont cru pouvoir attribuer à Leclair le premier emploi en France de la double corde, ce qui était une erreur, François Du Val, Jean-Ferry Rebel et plusieurs autres l'ayant devancé sous ce rapport ; mais il est permis de dire que nul n'avait eu l'idée des difficultés parfois terribles qu'il y introduisit et qui étaient inconnues jusqu'alors ; on n'a pour cela qu'à voir le troisième et le quatrième livre de ses sonates à violon seul, et l'on pourra se rendre compte en même temps de la prodigieuse habileté du virtuose qu'était Leclair. Ce qui pourrait étonner, c'est l'emploi du pouce signalé à ce sujet par Daquin, le pouce n'étant pas d'usage de la part de Leclair. On en trouve un exemple, entre quelques autres, dans un passage d'un trait en arpèges de l'allegro à quatre temps de la douzième sonate du premier livre, où est expressément indiqué l'emploi du pouce, indispensable d'ailleurs, ce passage étant inexécutable autrement :

On voit que la mention : *le pouce*, indique que le *sol* ♯ et le *si* doivent être faits par lui. Mais, il faut le répéter, ceci est exceptionnel.

Après celui de Daquin, voici le jugement d'Ancelet, l'ami de Jean-Jacques Rousseau :

... Le violon vint de plus en plus à la mode, et les gens de condition eurent la permission d'en jouer. Le Clair, qui a voyagé en Italie et dans les pays étrangers, arriva en France pour instruire et enseigner ; c'est à cet habile homme que les violons françois ont le plus d'obligation ; il leur a montré la manière de vaincre les difficultés ; il a couronné ce mérite en composant des ouvrages sçavants et corrects, qui doivent servir de modèle et d'instruction à ceux qui auront assez de génie pour entrer dans la carrière de la composition. Pour ce qui regarde sa façon de jouer du violon, tout le monde convient qu'il est exact, précis, rigide observateur des règles, et que toutes ces belles qualités réunies peuvent contribuer à refroidir son jeu. La trop

(1) DAQUIN, *Siècle littéraire de Louis XV*, 1753.

grande exactitude exclut ordinairement la vivacité et le feu de l'imagination, mais le tempérament influe sur tout; et si on lui reproche ce défaut, combien n'est-on pas dédommagé par son sçavoir et la netteté de son exécution (1)?

Le reproche de froideur articulé ici contre l'exécution de Leclair ne s'accorde pas avec cet autre passage de Daquin qui, ayant à apprécier le talent d'un autre violoniste, Cupis, dit de celui-ci : « Il y a des connaisseurs, qu'on ne peut accuser de partialité, qui m'ont assuré qu'il étoit très capable de réunir *le tendre et le sentiment de M. Le Clair* avec le surprenant et le feu de M. Guignon. » Ce qui revient à dire que Leclair avait le don, si rare, de charmer et d'émouvoir.

Mais, comme si ce n'était assez de la prose, il n'est pas jusqu'à la poésie qui ne voulût entreprendre de glorifier Leclair. « Poésie » est peut-être beaucoup dire en la circonstance; mais enfin, voici les vers que lui consacrait un de ses dévoués partisans :

> Si la France a cent fois retenti des cantates,
> Quel bruit n'excita point la fureur des sonates?
> Essais impétueux des artistes naissans,
> On en vit à foison éclore tous les ans;
> Mais peu d'auteurs sortant du style plagiaire
> De ce genre nouveau prirent le caractère.
> Le Clair est le premier qui sans imiter rien,
> Créa du beau, du neuf, qu'il peut dire le sien (2).

A ce concert de louanges il nous faut pourtant opposer la critique — acerbe autant que prétentieuse — d'un autre contemporain. Voici comment l'abbé de Laporte, dans ses *Anecdotes dramatiques*, s'efforce de caractériser le talent de Leclair, en visant d'ailleurs surtout en lui le compositeur dramatique plutôt que le violoniste, ce qui est précisément le rebours de la logique et du sens commun. On peut savourer ce petit morceau de critique, où l'élégance du style le dispute à la justesse de l'appréciation. Voici comment s'exprime l'excellent abbé :

Il manqua toujours à Le Clair cette portion de génie qui sert à cacher l'art lui-même, de manière qu'il devienne presque insensible dans la jouissance de l'effet. On peut porter le même jugement de la plupart de ses opéras; ils sont fort au-dessous de ses modèles quant à la partie

(1) ANCELET, *Observations sur la musique, les musiciens et les instrumens*, 1757.
(2) *La Musique*, chant quatrième, dans *les Dons des enfans de Latone*, par SERRÉ DE RIEUX, 1734.

du chant, et non moins inférieurs à ses contemporains dans la partie instrumentale (1). On avoue que, pour acquérir dans ce genre une juste réputation, il se trouva placé dans des circonstances très difficiles. L'expression noble et pathétique de Lully étoit encore dans toutes les âmes, et MM. Rebel et Francœur la ramenoient avec succès sur la scène, en y joignant de nouvelles grâces, qu'ils ont depuis variées sans cesse, mais sans renoncer jamais au caractère agréable, qui rendra toujours cette expression précieuse aux connoisseurs délicats. Rameau, de son côté, s'ouvroit une carrière immense; peu content d'avoir recueilli tous les trésors épars de ses anciens maîtres, il semblait dérober jusqu'à l'avenir, en créant un nouveau genre si près de la perfection, qu'il peut être regardé à la fois comme le premier et le dernier modèle de la Nation. Nous devons encore à l'enthousiasme qu'il a transmis, des élèves qui, par leur succès, ajoutent à sa gloire, et que la nature a formés sans doute pour perpétuer nos plaisirs. Le Clair, moins heureux, n'eut jamais cet amour-propre actif d'où naissent les grands succès en tous genres; plus fait pour s'asservir aux règles que pour sçavoir les franchir quelquefois et les soumettre à l'essor indépendant du génie, il se contenta de perfectionner toute sa vie les ouvrages par lesquels il s'étoit distingué et qui tous se ressentent un peu du travail (2). Il existe cependant un morceau de lui, communément appelé *le Tombeau de le Clair*, ouvrage de la plus grande manière, du plus heureux ensemble, plein de beautés nobles, poétiques, et, ce qui est supérieur encore, décelant une âme très sensible.

Il était bon de mettre en relief cette critique à la fois creuse et pédante, qui tranche si ouvertement avec l'opinion exprimée par tous ceux qui ont eu à s'occuper de Leclair; mais il n'est pas besoin de s'évertuer à la combattre. Mieux vaut s'efforcer de faire connaître complètement le noble artiste qui était et qui est resté un maître respecté.

Nous ne pouvons nous rendre compte du talent de Leclair que par sa musique, et à ce point de vue elle est significative. Ses sonates empruntent volontiers la forme de celles de Corelli, mais avec plus d'unité dans l'ensemble. Elles comprennent tantôt trois, tantôt, et plus souvent, quatre morceaux, dont la place n'est point régulière, et l'on y trouve encore les types de danses en usage chez les maîtres italiens : gigues, menuets, gavottes, sarabandes, etc. Parfois le premier allegro est précédé, en manière d'introduction, comme chez Corelli, de quelques mesures

---

(1) On sait que Leclair n'en a fait représenter qu'un, *Glaucus et Scylla*; quant aux ouvrages plus ou moins importants qu'il écrivit pour le duc de Gramont, il est probable que l'abbé n'a pas été à même de les connaître, ni, par conséquent, de les juger. Dans ces conditions vouloir, comme le fait celui-ci, établir un parallèle entre le seul essai tenté à l'Opéra par Leclair et la glorieuse et féconde carrière fournie à ce théâtre par Lully et Rameau, est simplement une sottise.

(2) Décidément, l'abbé n'y entendait rien.

d'*adagio* ou de *largo*. Il est certains morceaux qui prennent des développements considérables. Les allegros ont du mouvement, de la verve, ils sont vifs, d'un rythme très précis, parfois pleins de feu et d'élan ; l'idée première en est souvent très généreuse, et traitée avec habileté. Dans les mouvements lents, l'inspiration est généralement très soutenue ; sous ce rapport, il faut citer tout particulièrement la délicieuse *aria*, presque entièrement en double corde, qui forme le troisième morceau de la quatrième sonate du second livre, qui est d'un sentiment exquis, et où le motif initial est ramené chaque fois différemment et de la façon la plus heureuse; Corelli, au point de vue du charme et de la grâce séduisante, n'a rien écrit de pareil. Dans cet ordre d'idées, il faut encore mentionner le *Grave* de la sixième sonate du troisième livre, qu'on a surnommé, en raison de son caractère, *le Tombeau de Leclair*, et qui est empreint, dès le début, d'un profond sentiment de mélancolie :

Ce morceau renferme des accents d'une émotion parfois poignante (1).

Si, maintenant, nous voulons considérer les sonates de Leclair non plus par rapport à leur nature et à leur haute valeur musicale, mais relativement à leur caractère en ce qui touche l'étude de l'instrument et leur utilité pédagogique, nous pouvons nous assurer qu'il n'est guère d'œuvres plus propres à former l'élève et à le briser aux plus grandes difficultés tant de la main droite que de la main gauche. La rapidité des traits, les doubles cordes de toutes sortes, les accords de trois ou quatre notes, les doubles trilles, exigent, avec la recherche de l'absolue justesse, avec l'agilité et la solidité des doigts, un mécanisme sûr de lui et ne tremblant devant aucun obstacle. Pour ce qui est de l'archet, la pose et la tenue du son, si nécessaires dans les nombreux mouvements lents, impliquent une

____

(1) C'est ce morceau qui, orchestré par un de ses élèves, Jean-Baptiste Dupont, premier violon à l'Opéra, fut exécuté en l'église des Feuillants, pour la messe de bout de l'an de Leclair, ainsi que nous l'apprend *l'Avant-Coureur* dans son numéro du 15 novembre 1765. On exécuta son Tombeau, dit ce journal, « mis en grande symphonie par Dupont, de l'Académie royale de musique, son élève ».

étude sévère dans l'attaque des accords, tandis que la souplesse du poignet est indispensable pour mener à bien les sauts sur les cordes extrêmes qui se présentent souvent dans la rapidité. En résumé, on ne voit pas trop, à part les acrobaties du haut du manche, un peu trop en usage aujourd'hui et dont l'utilité n'est pas absolument démontrée, quel genre de difficultés on ne rencontrerait pas dans les sonates de Leclair. Et ce que l'on peut affirmer, c'est que l'artiste capable de les jouer avec le style et dans le caractère qui leur conviennent, n'a rien à envier à quelque autre que ce soit (1).

On sait que Leclair, au moins pendant un certain temps, se livra avec activité à l'enseignement. Pourtant, chose singulière, on ne connaît guère les noms des élèves qu'il prit la peine de former directement. Fétis n'en cite que deux : Labbé et le chevalier de Saint-Georges, le fameux violoniste mulâtre ; et je n'ai trouvé la trace certaine que d'un seul autre, Dupont, premier violon à l'Opéra, ainsi désigné dans une note de l'*Avant-Coureur* reproduite ci-dessus. Je serais bien étonné que Gaviniés, dont on n'a jamais parlé sous ce rapport, n'ait pas reçu de lui au moins quelques conseils, et voici pourquoi : le *Mercure*, rendant compte d'une séance du Concert spirituel du 8 septembre 1741, disait : « Le sieur Gaviniés, âgé de treize ans, et le sieur Labbé, à peu près du même âge, jouèrent une symphonie à deux violons de M. Le Clair avec toute la précision et la vivacité convenables ; ils furent applaudis par une très nombreuse assemblée. » Or Labbé, élève reconnu de Leclair, débutant au Concert spirituel avec Gaviniés dans une œuvre de son maître, il semblerait surprenant que l'un et l'autre n'eussent pas été préparés et, si l'on peut dire, mis au point par lui dans une circonstance si importante pour tous deux. Voilà ce qui me fait croire que si Gaviniés n'a pas été, à proprement

(1) Voici le répertoire complet des œuvres publiées de Leclair :
Quarante-huit sonates à violon seul avec basse, en quatre livres de chacun douze sonates (op. 1, 2, 5 et 9).
Douze sonates à deux violons, en deux livres (op. 3 et 12) ;
Six sonates en trios pour deux violons et basse (op. 4) ;
Douze concerti (grossi) pour *violino concertino,* premier violon, deuxième violon, alto, violoncelle et orgue, en deux livres (op. 7 et 10) ;
Deux récréations en trios pour deux violons et basse (op. 6 et 8) ;
Ouvertures et sonates en trios pour deux violons et basse (op. 13);
Trio posthume pour deux violons et basse (op. 14).
Scylla et Glaucus, opéra-partition (op. 11) ;
Sonate à violon seul avec basse, posthume (op. 15).

parler, élève de Leclair, il a dû tout au moins tenir de lui quelques avis et quelques conseils.

D'autre part, il semblerait bien extraordinaire que Leclair ne comptât pas quelques élèves parmi les violonistes d'un réel talent qui faisaient partie de l'orchestre de l'Opéra aux environs de 1750 : les deux Coraffe, Langlade, Paris, Exaudet, Greff, Piffet dit Grand Nez, Despreaux, Tarade, Vallée...

Et peut-être serait-ce ici le lieu de citer le nom d'une jeune femme dont nul ne s'est occupé jusqu'ici, et qui semble pourtant n'avoir pas été la première venue, non seulement comme violoniste, mais encore comme compositeur. Je veux parler de Mlle Hotteterre, qui appartenait évidemment à la famille des nombreux musiciens de ce nom, et qui me semblerait bien pouvoir être classée parmi les élèves de Leclair. Dans le *Mercure* d'avril 1737, je trouve cette note aux comptes rendus du Concert spirituel : « La demoiselle Hotteterre, jeune personne nouvellement arrivée de province, a exécuté plusieurs fois différentes sonates de la composition du sieur Leclair, avec toute l'intelligence, la vivacité et la précision imaginables. » Et trois ans après, le même *Mercure* (décembre 1740) contenait cette annonce : « Le premier livre de sonates à violon seul avec la basse continue, dédiées à M. Le Clair l'aîné, composées par Mlle Hotteterre et gravées par son mari, vient d'être mis en vente chez l'auteur... On trouve, à la fin de cet ouvrage, une recherche de traits d'archet pour les écoliers. » Qui sait si cette demoiselle Hotteterre, qui, après avoir débuté au Concert en jouant des œuvres de Leclair, lui dédiait ensuite ses premières compositions, ne fut pas son élève, non seulement pour le violon, mais pour la composition ?

Et cette jeune femme, que, je le répète, nul n'a mentionnée, pas même Fétis (1), n'était certainement pas indigne d'attention puisque après s'être produite avec succès au Concert spirituel, après avoir publié un livre de sonates, elle allait plus loin en livrant au public deux grands concertos. Voici comment le *Mercure* de janvier 1744 annonçait l'apparition du second : « *Second Concerto à cinq*, quatre violons, orgue et violoncelle, dédié à Madame Adelaïde de France, composé par mademoiselle Hauteterre. Œuvre second, gravé par son mari. » Et quatorze ans

(1) A l'exception pourtant de Choron et Fayolle qui lui accordent cette notice en huit mots : — « *Hotteterre* (Madame) était une habile violoniste vers 1748. »

plus tard, dans son numéro de décembre 1768, nouvelle annonce du *Mercure :*
« *Deuxième Recueil d'airs choisis*, avec accompagnement de harpe, par Madame
Lévesque, ci-devant mademoiselle de Haulteterre. Les amateurs attendaient avec
impatience ce deuxième Recueil, qui les flattera également par le choix varié des
airs et le bon goût des accompagnements. » N'avais-je pas raison de croire que
cette jeune femme devait être une artiste distinguée et ne méritait pas l'oubli
dédaigneux dans lequel l'ont tenue les biographes ? En tout cas, elle me paraît
devoir tenir sa place dans l'histoire du violon en France, et je persiste à croire
qu'elle a dû compter parmi les élèves de Leclair (1).

J'ai tâché de retracer, aussi complètement et aussi exactement que possible,
l'existence artistique et la carrière de Leclair. S'il reste encore quelques lacunes,
quelques obscurités dans cette existence si active, si occupée, si intéressante dans
ses résultats, ce que nous en savons suffit à nous prouver l'importance des travaux
de ce noble artiste, celle du rôle qu'il a joué, de l'influence qu'il a exercée, et à lui
assigner la place qu'il a le droit d'occuper, comme chef et créateur de la grande
École française de violon. Non seulement il fut un grand virtuose et un professeur
de premier ordre, mais c'est par ses compositions surtout qu'il a rendu les services
les plus importants et les plus signalés. C'est par elles qu'il a établi la véritable
et rationnelle technique de l'instrument, non seulement en ce qui concerne le mécanisme de la main gauche, dont il a trouvé le moyen de faire connaître et de dégager
tous les secrets avec les procédés propres à résoudre toutes les difficultés, mais

(1) Et il n'y avait pas alors, comme violonistes femmes, que des professionnelles ; on trouvait aussi
des amateurs parmi elles et jusque dans les rangs de la haute société. Témoin ce huitain madrigalesque
que Voltaire adressait à une Mme de Scallier, dont il vantait à la fois, avec la grâce de la parole et le
charme du regard, le double talent de violoniste et de chanteuse :

A MADAME DE SCALLIER
qui jouait parfaitement du violon.

Sous les doigts l'archet d'Apollon	*Tu parles, et mon cœur plus tendre,*
Élève mon âme et l'enchante :	*De tes chants ne se souvient plus :*
J'entends bientôt ta voix touchante,	*Mais tes regards sont au-dessus*
J'oublie alors ton violon :	*De tout ce que je viens d'entendre.*

Quelque médiocres que soient ces vers, ils ont pour passeport leur illustre signature et suffisent à
attirer l'attention sur leur destinataire, en nous prouvant que de grandes dames ne dédaignaient pas de
se livrer dès lors à l'étude du « roi des instruments ». Malgré mes recherches, il m'a été impossible de
découvrir aucun renseignement sur cette Mme de Scallier, « qui jouait parfaitement du violon ».

aussi en ce qui touche le maniement de l'archet, l'assouplissement du poignet, de façon à suivre et à vaincre toutes les brisures du rythme, si diverses qu'elles soient et de quelque manière qu'elles se présentent. Sous ce rapport, les quarante-huit sonates des quatre livres de Leclair sont une étude merveilleuse, et si l'on excepte les suites d'octaves et de dixièmes et la pratique des sons harmoniques, je ne vois pas trop ce qu'on y a pu ajouter par la suite et quel genre d'obstacles il a omis de faire connaître à l'élève violoniste en lui donnant les moyens de les surmonter (1).

VII

Ce n'est pas que Leclair fût le seul virtuose de son temps, et l'historique du violon à cette époque ne serait pas complet si l'on ne faisait connaître ceux qui brillèrent à ses côtés, qui furent ses émules et ses rivaux. Mais aucun n'a rendu les mêmes services, n'a fait preuve de la même initiative, n'a joué un rôle aussi considérable et aussi utile.

Les deux artistes les plus en vue alors furent sans conteste Guignon et Mondonville, dont les succès au Concert spirituel furent éclatants et prolongés. Tous deux furent assurément d'habiles exécutants, et tous deux, que la modestie n'étouffait pas, avaient le talent de se faire valoir aux yeux du public et d'attirer sur eux l'attention.

Violoniste habile et exercé, compositeur de troisième ordre et sans personnalité, mais doué d'une confiance imperturbable et d'un génie d'intrigue peu ordinaire, bien en cour au surplus grâce à sa souplesse et à son entregent, et protégé de Mme de Pompadour, Mondonville, non content d'écrire pour son instrument, fit exécuter au Concert spirituel toute une série de motets à grand chœur (avec orchestre), voire des oratorios sur paroles françaises, et même aborda l'Opéra

(1) Deux notes à retenir : 1° Au concert du Châtelet du 29 octobre 1876, le programme portait, entre autres œuvres, « Andante d'une sonate pour violon (Leclair, 1697-1764), exécuté par tous les premiers violons », lequel eut tant de succès qu'il fut bissé. Malgré son succès, je ne sache pas que cet essai intéressant ait été renouvelé. — 2° Dans un catalogue de *libri desiderati* publié par un amateur anglais, M. Heron Allen, concernant des ouvrages sur le violon, je trouve, sans autre indication, le titre suivant : *Tablature idéale du violon jugée par feu M. Le Clair l'aîné, être la véritable*, Paris, 1766, in-8°. Malgré toutes mes recherches, il m'a été impossible de découvrir cet écrit, dont je n'ai trouvé mention nulle autre part.

avec plusieurs ouvrages à l'aide desquels il aurait bien voulu se poser en rival de Rameau, ce qui montrait une certaine outrecuidance. Néanmoins, diverses circonstances l'aidèrent à obtenir à ce théâtre quelques semblants de succès d'ailleurs sans lendemain, car aucun de ses ouvrages ne se maintint au répertoire et ne put lui survivre. Ce qui n'empêche que Mondonville devint et fut pendant quelques années directeur du Concert spirituel, et qu'il succéda à Gervais dans la charge de sous-maître de la chapelle du roi. Il y a peu d'exemples d'un artiste secondaire au demeurant, mais turbulent et envahissant au possible, qui ait acquis une telle situation (1).

Je n'ai à m'occuper de lui à cette place qu'en ce qui touche le violoniste, laissant de côté le compositeur ambitieux, tant religieux que dramatique, et singulièrement prolifique dans le premier genre. On ne saurait nier, je pense, que Mondonville possédât un véritable talent de virtuose; les éloges que lui décernent ses contemporains (2), et les succès qu'il obtint sous ce rapport au Concert spirituel en un temps où s'y produisaient des artistes tels que Leclair, Jacques Aubert, Madonis, Pagin, Cupis et Guignon, ne sauraient laisser aucun doute à cet égard. Il paraît d'ailleurs s'être lié d'une façon toute particulière avec ce dernier, exécutant avec lui des duos, et faisant même tous deux ensemble certains voyages artistiques, entre autres à Lyon, où ils se faisaient entendre de compagnie. Toutefois, au bout d'une dizaine d'années, Mondonville cessa de se faire entendre, trop affairé qu'il était de toutes façons.

Ses compositions pour le violon sont de valeur assez inégale. Les deux livres de sonates à violon seul avec basse continue sont médiocres, et le premier surtout n'offre aucun intérêt ; le second a pour objet et pour titre *Sons harmoniques*. Plus intéressant est le recueil de *Pièces de clavecin en sonates avec accompagne-*

---

(1) Né à Narbonne le 26 décembre 1711, Mondonville mourut à Paris (Belleville), le 8 octobre 1772. Voici la liste des ouvrages qu'il fit représenter à l'Opéra : *Isbé*, 1742 ; *le Carnaval du Parnasse*, 1749; *Titon et l'Aurore*, 1753 ; *Daphnis et Alcimadure* (sur un livret en dialecte languedocien), 1754 ; *les Fêtes de Paphos*. 1758 ; *Thésée*, 1767. Puis, à la cour, *les Projets de l'Amour*, 1771.

(2) L'un (Daquin) dit de lui : « M. de Mondonville a joué seul pendant plusieurs années au Concert spirituel, avec les applaudissements réitérés de tous les connoisseurs »; un autre (Ancelet) : « Mondonville, en paroissant sur la scène, étonne par le feu et la rapidité de son exécution »; et un troisième (le duc de Luynes) : « Il joue du violon d'une façon singulière, et il passe pour être au pair de tout ce qu'il y a de mieux. »

ment de violon, mais dont le titre devrait être retourné, car la partie de violon est absolument prédominante : après les avoir fait connaître ainsi, l'auteur les agrandit et les mit « en grands concertos », c'est-à-dire avec orchestre. Et comme il avait l'esprit un peu excentrique, et qu'en somme il ne manquait pas d'imagination, il eut l'idée d'une composition d'un caractère nouveau, un concerto de violon et chant, avec chœurs et orchestre. C'est en 1752 qu'il fit entendre pour la première fois cette œuvre curieuse; comme il s'entendait merveilleusement à soigner ses intérêts artistiques, il avait confié la partie de chant à l'adorable Marie Fel, dont l'autorité musicale était dans toute sa puissance. On trouve à ce sujet, dans le compte rendu du *Mercure* (1), ce passage, qui a toute l'apparence de ce que nous appelons aujourd'hui un « communiqué » : « M. Mondonville a imaginé qu'un concerto seroit plus agréable, parce qu'il seroit plus varié, si on y joignoit aux différens instruments qui ordinairement l'exécutent des différentes voix qui répondent à ces instrumens. Il est parti de là pour donner une première partie au violon, et une seconde à une voix capable de rendre, en imitation, tous les traits de l'instrument. Les chœurs lui ont servi pour les parties de basse, de haute-contre, de taille; ainsi, son concerto une fois composé, il a pris en canevas des paroles latines dont le sens répond à l'expression de sa musique. » Ce concerto n'a pas été publié, et il n'en reste rien; on n'en saurait donc apprécier la valeur. Mais en somme, l'idée ne manquait pas de charme. Pourquoi un compositeur ne la reprendrait-il pas aujourd'hui, à sa manière ?

Je crois bien que ce fut là la dernière composition de Mondonville pour le violon, et dès lors, je l'ai dit, il avait renoncé à se faire entendre comme virtuose (2).

Aux côtés de Mondonville il faut inscrire Guignon, tous deux, nous l'avons vu, s'étant présentés souvent ensemble au public et paraissant liés d'une amitié qui pourtant n'excluait pas la défense des intérêts de l'un vis-à-vis de l'autre.

---

(1) Mai 1752.

(2) De son mariage avec Mlle de Boucon, Mondonville avait un fils dont on ignore le prénom, et qui fut toujours désigné sous l'appellation de « Mondonville jeune ». Ce fils, né en 1748, et que Fétis dit mort en 1808, eut la réputation d'un violoniste de talent. Il faisait partie, dès 1775, de la musique du roi, et publia un recueil de sonates pour violon seul avec basse continue. — Sous le titre de *Mondonville et la Guerre des coins*, j'ai donné naguère, dans la *Revue et Gazette musicale* (1860, n°ˢ 22, 23, 25, 26 et 28) une étude assez étendue sur Mondonville.

Jean-Pierre Guignon, dont toute la carrière s'écoula en France, n'était pourtant pas français. Né en Italie, il s'appelait réellement *Ghignone*, et c'est sous ce nom, francisé ensuite, qu'il publia à Paris son premier recueil de sonates (1). On l'a dit né à Turin le 10 février 1702, et cette date précise a été donnée pour la première fois dans la notice que consacrait à l'artiste le petit almanach *Etat actuel de la musique du Roi des trois spectacles* pour 1775. Elle a été acceptée ensuite et copiée sans plus de recherches par tous les biographes, en premier lieu par l'abbé de Fontenai et La Borde, ensuite par Choron et Fayolle et Fétis, et plus tard encore par Regli dans sa *Storia del violino in Piemonte*, qui n'est qu'une informe rapsodie dont tous les éléments sont outrageusement pillés dans Fétis. Je suis tenté de croire, par sa précision même, que cette date est exacte, l'*État actuel de la musique du Roi* étant une publication quasi officielle, faite chaque année sous la surveillance et sous le couvert des gentilshommes de la Chambre, et ayant tous les moyens d'être bien informée. Je constate seulement que la *Gazette de France* du 7 février 1774, en enregistrant la mort de Guignon, s'exprimait ainsi : « Jean-Pierre Guignon, ordinaire de la musique du Roi, est mort à Versailles le 30 du mois dernier, *âgé d'environ quatre-vingts ans*, » ce qui l'aurait fait naître en 1694. A défaut d'autres preuves, introuvables même en Italie, tenons-nous-en donc à la date généralement adoptée.

Guignon fut assurément un artiste remarquable. Élève, dit-on, de Somis, à Turin, il en avait reçu les principes de la belle école italienne. Il en était pénétré lorsqu'il vint fort jeune à Paris, où il se fit aussitôt entendre, avec un succès très vif, au Concert spirituel. Pendant nombre d'années, ses succès sont constatés par le *Mercure*. Il se produisait tantôt seul, tantôt en exécutant des duos de sa composition, d'abord avec Mondonville, ensuite avec Gaviniés. Lorsqu'il se présentait seul, il aimait surtout à jouer les concertos, fort difficiles, de son compatriote Vivaldi. Peut-être est-ce là ce qui excita la colère du fameux danseur Noverre, qui, dans ses *Lettres sur la danse*, exhalait son humeur dans ces lignes pleines d'amertume :

... Un grand violon d'Italie arrive-t-il à Paris, tout le monde le court et personne ne l'en-

---

(1) GHIGNONE (Pietro), *Douze sonates a violino solo e basso. Opera 1a.* Gravé par Mlle de Caix. Paris, Boivin.

-tend; cependant on crie au miracle. Les oreilles n'ont point été flattées de son jeu, ses sons n'ont point touché, mais les yeux se sont amusés; il a démanché avec adresse, ses doigts ont parcouru le manche avec légèreté; que dis-je? Il a été jusqu'au chevalet; il a accompagné ces difficultés de plusieurs contorsions qui étoient autant d'invitations et qui vouloient dire : *Messieurs, regardez-moi, mais ne m'écoutez pas : ce passage est diabolique, il ne flattera pas votre oreille quoiqu'il fasse grand bruit, mais il y a vingt ans que je l'étudie.* L'applaudissement part; les bras et les doigts méritent des éloges, et l'on accorde à l'homme-machine et sans tête ce que l'on refusera constamment de donner à un violon françois qui réunira au brillant de la main l'expression, l'esprit, le génie et les grâces de son art (1).

Ceci n'était pas juste, et en tout cas ne pouvait s'appliquer à Guignon. Noverre se laissait trop emporter par son patriotisme artistique.

Guignon était arrivé à Paris en 1725. En 1730 il était appelé à faire partie de la musique particulière du prince de Carignan, le fameux potentat de l'Opéra. Trois ans après, il était admis dans celle de la chapelle et de la chambre du roi, et enfin, en 1741, il faisait revivre en sa personne la fameuse souveraineté du « Roi des violons ». C'est que, habile, souple, insinuant, on pourrait dire intrigant, Guignon s'entendait merveilleusement à faire son chemin dans le monde, aidé qu'il était d'ailleurs par l'éclat d'un incontestable talent. Ses succès personnels dans les concerts et les fêtes musicales de la cour lui avaient valu toute la faveur du roi, qui le comblait de charges et de pensions. C'est alors qu'il eut l'idée de se servir de cette faveur pour ressusciter à son profit cette Majesté jadis célèbre, mais depuis quarante-six ans disparue avec le dernier des Dumanoir. Peut-être, pourtant, sa situation d'étranger eût-elle été un obstacle à la réalisatian de son désir, et il est probable que c'est pour cette raison qu'il sollicita des lettres de *naturalité* comme on disait alors. Ces lettres lui furent octroyées le 6 mai 1741, et cinq semaines après, le 15 juin, il recevait du souverain le brevet de « Roy et Maître des Ménétriers ».

Hélas! l'idée n'était pas heureuse pour sa tranquillité, et durant plus de trente années sa royauté, violemment et constamment battue en brèche, fut singulièrement mouvementée. Tous les musiciens de France se liguèrent contre ce souverain qu'ils n'avaient point réclamé, les difficultés de toutes sortes naissaient sous ses pas, des procès de toute nature engendraient d'autres procès, si bien qu'à la fin, las,

---

(1) NOVERRE, *Lettre sur la danse et les ballets*, 1760, pp. 273-274.

découragé, fatigué de lutter, Guignon résolut... d'abdiquer cette couronne, qui était devenue pour lui une couronne d'épines. Au mois de mars 1773, il donnait sa démission d'une souveraineté depuis longtemps illusoire, et le 31 du même mois un édit royal supprimait définitivement, et pour toujours, l'office de Roi des violons. Guignon ne survécut que peu à la perte volontaire de sa royauté : frappé d'apoplexie et de paralysie, il mourait subitement, à Versailles, le 30 janvier 1774.

Très habile virtuose, brillant surtout par la grâce, l'élégance et la légèreté, Guignon méritait, par un jeu dont la distinction n'excluait pas la hardiesse, les succès qui ne l'abandonnèrent jamais au cours de sa longue carrière. Il fut, disait-on, le rival souvent heureux de Leclair, dont l'exécution plus mâle contrastait avec sa souplesse et sa grâce italiennes. Mais là s'arrêtait forcément la comparaison, les compositions de Guignon ne pouvant supporter l'examen auprès de celles de Leclair. Ces compositions consistaient en sonates à un ou deux violons avec basse, ou en trios, duos et variations diverses à deux violons, à quoi il faut joindre un recueil de sonates à deux violoncelles et certaines pièces pour deux cors de chasse qu'il fit exécuter au Concert spirituel.

Bien que Guignon fût italien et d'éducation tout italienne, le fait que son existence s'était tout entière écoulée en France où il occupa une situation artistique presque exceptionnelle, rendait impossible de ne pas comprendre son nom parmi ceux des artistes qui prirent part au grand mouvement de notre école de violon au XVIII⁰ siècle. Son absence eût été une véritable lacune au point de vue de l'histoire de l'art à cette époque.

Parmi les contemporains et les émules de Leclair, il en est un qu'on ne saurait négliger, car il fut des plus remarquables; c'est Gabriel Guillemain, dont un de ses admirateurs caractérisait ainsi l'incontestable talent :

Lorsqu'on parle d'un homme plein de feu, de génie et de vivacité, il faut nommer M. Guillemain, ordinaire de la musique du roi ; c'est peut-être le violon le plus rapide et le plus extraordinaire qui se puisse entendre ; sa main est pétillante, il n'y a point de difficultés qui puissent l'arrêter, et lui seul en fait naître dans ses sçavantes productions qui embarrassent quelquefois ses rivaux. Ce fameux artiste est parmi les grands maîtres un des plus féconds, et l'on convient que ses ouvrages sont remplis des beautés les plus piquantes (1).

(1) DAQUIN, *Siècle littéraire de Louis XV.*

Guillemain était né à Paris le 15 novembre 1705. On ignore quel fut son maître ; certains croient pourtant qu'il alla fort jeune en Italie, où il prit des leçons de Somis. Il aurait, au retour de ce voyage, fait pendant quelques années partie de l'orchestre du Concert de Dijon, pour revenir ensuite à Paris. Il aurait commencé fort jeune à composer, si, comme le dit Fétis, il avait déjà publié quatorze œuvres de musique instrumentale, lorsqu'en 1738 il fut admis dans la musique de la chambre et de la chapelle ; ceci me semble exagéré. Les biographes assurent que, malgré son très grand talent, il manquait de confiance en lui-même, et qu'une invincible timidité l'empêcha toujours de se faire entendre au Concert spirituel. Son nom n'y parut jamais, en effet, autrement que comme compositeur. La raison donnée peut néanmoins paraître singulière, lorsque l'on songe que Guillemain prenait, comme soliste, une part très active aux concerts de la cour, où il obtenait de vifs succès en se produisant soit seul, soit en compagnie de Guignon, avec qui il exécutait des duos. Ce qui semble certain, c'est que, de façon ou d'autre, il dut se faire connaître, puisque Daquin en parle comme d'un artiste jouissant d'une grande renommée. Et cette renommée était grande en effet, car Guillemain était justement considéré comme l'un des plus habiles violonistes de son temps. « Il se distinguait surtout, dit Fétis, par la dextérité de sa main gauche, qui lui permettait de doigter des passages dont la difficulté rebutait ses contemporains. C'est sans doute à ces difficultés multipliées dans ses ouvrages, qu'il faut attribuer le défaut de succès de ceux-ci : fort peu de violonistes de cette époque étaient en état de les exécuter. » La musique de Guillemain est en effet bourrée de difficultés de toutes sortes ; mais je ne vois pas qu'elles soient plus grandes que celles qu'on rencontre chez Leclair ; seulement, chez Leclair, elles avaient un but et ne nuisaient pas à la très grande valeur de la musique, tandis que, de la part de Guillemain, elles semblent uniquement faites pour surprendre et dérouter l'exécutant.

Guillemain, dont la vie privée paraît avoir été très discrète, n'appartenait pas seulement à la musique du roi et à la chapelle ; il faisait aussi partie de l'orchestre du théâtre des petits appartements de Mme de Pompadour, où, comme chacun sait, on jouait, entre amateurs titrés, la comédie et l'Opéra. Il aurait pu sans doute, comme Guignon et Mondonville, profiter de cette situation pour se mettre en lumière et en évidence ; on peut croire que sa trop grande modestie l'en empêcha. On a dit pourtant, ce qui est tout à fait inexact, qu'il avait écrit pour les petits appartements un ouvrage intitulé *la Cabale* lequel, en réalité, n'y a jamais paru (1). On a dit aussi, sur la foi de je ne sais quel renseignement, que le pauvre Guillemain, parvenu à la vieillesse, était criblé de dettes, et que les poursuites impitoyables de ses créanciers furent la cause de sa fin tragique. Cela semble, en vérité, bien extraordinaire. Ce qui est vrai toutefois, c'est que Guillemain, se rendant un jour à pied de Paris à Versailles et arrivant près de Chaville, pris sans doute d'un accès de folie subite, se tua en se perçant de quatorze coups de couteau, ce qui indique une furie vraiment extraordinaire. C'était le 1er octobre 1770, et il allait être âgé de 65 ans (2).

Beaucoup d'artistes seraient encore à citer, soit parmi ceux qui, exactement contemporains de Leclair, comme Francœur (1698-1787) et Travenol (1698-1783), ne prirent qu'une part médiocre ou nulle au mouvement provoqué par lui, soit parmi ceux qui, venus au monde quelques années plus tard, profitèrent au contraire, directement ou indirectement, de son exemple et de ses leçons. François Francœur, l'ami fraternel de François Rebel dont il fut pendant plus de trente ans l'inséparable collaborateur à l'Opéra, publia seul, pour ses débuts, deux livres de sonates de violon (3). Louis Travenol, l'ennemi acharné de Voltaire et de Jean-Jacques Rousseau, que sa qualité de premier violon à l'Opéra n'empêcha pas de prendre une part active à la fameuse querelle des Bouffons par la publication de plusieurs pamphlets, et qui donna, avec Durey de Noinville, une *Histoire du théâtre de l'Opéra* (1753), publia, lui aussi, en 1739, un recueil de 12 sonates à violon seul avec basse continue.

Parmi ceux qui vinrent ensuite, on trouve en premier lieu Joseph Exaudet

---

(1) *La Cabale* était une petite comédie épisodique de Saint-Foix, avec un divertissement musical de Guillemain, qui fut simplement représenté à la Comédie-Italienne, le 11 janvier 1749.

(2) Voici une liste des compositions de Guillemain : trois livres de sonates à violon seul ; douze sonates en trios à deux violons et basse continue ; deux livres de sonates à deux violons sans basse ; deux livres de « symphonies dans le goût italien » pour deux violons et basse continue ; six concertinos à quatre parties, deux violons, alto-viola et basse ; Pièces de clavecin en sonates avec accompagnement de violon ; Divertissements de symphonie en trios ; Amusements pour violon seul ; Premier amusement à la mode, deux violons et basse continue.

(3) Le *Journal* de Barbier nous apprend que Francœur épousa l'une des deux filles d'Adrienne Lecouvreur, qui lui apporta une dot de 60.000 livres. C'est de ce mariage que naquit le célèbre mathématicien Francœur, qui fut membre de l'Institut et mourut en 1849.

(1700-1763), qui, d'abord premier violon au Concert de Rouen, où il était né, devint à Paris l'un des 24 violons, puis entra à l'orchestre de l'Opéra et fit partie de celui du Concert spirituel ; en dehors du menuet qui resta si longtemps fameux sous le nom de « Menuet d'Exaudet », il publia un livre de 6 sonates en trios pour deux violons et basse. — Antoine d'Auvergne (4 octobre 1713-12 février 1797), avant d'être l'auteur des *Troqueurs*, le premier opéra-comique français, avant de devenir directeur du Concert spirituel, chef d'orchestre et directeur de l'Opéra et enfin surintendant de la musique du roi, avait, lui aussi, violoniste distingué et applaudi, publié un recueil de 92 sonates de violon et un autre de trios pour deux violons et basse. — François Cupis, né en 1719, frère de la Camargo (Belge, par conséquent), premier violon à l'Opéra, et à qui les contemporains adressaient de très grands éloges pour son remarquable talent de virtuose, se produisit aussi comme compositeur avec deux recueils de sonates. — Louis Aubert, né le 15 mai 1720, fils et élève de Jacques Aubert, admis dès l'âge de douze ans dans l'orchestre de l'Opéra dont il devient plus tard le second chef, ainsi qu'au Concert spirituel, montra une certaine fécondité en publiant six livres de solos et deux concertos de violon, six livres de duos et diverses autres œuvres. — Pagin, né en 1721, l'un des plus brillants élèves de Tartini qui lui dédia un de ses recueils de sonates, violoniste d'un talent supérieur dont les succès furent d'abord éclatants au Concert spirituel, mais à qui les ignorants reprochèrent ensuite de ne jouer que les œuvres de son maître, ne se produisit, je crois, comme compositeur, qu'avec un livre de sonates paru en 1748. — Mangean ou Mangeant, artiste de l'orchestre du Concert spirituel où il se fit entendre aussi comme soliste en exécutant les concertos de Guillemain, a laissé un recueil de solos de violon, deux livres de duos et deux trios pour deux violons et basse, et mourut à Paris en 1756. — Chrétien (Charles-Antoine), musicien de la chapelle du roi, artiste plein d'ardeur qui publia, en 1751, un recueil de *Pièces de différens auteurs mises en trios pour les violons,* et qui meurt jeune, au commencement de 1760, à la veille de la représentation, le 21 juillet, à la Foire Saint-Laurent (et non, selon Fétis, à la Comédie-Italienne) d'un petit opéra-comique, *les Précautions inutiles,* qui est fort bien accueilli. — Gianotti (Pietro), musicien italien instruit, contrebassiste à l'Opéra, de 1738 à 1758, considéré comme le maître de composition de Monsigny, et qui était sans doute aussi violoniste, car il publia, entre autres, un recueil de *Sonate a violino o flauto solo col basso*, op. 5, un autre de *Sonate a due violini senza basso*, op. 7, et un autre encore de Nouveaux duos pour les deux violons ou pardessus de viole, op. 6. — Piffer le cadet, dit Piffer grand nez, « ordinaire » de la musique du roi, premier violon à l'Opéra et au Concert spirituel, où il se produisit aussi avec succès comme soliste, et qui publia non seulement des sonates à un ou deux violons, mais aussi des « sonates en duo pour le violon, qui peuvent se jouer sur la musette et sur la vielle ». — Mathieu fils, premier violon de la musique du roi, qui, après avoir publié plusieurs recueils de sonates de violon, des trios et des quatuors, laissa en manuscrit des concertos de violon, plusieurs symphonies et *quarante-cinq* motets. — Haranc, artiste bien en cour, qui fut premier violon de la chapelle du roi, professeur de violon du Dauphin, professeur du comte d'Artois, puis directeur des concerts particuliers de la reine, et qui, entre autres compositions très nombreuses restées inédites, publia un recueil de sonates et un autre de duos de violons. — Barrier, que Fétis appelle inexactement Barrière, élève de Pagin et l'un des meilleurs virtuoses du Concert spirituel, dont on connaît plusieurs concertos, ainsi que divers recueils de duos, trios et quatuors. — Pérignon, artiste remarquable, premier violon à l'Opéra, qui se produisit au Concert spirituel avec un succès tel que son portrait fut gravé (1). — Champion, qui appartint aussi à l'orchestre de l'Opéra, et qui était sans doute fort répandu, car il donnait chez lui, rue des Vieux-Augustins, des concerts particuliers qui avaient lieu tous les samedis, en hiver; on ne connaît de lui, comme composition, qu'une ariette avec orchestre intitulée *le Pouvoir de l'amour* (2).

(1) Sa femme, sœur d'un de ses confrères, le violoniste Gervais, fut une des bonnes danseuses de l'Opéra.

(2) Et il ne faudrait pourtant pas oublier quelques violonistes de ce temps qui, bien que restés obscurs, se sont produits peu ou prou comme compositeurs pour leur instrument : Bénard (inconnu à Fétis), dont Walther, dans son *Musikalisches Lexikon*, cite un recueil de solos de violon paru, dit-il, en 1729; Le Mire, dit l'aîné (inconnu à Fétis), auteur, en 1739, d'un livre de sonates de violon avec basse continue ; — Favre, violon à l'Opéra, d'où il se retire en 1730, qui publie un recueil de sonates à violon seul et un livre de Menuets pour deux violons et basse, et meurt en 1747 ; — Romain de Brasseur (inconnu à Fétis), qui publie, en 1740, *Sei sonate da camera a violinoco e basso*, op. 1 (il eut un fils, claveciniste, dont on connaît deux œuvres de symphonies pour le clavecin et une *Nouvelle Méthode de piano-forte*) ; — Lamolinary (Jean), premier violon au concert de Valenciennes, sa ville natale, qui publie, vers 1750, trois recueils de sonates en trios pour deux violons et basse ; — Marc, violon du Concert de Reims (inconnu à Fétis),

Le dernier à signaler est Labbé (de son vrai nom Joseph Saint-Sévin), l'élève favori de Leclair, qui, malgré son incontestable talent, semble avoir eu moins d'ambition que son maître, puisque, après ses précoces et brillants succès au Concert spirituel, après vingt années de présence à l'orchestre de l'Opéra où il avait été admis fort jeune, le quitta en 1782, à peine âgé de trente-cinq ans (sans chercher même à faire valoir ses droits à la pension, nous dit La Borde), et ne fit plus parler de lui jusqu'à sa mort, arrivée, selon Fétis, en 1787. Labbé, qui publia, outre divers recueils de sonates et trios, une méthode portant simplement le titre de *Principes de violon*, avait, ainsi que nous l'avons vu plus haut, débuté en 1741 au Concert spirituel, en jouant avec Gaviniés une sonate à deux violons de son maître Leclair ; il avait alors quatorze ans, étant né en 1727, Gaviniés n'en avait que treize ; et le succès de ces deux enfants, qui renouvelèrent l'épreuve à trois reprises, fut retentissant et fit véritablement sensation (1). Comme nul biographe n'a fait connaître le nom du maître auquel Gaviniés dut les éléments de son admirable talent, lequel ne s'est certainement pas formé tout seul, cette circonstance m'a amené à supposer qu'en une telle occurrence Leclair aurait pu, tout

auteur, dans le même temps, d'un livre de six sonates à violon seul avec une basse chiffrée ; deux autres artistes également inconnus à Fétis : Xavier Rumbach, de Dunkerque, et L. Lasserne, qui publient chacun, vers 1750, un recueil de sonates de violon ; — Rose, premier violon à la Comédie-Française, auteur d'un « Concerto double pour deux violons » ; — Branche (Charles-Antoine), né en 1722, aussi premier violon à la Comédie-Française (et non à la Comédie-Italienne, selon Fétis), à qui l'on doit un recueil de sonates pour violon seul, paru en 1749 ; — Despréaux (Claude-Jean-François), fils d'un hautboïste de l'Opéra, lui-même de 1750 à 1782 violoniste à ce théâtre, où il fut nommé chef des premiers violons, qui publia quelques œuvres de sonates, pour le violon et pour le clavecin, et qui, étant devenu plus tard juré du tribunal révolutionnaire, se tua à la suite du 9 Thermidor, le 24 (il était le frère de Jean-Étienne Despréaux, le danseur de l'Opéra, qui épousa sa camarade, la fameuse Mlle Guimard) ; — enfin Tremais (inconnu à Fétis), qui publie un livre de sonates à violon seul avec basse, ainsi qu'un livre de sonates à deux violons, et un concerto, ce dont Henri Blanchard disait (*Gazette musicale*, 11 août 1839), parlant de tous ces artistes : « ... L'école française fut soutenue dans le même temps par Pagin et Tremais, tous deux élèves également de Tartini » ; et Cartier, qui le classe à tort dans l'école allemande, reproduit, dans son *Art du violon*, un adagio de la neuvième sonate de Tremais. (Pour quelques-uns des artistes ainsi mentionnés, voir les catalogues de la librairie musicale Liepmannssohn, surtout les nᵒˢ 33, 117, 145, 167 et 183.)

(1) Si l'on connaît bien la date de la mort à Paris de Gaviniés (9 septembre 1800), on n'est pas fixé de façon précise sur celle de sa naissance à Bordeaux. La Borde (*Essais sur la musique*), donne le 11 mai 1728 et a été copié par tous les écrivains à la suite, tandis que la princesse de Salm, l'amie et l'admiratrice du vieux maître, donne (*Éloge de Gaviniés*) le 26 mai 1726. Je crois que la date indiquée par La Borde doit être exacte, car c'est celle aussi qu'inscrit Constant Pierre dans son livre sur le Conservatoire, pour lequel il avait en mains tous les documents officiels.

naturellement, lui faire partager les indications et les conseils qu'il ne pouvait manquer de donner à son propre élève. Qui sait même si ces conseils ne se répétèrent pas quelque peu par la suite, et si Gaviniés, sans devenir directement l'élève de Leclair, ne lui dut pas certains préceptes dont, avec sa lumineuse intelligence musicale, il sut largement profiter ?

A coup sûr Gaviniés dut subir, de toutes façons, l'influence utile et salutaire de Leclair, dont le talent exceptionnel ne pouvait supporter la comparaison avec celui d'aucun de ses contemporains, que ce fût Senaillé, Guignon ou Mondonville. Il faut donc le considérer comme le véritable continuateur de Leclair et son successeur dans l'histoire du développement de notre belle école française de violon. En effet, sinon par les leçons, du moins par l'étude des procédés et de la musique de ce grand artiste, et grâce à sa

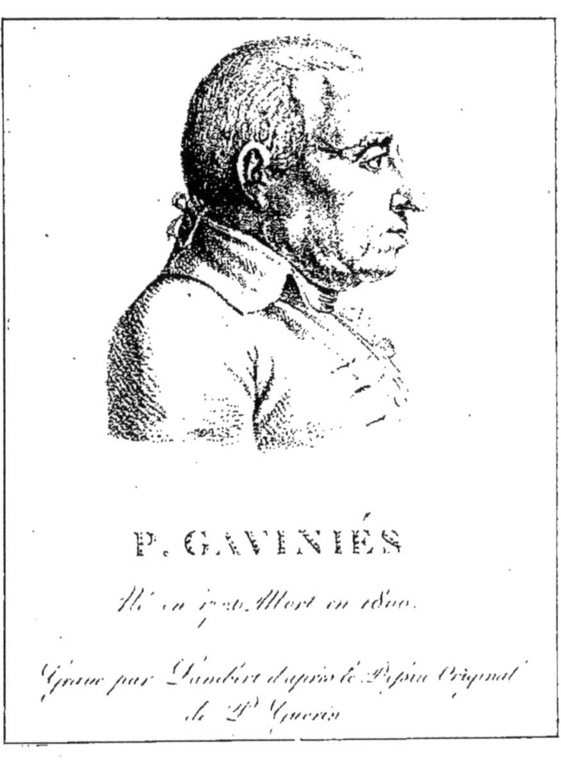

propre personnalité, Gaviniés sut compléter ce que Leclair avait si bien établi, en y ajoutant, avec une couleur pleine d'élégance, un sentiment déjà plus moderne et plus souple, celui qu'on découvre dans ses œuvres, et qu'il apportait dans sa merveilleuse exécution, qu'il savait communiquer à ses nombreux élèves, et qui lui fit donner par Viotti, son sincère admirateur, le beau surnom de *Tartini de la France*.

L'existence artistique de Gaviniés fut d'ailleurs particulièrement brillante. Ses succès au Concert spirituel furent éclatants et ininterrompus pendant plus de trente ans, c'est-à-dire depuis son début précoce en 1741 avec Labbé, jusqu'en 1773,

époque où, en association avec Gossec et son ex-élève Leduc aîné, il prit la direction de cet établissement, se réservant, après l'avoir notablement renforcé, la direction de l'orchestre, à la tête duquel il fit preuve de remarquables qualités. La mort
prématurée de Leduc, en 1777, vint mettre fin à cette association et à une direction qui avait été particulièrement florissante. Dès ce moment, Gaviniés n'avait
rien à désirer au point de vue de la renommée qui s'attachait à son nom, qu'on le
considérât comme virtuose, comme professeur ou comme compositeur. Il ne se
bornait pas à faire entendre lui-même ses concertos au Concert spirituel, il les y
faisait exécuter aussi par ses élèves, soit Moria, soit Capron, soit Berthaume, qui
ne s'y faisaient pas moins applaudir. En tant que compositeur, il avait obtenu un
succès d'un autre genre, et très vif, en faisant représenter à la Comédie-Italienne,
le 6 novembre 1760, un opéra-comique en trois actes, *le Prétendu*, écrit par lui sur
un livret de Riccobini fils, et dont les rôles principaux étaient tenus à souhait par
Rochard et Mlle Desglands (1). L'ouvrage avait été accueilli avec la plus grande
faveur, et l'on peut se demander comment il se fait que Gaviniés n'ait pas pour-
suivi son effort de ce côté. Quoi qu'il en soit, son activité se déployait de toutes
façons, son influence grandissait chaque jour, et s'il n'avait pas, comme Corelli et
Tartini en Italie, établi chez lui une véritable école, les élèves n'en affluaient pas
moins pour solliciter son enseignement. On peut citer les noms de tous ces jeunes
gens qui devinrent tous, grâce à ses soins, des artistes distingués et quelques-uns
des virtuoses hors ligne : Capron, Guénin, Berthaume, Imbault, Leduc, Moria,
Paisible, Baudron, Lemierre, Verdiguier, Guénée, Dufrêne, Valmalète, Robineau,
de Blois, Loulié, Jacob... En même temps, ses compositions spéciales pour violon
recevaient l'accueil qu'elles méritaient. Gaviniés publia ainsi, successivement, trois
recueils de sonates, puis une suite de six concertos avec orchestre dédiés à ce grotesque qu'était le baron de Bagge, fameux par ses prétentions à la virtuosité (2),

(1) Le succès était ainsi constaté par un chroniqueur contemporain : « C'est à la musique seule qu'on
doit attribuer le succès de cette pièce. On voit par ce coup d'essai de M. Gavigniés (*sic*) qu'il s'est donné
le tems de débuter en maître. Ses ritournelles sont de la première force. Ses trios, ses quatuor sont sçavans,
le goût et la variété brillent dans ses airs, qui sont agréables et bien travaillés. Tout le sublime de l'harmonie, toutes ses richesses se trouvent réunis dans ses accompagnemens, et l'on ne craint point de dire
que les plus grands connoisseurs n'ont vu son ouvrage que pour y applaudir. » (*Histoire de l'opéra bouffon.*)
(2) J'ai découvert, à la bibliothèque du Conservatoire, le manuscrit d'un septième concerto, resté
inédit, manuscrit bien complet, avec toutes les parties d'orchestre.

et enfin le superbe recueil des *Vingt-quatre Matinées*, qui est comme une école de la grande virtuosité sous la forme d'une suite d'études transcendantes sur les vingt-quatre tons de la gamme (exemple que Dode devait suivre plus tard dans ses *Vingt-quatre Caprices en forme d'études*). La carrière de Gaviniés fut couronnée, le 7 novembre 1795, par sa nomination de professeur au Conservatoire, lors de la création de cette admirable école. Il avait soixante-douze ans, et, peut-être pour rendre hommage à son talent, à sa renommée et à sa verte vieillesse, c'est à lui que fut confiée la direction de l'orchestre au concert de la première distribution des prix, qui eut lieu dans la salle de l'Odéon, le 2 Brumaire an VI (4 octobre 1797).

On peut bien dire de Gaviniés qu'il fut le digne continuateur de Leclair, dont il compléta le rôle avec éclat, en maintenant et en assouplissant ses nobles traditions. Sous ce rapport, il semble bien avoir joué en France, relativement à Leclair, le rôle que Tartini avait joué en Italie relativement à Corelli, et c'est ce qui justifie doublement ce surnom de Tartini de la France qui lui fut appliqué par Viotti. Avec Leclair, l'école française de violon avait été fondée ; avec Gaviniés, elle était caractérisée d'une façon absolue, avec la grâce aimable, l'accent passionné, la vigueur élégante et pleine de fierté qui lui sont propres et qui constituent son originalité. La même gloire doit envelopper le nom et la mémoire de ces deux nobles artistes, qui ont bien mérité de l'art et de leur pays. Viennent Rode, Baillot, Kreutzer et leurs vaillants successeurs, les Habeneck, les Mazas, les Lafont, les Lebon et tous ceux qu'on pourrait nommer, et la supériorité de la France est définitivement établie dans un art où, depuis plus d'un siècle, elle n'a cessé de donner les preuves de la plus brillante et de la plus complète personnalité.

LE VIOLON EN ALLEMAGNE

I

Il semble que le violon ait commencé à se répandre en Allemagne à peu près en même temps qu'en Italie. Non qu'on trouve en ce pays des violonistes proprement dits avant le commencement du XVIIIe siècle, mais parce qu'on y rencontre dès lors nombre d'artistes qui, pour n'être pas violonistes, pour n'écrire pas spécialement pour le violon, faisaient néanmoins entrer l'instrument dans les diverses compositions d'ensemble qu'ils mettaient au jour. C'étaient des organistes, des maîtres de chapelle, des *cantors*, qui ne dédaignaient pas de s'occuper à l'occasion de musique profane, et dont certaines œuvres prouvent que le violon tenait sa place dans nombre de combinaisons instrumentales. On peut citer plusieurs de ces artistes qui employèrent ainsi le violon avant que celui-ci eût conquis la place à laquelle il avait droit et que ses premiers virtuoses ne devaient pas tarder à lui assurer.

C'est d'abord un certain Wilhelm Brade, musicien de Hambourg et que l'on dit originaire d'Angleterre, qui publie successivement en cette ville (1609, 1614, 1621) trois recueils de danses : pavanes, gaillardes, courantes, à 5 ou 6 parties. C'est ensuite un organiste de la cour de Darmstadt, Johann Moller, qui fait paraître à Francfort, en 1610, une suite de *Nouvelles Pavanes avec leurs Gaillardes*, à 5 parties. Un an après celui-ci, un autre organiste, Valerius Otto, de Prague donne à Leipzig un nouveau recueil du même genre : *Nouvelles Pavanes, Gaillardes, Entrées et Courantes dans le style français et anglais*, composées à 5 parties. Puis vient un artiste qui paraît avoir été assez actif, Johann-Hermann Schein, né le 29 janvier 1586 à Grünhein (Saxe), et mort en 1630 à Leipzig, où il était *cantor* après avoir été maître de chapelle du duc de Saxe-Weimar. Parmi de nombreuses compositions, il publie à Leipzig, en 1617, un recueil intitulé *Banchetto musicale*, formé, comme les précédents, d'une suite de pavanes, gaillardes, courantes, allemandes à 5 parties, soit deux violons, deux violes et un violoncelle, avec contrebasse.

Les Allemands se bornaient donc à imiter ce qui se faisait alors en Italie et en France, et leurs suites de danses pour instruments reproduisaient avec exactitude celles des deux autres pays. Beaucoup de leurs compositeurs continuèrent ainsi. Johan Straden, organiste à Nuremberg, qui publie sous le titre d'*Opusculum novum*, un recueil, intéressant dans la forme, de pavanes, gaillardes, allemandes, courantes, entrées, voltes, etc., à l'usage des instruments (1625); un autre, Johann-Rudolph Ahle, organiste et bourgmestre de Mulhausen, sa ville natale, lance un recueil de *30 Symphonies, pavanes, allemandes*, etc., à 3, 4 et 5 instruments (1650); et c'est encore un organiste, Wolfgang-Karl Briegel, à qui l'on doit une suite de *10 Pavanes, 10 ballets et 10 courantes* à 3 et 4 instruments (1652). Peu à peu ces compositeurs entremêlent à leurs danses des airs, des chansons, des ouvertures, après quoi ils abordent, au moins de nom, la forme, encore primitive, de la sonate. Il faut citer encore ici plusieurs noms : Johann Fischer, dont le *Divertissement musical* consistait en 50 chansons françaises pour 2 violons et basse, tandis que son *Divertissement musical d'un prince* comprenait 6 ouvertures et chansons pour 2 violons, viole et basse; Johann-Martin Rubert, organiste à Stralsund, qui publie une suite composée de symphonies, scherzi, ballets, allemandes, etc., pour 2 violons et basse continue; Mathias Kelz, *cantor* à Stargard, à la fois théoricien et compositeur, dont les *Prémices musicales* ou *Nouveaux Concerts harmoniques* (1658) renferment des sonates, entrées, mascarades, ballets, airs, voltes, sérénades pour 2 violons et basse avec basse continue. C'est ici que le mot *sonate* commence à se produire. On le retrouve avec Johann Rosenmuller

et ses *12 Sonate da camera* à 5 instruments (1670) ; avec Sébastien-Anton Scherer, organiste à Ulm, et ses *Sonates pour 2 violons et basse de viole* (1680); avec Philippe-Heinrich Erlebacher et ses *6 Sonates pour violon, basse de viole et basse continue* (1694). D'autres noms pourraient sans doute encore être mentionnés parmi les auteurs d'œuvres de ce genre, tels que ceux d'Andréas Hammerschmidt, Paul Peurl, Luder Krœp, Nicolas Hasse...., mais ils ne nous apprendraient rien de particulier.

Dans tout cela, si l'on trouve le violon, les violonistes n'apparaissent pas encore. Nous allons les voir commencer à se manifester. En tête des premiers que l'on rencontre, il faut sans doute nommer Nicolas Bleyer, qui paraît avoir joui d'une

véritable renommée comme violoniste tout en étant habile sur le cornet. Né en 1590, il devint musicien de ville à Leipzig, où il publia, en 1624, un recueil de danses : pavanes, gaillardes, etc., semblable à ceux qui viennent d'être énumérés. Cet artiste intéressant, que l'on considérait comme un compositeur estimable en son genre, mourut à Lubeck le 3 mai 1658. Il faut citer après lui Johann Schopp, né à Hambourg où il resta jusqu'en 1642 pour aller ensuite, dit-on, s'établir à

Lunebourg ; Schopp, quoique réputé comme violoniste, ne publia que des compositions vocales, d'ailleurs nombreuses, et pour la plupart accompagnées de violon. Il mourut en 1665 (1). — Grégoire Zuber, qui était violoniste du conseil à Lubeck, ne publia que des compositions vocales à 2, 4 et 5 voix avec basse continue. Dans le même temps vivait un littérateur qui s'occupait de musique en amateur, Conrad Steneken, né à Brême, avec lequel nous retrouvons la tradition musico-dansante, car il publia, en 1662, sous le titre de *Horticus musicus*, un recueil d'allemandes, courantes et chansons pour deux violons, viole et basse continue. Et c'est par deux recueils du même genre que se faisait connaître Johannes Hake, violoniste et musicien de la ville de Stade ; ces deux recueils, intitulés *Pavanes, ballets, courantes et sarabandes* pour deux violons et basse, parurent, le premier à Hambourg, en 1648, le second à Stade, en 1654. Cette fréquence des compositions formées d'une suite d'airs de danse suffit à montrer l'influence qu'exerçait l'Italie sur les artistes allemands.

Il semble que le premier violoniste allemand qui ait mérité le nom de virtuose fut Thomas Baltzar, né à Lubeck vers 1630, et renommé également comme joueur de luth. Lorsque, après avoir fait partie de la chapelle du roi de Danemark (1658), il se rendit en Angleterre, on peut presque dire qu'il révolutionna ce pays par son talent en se faisant entendre à Londres d'abord, puis à Oxford. Dans ses *Memoirs of Music*, Roger North, qui l'avait entendu, en parle ainsi : « Th. Baltzar, natif de Lubeck et le plus artiste sur le violon que le monde ait encore produit, est à Oxford, et aujourd'hui (25 juillet 1658) Anthony Wood et M. E. Low furent avec lui à une réunion chez M. Will Ellis, où ils l'entendirent jouer du violon à plusieurs reprises ; et à leur grand étonnement ils le virent descendre les doigts jusqu'au bas de la touche et les remonter insensiblement, et tout cela avec rapidité et une justesse parfaite, ce que personne n'avait encore vu en Angleterre. » On raconte que John Wilson, luthiste fort habile et professeur de musique à l'Université d'Oxford, entendant Baltzar à cette réunion et stupéfié par son talent et les difficultés qu'il exécutait en se jouant, se baissa par manière de plaisanterie pour voir s'il n'avait pas le pied fourchu et si ce n'était pas le diable

____

(1) Il eut un fils, Albert Schopp, qui fut organiste du duc de Mecklembourg.

en personne. Le fameux docteur Burney, qui possédait plusieurs compositions manuscrites de Baltzar, dit qu'il y avait déployé tant de force et de variété que c'était alors la musique la plus difficile qu'on eût encore écrite pour le violon. De ces complications on ne connaît aujourd'hui que quelques solos qui ont été insérés dans l'intéressante collection publiée en 1692 par Henry Playford sous le titre de *Division violin*. En réalité, le talent de Baltzar semble vraiment avoir été extraordinaire pour le temps où il a vécu. Malheureusement, cet artiste remarquable qui, à la Restauration, avait été nommé directeur des concerts de Charles II, se livrait à de tels excès d'intempérance qu'il mourut le 27 juillet 1663, des suites de ces excès. Il n'en fut pas moins, dit-on, inhumé dans le cloître de l'église Saint-Pierre, à Westminster.

Mattheson et Walther signalent aussi, dans leurs écrits, un musicien que tous deux considèrent comme l'un des plus accomplis de l'Allemagne à cette époque : David Funck, né vers 1630 à Reichenbach, avait acquis en effet un talent d'exécution extrêmement remarquable sur le violon et la basse de viole, talent qui lui avait valu de toutes parts de vifs succès, ce qui ne l'empêchait pas de faire preuve d'habileté sur le clavicorde et la guitare. De plus, ses compositions se distinguaient par un excellent style, surtout dans le genre de la musique d'église (on n'en cite aucune pour le violon). Mais cet artiste, si bien doué sous tous les rapports, pourvu d'une vaste instruction, ternit, lui aussi, son existence par son penchant pour l'ivrognerie et la plus ignoble débauche, penchant qui le porta même à des actes coupables. Il perdit ainsi toutes les positions qu'il occupa successivement, et après avoir eu maille à partir avec la justice, il finit misérablement ; il tomba mort dans un champ, alors qu'il cherchait à échapper par la fuite aux poursuites dont il était l'objet.

Nous rencontrons encore, pour cette époque, les noms de plusieurs violonistes qu'on ne saurait passer sous silence. L'un d'eux sur lequel, malheureusement, on n'a d'autre renseignement que la renommée qui l'entourait, fut Samuel Peter von Sidan, l'intime ami de Gaspard Fœrster, le remarquable maître de chapelle du roi de Danemark Frédéric III. Il vivait, en 1665, à Hambourg, où son talent était particulièrement estimé. On ne cite de sa composition qu'une sonate, dont les difficultés, audacieuses pour le temps, suffisent à donner la preuve de son exceptionnelle habileté. Un autre, qui paraît avoir été aussi un exécutant fort distingué, Johann-Heinrich Schmelzer, né en Autriche vers 1630, fut d'abord musicien de la chambre de l'empereur Ferdinand III et devint plus tard maître de sa chapelle. Il a publié sous ce titre : *Sacro-profanus concertus musicus fidium, aliorumque instrumentorum*, un recueil qui contient treize sonates de violon avec accompagnement de violes et trombones (1662), et un autre recueil de douze sonates pour violon solo avec accompagnement (1665). Dans le même temps vivait un artiste nommé Johann-Wilhelm Furchheim, qui fut successivement organiste et maître de chapelle de l'électeur de Saxe, et qui, s'il n'était pas, à proprement parler, un virtuose sur le violon, connaissait certainement de près l'instrument, à en juger par ces deux recueils publiés par lui : l'un, *Musique de table pour cinq instruments*, tels que deux violons, deux violes et une basse, avec basse continue (Dresde, 1674) ; l'autre, *Exercices choisis pour violon*, extraits de différentes sonates, suivis d'airs, ballets, allemandes, courantes, sarabandes, gigues, formant cinq parties (Dresde, 1687). On ne saurait se dispenser de nommer, auprès de celui-ci, un artiste qui paraît avoir été non seulement remarquable, mais doué d'une rare fécondité, Johann Pezel, qui, né en Autriche et devenu chanoine régulier de l'ordre de Saint-Augustin, embrassa ensuite la religion réformée et fut, dit-on, maître de musique à la Thomasschule de Leipzig. Pezel fut un compositeur très actif, qui, de 1669 à 1686, ne publia pas moins d'une quinzaine de recueils de musique instrumentale. On distingue entre autres, dans ces recueils, celui intitulé *Deliciæ musicales* (1678), ou musique gaie à cinq parties, pour 2 violons, 2 violes et basse continue, et un autre, *Opus musicum* (1686), particulièrement remarquable, qui forme une suite de fort belles sonates pour 2 violons, 3 violes et un basson avec basse continue (1).

Il faut signaler ensuite un violoniste dont le renom paraît avoir été très grand, Nathan Schnittelbach, né à Dantzig le 16 juin 1633, mort prématurément le 16 novembre 1667, et qui fut musicien de la ville à Lubeck. Élève très habile de Nicolas

---

(1) Et l'on trouve, dans le *Dictionnaire des Musiciens*, de Choron et Fayolle, cette note sur un artiste dont je n'ai rencontré la mention nulle part ailleurs : « Hubner (Jean), violoniste très habile, mais aveugle, de Nuremberg, y naquit en 1631. On y estimait tellement ses talents qu'on grava son portrait en 1670. »

Bleyer, dont il épousa la fille, il fut le maître d'Adam Strungk, dont il sera question plus loin, et dès 1660 il était, dit-on, considéré comme un maître. On ne connaît guère de lui, comme musique instrumentale, que deux suites pour quatre violons ; mais il écrivit aussi de la musique religieuse dans laquelle il introduisit des instruments, et il a laissé, entre autres, un *Magnificat* en *sol* majeur à cinq voix et deux violons.

A Hambourg, la rivale musicale de Lubeck (les deux villes se jalousaient sous ce rapport), vivait à cette époque un artiste de grand renom, Dietrich Becker, qui, après avoir servi « dans les cours royales et princières », avait le titre de violoniste et compositeur du Sénat de cette ville. Il publia un recueil de sonates pour violon et basse de viole avec basse continue (1666), et un autre recueil, intitulé *les Fruits du printemps musical*, consistant en harmonie instrumentale à 3, 4 et 5 parties, avec basse continue (1666). Il écrivit aussi, pour les concerts du soir qu'il avait organisés dans les églises, de la musique instrumentale accompagnant des paroles religieuses, et *Walther*, dans son *Lexikon*, signale des sonates composées par Becker sur des chorals, spécialement pour ces concerts.

C'est ici qu'il faut citer un artiste singulièrement doué, Nicolas-Adam Strungk, qui fut tout ensemble organiste habile, violoniste très remarquable, chef d'orchestre et compositeur de plusieurs opéras. Fils d'un organiste qui mourut à l'âge de quatre-vingt-treize ans et auquel il dut sa première éducation musicale, il était né à Celle en 1640 et devint, pour le violon, l'élève de Schnittelbach, sous la direction duquel il acquit, dit Mattheson, « une habileté peu commune » dont nous aurons plus loin la preuve. Son talent, d'ailleurs, fut tel sous tous les rapports que les souverains se le disputaient ; car, après avoir été au service de l'électeur de Hanovre, il fut désiré par l'électeur de Brandebourg, auquel le premier le refusa, et il devint plus tard maître de chapelle de la cour de Saxe. C'est précisément avec l'électeur de Hanovre qui l'avait en affection, que Strungk fit un assez long voyage en Italie, au cours duquel il eut le désir de connaître Corelli. Et c'est à ce sujet, et pour donner une idée de son talent de violoniste, que Walther raconte l'anecdote suivante : « Nicolas-Adam Strungk, violon d'Ernest-Auguste, électeur de Hanovre, étant à Rome, alla voir Corelli ; celui-ci lui demanda de quel instrument il jouait : « Du clavecin », répondit l'Allemand, et un peu de violon ; mais j'aurai le plus

grand plaisir à vous « entendre ». Corelli le satisfit sur-le-champ et joua un morceau que Strungk lui accompagna sur le clavecin. Celui-ci prit ensuite le violon
et s'amusant à le désaccorder (!), il préluda avec tant de justesse, en parcourant
l'échelle chromatique, que Corelli lui dit en mauvais allemand : « On m'appelle
Archangelo, mais on peut « bien vous appeler *Arcidiavolo*. »

Au cours de son existence très active et très agitée, allant sans cesse d'un
endroit à un autre, Strungk avait passé plusieurs années à Hambourg comme chef
d'orchestre du théâtre, et il avait fait représenter sur ce théâtre plusieurs opéras.
C'est de Hambourg qu'il se rendit à Dresde en qualité de maître de la chapelle électorale ; il y resta jusqu'en 1696, époque à laquelle il alla prendre la direction de
l'orchestre du théâtre, à Leipzig. Et c'est en cette ville qu'il mourut, le 23 septembre selon les uns, selon d'autres le 20 décembre 1700. — En ce qui concerne le
violon, on n'a publié de Strungk qu'un recueil d'*Exercices pour le violon ou la
basse de viole*, consistant en sonates, chacones, etc., avec accompagnement de deux
violons et basse continue (1691).

Un autre artiste, Franz-Heinrich von Biber, né en 1644 à Wartenberg, en
Bohême, mort à Salzbourg, le 3 mai 1704, paraît avoir été aussi un violoniste distingué pour son temps, bien qu'un peu excentrique. Écuyer tranchant et maître de
chapelle de l'archevêque de Salzbourg (deux emplois que l'on peut être étonné de
voir réunis chez le même fonctionnaire), il charma tellement par son talent l'em-
reur Léopold I⁰ʳ que ce prince l'anoblit. Il ne plut pas moins à l'électeur de Bavière,
Maximilien-Emmanuel, qui l'attacha à son service. Ce qui prouve d'ailleurs sa
renommée, c'est que son portrait fut gravé et publié en Allemagne. (On trouve ce
portrait, fort intéressant, en tête du recueil de sonates de 1681.) Biber fut, dit-on,
l'un des premiers violonistes qui employèrent la *scordatura*, c'est-à-dire le désac-
cord, ou plutôt l'accord arbitraire et exceptionnel du violon, dans le but d'obtenir
certains effets particuliers : on cite de lui ces deux manières d'accorder l'instru-

ment : « A une époque, dit un de ses biographes, où l'emploi des
doubles, triples et quadruples cordes était si à la mode, il exagéra encore ce
genre d'effet, et pour faciliter la lecture de sa musique, il avait imaginé de l'écrire

sur deux ou trois portées, de telle sorte qu'un morceau de violon seul était disposé graphiquement comme un trio. » N'ayant pas eu en main de musique de Biber, je laisse à l'écrivain la responsabilité de son assertion. Entre autres compositions de cet artiste, dont la renommée ne saurait faire doute, on cite un recueil de six sonates de violon avec basse continue, publié à Salzbourg en 1681, et un second de douze sonates à quatre et cinq parties sous ce titre : *Fidicinium sacro-profanum.*

Le 26 février 1649 naissait à Nuremberg Johann - Philippe Krieger, qui fut claveciniste et organiste, et qui joua encore de plusieurs autres instruments ; il fut

HENRI BIBER.

d'abord organiste à Copenhague, puis à Bayreuth, fit un grand voyage en Italie, revint en Allemagne où il fit jouer quelques opéras, et enfin, après avoir obtenu de grands succès comme claveciniste, devint maître de chapelle du duc de Weissenfelds et conserva cette fonction jusqu'à sa mort (6 février 1725). On ne saurait dire si cet artiste, qui paraît avoir été vraiment distingué, était violoniste en même temps que claveciniste, mais on remarque, parmi les nombreuses compositions publiées par lui, deux recueils de chacun douze sonates pour deux violons et basse continue, parus tous deux à Nuremberg, l'un en 1687, l'autre en 1693.

Mais c'était bien un violoniste que Christophe-Wolfgang Druckenmüller, qui se fait connaître par la publication, en 1668, d'un recueil : *Musikalisches Tafel-Concert* qui contient des morceaux écrits pour des violons, violes et basses de viole. Un autre, Jean-Michel Nicolaï, fut attaché à la cour de Wurtemberg et vivait à Stuttgart ; il a publié, entre autres compositions : douze sonates pour deux violons et une basse de viole ou basson (Augsbourg, 1675) et vingt-quatre caprices pour quatre violons et basse continue (id., 1682). Peut-être faut-il mentionner encore, à cette époque, quelques autres violonistes habiles, tels que Schweiffelbur, Knerler, et surtout Koniesek, de Prague, qui, quoiqu'il ne soit connu que pour avoir été au service du duc régnant de Lobkowitz, ne devait pas être sans talent puisqu'il fut, dit-on, le maître de Franz Benda, qui est considéré comme le véritable fondateur de l'école moderne de violon en Allemagne.

Nous arrivons à deux artistes qui paraissent avoir fait preuve d'une valeur exceptionnelle, Johann-Jacob Walther et Johann-Paul von Westhoff. Le premier semble, par la nature de ses compositions, avoir été quelque peu excentrique. Né en 1650 à Witterda, village situé près d'Erfurth, Walther fut d'abord serviteur, certains disent domestique d'un seigneur polonais. Comment se fit son éducation musicale, quels furent ses maîtres pour le violon et la composition ? C'est ce que nul ne saurait dire. Mais ce qui est certain, parce qu'il prend ce titre sur une de ses compositions, c'est qu'il devint « premier violoniste de chambre de l'électeur de Saxe », et qu'ensuite il occupa les fonctions singulières de *secrétaire italien* de la cour électorale de Mayence. En parlant de cet artiste, Fétis n'hésite pas à le proclamer hardiment un « inventeur remarquable dans l'art de jouer du violon », et il ajoute, en signalant sa dernière publication, que « les effets divers de ce morceau à exécuter sur le violon font voir que Walther fut le Paganini de son siècle ». Un autre écrivain assure qu' « il fait date dans l'histoire du violon en Allemagne ». Tout cela paraît excessif. Quoi qu'il en soit, ce que l'on sait de plus précis sur Walther se rapporte aux titres des deux recueils qu'il publia de ses compositions. Le premier est ainsi intitulé : *Scherzi di violino solo con il basso continuo per l'organo o cembalo* (1675); et voici le titre du second : *Hortulus Chelicus, uno violino, duobus, tribus et quatuor subinde chordis simul sonantibus harmonice modulanti* (1688). Ce second recueil comprend 28 pièces, dont la dernière porte ce titre particulier : *Sonata a un coro di violoni, organo tremolante, chitarrino, piva* (cornemuse), *due trombeæ e timpani, lira tedesca e arpa smorzata, per un violino solo*. Il semble bien qu'il y eut un peu de charlatanisme là-dedans, et comme le dit

un écrivain allemand, « Walther devait sûrement passer en son temps pour un sor-
cier s'il arrivait à rendre tout cela sur le violon (1) ».

Je croirais volontiers que son contemporain Westhoff était d'un caractère et
d'un talent plus sérieux. Ce Johann-Paul von Westhoff, né à Dresde en 1656, était
fils d'un ancien capitaine de cavalerie au service de la Suède, Frédéric von Westhoff (2), qui avait servi sous Gustave-Adolphe, et qui, de retour à la suite d'une
campagne, avait été en chemin dévalisé et dépouillé par des brigands, et s'était
réfugié à Dresde, où il se fixa. Là, se souvenant qu'il avait étudié en amateur le
violon dans sa jeunesse, il résolut de se consacrer à la musique et entra dans la
chapelle de l'électeur de Saxe. Peut-être est-ce lui qui fit, ou tout au moins commença, l'éducation musicale de son fils. Celui-ci fut certainement un homme distingué : violoniste habile et compositeur, sachant, outre l'allemand, diverses langues, telles que le français, l'italien et l'espagnol, il fut un instant militaire et
obtint, sous divers rapports, de vifs succès dans ses voyages. Tout jeune encore il
fut attaché à la cour de Saxe, non seulement comme musicien de la chambre de
l'électeur, mais comme professeur de langues. Effrayé par la présence de la peste,
en 1679, il fit, pour lui échapper, un voyage en Suède, et dans le cours de la même
année il prit du service, et fit en Hongrie, comme enseigne d'une compagnie colo-
nelle, une campagne contre les Turcs, sous les ordres du général impérial de Schultz.
Rappelé à Dresde par l'électeur à l'issue de cette campagne, il reprit ses fonctions
à la cour.

---

(1) Ce qui n'empêche que dans le Catalogue de la bibliothèque de Fétis (qui fut acquise par le gouvernement belge et dont le catalogue fut publié en 1877) on trouve cette note étonnante, dont Fétis avait
accompagné son exemplaire du *Hortulus chelicus*, de WALTHER :

« Ouvrage extraordinaire, prodigieux pour l'époque où il parut. On y trouve tout ce qu'on a cru
inventer longtemps après dans l'art d'exécuter de grandes difficultés sur le violon. Les artistes les plus
habiles du XIX' siècle n'ont pas poussé aussi loin l'exécution de la double corde, et seraient obligés
de faire une longue étude du duo fugué à deux violons pour un seul, qui forme le numéro 17 de l'œuvre.
Walther est l'inventeur de l'accompagnement continu à cordes pincées pendant que l'archet chante
sur la seconde et la chanterelle, effet imité après lui, mais d'une manière bien moins soutenue et moins
difficile. Ainsi que l'indique le titre, il se trouve dans cet ouvrage des pièces à trois et quatre parties pour
un seul violon. Enfin, la dernière pièce est une *Serenata per un coro di violini, organo tremolante, chitarino,
piva, due trombe e timpani, lira tedesca, et harpa smorzata, per un violino solo.* Il faut ajouter que l'ouvrage
est d'ailleurs intéressant au point de vue de la composition, et que l'harmonie en est écrite avec élégance et pureté. »

(2) Né en 1611, à Lubeck.

Cependant, peu de temps après, il entreprenait un grand voyage, en Italie d'abord, où il fut fort bien reçu à Florence par le grand-duc de Toscane, puis en France, où Louis XIV ne lui fit pas moins bon accueil. C'est tout à la fin de l'année 1682, au mois de décembre, qu'il arriva à Paris et se présenta à la cour, où le roi avait manifesté le désir de le voir et de l'entendre. Il joua en cette circonstance deux de ses propres compositions, une sonate en *la* et une suite dans le même ton, avec le plus grand succès, à telles enseignes que le souverain, en le félicitant, voulut baptiser un des morceaux de sa sonate, qu'il appela « la Guerre ». On pense si ce succès royal du jeune violoniste saxon (il avait 26 ans) fit aussitôt l'objet de toutes les conversations. En fait, ce fut un véritable événement artistique, si bien que le *Mercure* publia les deux compositions de Westhoff dans ses deux numéros de décembre 1682 et de janvier 1683 ; ce qui nous permet de les juger, en même temps que d'apprécier le talent du virtuose. Il est certain que cette musique, d'ailleurs généralement bien écrite et de bonne harmonie, est très difficile. La suite, qui ne comprend pas moins de six morceaux : prélude, allemande, courante, sarabande et deux gigues, est tout entière en double et triple corde et réclame une grande habileté. Il faut bien dire qu'on n'aurait pu trouver en France, à cette époque, un seul violoniste pour exécuter une telle musique, même par à peu près. On remarquera toutefois qu'il n'y a pas là-dedans trace de démanché, et que la difficulté réside dans le style, dans le rythme et dans les accords.

En quittant la France après son court séjour à Paris, Westoff poursuivit le grand voyage qu'il avait entrepris. Il visita successivement l'Angleterre, la Hollande, les Flandres, l'Allemagne méridionale et l'Autriche, obtint de grands succès à Vienne, où l'empereur, charmé de son talent ,lui fit présent d'une médaille avec une chaîne d'or, puis retourna à Dresde, où il resta quelques années ; il alla enfin s'établir à Wittemberg, où il devint secrétaire de chambre et musicien du grand-duc de Weimar. C'est en cette ville qu'il mourut, dans le courant de l'année 1705. Westhoff paraît n'avoir publié de ses compositions autre chose qu'un recueil de six sonates pour violon seul avec basse continue, qui fut gravé à Dresde en 1694 (1).

Après Westhoff, il faut citer un autre artiste remarquable, Godefroy Finger, qui

(1) Le nom de Westhoff ne figure pas dans la *Biographie universelle des musiciens* de Fétis, mais seulement dans son supplément.

ne fut pas seulement un violoniste très habile, mais encore un compositeur actif, et qui fit représenter avec succès plusieurs opéras en Angleterre et en Allemagne. On n'a aucun renseignement sur la première jeunesse de Finger et sur la façon dont se fit son éducation musicale. On sait seulement que, né vers 1660 à Olmutz, en Moravie, il passa en 1685 en Angleterre, où il ne tarda pas à être admis dans la musique particulière de Jacques II. Il prend en effet, dès 1688, le titre de musicien du roi de la Grande-Bretagne, sur un recueil de douze sonates publié par lui à Londres en cette année 1688 ; ces sonates sont pour un, deux et trois violons, avec viole de gambe et basse continue. Deux ans après, il publiait un second recueil comprenant six sonates en solo, dont trois pour le violon et trois pour la flûte, avec basse continue. On connaît encore de lui quatre autres recueils du même genre, tous publiés à Londres pendant son séjour. Finger, qui paraît s'être fait une grande situation en Angleterre, comme, trente ans auparavant, son compatriote Baltzar, ne se borna pas à y publier sa musique instrumentale. De 1692 à 1701, il écrivit et fit représenter à Londres, tant au théâtre de Lincoln's Inn Fields que sur celui de Drury-Lane, huit opéras qui paraissent avoir été bien accueillis. En outre il mit en musique, en 1693, l'ode pour le jour de sainte Cécile. Cependant, à la suite d'un incident désagréable pour son amour-propre, Finger prit le parti de quitter l'Angleterre et se rendit en Allemagne, où, en 1702, il fut appelé à faire partie de la musique de la reine de Prusse Sophie-Charlotte. Pendant son séjour à Berlin, il fit représenter deux opéras, *le Triomphe de la beauté* et *Roxane*, qui furent offerts au public en 1708. Peu d'années après il devint, dit-on, maître de la chapelle de la cour de Gotha. On ignore l'époque de sa mort.

Après Finger, nous trouvons un autre artiste qui paraît avoir été fort remarquable, Nicolas Bruhns, dont on signale la très grande habileté sur le violon, ce qui ne l'empêchait pas de montrer aussi du talent sur la basse de viole et d'être encore claveciniste et organiste. Né à Schwabstädt (Schleswig), en 1665, il avait été l'élève de son oncle Peter Bruhns, qui était musicien du conseil à Lubeck, et il avait étudié le clavecin et la composition avec Buxtehude. « Il avait, dit Fétis, poussé si loin l'habileté sur le violon, qu'il exécutait avec cet instrument seul des morceaux à trois et à quatre parties. Quelquefois aussi, pendant qu'il jouait sur son violon un morceau à trois ou quatre parties, il s'accompagnait avec les pédales

de l'orgue. Ce tour de force excitait l'étonnement général. » Je le crois sans peine
mais il me semble, si toutefois ce fait est exact, que nous tombons ici dans
un charlatanisme qui n'a plus rien à voir avec l'art proprement dit. Néanmoins,
on ne saurait nier le talent très réel de Bruhns, qui, après avoir passé quelque
temps à Copenhague, devint organiste à Husum, où il mourut prématurément,
en 1697, à peine âgé de trente-deux ans. Il laissait un certain nombre de compositions, dont aucune n'a été publiée.

Peut-être faut-il citer un moine, Meinrad Spiess, qui fut prieur du couvent
d'Yrsee, en Souabe. Né en Bavière vers la fin du XVIIe siècle, cet artiste, au
dire de Fétis, « fut, pour le contrepoint », élève du compositeur italien Joseph-
Antoine Bernabei, qui, on le sait, passa la plus grande partie de son existence à
Munich, où il mourut en 1732. On ne dit point que Spiess ait été particulièrement
violoniste ; mais ce qui porterait à le croire, c'est que non seulement la plupart de
ses compositions religieuses sont accompagnées par un ensemble d'instruments à
cordes, soit deux violons, deux violes et violone avec orgue, mais encore qu'il
publia un recueil de douze sonates à deux violons, violone et orgue (Augsbourg, 1734).
On ignore l'époque de sa mort, mais on assure qu'il vivait encore, très âgé, à
Yrsee, en 1774.

Faut-il compter parmi les violonistes le fameux compositeur Telemann (1681-
1767), si prodigieusement prolifique ? Je ne crois pas, et il semble qu'il fut seulement claveciniste et organiste. Mais on doit le mentionner parce que, dans le nombre
invraisemblable de ses œuvres de tous genres, se trouvent plusieurs compositions
spéciales au violon, dont voici la liste : 6 sonates pour violon seul avec basse continue pour le clavecin ; 6 sonates pour violon et clavecin ; sonates pour deux flûtes
traversières ou deux violons, sans basse ; 3 trios mélodiques et 3 scherzi pour deux
violons ou flûtes, avec basse continue ; 2 suites de sonates mélodiques pour violon
ou flûte, avec basse continue (1).

On ne saurait oublier un artiste remarquable, Johann-Adam Birckenstock, que

____

(1) Telemann avait épousé la fille d'un excellent musicien qui fut un homme bizarre, Daniel Eberlin,
né à Nuremberg vers 1630, qui fut tour à tour soldat, bibliothécaire, maître de chapelle, fonctionnaire,
banquier, etc., et que son gendre tenait pour un compositeur instruit et un violoniste très habile. Cet
original, qui avait calculé, dit-on, qu'il y a deux mille manières d'accorder (ou de désaccorder) le violon,
a publié à Nuremberg, en 1675, une suite de trios de violons.

Hugo Riemann croit devoir signaler comme « l'un des plus anciens compositeurs pour le violon en Allemagne » (ce qui est démenti par tout ce qui précède), qui se distingua comme violoniste et comme chef d'orchestre. Né à Alsfeld, dans la Hesse, le 19 février 1687, il prit d'abord des leçons de Ruggiero Fedeli à Cassel, puis, à Berlin, d'un artiste belge nommé Volumier, qui était en cette ville directeur de concerts ; après quoi il devint élève de Fiorelli à Bayreuth, et enfin vint terminer son éducation de violoniste à Paris avec François du Val, que Riemann, qui cite le fait, appelle de Val. On voit que les voyages ne l'effrayaient pas. Nommé, en 1709, musicien de l'orchestre de la cour à Cassel, il en devint violon-solo en 1721, et enfin fut placé à la tête de cet orchestre comme directeur de concerts, en 1725. Mais le duc de Hesse-Cassel, qui l'avait pris en amitié, étant mort en 1730, Birckenstock alla remplir les mêmes fonctions à Eisenach. Il ne devait pas les occuper long-temps, car il mourut en cette ville le 26 février 1733, au moment où il venait d'ac-complir sa quarante-sixième année. Cet artiste distingué a publié deux livres de chacun douze sonates pour violon seul avec basse continue, et un recueil de douze concerts pour quatre violons obligés, avec alto, violoncelle et contrebasse.

C'est en la même année 1687, le 26 décembre, que naissait à Karlsbourg, en Franconie, Johann-Georges Pisendel, artiste remarquable qui fut non seulement un des violonistes les plus distingués de son temps, mais aussi un excellent chef d'or-chestre. Selon Fétis, il aurait reçu des leçons de Corelli, à l'époque du séjour en Allemagne de ce grand artiste ; mais Fétis commet là une erreur évidente, puis-que, dans sa notice sur Corelli même, il constate que ce dernier retourna en 1681 en Italie, que dès lors il ne quitta plus. De renseignements qui paraissent plus cer-tains, il résulte que Pisendel aurait été, dès son jeune âge, enfant de chœur dans la chapelle du margrave, à Anspach, qu'il y aurait pris des leçons de chant de Pistocchi, et que, pour le violon, il serait devenu l'élève de Torelli, alors maitre de cette chapelle (de là la confusion de Fétis : Corelli au lieu de Torelli). De toute façon, il semble bien que Pisendel acquit de bonne heure un talent très distingué de violoniste, talent qui ne put que grandir encore lorsque, plus tard, au cours de divers voyages qu'il fit en Italie, il eut l'heureuse chance de recevoir des leçons de Vivaldi et de Montanari. Après avoir été attaché à la personne du prince héréditaire de Saxe, en compagnie duquel il vint à Paris, il parcourut l'Italie et se rendit à

Vienne ; de retour en Allemagne, Pisendel devint à Dresde directeur des concerts de l'électeur de Saxe, roi de Pologne, qu'il suivit ensuite à Varsovie. C'est dans l'exercice de cette fonction qu'il fit preuve de ses rares facultés de chef d'orchestre. Il mourut à Varsovie le 25 novembre 1755. On connaît de cet artiste vraiment distingué huit concertos de violon et deux solos pour violon avec basse qui, je crois, n'ont pas été publiés, mais qui sont conservés à Dresde dans la collection royale de musique.

Signalons rapidement à la même époque deux artistes qui, bien qu'ils n'aient pas, sans doute, manqué de talent, n'ont laissé pourtant que peu de traces de leur existence. L'un, Johann Gross, violoniste habile, né près de Nuremberg vers 1688 et mort en 1735, fut d'abord chef de musique d'un régiment hongrois, fit partie plus tard de la chapelle de l'évêque de Bamberg, puis devint directeur des concerts du prince de Schwarzbourg-Rudolstadt ; il a publié pour le violon six sonates et six solos. L'autre, Jacob Nozemann, né à Hambourg le 30 août 1693, et d'abord violoniste en cette ville, s'en éloigna aux environs de 1725 pour accepter, à Amsterdam, les fonctions d'organiste à l'église des Remontrants ; on connaît de lui, publié en cette ville, un recueil de six sonates pour violon seul. Il y mourut le 10 octobre 1745.

Plus intéressant certainement est un artiste fort distingué, David-Gottlieb Treu, qui, né à Stuttgart en 1695, eut la réputation d'un brillant violoniste, bien qu'il soit beaucoup plus connu encore comme compositeur dramatique. Il avait vingt ans environ lorsque, ayant eu l'occasion de se faire entendre du duc de Wurtemberg dans un concert de la cour, ce prince fut si satisfait de son jeu qu'il lui donna les moyens de se rendre en Italie pour-achever de se perfectionner. Treu, qui de bonne heure s'était exercé à la composition, se rendit en effet à Venise, prit des leçons de Vivaldi, étudia en même temps avec assiduité la langue italienne, et, efficacement protégé par le comte de Thurn et Taxis, réussit à aborder le théâtre et à écrire pour ceux de Venise une douzaine d'opéras dont les titres sont aujourd'hui oubliés. De retour en Allemagne avec une compagnie italienne qui allait s'installer à Breslau, il en devint le chef d'orchestre et composa pour elle quatre opéras qui furent représentés en cette ville avec un vif succès : *Astarte, Coriolano, Ulisse e Telemacco* et *Don Chisciotte.* Plus tard il fut, à Prague et ailleurs, directeur de la musique de divers grands seigneurs. Il ne semble pas que Treu ait publié aucune composition pour le violon, ni même qu'il en ait beaucoup écrit. Il n'en est pas de même de Johann Gottlieb Graun, frère cadet du célèbre compositeur dramatique de ce nom, qui, né à Wahrenbrück, en Saxe, vers 1698, fut, pour le violon et la composition, élève de Pisendel, et plus tard, à Padoue, prit des leçons de Tartini. Excellent violoniste et chef d'orchestre très habile, Graun exerça de divers côtés les fonctions de maître de concerts, et en dernier lieu chez le prince royal de Prusse (le grand Frédéric) à Rheinsberg, où il mourut le 21 octobre 1773. Graun fut un compositeur très actif et très distingué de musique instrumentale, mais cette musique n'est pas connue, parce qu'il n'en a rien été publié. On sait seulement qu'il a écrit une quarantaine de symphonies, 26 concertos et plusieurs solos de violon, des quatuors, des trios, etc. Une partie de ces ouvrages sont conservés en manuscrit à la Bibliothèque royale de Berlin.

Quelques artistes doivent encore être mentionnés avant la venue de Franz Benda, que l'on s'accorde à considérer comme le fondateur de l'école moderne de violon en Allemagne. Quoique restés obscurs, ces artistes n'étaient point dépourvus de talent et méritent sans doute un souvenir. Le premier qui, par sa naissance, ferme presque le xviiᵉ siècle, est Johann-Georges Orschler, qui vit le jour à Breslau en 1698; après avoir appris les premiers éléments de la musique avec l'organiste Michel Kirsten, il alla étudier le violon à Berlin avec Frey et Rosetti, puis reçut à Vienne des leçons de Fux pour le contrepoint. Devenu maître de chapelle du prince de Lichtenstein à Olmutz, il revint à Vienne comme violoniste au service de la cour, et mourut, très âgé, en cette ville. Il a laissé en manuscrit de nombreuses compositions, parmi lesquelles vingt-quatre trios de violon et six solos. — Un autre, Johann-Chrétien Hertel, né à Œttingen en 1699, mort en 1754, fut un virtuose également habile, dit-on, sur le violon et la basse de viole et sous ce double rapport obtint de vifs succès. Maître de concerts à la cour d'Eisenach, puis à celle du duc de Mecklembourg-Strelitz, il se fit avantageusement connaitre aussi comme compositeur par un nombre d'œuvres considérable : symphonies, ouvertures, trios, concerts et sonates de violon, etc. Cependant, le plus grand nombre de ses compositions sont restées manuscrites, à l'exception de quelques recueils de sonates de violon, seuls publiés. — C'est peut-être en la même année 1699 que naquit, à Lœth, Johann Agrell, qui se distingua à la fois comme violoniste et comme pianiste. D'abord musicien de la cour à Cassel pendant vingt-deux ans, il devint ensuite chef d'orchestre à Nuremberg, où il demeura jusqu'à sa mort (19 janvier 1769). Celui-ci aussi a beaucoup écrit, et l'on cite de lui, entre autres œuvres, des sonates pour piano et violon, d'autres pour violon et basse, et deux concertos pour violon principal avec quatuor. — Jean-Baptiste-Georges Neruda, né en 1704 à Rossicz (Bohême), violoniste habile, fut, après s'être fait connaître avantageusement à Prague, attaché comme premier violon, à Dresde, à l'orchestre de la cour de l'Électeur de Saxe, où il demeura plus de trente années. Il mourut en 1780, laissant inédites de nombreuses compositions, dont quatre concertos de violon; il a publié seulement six solos pour cet instrument. — Charles Hoeckh, né à Ebersdorf, près de Vienne, le 22 janvier 1707, fils d'un violoniste, fut d'abord élève de son père, puis apprit le hautbois et devint hauboïste dans la musique d'un régiment. De retour dans la vie privée, il reprit l'exercice du violon, et, s'étant rendu à Vienne, il y connut Franz Benda, qui l'admit dans son quatuor, et qu'il accompagna ainsi dans ses voyages artistiques, jusqu'en Pologne et à Varsovie. Il devint ensuite directeur des concerts du prince d'Anhalt-Zerbst, et le resta jusqu'à sa mort, en 1721. Hoeckh a écrit douze concertos et douze solos de violon, mais n'a publié qu'un recueil de sept petites pièces sans importance. — Fils d'un violoniste qui appartenait à l'orchestre de l'électeur de Bavière à Munich, Joseph Blume naquit en cette ville en 1708. Élève de son père, il fut lui-même admis à l'orchestre de la cour, d'où il passa, en Pologne, à celui du prince Lubomirski, et enfin, en 1743, à celui du prince royal de Prusse. Il mourut à Berlin en 1781. Cet artiste composa et publia, pour le violon, des caprices, qui eurent un grand succès en Allemagne. — Joseph-Ildefonse Michel, violoniste et compositeur distingué, né en 1708 à Neumarkt (Bavière), fut maître de chapelle de diverses cours (entre autres chez le comte de Thurn et Taxis), pour lesquelles il écrivit plusieurs opéras et oratorios dont on ignore complètement les titres, ainsi que le lieu et la date de leur représentation. On raconte que cet artiste fort bien doué, devenu vieux et pris d'un singulier accès de mélancolie, jeta au feu toute sa musique, ne conservant que les manuscrits de six concertos de violon qui trouvèrent grâce devant lui. Il mourut à Ratisbonne en 1770. — Jean Krumbowski, né en Bohême, qui fut attaché au service de la cour de Dresde, fut surtout un virtuose de premier ordre sur la viole d'amour. Cet artiste, qui mourut en 1768, a écrit des concertos de violon et des solos de viole d'amour qui n'ont pas été publiés. — Citons encore un artiste qui semble avoir été assez habile, Joseph Meck, qui, aux environs de 1730, appartenait comme violoniste à la chapelle de l'archevêque de Mayence et qui publia à Amsterdam, chez Roger, une suite de *XIII concerti per il violino a 5 e 6 stromenti.* Il a laissé en manuscrit plusieurs autres concertos et des sonates de violon.

Il serait impossible de terminer ce chapitre sans évoquer les deux noms glorieux de Bach et de Haendel. Bien qu'ils n'aient jamais été spécialement renommés comme violonistes, nul n'ignore pourtant que l'un et l'autre jouaient du violon, et qu'en leur jeunesse ils avaient tous deux fait leur partie à l'orchestre, Bach à la cour de Weimar, Haendel à l'Opéra de Hambourg. En tout cas, on ne saurait se dispenser de rappeler à cette place celles de leurs compositions qui intéressent le violon. De Bach on connait : 6 sonates pour clavecin et violon ; 6 sonates pour violon seul ; 2 concertos avec accompagnement de quatuor à cordes ; 5 duos pour deux violons. La part de Haendel est encore plus considérable ; on a de lui : 6 grands concertos de violon, op. 6 ; 12 grands concertos pour 4 violons avec 2 violes, violoncelle et basse continue pour clavecin ou orgue ; sonate pour violon avec basse continue pour clavecin ; sonate pour 2 violons avec basse continue ; 6 sonates pour 2 violons, 2 hautbois ou 2 flûtes et violoncelle ; 7 sonates en trios pour 2 violons ou 2 flûtes et violoncelle ; 3 trios pour 2 violons et bassè, op. 5, 6 et 47 (1).

(1) Quoique ne voulant point la passer sous silence, on ne saurait parler longuement de la lutherie allemande, qui ne pourrait entrer en comparaison non seulement avec celle de l'Italie, mais même avec celle de la France. Deux noms seuls surgissent, brillants, sous ce rapport ; encore n'appartiennent-ils pas à l'Allemagne proprement dite, mais au Tyrol, ceux de Jacob Stainer et de Mathias Klotz, son meilleur élève ; ceux-là ont construit des instruments qui ont justifié leur renommée et conservé leur valeur. Stainer, d'ailleurs, avait été faire son apprentissage à Crémone, comme élève de Nicolas Amati, dont certains croient qu'il a épousé la fille. Son talent est indiscutable, et il en a transmis les principes à Klotz, qui sut les mettre à profit. Il était né vers 1620 à Absam, et celui-ci entre 1640 et 1650. Après eux, il y a bien peu de noms à citer, et de bien peu de valeur, à peine ceux de Paul Hibtz, qui travaillait à Hambourg au commencement du xvii° siècle, de Joachim Tielke, qui vivait en cette ville presque dans le même temps, et de Maurice Voigt, qui y exerçait sa profession au début du siècle suivant. Mais aucun de ceux-ci n'a dépassé un talent très ordinaire et ne mérite une mention spéciale. Fétis cite comme le plus ancien luthier allemand connu, un nommé Conrad Gerle, qui vivait à Nuremberg en 1461 et mourut, en 1521. « Les luths fabriqués par cet artiste, dit-il, étaient renommés et connus sous le nom de *luths d'Allemagne.* » On ne dit pas si ce Conrad Gerle a fait des violes ou des violons. Enregistrons encore pour mémoire certains noms luthiers restés obscurs : Neusiedler, xvi° siècle ; Kohl (Jean), *id.* ; Bachmann (Carl-Ludwig), de 1716-1800 ; Hunger (Christophe-Frédéric), 1718-1787 ; Possen, xvii° siècle ; Otto (Jacques-Auguste) ; Rauch (Jacques) ; Kuntzel (Laurent) ; Liebich (Ernest-Jean-Gottlob).

II

Nous avons enfin à parler de Franz Benda, le plus fameux de tous les violonistes connus jusqu'alors en Allemagne, et celui qui a laissé la trace la plus brillante de son passage. A proprement parler, cependant, Benda n'était pas Allemand : né le 25 novembre 1709 à Althenatka, selon les biographes (1), il était de naissance et d'origine bohème, ou tchèque, comme on dit aujourd'hui, et il semble bien que c'est à Prague qu'il fit son éducation musicale, recevant des leçons d'un violoniste habile, son compatriote, nommé Koniesek. Toutefois, il est bien certain que la plus grande partie de son existence s'écoula en Allemagne, et qu'elle le rattache directement à l'art de ce pays (2).

Dès ses plus jeunes années, Franz Benda, qui appartenait à une famille nombreuse et peu fortunée, entra comme enfant de chœur à l'église Saint-Nicolas de Prague, d'où sa jolie voix de soprano le fit appeler à la chapelle de l'Électeur de Saxe, à Dresde. Là, un accident la lui ayant fait perdre, il fut congédié. « De retour à Prague, dit Fétis, il recouvra sa voix, qui se changea en contralto, et cet avantage le fit admettre au séminaire des Jésuites en 1723. Ses premières compositions datent de cette époque; son premier essai fut un *Salve Regina*. Peu de temps après l'avoir écrit, il retourna chez ses parents, mais il n'y resta pas longtemps ; la nécessité de pourvoir à son existence le fit s'engager dans une troupe de musiciens ambulants. Parmi ceux-ci se trouvait un juif aveugle, nommé Loebel, violoniste fort habile qui devint le maître et le modèle de Benda. Fatigué bientôt de sa vie vagabonde, celui-ci retourna à Prague, et y prit quelques leçons du violoniste Koniesek. » Benda semble avoir été attaché ensuite au service artistique

(1) Ou à Staré-Benatky, selon le *Dictionnaire* de M. Hugo Riemann, auquel on aurait grand tort de toujours se fier.

(2) Dans son livre très intéressant sur *Smetana*, M. William Ritter le constate ainsi : « Plus on s'éloigne dans le temps de la date de la Maison-Blanche, plus tout souvenir de la langue et du passé tchèque s'obscurcit : François Benda, habile violoniste et professeur à la cour de Frédéric II, avoue-t-il même sa langue maternelle ? Cette famille des Benda, comme celle des Bach, remplit l'Allemagne de professionnels de la musique... Rien qu'à entendre leurs noms de baptême, on sent quels parrainages les pères avaient ambitionnés. Avec ces beaux prénoms auliques, on n'est pas plus éloigné de la pauvre et triste race tchèque, à la face de souffrance blème et terreuse. Ceux qui la renient et se font Allemands, veulent, comme de juste, le paraître plus que le roi de Prusse... »

de divers grands personnages, et enfin arriva à Vienne, où il connut le fameux violoncelliste Franciscello, dont le talent et les conseils lui furent très profitables. Il organisa alors, avec trois jeunes artistes, Czarth, Hœckh et Weidner, une petite société à la tête de laquelle il entreprit une grande tournée jusqu'en Pologne et à Varsovie, où il resta deux années et fit partie de la musique du roi Frédéric-Auguste. La mort de ce prince l'ayant laissé sans emploi, il se trouvait à Dresde lorsqu'il fit la connaissance du fameux flûtiste Quantz, professeur de flûte et musicien favori du prince royal de Prusse qui devait être plus tard le grand Frédéric. Quantz était chargé de compléter le personnel musical du prince, et il emmena Benda à Rheinsberg, résidence de celui-ci, où il devait être le premier violon de l'orchestre des concerts. Benda trouva là deux autres grands artistes, les frères Graun, dont l'un, Charles, le célèbre compositeur, était chargé de toute la partie vocale, et l'autre, Théophile, le violoniste émérite dont il a été question plus haut, de toute la partie instrumentale. Lorsque Frédéric, en 1740, fut monté sur le trône, il donna un plus grand essor à la musique en faisant construire à Berlin une vaste salle d'Opéra qui fut inaugurée en 1741 par un ouvrage de Charles Graun, *Cléopâtre et César*, écrit exprès pour la circonstance. Théophile Graun fut alors désigné pour diriger les représentations de l'Opéra, tandis que Benda prit la direction de l'orchestre des concerts, lesquels étaient spécialement destinés à l'exécution, par Frédéric, des innombrables morceaux de flûte que Quantz ne cessait d'écrire à son intention.

Dans cette situation qui lui assurait, avec de nombreux loisirs, une existence tranquille et exempte d'inquiétude, Benda, tout en se fortifiant dans la composition en étudiant le contrepoint avec Quantz, ne songea plus qu'à perfectionner son talent de violoniste, déjà remarquable, et que le grand historien musical anglais Burney caractérisait ainsi : — « Sa manière n'était ni celle de Tartini, ni celle de Veracini ; il avait sa propre originalité, qu'il devait à son étude approfondie des grands maîtres » ; tandis que Jean-Adam Hiller, son admirateur, exaltait chez lui la qualité du son, qui, disait-il, « était de la plus grande beauté, le plus pur et le plus harmonieux qu'on pût imaginer (1) ». Mais ses fonctions et ses travaux ne

---

(1) Jean-Adam Hiller a publié un petit ouvrage didactique sous ce titre : *Instructions sur l'art de jouer du violon, à l'usage des écoles et pour apprendre seul* (Leipzig, 1792).

l'empêchaient pas de se consacrer aussi avec activité à l'enseignement, et de former de nombreux élèves, parmi lesquels on peut citer, outre ses deux fils et son frère Joseph, tous ces artistes qui avaient nom Kœrbitz, Fodor, Bodinus, Abel, Rust, Veichtner, Remnitz, Hertel, Pischer, Matthes, Raab, etc. On conçoit que pendant les quarante et quelques années que Franz Benda passa à Berlin au service de Frédéric II (1), le nombre dut être considérable de ces élèves qui, par la suite, répandirent les traditions qu'ils tenaient de leur maître et qui, comme on l'a dit, ont été connus en Allemagne sous le nom d' « école de Benda ».

Il est certain que Benda a exercé en Allemagne une influence remarquable sur les progrès de l'art du violon. On ne saurait, toutefois, comparer cette influence à celle qu'exercèrent en Italie ces artistes admirables qui avaient nom Corelli, Geminiani et Tartini, non seulement grâce à leur enseignement personnel, mais aussi par ce fait qu'ils laissaient derrière eux des œuvres nombreuses et superbes qui servirent à perpétuer leurs principes et à les laisser vivants après leur mort. Or, si Benda a beaucoup écrit (cent solos, dit-on, et un grand nombre de concertos), ces compositions n'ont pas été publiées, et presque rien ne reste de lui. D'autre part, si l'école dite de Benda a produit par la suite des virtuoses absolument distingués, tels que Eck, Fraenzl, Cannabich, Stamitz, Ditters von Dittersdorf, et successivement Mœser, Maurer, Bohrer, Mayseder, Kalliwoda, Spohr, elle n'a pas donné naissance à des artistes de premier ordre tels que l'Italie en a formés à la suite de ses grands chefs, les Somis, les Pugnani, les Lolli, les Giardini, les Nardini, les Campagnola, et le plus grand de tous, l'admirable Viotti. On ne saurait donc, je l'ai dit, établir de comparaison entre les deux écoles, et l'Italie conserve sur l'Allemagne une supériorité écrasante, non seulement par le nombre, mais par la qualité des artistes qu'elle mettait en ligne en dehors de ses chefs reconnus, et l'on ne peut nier que des virtuoses tels que Torelli, Veracini, Vivaldi et tant d'autres font pâlir singulièrement les exploits d'un Baltzar, d'un Biber, d'un Westhoff ou de quelque autre de leurs émules. Et si, de nos jours,

---

(1) Il mourut à Postdam le 7 mars 1786, après avoir pris sa retraite seulement depuis quelques années. Il avait une fille, nommée Julie, qui épousa le fameux écrivain musical et compositeur Reichardt, lequel était maître de la chapelle royale à Berlin, et par conséquent camarade et collègue de Franz Benda. — *La Gazette musicale* de Paris publiait en 1856, d'après la *Gazette musicale* de Berlin une autobiographie, d'un intérêt d'ailleurs médiocre, de Franz Benda, traduite par J. Duesberg, et comprenant trois articles.

l'Allemagne a produit plusieurs artistes qui ont conquis une grande et légitime renommée, cela n'enlève aucune valeur aux considérations qui précèdent et à l'auréole de gloire qui entoure les nobles représentants de l'incomparable école italienne de violon (1).

Mais la notoriété très légitime qui s'était attachée tout d'abord au nom de Benda ne devait pas se borner à la seule personnalité de Franz. Celui-ci fut le chef de toute une famille de musiciens, tous violonistes, qui pendant plus d'un siècle occupèrent le public et maintinrent honorablement la renommée que le premier d'entre eux avait acquise par son talent.

Franz Benda, en effet, n'avait pas moins de trois frères, Johann, Georges et Joseph, dont il semble avoir fait, au moins en partie, l'éducation musicale. Johann, né à Althenatka en 1713, entra, par l'appui de son frère, à la chapelle royale de Berlin, et, après avoir donné des preuves de talent, mourut jeune, à Potsdam, en 1752 ; on connaît de lui trois concertos de violon restés inédits. Georges, né le 30 janvier 1722, fit aussi partie, comme violoniste, de l'orchestre royal de Berlin, mais n'y resta que peu d'années, et devint bientôt maître de concerts de la cour de Gotha, où il se fit un nom distingué comme compositeur (2). Il fit représenter avec succès, à Gotha, une douzaine d'opéras, et écrivit aussi beaucoup de compositions religieuses et instrumentales. Après une existence assez capricieuse et agitée, il mourut à Kœrstritz le 6 novembre 1795. Le plus jeune des quatre

(1) Dans un article sur l'Allemagne musicale, Fétis écrivait ceci : « Si l'école de violon fondée par François Benda n'a point produit de violonistes de premier ordre, si Eck, Fraenzl, Maurer, Moeser, Spohr et Bohrer sont inférieurs aux grands artistes des écoles italienne et française, ce sont cependant des hommes d'un talent estimable. » (*Revue musicale*, 1821, t. I, p. 361.) — D'autre part, Henri Blanchard, dans une étude substantielle intitulée : *Physiologie du violon*, s'exprimait ainsi : « Stamitz et Léopold Mozart, père de l'auteur de *Don Juan*, contemporains de Leclair et de Gaviniés, étaient les représentants de l'école allemande, *qui a toujours été inférieure* aux écoles italienne et française, malgré les efforts d'Andreas Romberg, frère du violoncelliste, de Mayseder et de Spohr, l'un des plus savants compositeurs de notre temps. » (*Revue et Gazette musicale*, 11 août 1839.)

Il est certain que les violonistes les plus habiles et les plus réputés de l'Allemagne ne sauraient soutenir la comparaison avec Corelli, Geminiani, Tartini, Viotti d'une part, de l'autre avec Leclair, Gaviniés, Rode, Kreutzer et Baillot.

(2) Fétis, qui avait la manie de relever les erreurs des gens qui ne se trompaient pas, a voulu corriger Gerber en affirmant que Georges était, non comme le disait celui-ci, le frère des trois autres Benda, mais seulement leur cousin. Or, c'est Fétis lui-même qui était dans l'erreur : Georges est bien le troisième des quatre frères Benda. Il eut une fille, nommée Augustine, cantatrice scénique distinguée, qui épousa un chanteur du nom de Zimder, avec qui elle poursuivit sa carrière.

frères, Joseph, né à Althenatka le 7 mai 1724, succéda à Franz dans ses fonctions de maître de la chapelle royale de Prusse, à laquelle il avait appartenu d'abord comme simple violoniste. Celui-ci a beaucoup écrit, mais n'a rien publié. Il mourut à Berlin le 22 février 1804. Enfin, il faut mentionner encore trois autres Benda, qui se sont fait connaître tant comme violonistes que comme maîtres de chapelle et compositeurs : Frédéric-Wilhelm-Henri, fils aîné de Franz (1745-1814) ; Frédéric-Ludwig, fils aîné de Georges (1746-1793), et Carl-Hermann-Henri, frère cadet de celui-ci (1748-1836).

Un espace de dix années seulement sépare l'époque de la naissance de Franz Benda de la venue de Charles Stamitz, l'un des violonistes les plus justement renommés de ce temps. Entre les deux, nous trouvons à enregistrer les noms de plusieurs artistes intéressants, bien qu'ils n'aient point laissé de traces vivantes dans l'histoire de l'art. C'est d'abord Georges Czarth (qu'on appelle parfois Zarth), né en 1708 à Deutschenbrod (Bohême), qui fut précisément lié avec Benda, qu'il accompagna à Varsovie avec Hoeck et Weidner, et qui fit successivement partie des orchestres du roi de Pologne, du prince royal de Prusse à Berlin, et enfin de l'électeur palatin à Mannheim, où il resta jusqu'à sa mort, en 1774. Violoniste très habile, il se distingua aussi comme compositeur, et quoiqu'il n'ait publié que six solos de violon et un recueil de six sonates gravé à Paris, on sait qu'il a écrit des concertos, des symphonies et des trios pour violons et violoncelles. — Dans le même temps vivait Joseph Meck, virtuose de la chapelle de l'archevêque de Mayence, qui a publié une série de douze concertos de violon et qui en a laissé beaucoup d'autres en manuscrit, ainsi que des sonates. — Un autre, Albert Groenemann, né à Cologne, à la fois violoniste et organiste, se fixa jeune en Hollande, et d'abord à Leyde, où il était en 1739 et où il se fit une telle renommée de violoniste que, au dire de Choron et Fayolle, « il disputa le prix du talent au célèbre Locatelli, qui se trouvait alors à Amsterdam, » ce qui est peut-être beaucoup dire. Cet artiste assurément distingué quitta Leyde, pour accepter à La Haye les fonctions d'organiste de la grande église, puis, devenu fou au bout de quelques années, dut être transporté dans une maison de santé, où il mourut au bout de peu de temps. Il a publié douze solos de violon, six sonates à violon seul avec basse et six trios pour deux violons et flûte.

Signalons ensuite Johann-Gabriel Seyfarth, né en 1711 à Reisdorf, près de Weimar. Élève de Hoeck pour le violon et de Fasch pour la composition, il appartint d'abord à l'orchestre du prince Henri de Prusse puis, en 1740, entra dans la musique du roi Frédéric II comme simple violoniste, après quoi il fut chargé de composer la musique des nombreux ballets représentés à l'Opéra de Berlin. Il se fit remarquer sous ce rapport et obtint de véritables succès. En dehors de sa musique de ballet, Seyfarth écrivit de nombreuses compositions : symphonies, solos et concertos de violon, trios et quatuors pour instruments à cordes, etc. ; mais une partie seulement de cette musique a été publiée. Il mourut à Berlin le 9 avril 1796. — Un autre violoniste qui était aussi claveciniste habile, Antoine Giraneck, né en Bohême vers 1712, et qui, après avoir été premier violon dans l'orchestre du théâtre royal de Varsovie, devint directeur de musique à Dresde, où il mourut le 16 janvier 1761, n'écrivit pas moins de 24 concertos de violon avec d'autres compositions instrumentales qui, malheureusement, sont restées. pour la plupart inédites. Ce virtuose d'un réel talent fut le père d'une artiste elle-même fort distinguée, Mme Koch, d'abord danseuse, puis claveciniste, qui devint enfin l'une des cantatrices les plus applaudies des scènes allemandes. — Notons encore Georges-Christophe Hempel, né et mort à Gotha (1715-1801), qui fut atta-ché toute sa vie à la musique grand-ducale de Saxe-Gotha, et dont on connaît deux concertos et douze solos de violon, ainsi que onze symphonies. — Un violoniste particulièrement précoce, Johann-Wolfgang Kleinknecht, né à Ulm en 1715, mort à Anspach en 1786, devint le protégé du duc de Wurtemberg pour avoir, à peine âgé de huit ans, exécuté brillamment devant lui un concerto. Confié par ce prince à l'excellent violoniste italien Brescianello, qui était son maître de chapelle, Kleinknecht devint, par les leçons de cet artiste, un véritable virtuose. Successive-ment maître de chapelle ou de concerts à Eisenach, à Anspach, à Bayreuth, il s'y distingua non seulement par son remarquable talent d'exécution, mais aussi par la rare habileté qu'il déployait dans la direction des orchestres. Cet artiste fort distingué n'a publié, dit-on, que six solos de violon, mais il a laissé en manuscrit deux concertos, ainsi que des trios pour deux violons et violoncelle. — Et enfin, il faut encore citer le nom de Bernard Hupfeld, né à Cassel en 1717 et mort à Marbourg en 1794. Successivement attaché à la musique du comte de

Wittgenstein, chef de musique d'un régiment de dragons en Autriche et maître de chapelle de divers principicules, après avoir acquis en Italie, sous la direction de Domenico Ferrari, un talent sérieux de violoniste, il devint enfin directeur de concerts à Marbourg. Cet artiste a publié des trios pour instruments à cordes, des symphonies pour orchestre, et il a laissé de nombreuses compositions inédites, entre autres des concertos pour violon et pour divers autres instruments.

Et nous voici en présence d'une des personnalités artistiques les plus vraiment intéressantes de ce temps, Jean-Charles Stamitz, né à Deutschbrod (Bohême), le 19 juin 1714, qui fut à la fois un violoniste et un compositeur remarquable, en même temps qu'un chef d'orchestre d'une rare habileté (1). Il était fils d'un modeste maître d'école, et l'on assure qu'il fit seul son éducation musicale, sans le secours d'aucun maître, ce qui peut sembler un peu extraordinaire, étant donné son double et incontestable talent. En fait, on ignore tout de ses jeunes années, et l'on sait seulement que sa renommée de violoniste était telle, dès 1745, qu'il était admis en cette qualité dans la chapelle de l'Electeur Palatin à Mannheim, chapelle alors célèbre dans toute l'Allemagne et dont la supériorité était reconnue de toutes parts. Il ne tarda pas à s'y distinguer de telle façon qu'il devint bientôt maître de concert, puis directeur de la musique de la chambre de l'Électeur. Ses grands succès de virtuose et la personnalité de son jeu, aussi bien que la valeur et l'éclat des œuvres écrites par lui pour son instrument, le font considérer comme le créateur et le chef de l'école de violon dite école de Mannheim, à laquelle se rattachent des virtuoses tels qu'Ignace Fraenzl, les deux Cannabich père et fils, dont le premier fut son élève direct, et nombre d'autres artistes distingués.

Jean-Charles Stamitz ne se bornait pas d'ailleurs, en tant que compositeur, à écrire spécialement pour le violon. Ayant un orchestre à sa disposition, il en sut profiter pour se manifester d'autre façon. A ses concertos, qu'il exécutait lui-même aux applaudissements du public, à ses sonates et à ses trios il joignit bientôt des symphonies, dans lesquelles, dit-on, il fut l'un des premiers à introduire des cors et des clarinettes. « Ses symphonies, dit Fétis, précédèrent celles de Haydn, et peut-être ne furent-elles point inutiles au développement du génie de ce grand homme. »

(1) Fétis donne à tort l'année 1719 comme date de sa naissance.

Ce qui est certain, c'est que la renommée de Stamitz s'étendit non seulement par toute l'Allemagne, mais même au dehors. Si bien qu'à Paris, l'administration du Concert spirituel, qui voulait justifier la sympathie que lui témoignait le public en le mettant à même de connaître et d'apprécier ce qui se produisait de mieux à l'étranger, faisait exécuter le 12 avril 1751, comme nous l'apprend le *Mercure*, « une symphonie à tymballes, trompettes et cors de chasse de la composition de M. Stamitz, directeur de la musique de S. A. Électorale Palatine ». L'œuvre fut bien accueillie, ce qui fit naître sans doute chez Stamitz le désir de se faire connaître personnellement du public français, désir qu'il ne devait pas tarder beaucoup à réaliser. On peut supposer qu'il obtint de l'Électeur un congé qui lui permit de faire un voyage à Paris, où il vint en effet et resta environ une année, de 1754 à 1755, après quoi il alla reprendre ses fonctions à Mannheim. Cette année ne fut pas sans activité pour lui, comme on va le voir.

Il est probable que Stamitz s'était mis, de Mannheim même, en relations avec la direction du Concert spirituel, qui était alors aux mains de Royer, « maître de musique de Monseigneur le Dauphin et de Mesdames de France et inspecteur de l'Opéra », et qu'il avait préparé son arrivée (1). Ce qui est certain, c'est que le 8 septembre 1754 (fête de la Nativité de la Vierge), le programme du Concert spirituel lui était en grande partie consacré, et que Stamitz s'y manifestait au public sous sa double physionomie de compositeur et de virtuose. En effet, le *Mercure* nous apprend qu'on entendit d'abord « une symphonie nouvelle à cors de chasse et hautbois de M. Stamitz, directeur de la musique instrumentale et maître de concerts de S. A. E. Palatine » ; ensuite, Stamitz exécuta un solo de violon de sa composition, et enfin, changeant d'instrument, il joua sur la viole d'amour une sonate, pareillement de sa composition. Je ne veux point rechercher s'il n'y avait pas, dans cette façon de se produire simultanément sous tant d'aspects divers un brin de charlatanisme ; je me bornerai à constater le succès brillant, et d'ailleurs très justifié par son talent, qui accueillit l'artiste au cours de son exhibition sensationnelle.

Là ne se bornèrent pas ses exploits. Il y avait alors à Paris un dilettante fort in-

(1) **Royer devait mourir le 11 janvier 1755. Voy.** l'almanach *les Spectacles de Paris.*

telligent et avisé, le fermier général Le Riche de la Popelinière, aussi fameux par
ses infortunes conjugales que par son sincère amour de l'art (1). Protecteur et véritable mécène des artistes, ne connaissant aucun obstacle à la satisfaction de ses
goûts, ce financier opulent entretenait à grands frais à son service, ainsi que le
faisaient alors nombre de grands personnages (le prince de Conti, le comte de
Clermont, le duc de Noailles et autres), un important personnel musical au moyen
duquel il donnait des concerts fort intéressants et dont l'accès était très recherché.
Ce personnel avait été placé jusqu'alors sous la direction de Rameau, qui, absorbé
par ses travaux, venait d'en abandonner la responsabilité. Profitant de la présence
à Paris de Stamitz, la Popelinière eut l'idée de lui confier pendant son séjour la
direction de ses concerts, qui, après lui, reviendrait à Gossec. Stamitz s'y distingua,
dit-on, d'une façon toute particulière, tant par le choix de la musique qu'il faisait
exécuter, et où la sienne faisait grande figure, que par son habileté de chef d'orchestre. Mais les soins qu'il donnait à ces concerts ne l'empêchaient pas de chercher à entretenir ses relations avec le grand public. C'est ainsi que nous savons,
par le *Mercure*, que le 22 mars 1755 on entendait au Concert spirituel une nouvelle
symphonie de Stamitz « avec *clarinets* et cors de chasse », tandis qu'un autre recueil:
les *Annonces, affiches et avis divers*, nous apprend que le 4 août suivant on exécutait, en l'Église des Jacobins de la rue Saint-Dominique, une Messe solennelle
du même compositeur. Ayant ainsi utilement employé le temps de son séjour à
Paris, le grand virtuose alla reprendre à Mannheim la haute situation qu'il avait
un moment abondonnée. Il ne devait plus désormais l'occuper longtemps, car il
mourut, dans toute la force de l'âge et du talent, en 1761.

Si Jean-Charles Stamitz ne fut pas un homme de génie, ce fut assurément, et
sous tous les rapports, un artiste hors de pair. Son talent d'exécution avait la franchise, la vigueur et l'éclat qui distinguent sa musique, laquelle nous prouve,
d'autre part, qu'il ne reculait pas devant les difficultés les plus ardues. Certain
divertissement reproduit par Cartier dans son *Art du violon*, et qui semble un
duo pour deux instruments exécuté par un seul, est bien curieux à cet égard;

---

(1) Voltaire, Rameau et tous les contemporains disaient La Popelinière, et l'on avait toujours écrit
ainsi jusqu'à ces derniers temps, où certains des nôtres se sont avisés de transformer ce nom presque
élégant en celui, lourd et grossier, de La Pouplinière. Je m'en réfère à la coutume du xviiiᵉ siècle.

et les traits en double corde dont il était prodigue suffisent à montrer que, comme nous disons, nous autres violonistes, il connaissait son manche.

Les œuvres publiées de Stamitz comprennent : six sonates pour clavecin et violon, douze sonates pour violon et basse, six trios pour deux violons et basse, six concertos pour violon avec orchestre, et douze symphonies pour plusieurs instruments. Il a laissé en manuscrit un plus grand nombre de compositions, dont quelques-unes seulement ont été gravées après sa mort : neuf solos et vingt et un concertos de violon, deux concertos et plusieurs sonates de clavecin, et onze symphonies. Le violoniste étant ici seul en cause, je ne m'occuperai pas des symphonies, mais il me semble intéressant de reproduire le jugement porté par Ginguené sur les concertos (1) :

Stamitz fut celui de tous les compositeurs allemands qui, sans se régler tout à fait sur le style de Tartini, donne comme lui le plus de grandeur et de noblesse au style de ses concertos. Cet excellent symphoniste mit dans tous ses débuts et dans ses *tutti* une force et une majesté dignes de Tartini ; peut-être même lui est-il supérieur dans cette partie. Ses solos ont du feu, de l'originalité ; ils sont bien conduits, modulés hardiment, pleins de traits piquants et qui se font mutuellement valoir ; mais on y voit peut-être plus d'art que de naturel. Si l'on ne peut les jouer sans effort, on croit s'apercevoir qu'ils ont été composés de même. Les chants n'en sont pas toujours heureux, ni faciles à saisir ; en un mot, pour l'aisance, la grâce et la mélodie, on distingue souvent entre Tartini et Stamitz, dans leurs concertos, la même différence qui existe entre la plupart des maîtres italiens et allemands dans leurs compositions vocales.

Ce jugement est intéressant, partant d'un critique instruit et éclairé, bon musicien, et dont les sympathies étaient surtout acquises à la musique italienne (2).

Jean-Charles Stamitz fut, comme Franz Benda, le chef de toute une famille de

(1) Au premier volume du Dictionnaire de musique de l'*Encyclopédie méthodique*, article *Concerto*.

(2) C'est vers l'époque où Stamitz vint ainsi se faire applaudir au Concert spirituel et chez la Popelinière, que l'on signale la venue en France de plusieurs violonistes allemands, dont certains même se fixèrent à Paris et y publièrent leurs compositions. L'un des premiers, en 1745, fut Johann Forster, qui, dit-on, entra à l'orchestre de l'Opéra-Comique de la foire Saint-Laurent et fit graver un livre de sonates pour deux violons. En 1754, c'est Johann Chinzer, dont on imprima trois recueils de sonates en trios, un autre de sonates pour deux violons et deux autres encore de sonates pour deux violoncelles. Et quelques années plus tard, c'est encore un artiste nommé Stad, qui semble avoir été vraiment distingué et qui, venant à son tour à Paris, y publie un recueil de six sonates de violon, après quoi il reprend le chemin de l'Allemagne en s'arrêtant à Strasbourg, où il devient pendant quelque temps premier violon à l'orchestre du théâtre, et enfin publie à Vienne une suite de trente-sept variations avec accompagnement de basse.

musiciens. Son fils aîné, Charles, hérita de son talent et ne fut guère moins célèbre que lui comme violoniste et comme compositeur. Né à Mannheim le 7 mai 1746, il commença son éducation musicale avec son père, et, après la mort de celui-ci, reçut des leçons d'un de ses anciens élèves, Chrétien Cannabich, sous les conseils duquel il retrouva les traditions paternelles. Après avoir fait partie, à Mannheim, de la chapelle de l'électeur, Charles Stamitz vint vers 1770 à Paris, où le souvenir de son père ne lui fut pas inutile. Il se produisit avec succès et de toutes façons au Concert spirituel, puis entra bientôt au service du maréchal duc de Noailles, où, comme naguère son père chez La Popelinière, il dirigea des concerts brillants et très recherchés. Cependant, après un séjour d'une quinzaine d'années, Charles Stamitz quitta la France pour retourner en Allemagne, obtint des succès de virtuose à Francfort, où il fit représenter un petit opéra-comique, *le Tuteur amoureux*, à Berlin, à Dresde, à Prague, à Nuremberg, puis se rendit à Saint-Pétersbourg, où il composa et fit jouer un grand opéra, *Dardanus*, et enfin se fixa à Iéna, où il dirigea le concert des étudiants. C'est là qu'il mourut en 1801. Les œuvres de Charles Stamitz sont nombreuses ; elles comprennent neuf symphonies pour divers instruments, quatre symphonies concertantes pour deux violons, sept concertos de violon, un de clavecin, un d'alto, des trios et des quatuors pour instruments à cordes, des duos pour deux violons, pour violon et alto, pour violon et violoncelle.

Le frère cadet de celui-ci, Antoine Stamitz, né à Mannheim en 1753, fut, lui aussi, un violoniste remarquable et un compositeur distingué. Sans doute élève de son frère, il l'accompagna, dit-on, lors du voyage que ce dernier fit en 1770 à Paris, et paraît s'être aussitôt et définitivement fixé en France, où son existence pourtant est restée assez mystérieuse. Il est certain qu'il se fit entendre au Concert spirituel, où, aux environs de 1775 et 1780, il se produisait en exécutant tantôt un concerto de violon, tantôt des solos d'alto. Fétis, toujours prêt à corriger à tort Choron et Fayolle tout en ne cessant de leur emprunter des renseignements, affirme qu'ils se trompent en disant qu'Antoine Stamitz « a joué pendant longtemps à la chapelle du roi à Versailles ». Or, on a trouvé la preuve que Stamitz figurait sur les états de la musique du roi dès 1782, et Vidal nous démontre qu'il y est resté jusqu'à sa dissolution : « Nous rencontrons, dit-il, son nom sur la liste des seize violons qui

faisaient partie de la musique du roi de France lorsqu'elle fut dissoute le 10 août 1792. »
Et sur plusieurs de ses compositions, il inscrit bien la qualification d' « ordinaire
de la musique du roi ». On pourrait supposer qu'Antoine Stamitz se livra à Paris
à l'enseignement ; cependant son nom ne figure sur aucune des listes de professeurs données soit par les *Tablettes de renommée des musiciens* (1782), soit par
le *Calendrier musical* de Framery (1788-1789). Que devint Antoine Stamitz
après les jours troublés de la Révolution ? Demeura-t-il en France ? Retourna-t-il
en Allemagne ? C'est ce que nul ne saurait dire, car son nom disparaît ici complètement, et il n'est pas davantage question de lui dans sa patrie. Notre ignorance
est si complète à cet égard, qu'on ne connaît ni le lieu ni la date de sa mort.

Ce qui est remarquable, c'est la fécondité dont Antoine Stamitz fit preuve,
comme compositeur, durant les vingt années environ de son séjour certain à Paris,
où il arrivait à peine âgé de dix-sept ans. Voici, en effet, la liste des ouvrages
publiés par lui à cette époque, soit chez Sieber, soit chez Boyer, soit chez La Chevardière : un concerto de violon ; trois concertos de clavecin; divers concertos de
violoncelle, basson, etc.; 36 quatuors pour instruments à cordes (1); 6 trios pour
deux violons et basse; 18 duos pour violon et violoncelle; 6 duos pour violon
et flûte; 6 sonates en duos pour deux violons ; 6 trios pour flûte, violon et violoncelle. On voit qu'il y a là un ensemble de plus de quatre-vingts compositions, ce
qui est respectable pour un artiste ayant à peine atteint sa quarantième année (2).

Si l'on ne peut citer Léopold Mozart au nombre des véritables virtuoses, on
sait cependant que le père de l'auteur de *Don Juan* fut non seulement un violoniste
habile, mais un excellent professeur. A ce double titre, il aurait le droit d'être
ici mentionné ; il en faut ajouter un autre, celui d'être l'auteur de la meilleure
Méthode de violon qui eût paru jusqu'alors en Allemagne. Cette Méthode, dont le

---

(1) De ces divers recueils de quatuors, deux étaient dédiés au comte d'Artois, un « à Monseigneur le
Dauphin », un autre encore au duc de Polignac, ce qui semble indiquer qu'Antoine Stamitz était bien en
cour.

(2) Il faut mentionner le quatrième membre musicien de la famille, Thaddée Stamitz, frère cadet de
Jean-Charles, né à Deutschbrod en 1721, et qui fut un violoncelliste très distingué. « Il entra aussi, dit,
Fétis, au service de l'Électeur Palatin, à Mannheim, mais ensuite retourna à Prague, se fit prêtre et devint
vers la fin de sa vie, grand vicaire de l'archevêque de Prague et chanoine à Bunglan. Il mourut le 13 août
1768. » On ne dit pas qu'il ait fait œuvre de compositeur.

succès fut considérable, et qui avait pour titre *Versuch einer gründlicher violin-schule* (Essai d'une école fondamentale du violon), fut publiée à Augsbourg en 1756, l'année même où naissait l'enfant destiné à l'immortalité. « Ce n'est pas, disait un critique, un médiocre éloge à faire de cette Méthode que d'avancer, d'après le témoignage des plus grands maîtres, qu'elle a servi à former tout ce que l'Allemagne possédait d'excellents violonistes dans la seconde moitié du xviiie siècle. On en fit de nombreuses éditions, et elle fut traduite en plusieurs langues, notamment en français par le clarinettiste allemand Valentin Rœser (Paris, Boyer, 1770). Parmi les très nombreuses compositions de Léopold Mozart, nous ne signalons ici qu'un recueil de six trios pour deux violons et basse (1).

Il nous faut rappeler maintenant, au moins de façon sommaire, les noms de plusieurs artistes qui ont droit à quelque souvenir. D'abord Ferdinand Seidel, né à Falkenberg en 1705, qui fut élève de Rosetti à Vienne et devint un virtuose distingué. Revenu à Falkenberg, il y fit partie de l'orchestre du comte Zerotin, d'où il passa plus tard dans celui de l'archevêque de Salzbourg. Quoique ayant écrit beaucoup, entre autres, avec plusieurs symphonies, des concertos et des solos de violon qui, dit-on, se faisaient remarquer par des difficultés quelque peu excentriques, il n'a publié que deux Menuets pour violon. — Anton Kammel, né en Bohême vers 1715, se fit remarquer non seulement comme violoniste habile, mais comme compositeur très fécond. Envoyé en Italie par son protecteur, le comte Waldstein, pour s'y perfectionner, il devint, à Padoue, l'un des meilleurs élèves de Tartini, et, de retour en Bohême, étonna le public de Prague par son talent fort distingué et surtout par l'expression qu'il apportait dans l'exécution de l'adagio. Plus tard il se rendit en Angleterre, obtint de vifs succès à Londres et fut admis dans la musique du roi. Kammel a publié de très nombreuses compositions, consistant en sonates et solos de violon, duos pour violons, trios pour deux violons et basse, quatuors pour instruments à cordes, trios avec clavecin, duos pour violon et violoncelle, ouvertures pour orchestre, etc. (2). — Henri-Christophe Degen, né vers le même temps dans

______

(1) On sait que Léopold Mozart, né à Augsbourg le 14 décembre 1719, mourut à Salzbourg le 24 mai 1787.

(2) Je signale à part un artiste que Cartier, en publiant une de ses sonates sous le nom de Friz, a classé à tort dans l'école allemande, attendu qu'il était Suisse français et avait fait son éducation de violoniste en Italie. Cet artiste, au reste distingué, s'appelait Gaspard Fritz, et était né en 1716 à Genève, où

un village près de Glogau (Silésie), était tout à la fois, en 1757, violon solo et pianiste dans la musique du prince de Schwarsbourg-Rudolstadt. Il s'est fait connaître par quelques compositions pour violon et pour piano, ainsi que par diverses cantates d'église qui n'ont pas été publiées. — Jean-Henri Eiselt, né aussi dans la première moitié du xviiie siècle, qui fut violoniste à la chapelle de Dresde, fut certainement un exécutant habile, car il n'avait pas hésité à faire le voyage d'Italie, pour aller prendre, à Padoue, des leçons de Tartini. Il écrivit pour le violon un certain nombre de compositions qui sont restées en manuscrit. — Il faut signaler encore Léopold-Auguste Abel, né à Cœthen en 1720. Fils d'un violoncelliste de la chapelle du souverain d'Anhalt-Cœthen, il fut élève de Franz Benda, sous la direction duquel il acquit une réelle habileté ; il devint, en 1758, maître de concerts du prince de Schwarzbourg-Sondershausen, après quoi il passa au service du margrave de Schwedt, pour être enfin attaché à la cour du duc de Schwerin. Cet artiste, qui cultivait avec talent, dit-on, la miniature en même temps que la musique, a publié six concertos de violon. — Un autre élève de Franz Benda, Léopold-Frédéric Raab, né en 1721, à Glogau, et qui fut attaché à diverses cours d'Allemagne, paraît avoir été aussi un artiste distingué, non seulement comme exécutant, mais comme compositeur; on ne cite pourtant de lui qu'un certain nombre de concertos restés inédits (1). — Un véritable virtuose fut Franz Fismann, né en 1722 à Altsedlitz (Bohême), et qui, à peine âgé de vingt ans, entra en religion et se fit moine de l'ordre des Frères de la Charité. Cela ne l'empêcha pourtant pas de poursuivre les études musicales qu'il avait commencées, et de devenir à la fois compositeur remarquable et violoniste plein d'élégance. Il parcourut avec beaucoup de succès l'Autriche et l'Italie, se fit entendre à Vienne devant l'empereur, puis à Florence, à Rome, à Naples et dans d'autres villes. De retour à Vienne, où il devint supérieur de son couvent après en avoir dirigé la musique, il se lia d'amitié avec de nombreux artistes, surtout avec Joseph et Michel Haydn. Il mourut à Vienne le 15 juillet 1774. Fismann écrivit beaucoup de musique religieuse, mais on ne

il mourut en 1782. Il avait été à Turin élève de Somis, dont il avait su mettre les leçons à profit. Il a publié d'assez nombreuses compositions, parmi lesquelles douze solos de violons, six duos de violons, six trios, six symphonies pour orchestre et un concerto de clavecin.

(1) Il eut un fils, Ernst-Heinrich-Otto Raab, né à Berlin en 1750, qui, sous la direction de son père, devint un des bons violonistes allemands de son temps.

signale de lui aucune composition pour son instrument (1). — On cite encore au nombre des plus habiles violonistes de ce temps Wilhelm-Gottfried Enderle, né à Bayreuth le 21 mai 1722, et qui mourut à Darmstadt en 1793. Cet artiste fit son éducation musicale à Nuremberg et à Berlin, entra ensuite au service de l'évêque de Wurzbourg, puis devint maître de concerts de la cour de Darmstadt, emploi qu'il conserva jusqu'à sa mort. Il a écrit pour le violon de nombreuses compositions, dont aucune n'a été publiée. — Il en fut de même de Ferdinand Fischer, « musicien de cour et de ville » à Brunswick, qui naquit en 1723 et dont on vantait le talent d'exécution, aussi bien que les facultés de compositeur. On ne dit pas quels furent ses maîtres, mais on sait qu'il voyagea pendant quelque temps en Allemagne et en Hollande, après quoi il fit retour à Brunswick, où sans doute il devint directeur de la musique du duc, et où son existence s'écoula paisible jusqu'à sa mort. On raconte que le 17 août 1803, âgé de quatre-vingts ans, il dirigea encore, à la cour, un grand concert vocal et instrumental. Les compositions de cet artiste, consistant en symphonies à 9 parties, quatuors pour instruments à cordes et trios de violon sont restées en manuscrit (2). — Nous signalerons encore Dismas Hattasch, violoniste dont on vante l'habileté et qui naquit en 1725 à Hohenmaut, en Bohême. Celui-ci, qui fut peut-être élève de Franz Benda, épousa la sœur de ce grand artiste, Anne-Françoise Benda, qui était une cantatrice distinguée, et en 1751 entra avec elle au service du duc de Saxe-Gotha, où elle eut le titre decantatrice de la chambre. Hattasch mourut à Gotha le 13 octobre 1777, laissant en manuscrit diverses compositions, parmi lesquelles six solos de violon et deux symphonies pour orchestre.

Il faut nous arrêter ici à un artiste de grande valeur, Chrétien Cannabich, qui

---

(1) Dans le même temps vivait en autre moine musicien, Placide Camerlocher qui était né en Bavière, et qui devint chanoine de la basilique de Saint-André à Freising, puis conseiller et maître de chapelle du prince-évêque de cette ville. On ne dit pas que ce moine-artiste fût violoniste, mais il a écrit une quantité de compositions instrumentales, parmi lesquelles on distingue dix-huit symphonies, vingt-quatre quatuors pour instruments à cordes, dix-huit trios pour guitare, violon et violoncelle, vingt-quatre sonates pour deux violons et basse, etc.

(2) Dans le *Dictionnaire des musiciens*, de CHORON et FAYOLLE, on rencontre cette courte et énigmatique notice : « FISCHER, élève de Tartini, demeurant à Avignon, vers 1770, est celui qui a apporté les œuvres de Boccherini en France. » Qu'était ce Fischer ?... Il faut remarquer en tout cas que Boccherini, qui, venu à Paris dès 1768, s'était produit, avec son ami Manfredi, au Concert spirituel et dans les soirées du baron de Bagge, y publiait en même temps, chez les éditeurs Venier et La Chevardière, quelques-unes de ses compositions.

fut non seulement un excellent violoniste et un compositeur distingué, mais aussi un chef d'orchestre hors ligne. Fils d'un flûtiste de la cour de Bavière, il naquit à Mannheim en 1731 et fut élève de Jean-Charles Stamitz, dont il sut mettre les leçons à profit. Il montra, après ses études, un talent si remarquable sur le violon, que le prince Charles-Théodore de Bavière, charmé, voulut qu'il complétât son éducation musicale et, dans ce but, l'envoya à ses frais en Italie, où le jeune artiste prit pendant trois ans, à Rome, des leçons de composition de Jomelli. De retour à Mannheim à la suite de ce voyage, il fut nommé, en 1765, *concertmeister* à la chapelle du prince, prit plus tard la direction de cette chapelle, et enfin fut chargé des fonctions de chef d'orchestre à l'Opéra italien, où il se distingua d'une façon toute particulière (1775). Pour faire ressortir les qualités qu'il montra sous ce rapport, M. Riemann affirme que « les nuances, spécialement le *crescendo* et le *diminuendo* dans les exécutions orchestrales se sont pour la première fois développées sous la direction de Cannabich à Mannheim », d'où il suivrait qu'avant lui les nuances étaient choses inconnues dans l'exécution symphonique, ce qui est peut-être excessif.

Lorsque la cour de Bavière se transporta de Mannheim à Munich en 1778, Cannabich la suivit naturellement, et conserva ses fonctions. C'est alors qu'il commença à se produire comme compositeur dramatique, d'abord en faisant représenter un opéra *Azacaja*, puis en écrivant la musique de nombreux ballets qui obtinrent un grand succès, entre autres celui intitulé *la Descente d'Hercule aux Enfers.* Mais là ne se bornent pas les travaux de Cannabich, car il a publié un grand nombre d'œuvres instrumentales dont voici la liste : trois symphonies à grand orchestre (dont une au moins fut exécutée à Paris, au Concert spirituel); six quatuors pour violon, flûte, alto et basse; six trios pour deux violons et violoncelle; six quatuors pour instruments à cordes; trois concertos pour violon, avec accompagnement de quatuor; six duos pour flûte et violon; six symphonies concertantes pour deux flûtes, avec quatuor; et un recueil d'airs de ballet pour deux violons et clavecin.

Cannabich, qui mourut en 1798 à Francfort-sur-le-Mein, fut certainement l'un des violonistes les plus renommés de l'Allemagne et l'un des représentants les plus distingués de cette école de Mannheim dont son maître Jean-Charles Stamitz est le chef reconnu. Il semble avoir légué son talent et sa notoriété à son fils Charles

Cannabich (né à Manheim en 1764 et mort à Munich en 1806), qui fut, lui aussi, bon violoniste et chef d'orchestre habile, auteur de deux opéras, et qui publia de nombreuses œuvres pour le clavecin et pour le violon. Chrétien Cannabich eut de plus une fille qui, dès son plus jeune âge, se fit remarquer par un rare et précoce talent de claveciniste (1).

Après Cannabich et auprès de lui, l'un des artistes les plus brillants et les plus en vue de la seconde moitié du xviiie siècle, de ceux qui ont laissé le plus solide souvenir, est Ignaz Fraenzl, qui naquit à Mannheim le 3 juin 1734 (2). Il semble bien qu'il fut élève de Jean-Charles Stamitz. Il était fort jeune en tout cas lorsqu'il fut admis au nombre des violonistes de la chapelle de l'Électeur Palatin. Il ne tarda pas à donner des preuves d'un talent très personnel et à se faire une renommée de virtuose. Cette renommée fut bientôt établie de telle sorte qu'elle le fit appeler à Paris, au Concert spirituel, où il vint se faire entendre en 1767 avec un grand succès, alors que s'y faisaient applaudir d'autres violonistes tels que Manfredi, l'ami de Boccherini, le français Barthélemon et la toute charmante Mme Lombardini-Sirmen. Il ne fut pas moins heureux en se produisant ensuite dans diverses villes d'Allemagne, ainsi qu'en Angleterre. Après une absence assez longue, il revint à Mannheim, et reprit sa place à la chapelle, dont il devint bientôt *concertmeister*, pour en prendre plus tard la direction, après qu'elle eut été, avec toute la cour, transportée à Munich. Il succédait sans doute ainsi à Cannabich et fit preuve à son tour, dans ce poste important, d'un talent de conducteur très précis et très sûr. Cependant, vers 1784, il entreprit une nouvelle série de voyages artistiques, cette fois avec son fils, et peu après son retour, en 1790, il accepta la direction de l'orchestre du théâtre de Mannheim.

« Fraenzl, dit Fétis, a fondé en Allemagne une école de violon qui brilla par l'élégance et le fini plus que par l'élévation du style et le volume du son. » Il fit école en effet, et forma de nombreux élèves, parmi lesquels il faut citer surtout son

---

(1) Parlant de Charles Cannabich, Fétis dit que, « dans sa neuvième année, il prit des leçons de Eck ». Or, Eck, né en 1766, avait deux ans de moins que celui qui aurait été son élève. Ce qui est beaucoup plus probable, c'est que Charles Cannabich fut, tout naturellement, élève de son père.

(2) Cette date, donnée par les historiens allemands, rectifie ainsi Fétis, qui fixe la naissance de Fraenzl au 3 juin 1736. Les mêmes historiens nous apprennent que Fraenzl mourut en 1803, tandis que Fétis dit qu'il vivait encore à Mannheim en 1812.

fils, artiste très remarquable, Pixis, et un Français, Pierre-Noël Gervais, né à Mannheim, où son père faisait partie de la chapelle électorale, et qui devint lui-même un violoniste fort distingué (1). Fraenzl ne se contenta pas, d'ailleurs, d'être un brillant virtuose, un habile chef d'orchestre et un excellent maître : il se produisit aussi comme compositeur, en publiant sept concertos de violon, auxquels il faut joindre plusieurs quatuors et trios pour instruments à cordes. En réalité, toutefois, Fraenzl paraît avoir simplement continué avec talent, les traditions de Jean-Charles Stamitz, le véritable initiateur et chef de l'école de Mannheim. Et c'est avec lui, à la suite de Franz Benda et de Stamitz, que l'école allemande de violon semble définitivement fondée (2).

Mais il convient de placer ici une remarque particulièrement importante, et qui, me semble-t-il, n'a jamais été faite. C'est que l'école allemande de violon n'est pas une école spécifiquement allemande. Par le fait de la constitution singulière de l'empire d'Autriche, qui avait groupé autour de son noyau allemand diverses nationalités étrangères, la Bohême, la Moravie, la Hongrie, la Dalmatie, etc., on s'est habitué à confondre sous l'appellation d'Allemands les artistes de ces divers pays dont les aspirations naturelles sont loin cependant d'être purement allemandes. L'Allemagne s'est trouvée bénéficier de ces circonstances (3). C'est ainsi

(1) Ce Pierre Gervais, dont le talent était réel, quitta l'Allemagne pour venir se fixer en France, son pays, et se fit entendre au Concert spirituel en 1781. Il accepta ensuite un emploi de premier violon dans l'orchestre du Grand-Théâtre de Bordeaux. où il mourut, dit-on, vers 1805. Il a publié à Paris, chez Imbault, trois concertos de violon. Les *Tablettes de renommée des musiciens* (1785) le désignent ainsi parmi les professeurs de Paris : « Jeune virtuose dont les talents étaient très goûtés au Concert spirituel. Les sons brillants et purs qu'il tire de son instrument donnent lieu d'espérer qu'il pourra être dans peu l'émule du célèbre Fraenzl, dont il est l'élève. »

(2) Il serait injuste peut-être d'oublier les noms de quelques artistes du XVIIIᵉ siècle qui, sans s'être produits avec éclat, ont fait preuve d'assez de talent pour mériter au moins un rappel et un souvenir. Shuttleworth, à la fois violoniste et organiste, qui vécut longtemps à Londres, où il dirigeait des concerts, et qui laissa douze concertos inédits ; — Jacob Kress, qui fut maître de concerts du landgrave de Hesse-Darmstadt, et qui publia plusieurs concertos ; — Yvan Boehm, violoniste de la chapelle du roi de Prusse, auteur de diverses compositions restées inédites ; — Charles-Auguste Pesch, virtuose et professeur remarquable, maître de concerts du duc de Brunswick ; — Laurent Schmitt, qui, dit-on, avait fait le voyage d'Italie pour prendre des leçons de Tartini ; — Goepfert, violon-solo du grand concert de Francfort, puis maître de concerts à Weimar, auteur d'un recueil de polonaises pour violon ; — Wenceslas Braupner, qui se fit une grande réputation de virtuose ; — Dobwerizil, premier violon à l'Opéra allemand de Vienne et musicien de la chambre de l'empereur ; — Nassovius Daher, Auguste Kohn, Wodiczka, F.-J. Anderle, etc., etc.

(3) Témoins, entre autres, Carl Ooldmark (Hongrois), Smetana (Tchèque), et Franz de Suppé (Dalmate), qui, aux yeux d'un public mal informé, prennent place parmi les musiciens allemands.

que, comme je le disais, l'école de violon allemande n'a que partiellement droit à cette qualification, puisqu'elle a pour véritables fondateurs des artistes tchèques, qu'elle s'est surtout maintenue par eux, et que par eux elle s'est continuée jusqu'à nos jours. Sans parler de Biber et de Neruda, de Czarth et de Géranek, dont il a été question plus haut et qui, tous, étaient originaires de la Bohême, nous voyons que c'est en ce pays, si remarquable par ses affinités artistiques, que prit naissance Franz Benda, considéré justement comme l'initiateur et le créateur de l'école allemande, dont le continuateur fut Jean-Charles Stamitz, né lui aussi en Bohême. Au xviiie siècle, ce sont surtout des artistes tchèques qui se distinguent comme violonistes, tels que Wenceslas Pichl, qui fut aussi un compositeur remarquable, Kreibich, les Kaffka, Antoine Ernst, élève de Lolli, Antoine Kammel et Obermayer, élèves de Tartini, Kunt et bien d'autres ; au xixe ce sont trois grands virtuoses, Léopold Jansa, Kalliwoda et Ferdinand Laub ; et, plus près de nous, Raymond Dreyschoch (frère du pianiste), M. Ondricek, ancien élève de notre Conservatoire, M. Joseph Suk (du fameux Quatuor tchèque), et M. Jan Kubelik, qui a tant fait parler de lui ces dernières années. Tous ces artistes sont originaires de la Bohême. D'ailleurs, depuis plus d'un siècle les noms pleuvent en ce pays de violonistes distingués qui lui font honneur, et au cours de l'histoire nous pouvons au moins signaler les suivants : Seichart (1700), Antoine Gelinek (1709-1779), Angermeyer, Foyta, Jawurek (1720), Fismann, prêtre (1723-1774), Hattasch (1724-1778), Strobach (1731-1794), Truska (1735-1800), Hymber (1734), Wanhall (1739-1813), Kolbe (1740-1804), Chytry (1740), Wanzura (1740-1802), Pichl (1741-1804), Stefani (1741-1819), Fuchs, Schlesinger (1751-1818), Strzocky (1753-1807), Kloekel (1753-1788), Mensi (1753), Goetz (1755), Sogka (1755), Scheller (1759), Neubauer (1760-1795), Karank (1760), Kaczkowsky (1760), Karazek (1760), Wessely (1762), Ryba (1765-1815), Max (1769), Seychert, Slawjk, Mildner, etc.

En ce noble pays de Bohême, dont le caractère artistique est si général et s'affirme de façon si personnelle en toutes ses manifestations, la musique a d'ailleurs toujours été cultivée avec le plus grand soin. L'historien musical anglais Burney nous apprend, d'après ses observations personnelles, qu'au xviiie siècle elle était, dans l'éducation générale, l'objet d'une remarquable sollicitude : « Je traversai, dit-il, tout le royaume de Bohême du sud au nord, et après m'être enquis, de la façon la plus sérieuse, de la manière dont on enseignait la musique au bas peuple, je finis par constater que, non seulement dans chaque grande ville, mais jusque dans tous les villages où il y a une école pour apprendre à lire et à écrire, on enseigne la musique aux enfants des deux sexes. » Dans un de ces villages, à Czaslaw, il visite précisément une école où tous les enfants sont au travail, et dont les maîtres lui font les honneurs ; ces deux maîtres sont, l'un, Jean Dulsik, qui est l'organiste, et l'autre, Martin Kunch, le premier violon de la paroisse : « J'entrai, poursuit-il, dans cette école, qui était pleine de jeunes enfants des deux sexes âgés de six à dix ans ; ils étaient occupés, les uns à lire et à écrire, les autres à jouer du violon, du hautbois, du basson et d'autres intruments ; l'organiste avait, dans une petite chambre, quatre clavecins qui étaient tous occupés par de jeunes garçons travaillant assidûment ; il me fit entendre son fils, âgé de neuf ans, qui était déjà un très bon exécutant (1) ».

On conçoit que dans de telles conditions, et avec ses affinités naturelles, la terre de Bohême ait donné naissance à une race vraiment musicale. Car ce n'est pas seulement en ce qui concerne le violon qu'elle a produit nombre de grands virtuoses. Sans parler des autres instruments, que de noms de pianistes légitimement célèbres peut-elle mettre en avant, qui passent injustement pour allemands aux yeux du public étranger : Léopold Kozeluch, Joseph Gelinek, Dussek, les Czerny, Moscheles, Tedesco, Schuloff, Alexandre Dreyschok, Mme Szarvady (Wilhelmine Clauss), Mme Auspitz Kolar... Les organistes et compositeurs ne sont pas moins nombreux depuis un siècle et demi, et l'on peut citer au hasard, au milieu de tant d'autres, les noms de Zelenka, Koprzina, Kucharz, Segert, Skrydanek, Zach, Neubauer, Wranitzky, Tomaschek, Henri Proch, Dyonis Weber, qui fut le premier directeur du Conservatoire de Prague, Frédéric Kittl, qui lui succéda, François Skraup, auteur de l'hymne national tchèque, et son frère Jean Skraup, Jean Kozeluch, Mysliweczek, Frédéric Smetana, Anton Dvorak, Fibich, Naprawnick, Franz Bendel, Kovarovic, Joseph Suk, Stasny, Rozkosny, Henri Voit, etc. Et les luthiers tchèques, et les facteurs d'orgues et de pianos !... Que de noms encore seraient à citer parmi eux (2) ! Ne se trouvera-t-il donc pas un écrivain bien inspiré pour

____

(1) CHARLES BURNEY, *The present state of music in Germany*, etc. London, 1773, t. II, pp. 4-5.
(2) L'art charmant de la lutherie eut de nombreux adeptes en Bohême et y fut pratiqué par des

nous donner un jour une Histoire de la musique bohême et des artistes qui l'ont illustrée, histoire si intéressante et si inconnue dans son ensemble parce qu'elle a

Karl v. Dittersdorf.

toujours été comprise dans celle de l'Allemagne, dont elle diffère si profondément. Les biographes nous apprennent pourtant que l'excellent compositeur tchèque Vinceslas Pichl (1741-1805)avait, paraît-il, non seulement préparé, mais écrit une Histoire des musiciens de Bohême, dont le manuscrit fut malheureusement perdu. Plus tard, un de ses compatriotes, le moine Godefroi-Jean Dlabacz, musicien instruit, publia à Prague, en allemand, un Dictionnaire historique des artistes de Bohême, *Allgemeines historisches Künstlerlexikon für Böhmen* (1815- 1818, 3 vol. in-4°). Cet ouvrage est justement estimé, mais il est bien incomplet aujourd'hui, après un siècle au cours duquel s'est produite la superbe renaissance musicale dont le pays tchèque fut le théâtre il y a plus de soixante ans et dont Smetana fut le héros.

Pour en revenir spécialement à l'Allemagne, on ne saurait nier qu'elle a

artistes distingués, dont les produits furent justement recherchés : Ulric Eberle, un des luthiers les plus habiles de son temps, qui exerçait son métier à Prague vers le milieu du xviii° siècle et dont, selon Fétis, les violons ne le cédaient pas aux meilleurs instruments de Crémone, ce qui est peut-être beaucoup dire tout de même ; Sébastien Rauch, né sans doute à Prague même, où il se distingua de 1742 à 1768 ; Joseph Laska, né en 1738 à Ruhmbourg, et qui s'établit en cette ville en 1764 ; Gaspard Struad, qu'on y trouve à partir de 1780 environ ; Frank-Anthony Ernst, qu'un talent distingué de violoniste n'empêchait pas d'être passionné pour la lutherie, dont il avait appris les éléments à Prague, et qui, devenu musicien, puis chef de l'orchestre du duc à Gotha, employait ses loisirs à fabriquer de très bons instruments ; il publia en 1804, dans la *Gazette musicale de Leipzig*, un article très intéressant sur la construction du violon, et fit plusieurs élèves, parmi lesquels Otto, qui devint un des meilleurs luthiers d'Allemagne, Hartmann et Bindernagel ; Helmer, luthiste et mandoliniste renommé, qui n'en fut pas moins élève d'Eberle, et à qui l'on doit aussi de bons instruments.

produit un certain nombre de violonistes fort distingués, dont plusieurs furent de grands artistes. Pour les prendre par ordre chronologique, il suffit de nommer Ditters von Dittersdorf, Frédéric Danner, Wilhelm Cramer, les frères Eck (qui étaient d'origine tchèque), André Romberg, Moeser, Schuppanzigh, Behrer, Louis Spohr, Pixis, Fesca, Maurer, Mayseder, Molique, Ferdinand David, Kaempel, Wilhelmy. Il n'en reste pas moins vrai que l'école allemande de violon a puisé le meilleur de ses forces en dehors de l'Allemagne proprement dite, c'est-à-dire en Bohême d'abord, en Moravie ensuite, et en Hongrie. Quels noms trouvons-nous en effet pour l'époque tout à fait moderne et contemporaine? Joseph Bœhm, Remenyi, Joachim étaient Hongrois, comme MM. Léopold Auer, Jeno Hubay et Joseph Vecsei ; Henri Ernst était Morave, comme Mme Norman-Neruda (lady Hallé). Quant aux artistes tchèques, je les citais il n'y a qu'un instant.

Et à la prendre dans son ensemble, même avec l'appoint qui lui est virtuellement étranger et que l'on confond toujours avec elle, l'école allemande de violon reste, comme nombre et comme qualité, beaucoup au-dessous des écoles italienne et française, qui lui sont de tout point et infiniment supérieures. Il est certain qu'elle ne présente pas un nom qui puisse être mis en regard de ceux de Corelli, Tartini, Locatelli, Viotti, Paganini, pour ne prendre que quelques-uns des plus illustres, non plus qu'avec ceux de Leclair, Gaviniés, Rode, Kreutzer ou Baillot. Elle a de quoi se consoler assurément d'autre part, en matière musicale, mais ici, spécialement, il lui faut rendre les armes. Si son histoire ne manque point d'intérêt, il est hors de doute qu'elle n'offre ni le brillant, ni l'éclat, ni la personnalité de ses deux rivales, qui sont ses devancières et ses initiatrices.

Concert intime (Extrait de l'*Essai sur la musique ancienne et moderne*, 1780).

NOTES D'AGRÉMENT

LES FEMMES VIOLONISTES

Certains écrivains bien intentionnés, mus par le désir ou la prétention de s'occuper des choses de l'art, ne prennent malheureusement pas la peine d'étudier et de connaître son histoire, ce qui les expose à tomber parfois dans de fâcheuses erreurs. C'est ainsi que dans un petit livre d'un auteur américain, M. Otto Ebel, dont une traduction française a paru il y a quelques années sous ce titre : *Les femmes compositeurs* (1), l'écrivain, voulant aussi parler incidemment des virtuoses, et

(1) *Les Femmes compositeurs de musique*, dictionnaire biographique, par Otto Ebel, traduction française de Louis Pennequin. Paris, Rosier, 1910, in-12.

particulièrement des femmes violonistes, n'hésite pas à s'exprimer ainsi dans sa préface : — « Il y a seulement dix ou quinze ans que le préjugé qui empêchait les femmes d'apprendre le violon, le violoncelle ou autres instruments à cordes, a été vaincu. Avant 1876, aucune étudiante de violon n'était admise à l'École supérieure de Londres. Pendant longtemps les femmes ne furent pas admises à concourir pour les prix dans les Écoles et Conservatoires européens. » Je ne saurais parler de ce qui touche l'Angleterre et les autres pays, mais en ce qui concerne la France, je suis bien obligé de constater que l'auteur est dans l'erreur et singulièrement en retard sur les faits, comme on va le voir.

Dès la fondation de notre Conservatoire (1794), les concours avaient été institués, et la première distribution publique des prix eut lieu avec éclat et de façon solennelle dans la salle de l'Odéon, le 3 brumaire an VI (25 octobre 1797). Et dans cette séance, où le premier prix de violon était décerné à Charles Sauvageot, âgé de quinze ans, élève de Blasius, on vit le second prix attribué à « la citoyenne » Félicité Lebrun, âgée de dix-huit ans, élève de Baillot, laquelle « citoyenne » obtint le premier prix deux ans après, en l'an VIII. Nous n'étions pas en retard de féminisme, on le voit. Et si soixante années s'écoulèrent ensuite sans qu'un nom de femme violoniste parût sur les palmarès du Conservatoire, c'est tout simplement parce qu'aucune ne se présentait pour entrer dans les classes. Il faut arriver en effet jusqu'en 1857 pour voir Mlle Kummler (une Allemande) obtenir un second prix au concours, et en 1860 pour que le premier prix fût décerné à Mlle Boulay. Et depuis lors, on sait avec quelle sorte de rage les jeunes filles se sont mises à envahir nos classes de violon, à tel point qu'aujourd'hui elles y sont à peu près aussi nombreuses que leurs camarades masculins. Il y a là un engouement irréfléchi, que l'on ne saurait critiquer sans paraître hostile aux intéressants efforts que fait la femme pour conquérir dans le monde actuel la place à laquelle elle a légitimement droit, mais où l'on ne pourra s'empêcher de reconnaître tôt ou tard que, dans l'espèce, elle fait fausse route (1).

Il faut bien remarquer que, jusqu'au milieu du XIXe siècle, la femme violoniste était en quelque sorte une rareté ; ce qui n'empêche que dès un siècle aupa-

____

(1) Il faut constater que la tendance est la même en Amérique que chez nous ; depuis trente ou quarante ans, les jeunes violonistes américaines semblent sortir de terre.

ravant certaines s'étaient rendues célèbres par leur talent, talent incontestable et justement admiré. C'est surtout en Italie qu'on rencontre les plus intéressantes ; l'Allemagne ne vient qu'ensuite ; quant à la France, sa part sous ce rapport est modeste, bien que ses violonistes n'aient pas été sans habileté ; et, en tout cas, il semble qu'elles aient été des premières à se mettre sur les rangs.

C'est justement en France, au Concert spirituel, où tous les artistes intéressants, tant nationaux qu'étrangers, tenaient à honneur de se présenter pour obtenir la consécration de leur talent ou de leur renommée, qu'il faut demander les premiers renseignements sur le sujet qui nous occupe. Et c'est là précisément que nous allons faire connaissance avec la première violoniste française qui se soit produite devant le public, d'ailleurs au grand contentement de celui-ci, qui l'accueillit avec la plus grande faveur et lui fit un véritable succès. Il s'agit de Mlle Hotteterre, qui appartenait à une grande famille de musiciens réputés, famille dont les membres, pour la plupart, faisaient partie de la musique du roi et de l'orchestre de l'Opéra. Mais il se présentait ceci de singulier, qu'elle était la seule violoniste de cette famille, dont tous les membres s'étaient rendus fameux par leur talent sur la flûte, le hautbois ou le basson (1).

C'est au mois d'avril 1737 que Mlle Hotteterre, dont il a été impossible de découvrir le prénom, et que l'on croit née en 1717, se produisit pour la première fois au Concert spirituel, où, disait le *Mercure*, « elle a exécuté plusieurs fois différentes sonates de la composition du sieur Leclair, avec toute l'intelligence, la vivacité et la précision imaginables ». J'ai parlé trop longuement de cette jeune femme intéressante dans la notice sur Leclair, en émettant la supposition qu'elle avait pu être élève de ce maître, pour ne pas renvoyer le lecteur à ce que j'en disais alors, afin de ne pas me répéter inutilement. J'ajoute seulement que, devenue plus tard Mme Lévêque, Mlle Hotteterre ne se borna pas à être une habile virtuose, mais qu'elle se distingua aussi comme compositeur, en publiant plusieurs ouvrages dignes d'intérêt et d'attention.

(1) De cette famille, aussi célèbre en son genre que celles des Philidor et des Couperin, on ne compte pas moins de vingt-trois membres agissants de 1665 à 1801. Et ils ne se bornaient pas à être d'excellents virtuoses ; ils se distinguaient encore comme facteurs très habiles dans la construction des instruments qu'ils connaissaient si bien. — Voir à ce sujet *les Hotteterre*, par JULES CARLEZ (Caen, Le Blanc-Harlez, 1877, in-8°), et *les Hotteterre et les Chédeville*, par ER. THOINAN (Paris, Sagot, 1894, in-4° illustré).

A cette époque, le pardessus de viole, bien que ses jours fussent comptés, n'avait pas encore été complètement détrôné par le violon et ne craignait pas de continuer une lutte devenue bientôt impossible. C'est sur cet instrument agonisant que nous voyons, à quelques années de distance, se présenter au Concert spirituel, deux jeunes femmes, deux sœurs, Mlle Lévy et Mme Haubault, à qui le public fait encore le meilleur accueil. C'est le 2 février 1745 que Mlle Lévy, « arrivant de Rennes », dit un chroniqueur, se présente pour la première fois, en jouant un concerto fort difficile. Agée seulement d'une vingtaine d'années, étant née vers 1715, elle faisait preuve en effet d'une grande habileté, ce dont témoignent les éloges que lui adressait le *Mercure* : — « Elle tire de cet instrument des sons plus vifs et plus parfaits qu'il n'en produit ordinairement, et promène sans aigreur jusqu'au plus haut du manche. La vivacité de son jeu n'altère point les grâces tranquilles de sa contenance et n'excite point en elle ces mouvements presque convulsifs qui échappent quelquefois aux plus habiles symphonistes. » On voit, par cette réflexion du critique, que ce n'est pas d'aujourd'hui que certains violonistes se laissent aller à des écarts de tenue qu'on ne saurait trop blâmer. Le succès de Mlle Lévy fut assez vif pour qu'elle se fit entendre plusieurs fois à la suite de cet heureux début. Elle aussi se produisit comme compositeur, en publiant, entre autres, un recueil de six solos pour pardessus de viole (Paris, Leclair).

C'est cinq ans après, en 1750, que sa sœur, Mme Haubault, faisait à son tour son apparition au Concert, et de façon aussi heureuse, si nous devons nous en rapporter au témoignage d'un chroniqueur qui, à son sujet, s'emportait en un élan poétique inattendu : « Mme Haubault, dit celui-ci, a montré tout son talent sur cet instrument, la légèreté, la précision, la finesse de son coup d'archet, les sons articulés et flatteurs lui ont attiré les applaudissements du public. Les femmes à présent se distinguent dans tous les genres ; la plupart sont autant de fées qui chacune ont leur puissance et leur emploi ; voilà les véritables Muses ; celles du Parnasse ne sont que bien imaginées (1). »

Le Concert spirituel nous offre ensuite, le 8 septembre de cette même année 1750, une virtuose étrangère, Mme Tosca, dont le nom indique suffisamment une

___

(1) DAQUIN, *Siècle de Louis XV*.

origine italienne, qui sé qualifie de « virtuose de l'Empereur » et qui exécute un concerto de sa composition que l'on trouve, au dire des amateurs, « dans le goût de Vivaldi ». Puis viennent, à quelques années de distance, deux enfants prodiges — il y en avait déjà. C'est d'abord une demoiselle Marchand, que l'on dit née à Caen en 1743, et qui, selon un chroniqueur, joue à l'âge de onze ans (donc en 1754) un concerto de violon au Concert spirituel et y obtint un succès prodigieux ; et c'est ensuite Mlle Lafont, avec laquelle on voit pour la dernière fois reparaître le pardessus de viole, ainsi que nous l'apprend l'almanach *les Spectacles de Paris* en inscrivant son nom parmi ceux des débutants au Concert spirituel : « Mlle Lafont, encore enfant, dans le pardessus de viole. »

Mais voici venir une grande artiste, Mme Lombardini de Sirmen, déjà célèbre en Italie sous son nom de jeune fille, Maddalena Lombardini, et dont les succès éclatants font époque dans les riches annales du Concert spirituel. On ne sait rien de l'origine de cette artiste remarquable, qui fut à la fois violoniste extraordinaire, claveciniste habile, cantatrice charmante et compositeur, sinon qu'elle fut élevée et reçut son éducation musicale à l'*Ospedale dei Mendicanti*, l'un des quatre hôpitaux ou Conservatoires de Venise spécialement réservé aux jeunes filles, pour la plupart orphelines (1). Celui-ci avait pour directeur artistique le fameux compositeur Bertoni, et c'est donc sous sa surveillance et sans doute grâce à ses soins que la jeune Maddalena Lombardini fit des études qui lui furent si profitables (2). Quel fut pourtant son professeur aux *Mendicanti?*

(1) Ces quatre hôpitaux étaient ceux de *la Pietà, des Mendicanti* et *delli Incurabili,* avec l'*Ospedaletto* ou petit hôpital de *San Paolo e San Giovanni.*

(2) Le célèbre historien musical anglais Burney nous donne, au cours de son voyage en Italie, une idée de ce qu'était ce Conservatoire *dei Mendicanti* : « ... Ce soir, dit-il, afin de mieux connaître tout ce qui tient à la nature des Conservatoires, et pour terminer mes recherches dans ce pays, j'ai obtenu la permission d'entrer dans l'école de musique *dei Mendicanti,* destiné à de jeunes orphelines. J'y ai entendu tout un concert qui a été organisé pour moi et qui a duré deux heures. Il était composé des meilleures voix et des meilleurs instruments de cet hôpital. Il était intéressant, en effet, de *voir* comme d'entendre chaque partie de cet excellent concert exécuté par des femmes, violons, basses, clavecin, cors et même les contrebasses. Il y avait pour directrice une personne âgée qui présidait le concert. Le premier violon, très distingué, était joué par Antonia Cubli, Grecque d'origine ; le clavecin était tenu quelquefois par Francesca Rossi, maîtresse de chœurs, et quelquefois par d'autres, car ces jeunes personnes changent d'instrument à volonté. Tout le concert fut très judicieusement ordonné, et l'on n'entendit pas de suite deux airs du même genre. D'autre part, il y avait une grande décence et une grande discipline observées dans chaque partie du concert ; car ces excellentes artistes, qui sont de différents âges, ont un maintien réservé et sont fort bien élevées. Il y eut là surtout deux femmes célèbres, l'Archipinte, aujourd'hui

c'est ce que nul ne saurait dire : peut-être simplement une de ses compagnes, plus âgée et plus avancée. Toujours est-il qu'en quittant l'hôpital, la jeune Maddalena, sentant que son éducation de violoniste était encore incomplète, s'en fut droit à Padoue pour demander des leçons à Tartini qui la prit bientôt en affection, lui prodigua ses soins et c'est grâce à lui qu'elle devint la grande artiste dont la renommée fut bientôt européenne (1). Elle ne tarda pas à se produire en public, et tout aussitôt ses compatriotes, charmés par un talent qui unissait la grâce à la vigueur, la délicatesse à la sûreté, la mirent en une sorte de rivalité avec Nardini, qui lui-même avait été, quinze ans auparavant, l'un des meilleurs élèves de Tartini.

C'est au cours de ses premiers succès dans les diverses villes d'Italie, que Maddalena épousa un autre violoniste, Lodovico Sirmen ou *de* Sirmen, artiste fort distingué qui était maître de chapelle de Sainte-Marie-Majeure à Bergame. C'est ensemble qu'ils entreprirent alors de grands voyages artistiques et qu'ils arrivèrent à Paris, dans les premiers mois de 1768, pour se faire entendre au Concert spirituel.

L'administration du Concert, dans le but de piquer la curiosité des amateurs, avait employé un moyen singulier, en exigeant que Mme Lombardini ne se fit entendre nulle part avant le jour de son début. En de telles conditions, on conçoit que ce début fût attendu avec quelque impatience. Il eut lieu le 18 août 1768, et fut un véritable triomphe pour la brillante artiste, qui se présentait en compagnie de son mari, avec qui elle jouait d'abord un concerto à deux violons de *leur* composition. « M. et Mme de Sirmen, disait le *Mercure* en rendant compte de cette soirée, ont exécuté un concerto à deux violons de leur composition. Mme de Sirmen est une élève du fameux Tartini ; elle a parfaitement saisi le jeu de cet habile maître ; elle a même, dans l'exécution, des grâces qui lui sont particulières. C'est une Muse qui touche la lyre d'Apollon, et les charmes de sa personne ajoutent encore à la supériorité de son talent. » On loua surtout, dans le jeu de la grande artiste, avec le brillant et la sûreté de l'exécution, la souplesse de l'archet, et sur-

Mme Guglielmi, et Mme Lombardini-Sirmen, toutes deux élevées dans cette maison, et qui ont été si justement applaudies en Angleterre. »

(1) On connaît la lettre, très curieuse et très intéressante, que Tartini adressait, à la date du 5 mars 1760, à la Lombardini après qu'elle eut quitté Padoue, lettre qui est une sorte d'instruction très complète et très détaillée sur la manière la plus utile et la plus profitable de travailler le violon.

tout encore les qualités de charme, de tendresse et d'expression qui caractérisaient son talent et enchantaient les auditeurs. Et tandis qu'un critique, nous l'avons vu, faisait d'elle une Muse qui touche la lyre d'Apollon, un autre affirmait que « c'est la lyre d'Orphée dans les mains d'une Grâce ». Apollon et Orphée, les Muses et les Grâces, c'est tout un ; on n'est pas plus madrigalesque.

En fait, le succès de Mme Lombardini-Sirmen (car son mari semble avoir été quelque peu éclipsé par elle) fut éclatant et complet ; il se renouvela, tout aussi intense, dans les séances du Concert du 8 septembre et du 9 décembre 1768, ainsi qu'en avril 1769. Et l'excellente artiste le retrouva l'année suivante à Londres, où elle se produisit sous son quadruple aspect de violoniste, claveciniste, compositeur et cantatrice, en exécutant, entre autres, un concerto de clavecin d'elle-même, et en étant, au King's Theatre, *la Buona Figlinola* de Piccini. Visitant ensuite l'Allemagne, elle fut attachée pendant quelque temps, dit-on, à Dresde, comme cantatrice de la cour. Après quoi nous la retrouvons, en 1785, à Paris, où les amateurs du Concert spirituel lui prodiguent de nouveau leurs applaudissements. — Mais je ne saurais la suivre davantage dans ses triomphales pérégrinations. Je me borne à constater ce fait singulier, touchant une telle artiste et si renommée, qu'on ignore également le lieu et la date de sa mort (1).

Et nous avons encore à signaler la présence au Concert spirituel d'une autre femme violoniste, Française celle-là, Mlle Deschamps, plus tard Mme Gautherot, qui semble avoir été une artiste non seulement fort distinguée, mais tout à fait remarquable. Elle était élève de Capron, qui lui-même était élève de Gaviniés, et fit certainement honneur à son maître. C'est à partir de 1775, et pendant plusieurs années, qu'elle se produisit avec succès au Concert, en exécutant des concertos de Capron lui-même, de Jarnowick, et même, dit-on, de Bach. Et comme, à cette époque, on entendait au Concert des violonistes tels que les deux Stamitz, Jarnowick, Guénin, Paisible, etc., et qu'elle se faisait applaudir en même temps qu'eux en supportant victorieusement toute comparaison, la supériorité de son talent ne saurait être mise en doute. Le *Mercure* de janvier 1785, en rendant

---

(1) **Mme Lombardini** publia six concertos et six sonates de violon, un recueil de six trios pour deux violons et violoncelle, un autre de six duos de violons, et, avec son mari, six quatuors pour deux violons, viole (alto) et violoncelle.

compte d'un concert récent, parlait d'elle en ces termes : « Mlle Deschamps, aujourd'hui Mme Gautherot, a joué un concerto de violon avec toute la justesse, toute la précision, tout le talent imaginables ; son succès est d'autant plus flatteur qu'il est très rare de voir des femmes réussir sur cet instrument qui ne paraît pas fait pour elles ; et depuis Mme Sirmen, aucune peut-être ne l'a porté si loin que Mme Gautherot. »

Mais justement en cette année 1785, où nous retrouvons Mme Lombardini au Concert spirituel, Mme Deschamps-Gautherot ne cessa de se faire entendre, et toujours avec succès, ce qui prouve suffisamment en sa faveur. Comment donc se fait-il que nul ne se soit avisé de nous faire connaître une artiste si intéressante et à qui, durant plusieurs années, le public avait toujours prodigué ses bravos ? Fétis n'a pas même jugé à propos de la nommer ; quant à Choron et Fayolle, ils lui accordent presque en rechignant cette simple notice en deux lignes : « Mme Gautherot, née Deschamps, était comptée en 1790 parmi les virtuoses les plus distingués sur le violon » ; et plus récemment Michel Brenet, dans son livre pourtant fait avec soin sur *les Concerts en France*, se borne à citer simplement son nom. Il y a, dans un pareil oubli, une véritable injustice du sort.

Autre femme, autre Française, qui vivait dans le même temps et qui est restée aussi complètement inconnue que Mme Gautherot, malgré le témoignage que lui accordent Choron et Fayolle, c'est Mme Larcher, que ceux-ci nous présentent en ces termes : — « Mme Larcher, célèbre amateur (!) de violon, a joué avec succès des concertos et des airs variés dans plusieurs concerts publics. M. Barni lui a dédié la première œuvre des quatuors qu'il a fait graver à Paris. » Il semble qu'une violoniste qui se fait entendre publiquement avec succès, et à qui un compositeur distingué dédie une œuvre importante (1), doit être quelque chose de plus qu'un « amateur », comme la qualifient ses biographes. Quoi qu'il en soit, amateur ou artiste, Mme Larcher n'était pas la première venue, ce qui ne l'a pas empêchée de rester complètement oubliée.

Il faut signaler maintenant une autre violoniste italienne, Mme Parravicini, qui brilla à Paris à peu près dans le même temps que Mme Lombardini-Sirmen, et qui

____

(1) Camillo Barni, violoncelliste et compositeur italien, né à Côme le 18 janvier 1762, était alors fixé à Paris, où l'on croit qu'il est mort.

se fit connaître non pas au Concert spirituel, qui n'existait plus alors, mais aux concerts du théâtre Louvois et à ceux de la Société Olympique en 1798. Née à Turin en 1769, cette artiste distinguée était la fille d'une cantatrice charmante, Isabella Gandini, qui appartenait alors au théâtre de cette ville. Fétis, dans la notice qu'il lui a consacrée, la dit élève de Viotti, mais il y a beaucoup de raisons de tenir cette assertion pour inexacte (1). Cependant, on ignore quel fut réellement son maître. Ce qui est certain, c'est qu'elle était déjà renommée en Italie, lorsqu'en 1798 (et non 1797, selon Fétis) elle vint se produire à Paris, où l'attendait un brillant succès.

C'est le 9 mars 1798 qu'elle se présente pour la première fois au public dans un concert du théâtre Louvois, et le *Courrier des spectacles* du lendemain, après avoir rendu compte de la première partie de la séance, continuait ainsi : « ... Mais un talent nouveau pour le public s'est développé dans ce concert, de manière à donner les plus grandes espérances et même à un degré déjà si près de la perfection que les amateurs ne peuvent trop désirer de l'entendre ; je veux parler de la citoyenne Parravicini, qui a fait hier en grande partie le charme de la société. Une belle méthode, un coup d'archet sûr et ménagé, des recouvrements (?) neufs, distincts, pleins de goût et de délicatesse, une qualité de sons nourrie, et l'art de les filer très juste, voilà ce qu'on a reconnu dans le jeu de la citoyenne Parravicini ; elle n'est pas aussi sûre peut-être de son exécution dans la difficulté que dans le *cantabile*, mais elle possède parfaitement ce dernier genre, le plus précieux de tous ; elle y joint même des expressions à elle, et pleines de sentiment. Le reste sera le fruit d'une étude qui, à en juger par ce début, ne peut être longue. Cette artiste, en un mot, est digne d'occuper un rang distingué dans les meilleurs concerts, et le public, dès ce moment, s'applaudit de compter une habile virtuose de plus. »

On voit qu'à part une faible restriction, l'éloge est complet. Il en résulte, ainsi que d'un autre article publié peu de jours après, que Mme Parravicini se distinguait surtout par la grâce, la tendresse, et particulièrement l'émotion qu'elle savait communiquer à ses auditeurs. Elle suivait donc le précieux principe de Tartini :

(1) J'ai énuméré toutes ces raisons dans mon livre sur *Viotti*, en parlant des élèves authentiques du maître.

Per ben suonare, bisogna ben cantare, qui devrait être le critérium de tous les violonistes. Après un voyage à Leipzig et à Dresde, elle revint en 1801 renouveler ses succès à Paris, puis parcourut pendant longtemps toute l'Allemagne, et en 1827, âgée dit-on, de cinquante-huit ans, elle se faisait encore vivement applaudir dans une série de concerts qu'elle donnait à Munich. On ne sait rien des dernières années de sa vie (1).

Et c'est encore dans le même temps que se produisit à Paris une troisième violoniste italienne, Mlle Luigia Gerbini, qui, elle, pourrait bien avoir été élève de Viotti, ou tout au moins avoir reçu ses conseils. C'était en 1792, à l'époque de la plus grande fortune du théâtre Feydeau, dont Viotti était l'un des directeurs. La jeune artiste était non seulement violoniste habile, mais cantatrice fort agréable, sans avoir toutefois aucune expérience de la scène. On eut cependant l'idée de la présenter au public sous ce double aspect de son talent, et pour cela on arrangea sous ce titre, *Il Dilettante*, une sorte de *pasticcio* italien dans lequel elle n'avait pas à faire preuve de qualités scéniques, mais simplement à se faire apprécier comme cantatrice et comme virtuose. C'est le 13 novembre 1790 qu'eut lieu la représentation de ce pastiche, dont le *Journal de Paris* rendait ainsi compte :

L'intermède italien qu'on a donné samedi, et qui a pour titre *Il Dilettante*, était très propre à faire briller les divers talents de la *signora* Gerbini, sans l'exposer à l'embarras d'un début dans une pièce qui aurait exigé l'habitude de la scène. C'est un véritable concert. M. Raffanelli y a pourtant un rôle assez comique, celui d'un amateur qui fait l'empressé et se donne beaucoup de mouvement. La *signora* Morichelli, MM. Mengozzi et Rovedino y ont donné de nouvelles preuves de la supériorité de leurs talents et de leur savoir, et ont été accueillis comme ils sont sûrs de l'être toujours. La *signora* Gerbini a déployé une très belle voix dans les morceaux qu'elle a chantés, et elle a ensuite exécuté un concerto sur le violon de manière à rivaliser avec les plus célèbres virtuoses. Les applaudissements ont été répétés et universels.

Cependant le succès ne se soutint pas, et *Il Dilettante* borna sa carrière à deux représentations, à la suite desquelles Mlle Gerbini partit pour Lisbonne, d'où le *Dictionnaire des musiciens* nous donne de ses nouvelles dans cette notice :

(1) Nous avons vu que Fétis disait que la Parravicini était élève de Viotti (ce qui ne me paraît pas probable) : sans doute pour corroborer son assertion, il termine ainsi sa notice sur cette artiste remarquable : « Mme Parravicini ne jouait que de la musique de son maître Viotti ; elle en possédait bien la tradition. » Or, dans le programme d'un concert donné au théâtre Louvois, le 17 avril 1798, au bénéfice de « la citoyenne » Parravicini, je la vois jouer un concerto de Kreutzer et un rondo de Mestrino.

« Mlle Luigia Gerbini, virtuose sur le violon, est élève de Viotti. En 1790 elle vint à Lisbonne, où elle fit entendre des concertos de violon qu'elle jouait dans les entr'-actes au Théâtre-Italien. Au jugement des connaisseurs de Lisbonne, rien de plus pur et de plus harmonieux que les sons qu'elle sait tirer de son instrument. Engagée ensuite au même théâtre en qualité de cantatrice, elle prouva qu'elle n'était pas moins exercée dans la musique vocale. Au mois de février 1801, elle quitta le théâtre de Lisbonne pour se rendre à Madrid. »

A partir de cette époque et pendant plusieurs années, on ne cite plus guère de femmes violonistes. La première que je rencontre est Mlle Esther Boehmer, d'une famille nombreuse de musiciens, née le 18 août 1784 à Moskau, dans la haute Lusace. Encore faut-il dire que tandis qu'un biographe la signale comme une violoniste très habile, Fétis en fait, de son côté, une violoncelliste. Il faut mentionner ensuite Mlle Morelli-Corilla, sur laquelle on trouve cette notice dans le *Dictionnaire des musiciens :* « Corilla (Mademoiselle Morelli), célèbre improvisatrice, est morte à Florence le 13 novembre 1799, âgée de 72 ans (donc, née en 1727). Elle était élève de Nardini pour le violon. Elle improvisait des vers sur toutes sortes de sujets, jouait sa partie de violon dans un concert, et chantait avec beaucoup de talent. Comme Pétrarque, elle a eu l'honneur d'être couronnée au Capitole. »

Et nous voici arrivés à Mme Mara, qui, avant de parcourir triomphalement l'Europe comme cantatrice superbe, s'était fait applaudir en enfant prodige comme violoniste (1). Elle avait quatre ans lorsque son père, pauvre musicien de ville, lui donna ses premières leçons de violon, et ses progrès furent si rapides que bientôt elle put jouer des duos avec lui. « Ce prodige fit du bruit, dit Fétis, et plusieurs personnes demandèrent à entendre la petite Gertrude. » Mais l'enfant, qui avait fait une chute grave (dont elle subit les conséquences toute sa vie), était d'autant plus intéressante qu'elle ne pouvait se tenir sur ses jambes et que son père était obligé de la porter partout où on l'appelait. Cette situation toucha quelques amateurs, dont certains vinrent au secours du père, tandis qu'un autre, appelé

(1) On sait que Mme Mara (Gertrude-Élisabeth Schmeling) née à Cassel le 23 février 1769, mourut à Reval le 30 janvier 1855, au moment d'accomplir sa quatre-vingt-sixième année.

pour affaires à la foire de Francfort, y emmena le père et la fille. Là, la petite Schmeling se fit entendre dans diverses sociétés et excita tant d'intérêt qu'on ouvrit une souscription, dont le produit permit de lui donner les soins nécessaires à sa santé ; si bien que lorsqu'elle eut atteint sa neuvième année, son père put entreprendre avec elle le voyage de Vienne, où l'enfant se fit entendre avec succès dans plusieurs concerts. Sur le conseil de l'ambassadeur d'Angleterre, qu'elle avait charmé, il la conduisit ensuite à Londres, où elle fit véritablement sensation ; accueillie, dit-on, par les plus grandes dames, choyée de toutes parts, protégée par la reine elle-même, son succès fut particulièrement productif. C'est à Londres que l'on découvrit qu'elle avait une voix charmante ; on la confia alors aux soins d'un professeur italien, le chanteur Paradisi, et c'est ainsi que sa carrière se transforma bientôt. — Il faut nous arrêter ici, car nous avons vu ce qu'était la petite violoniste Gertrude Schmeling ; le reste concerne la grande cantatrice Mme Mara, dont nous n'avons pas à nous occuper dans cet écrit.

C'est à l'époque des grands triomphes scéniques de Mme Mara que brillait à Paris, comme violoniste, une jeune femme charmante, Mme Ladurner, née Mussier de Gondreville. Elève de l'excellent Mostrino, à qui elle faisait vraiment honneur, elle s'était fait connaître d'abord, sous le pseudonyme de Mlle de La Jonchère, en se produisant dans les concerts, où son jeu élégant, plein de charme et de grâce à la fois et de solidité, lui avait valu les succès les plus vifs. Ayant épousé le fameux pianiste Ladurner, qui fut le maître d'Auber et de Boëly, elle donnait chez elle, chaque semaine, des concerts particuliers qui étaient très recherchés, et où son remarquable talent faisait la joie des amateurs. Je ne saurais dire par quelle suite de circonstances singulières Mme Ladurner fut nommée plus tard, sous la Restauration, directrice de la Maison royale de Saint-Denis, où elle mourut le 25 octobre 1823.

Sur une artiste autrichienne, Mme Bayer, qui vivait à la même époque, et qui paraît avoir été aussi une violoniste habile, on ne trouve guère également d'autres renseignements que ceux qui sont contenus dans cette courte notice du *Dictionnaire des musiciens* : « Madame Bayer, fille d'un trompette de la cour de l'Empereur, à Vienne, naquit dans cette ville vers 1760. Elle se fit entendre en 1781, comme virtuose sur le violon, à plusieurs cours, et fut généralement admirée. La force, la facilité et la prestesse de son jeu étaient telles que le grand Frédéric, roi de Prusse, lui fit l'honneur de l'accompagner sur la flûte. » Ce dernier détail est assurément inexact : au temps où Mme Bayer eût pu se trouver en contact avec Frédéric II, dont la grâce, d'ailleurs, n'était pas la vertu dominante, ce souverain avait depuis longtemps déjà perdu toutes ses dents, particularité qui lui avait rendu désormais impossible l'usage de la flûte.

Voici venir maintenant une véritable grande artiste, dont la renommée fut européenne. Regina Strinasacchi (1), née en 1764 à Ostilia, près de Mantoue (et non à Mantoue même, comme le dit Fétis), reçut son éduction musicale au Conservatoire féminin de *la Pieta* à Venise. Quel fut le maître aux leçons duquel elle dut son remarquable talent? c'est ce qu'on ne saurait dire, non plus que rien de ce qui se rapporte à ses toutes jeunes années. On assure qu'après avoir quitté Venise, elle vint passer plusieurs années à Paris, où Fétis dit qu'elle se fit entendre au Concert spirituel, ce qui ne me paraît pas exact ; ce que l'on peut croire, c'est que la jeune artiste, en entendant tous les excellents violonistes qui se produisaient chaque jour au Concert, tels que Pagin, Guénin, Paisible, La Houssaye, Stamitz, ne put qu'affermir encore un talent déjà distingué : et qui sait si elle ne profita pas encore des leçons de quelqu'un d'entre eux ?

Ce qui est certain, c'est que, dès son retour en Italie, toute jeune encore, elle excita une véritable admiration, et que ses succès à Rome, à Naples et dans d'autres villes furent éclatants. Il en fut de même lors de son premier voyage en Allemagne, notamment à Leipzig, où elle connut le brillant violoncelliste Schlick (2), qu'elle ne tarda pas à épouser, et avec qui elle retourna en Italie, pour revenir ensuite en Allemagne, qu'elle ne quitta plus guère. C'est alors qu'elle se trouva en relations avec Mozart, qui, enchanté de son talent, s'exprimait ainsi à son sujet dans une lettre adressée de Vienne à son père, le 24 avril 1784 (elle avait vingt ans) : « ... Nous avons ici la célèbre Mantouane Strinasacchi, une très bonne violoniste ; elle a beaucoup de goût et d'expression dans son jeu. J'écris en ce moment une sonate que

(1) Qu'il ne faut pas confondre avec la grande cantatrice Teresina Strinasacchi, sa compatriote et sa contemporaine, mais non sa parente, dont les succès furent comparables aux siens.

(2) Conrad Schlick, excellent violoncelliste et compositeur distingué, naquit à Munster en 1759 et mourut à Gotha en 1825.

nous devons jouer ensemble jeudi prochain. » Cette sonate (c'est celle en *si* bémol) fut exécutée en effet par eux dans une soirée au théâtre de la cour, devant l'empereur Joseph, et donna lieu, de la part de Mozart, à un de ces tours de force qui lui étaient familiers. Comme il n'avait pas eu le temps d'écrire la partie de piano telle qu'il l'avait conçue, il la joua de mémoire et sans répétition préalable.

La Strinasacchi fit ensuite de longues tournées avec son mari, tous deux jouant souvent ensemble des duos ou des symphonies concertantes pour violon et violoncelle, écrits par lui. Schlick étant mort à Gotha en 1825, sa femme semble s'être établie à Dresde, où elle mourut elle-même en 1839, âgée de 85 ans, — tandis que Fétis dit qu'elle « a cessé de vivre, environ deux ans avant son mari ».

Nous nous trouvons ensuite en présence d'une jeune femme qui paraît avoir été quelque peu extraordinaire; fille d'un maître de ballet de la cour de Bavière qui était habile violoniste, Marianne Crux, née à Mannheim en 1772 ou 1774, dans un milieu très artistique, se fit remarquer dès ses plus jeunes années, par ses rares qualités musicales, et se distingua bientôt tout à la fois comme violoniste, claveciniste et chanteuse. Élève d'abord du grand violoniste Fraenzl, elle apprit ensuite le piano avec un nommé Strizl, et reçut des leçons de chant de l'excellente cantatrice Dorothée Wendling. Conduite à Vienne toute jeune encore, à peine âgée de quatorze ans, elle enchanta l'empereur Joseph II en produisant devant lui son triple talent. Quelque temps après elle était à Berlin, où l'on assure qu'elle excitait un réel enthousiasme, de même qu'à Hambourg, à Mayence, à Francfort et à Munich. Ici, on lui proposa un engagement comme cantatrice au théâtre de la cour, mais elle refusa pour continuer ses voyages. Elle ne tarda pas à se rendre à Londres, où le succès la suivit, et de là s'en fut à Stockholm, où elle épousa un officier du génie suédois nommé Gilbert. Elle ne resta pourtant pas en Suède, car on la retrouve encore en 1807 à Hambourg, toujours couverte d'applaudissements, et poursuivant ensuite sa brillante carrière.

Comme violoniste, on signalait en Marianne Crux la hardiesse et la justesse de ses doubles cordes, l'habileté de son mécanisme, la sûreté dont elle faisait preuve dans l'exécution des plus grandes difficultés, et par-dessus tout le sentiment et l'expression dans le chant, où elle avait le don de charmer ses auditeurs. Cette femme remarquable n'était pas seulement une musicienne accomplie et une virtuose sous ses trois aspects ; très instruite, elle parlait et écrivait, outre l'allemand, trois langues : le français, l'anglais et l'italien, dessinait avec beaucoup d'agrément, et enfin montrait une extrême adresse dans tous les menus ouvrages de femme. N'avais-je pas raison de dire qu'elle était quelque peu extraordinaire ?

La Belgique, qui depuis un siècle a produit tant de violonistes éminents ou justement célèbres, ne nous offre, que je sache, qu'une femme qui se soit vraiment distinguée sous ce rapport, Mlle Adèle Fémy, qui paraît être née dans les dernières années du XVIIIe siècle. Fille, sœur et nièce de violonistes, elle ne pouvait manquer à la vocation qui entraînait tous les siens, et l'on peut croire que c'est à l'un d'eux qu'elle dut sa première éducation musicale (1). Ce qui est certain, c'est qu'elle devint à la fois non seulement une violoniste remarquable, mais aussi une cantatrice émérite, et qu'elle obtint, sous ce double rapport, des succès éclatants, d'abord dans son pays, puis en Angleterre, et enfin en Amérique qu'elle parcourut pendant de longues années. Elle habitait encore en 1847 ce dernier pays, où l'on suppose qu'elle est morte.

Parmi les noms les plus brillants de femmes violonistes, on ne saurait oublier celui de Mme Caroline Kraehmer, née Schleicher, qui vit le jour en un petit pays proche du lac de Constance, Stokasch, le 17 décembre 1792. Son père, bassoniste habile et chef de musique militaire, étant devenu musicien de la chapelle du duc de Wurtemberg, elle fit son éducation musicale à Stuttgart, où elle commença l'étude du violon avec un autre artiste de la chapelle nommé Baumiller, tandis qu'en même temps son père lui faisait apprendre la clarinette, instrument singulièrement choisi pour une femme, et sur lequel pourtant elle acquit une supériorité exceptionnelle. Au cours de divers voyages entrepris avec son père, elle eut l'occasion d'entendre Rode, dont le jeu fit sur elle une impression profonde, puis elle termina son éducation de violoniste avec Fesca, tout en apprenant le piano et l'harmonie avec Danzi. Une fois sûre d'elle-même, elle se livra à de nouveaux voyages, au cours desquels elle arriva à Vienne, où son double talent de violoniste et de clarinettiste lui valut d'éclatants succès dans une série de concerts donnés par elle au théâtre An der

---

(1) **Deux membres de cette nombreuse famille** de musiciens firent leurs études au Conservatoire de Paris : l'un, François-Jean Fémy, né en 1790, obtint un prix d'harmonie en 1806 et le premier prix de violon en 1811 ; l'autre, Henri, né en 1792, se vit décerner le premier prix de violoncelle, en 1808.

Wien et à celui de la Porte de Carinthie. C'est à Vienne qu'elle épousa le remarquable hautboïste Ernest Kraehmer, attaché à l'orchestre du théâtre de la cour, qui avait quelques mois de moins qu'elle. Elle parcourut avec lui, au bruit d'applaudissements enthousiastes, toute l'Allemagne, la Bohême, la Hongrie, voire la Russie, n'excitant pas moins d'étonnement, et même de curiosité, comme clarinettiste que comme violoniste, et ne déployant pas moins de supériorité sur l'un que sur l'autre instrument. Ayant perdu en 1837 son mari, dont elle avait eu deux fils, Mme Kraehmer se consacra à l'instruction musicale de ces deux enfants, dont l'un, Charles, devint pianiste, et l'autre, Ernest, violoncelliste. C'est avec eux qu'elle se fit entendre une dernière fois, à Vienne, dans un trio de sa composition pour piano, clarinette et violoncelle.

Il faut signaler en peu de mots une artiste intéressante, Mme Filippowicz (Mlle Elise Mayer), née à Rastadt en 1794, qui fut une des bonnes élèves de Spohr et se fit connaître d'abord avantageusement en Allemagne sous le nom de Mme Minelli. S'étant rendue ensuite en Pologne, où elle perdit son mari, elle s'établit en ce pays et épousa en secondes noces un gentilhomme lithuanien nommé Filippowicz, sous le nom duquel elle continua sa carrière. Malheureusement, ce second époux ayant subi le sort de ses compatriotes à la suite de la révolution polonaise de 1831, Mme Filippowicz se vit obligée de quitter la Pologne, vint en France, donna à Paris plusieurs concerts où elle fit applaudir un talent plein de distinction, puis, en 1835, alla se fixer à Londres, où elle fut bien accueillie, mais où elle mourut, jeune encore, en 1841. Mme Filippowicz n'a publié qu'une seule de ses compositions, une Fantaisie pour violon avec piano, « dédiée à Louis Spohr par son élève ».

S'il est un nom resté célèbre entre tous ceux des femmes qui se sont illustrées ou distinguées comme violonistes, c'est celui de Milanollo. Elles étaient deux sœurs, deux petites Piémontaises, deux enfants prodiges, filles d'un modeste menuisier de Savigliano, où elles naquirent, Teresa le 21 août 1827, et Maria le 19 juin 1832. Grâce à elles, ce nom de Milanollo resplendit d'un éclat prodigieux sur toutes les parties de l'Europe, non seulement en France, où, à peine âgée de huit ans, Teresa fit son premier début, mais en Belgique, en Hollande, en Angleterre, en Suisse, en Bohême, en Hongrie, en Autriche et dans toutes les parties de l'Allemagne, où, Maria s'étant bientôt jointe à sa sœur qui avait été son professeur, elles excitèrent

de toutes parts un enthousiasme incomparable, jusqu'au jour où la pauvre fillette
étant morte phtisique à peine âgée de seize ans (21 octobre 1848), Teresa dut continuer seule sa carrière triomphale. Je ne saurais retracer ici tous les détails d'une
existence artistique aussi extraordinaire (1). Mais pour donner une idée de l'impression que produisaient les deux sœurs, il suffit de citer ces paroles caractéristiques d'un critique viennois : « Je ne sais pas de quel instrument les anges
jouent au ciel ; mais je sais maintenant que sur la terre ils joüent du violon. » Et
pour faire apprécier le talent merveilleux que Teresa déployait dès son enfance, je
reproduirai le jugement que portait sur elle Berlioz, qui n'était, on le sait, ni tendre
ni facile à émouvoir. C'est lors de la première apparition de la fillette, à la séance de
la Société des concerts du Conservatoire du 18 avril 1841, et Berlioz, emporté par
le torrent d'enthousiasme qui soulève toute une salle, ne peut lui-même retenir un
cri d'admiration :

... Voici, dit-il, voici venir mademoiselle Teresa Milanollo, charmante jeune fille de douze
ans, à l'air assuré et modeste en même temps, à la physionomie sérieuse et pleine cependant
de grâces enfantines. Elle prend un violon, un grand violon comme celui d'Artot, et joue une
grande Fantaisie à grand orchestre, composée par M. Habeneck pour le grand festival de Lille ;
elle en tire de grands sons d'une grande justesse et soulève au bout de quelques mesures une
grande tempête d'applaudissements. On voit que cet enfant est déjà capable de grandes choses.
Il ne faut pas croire que cet énorme succès soit uniquement dû à l'étrange précocité de son
talent. Non, le charme éprouvé par l'auditoire était très réel, très musical. Sans doute, l'intérêt
excité par une virtuose habile si jeune, sur un instrument si difficile, devait disposer le public
favorablement ; mais on n'en a pas moins rendu simple justice à plusieurs belles qualités qu'elle
possède évidemment, en applaudissant la justesse constante des sons, leur netteté, la régularité
animée du rythme et le bonheur avec lequel la petite violoniste atteint les notes aiguës les plus
dangereuses. Elle aborde le *contre-fa dièse* sans peur et le quitte sans reproche ; ses traits ont de
la vigueur et de l'éclat ; la quatrième corde chante rondement. Le morceau de M. Habeneck est
d'une coupe simple et large à la fois, les idées en sont élégantes, d'une verdeur peu commune,
et accompagnées d'une instrumentation modérée et choisie. L'auteur a été ravi (il devait l'être)
de sa jeune interprète. A la dernière mesure, une acclamation, un cri, un hourra de toute la
salle renvoyé en écho par les musiciens de l'orchestre, ont salué la sortie de mademoiselle Milanollo, qui, sans être autrement émue que s'il se fût agi de quelques compliments à elle adressés
dans un salon, s'en est allée souriante embrasser sa mère, qui comprenait mieux l'importance
d'un pareil succès en pareil lieu, devant un si terrible aréopage.

(1) Je les ai fait connaître dans une longue étude sur *les Sœurs Millanollo*, publiée en 1916 par *la Rivista
musicale italiana* de Turin.

Teresa Milanollo était âgée de huit ans lorsqu'en 1835 elle se produisit pour la première fois en public, à Marseille, d'abord aux concerts de la rue de Noailles, puis au Grand-Théâtre, excitant déjà, avec la surprise, comme un sentiment d'admiration. Dès lors commença sa carrière de virtuose, qui aboutit, en 1841, à ce triomphe au Conservatoire. C'est justement au cours de cette année 1841 que sa petite sœur Maria, élevée musicalement par elle et aussi bien douée, commença à paraître à ses côtés, et qu'elles firent ensemble, en France et à l'étranger, ces brillantes tournées où l'on peut dire qu'elles marchaient de triomphe en triomphe. Cela dura ainsi jusqu'à la mort si précoce de la pauvre petite. Restée seule et désolée, Teresa voulut renoncer à tout et refusait de paraître désormais en public. On parvint cependant à avoir raison de sa douleur, et alors elle reprit pendant près de dix ans le cours de ses succès, c'est-à-dire jusqu'au 16 avril 1857, jour de son mariage avec un officier français, le capitaine (depuis général) Parmentier. A partir de ce moment (elle avait juste trente ans, dont quinze années de succès) Teresa Milanollo fut perdue pour le grand public, et ne se fit plus entendre que dans l'intimité ou dans des concerts de bienfaisance, auxquels jamais elle ne refusait son concours. C'est sans doute un fait unique dans l'histoire de l'art que celui d'un virtuose qui, par suite de circonstances particulières, se condamne tout à coup au silence au plus fort de ses succès, se résigne à une retraite prématurée, et se survit pendant quarante-sept ans (elle mourut le 25 octobre 1904), après avoir connu dans son printemps toutes les caresses de la renommée, toutes les joies et toutes les ivresses du triomphe.

Le nom de Teresa Milanollo n'en reste pas moins acquis à l'histoire de l'art, et si l'on peut lui joindre celui de sa jeune sœur, trop tôt disparue, c'est le sien surtout qui brille d'un éclat exceptionnel parmi ceux de toutes les femmes qui ont leur place marquée dans les annales du violon.

Avec Mme Normann-Neruda, que l'on peut considérer comme l'une des plus grandes artistes du XIXe siècle, nous nous trouvons encore en présence d'une enfant prodige. La petite Wilhelmine-Maria-Françoise Neruda, née le 23 mars 1839 à Brünn, où son père était organiste de la cathédrale, était à peine âgée de quatre ans lorsqu'elle commença l'étude du violon, et elle montra de telles dispositions qu'on jugea bientôt à propos de l'envoyer à Vienne et de la confier aux soins de l'excellent violoniste Jansa, l'émule de Mayseder en cette ville, où il était lui-même professeur à l'Université impériale. Sous sa direction, l'enfant fit de tels progrès qu'à peine accomplie sa septième année, elle put se faire entendre en public avec succès. Toute la famille Neruda était douée, d'ailleurs, d'une façon exceptionnelle au point de vue musical, et l'on raconte qu'en 1847 la petite Wilhelmine, en compagnie d'une sœur aînée (Maria), qui tenait le piano, et d'un jeune frère (Franz), qui jouait du violoncelle, entreprenait son premier voyage artistique en Allemagne, en Belgique et en Hollande. Deux ans après, ce gentil trio se rendait en Angleterre, et un peu plus tard en Russie où, en 1880, il était éprouvé d'une façon cruelle par la mort, à Saint-Pétersbourg, du jeune violoncelliste. Celui-ci pourtant fut bientôt remplacé par un autre frère, et même le trio ne tarda pas à se transformer en quatuor par l'adjonction d'une petite sœur qui vint remplir la partie de second violon. Depuis lors, et pendant près de dix ans, la petite famille Neruda se rendait chaque saison en Russie, où elle était toujours accueillie avec enthousiasme. Vers 1862, après s'être fait entendre avec un succès éclatant au Gewandhaus de Leipzig, Mlle Wilhelmine Neruda visita le Danemark, et après avoir donné une brillante série de concerts à Copenhague, elle se rendit à Stockolm, où le roi de Suède la nomma musicienne de sa chambre. C'est à Stockholm qu'elle connut Louis Normann, maître de la chapelle royale, qu'elle épousa en 1864, et c'est depuis lors qu'elle se fit appeler Mme Normann-Neruda, nom qu'elle rendit bientôt célèbre.

C'est en 1868 que la grande artiste se fit entendre pour la première fois à Paris, où elle se produisit à trois reprises aux Concerts populaires de Pasdeloup, en jouant le concerto de Mendelssohn, celui en *mi* de Vieuxtemps et le huitième de Spohr. Son succès fut spontané et complet. Le public parisien admira dans le jeu de la virtuose une grâce toute féminine et sans afféterie, un archet souple et nerveux, une justesse absolue, un style exquis, une grande sûreté d'exécution, enfin une expression tendre et pleine de poésie. Après de nouvelles et brillantes tournées artistiques en Allemagne, en Danemark et en Belgique, Mme Normann-Neruda se rendit à Londres, où elle excita de véritables transports d'enthousiasme, surtout lorsqu'on la vit tenir, avec un talent de premier ordre, la partie de premier violon aux séances de quatuor des Concerts populaires du lundi. Là, ce n'était plus une simple virtuose qu'on admirait, mais une artiste accomplie, au jeu plein de noblesse et au style d'une rare beauté. Après une visite triomphale dans les provinces anglaises, après s'être fait applaudir à Liverpool, à Manchester, à Norwich, à Birmingham, à York, elle revint à Londres, y retrouva ses succès et ses admirateurs, reprit sa place aux Concerts populaires, se fit entendre aux Concerts philharmoniques, à ceux du Palais de Cristal, et enfin, devenue la favorite du public, se

MARIE SOLDAT.

fixa en cette ville, ce qui ne l'empêchait pas de faire de fréquentes visites sur le continent.

Mme Normann-Neruda, qui, cinq ans après son mariage, s'était séparée de son mari (1), épousa en seconde noces, en 1888, sir Charles Hallé, le célèbre pianiste et chef d'orchestre, et dès lors ne fut plus connue que sous le nom de lady Hallé.

Et le dernier nom que nous ayons à inscrire sur cette liste des violonistes féminins qui ont occupé le public de leur personne et de leur talent et, après l'avoir étonné, se sont fait acclamer par lui et lui ont dû une véritable renommée, est celui de Mlle Marie Soldat, qui est née en Styrie, à Gratz, le 28 mars 1864. Ayant, dès ses jeunes années, montré des dispositions musicales exceptionnelles, elle fut élève d'abord, dans sa ville natale, de deux violonistes dont les noms sont restés obscurs, Pleiner et Poll ; après quoi elle reçut à Berlin des leçons de Joachim, à qui elle doit les remarquables qualités de mécanisme et de style qui distinguent son talent plein de solidité et d'élégance. Devenue une véritable virtuose, elle commença de bonne heure à se produire en public, connut aussitôt le succès, se fit applaudir dans toutes les villes où elle se présentait, et ne

____

(1) Normann mourut en 1885.

tarda pas à être comprise au nombre des artistes les plus éminentes de l'Allemagne. En 1889 elle épousait à Vienne un notaire, M. Röger, et c'est sous le nom de Mme Soldat-Röger qu'à partir de cette époque elle continua ses brillantes tournées artistiques.

Si l'on réunit les noms de toutes les artistes qui ont donné lieu aux notices qu'on vient de lire, on peut voir qu'à tout prendre les vrais virtuoses féminins du violon n'ont jamais brillé par le nombre, et que les grandes violonistes restent à l'état d'exceptions, et de rares exceptions. Il m'a semblé pourtant intéressant de les grouper ainsi dans leur ensemble, ce qui, je crois, n'avait jamais été fait, et ce qui montre combien reste modeste, dans l'espace d'environ deux siècles qui ont été envisagés, le rôle de la femme dans l'histoire du violon et de sa virtuosité ; et il n'y a pas apparence que cela doive changer dans l'avenir. A quoi cela tient-il ? Ce serait aux philosophes ou aux psychologues de répondre à cette question, à supposer que les philosophes et les psychologues consentissent à s'en occuper. Pour nous, artistes et historiens, nous n'avons qu'à constater le fait, sans chercher à en démêler les causes.

LES NOCES DE CANA, PAR VÉRONÈSE. (FRAGMENT.)

LES AMATEURS DE VIOLON

Il existe deux sortes d'amateurs de violon, fort différentes entre elles et que l'on ne saurait confondre en aucune façon. Il y a premièrement les vrais amateurs, les *pratiquants*, ceux qui connaissent intimement le violon, qui en jouent et qui l'aiment pour les jouissances intellectuelles et émotives qu'il leur procure, pour la joie qu'ils éprouvent à s'en servir, à traduire avec son aide la pensée des maîtres, à connaître, grâce à lui, les chefs-d'œuvre qu'il a inspirés : quand ceux-là, heureux de le tenir en main, se trouvent aux prises avec un duo de Viotti ou de Kalliwoda, avec un trio de Boccherini ou d'Haydn, avec un quatuor de Mozart ou de Beethoven, ils rendent grâce aux dieux qui ont permis à l'homme l'invention de cet instrument enchanteur, grâce auquel ils éprouvent une félicité sans mélange et inconnue aux autres mortels.

La seconde classe d'amateurs de violon est celle des profanes, qui seraient incapables d'en tirer un son et de le faire vibrer, qui ne voient en lui que le côté extérieur, mais qui le considèrent (en quoi d'ailleurs ils n'ont pas tort) comme un objet d'art accompli et fait pour réjouir le regard par ses formes exquises, par la grâce de ses contours et l'ensemble harmonieux de toutes ses parties, sans compter la beauté du vernis qui l'habille et qui complète sa perfection. Ceux-là mettent leur amour-propre, ou leur vanité, à posséder un plus ou moins grand nombre des plus beaux instruments, soigneusement enfermés dans des vitrines capitonnées, qu'ils font admirer à leurs invités comme on admire un beau tableau, ou — pour eux c'est tout un — un beau cheval de course. Ceux-là, malheureusement, immobilisent ainsi des instruments qui, après tout, ne sont pas faits pour les yeux, mais pour les oreilles, et les rendent inutiles à l'art pour lequel ils ont été créés. Nous en parlerons plus loin, et nous dirons pourquoi ces collectionneurs enragés font le plus grand tort non seulement à l'art lui-même, mais et surtout aux artistes. Pour le moment, ce n'est pas d'eux qu'il s'agit.

Qui trouvons-nous, dans l'ordre chronologique, parmi les premiers amateurs de violon ? Des peintres, et parmi les plus grands et les plus glorieux, ce qui suffit à établir la justesse de l'axiome qui nous apprend que tous les arts sont frères. Celui que nous rencontrons tout d'abord n'est autre que Léonard de Vinci, le grand Léonard, qui, ne se contentant pas d'être peintre, était aussi sculpteur, architecte, poète, ingénieur, et par-dessus tout musicien (1). Non seulement Léonard écrivait des sonnets qu'il mettait lui-même en musique et qu'il chantait en s'accompagnant sur le luth, mais il passe pour avoir été très habile sur le violon, et certains ont cru même pouvoir décrire l'instrument dont il se servait, lequel avait un manche

---

(1) Inutile de remarquer qu'on ne doit pas confondre l'auteur de la *Joconde* avec son homonyme Leonardo Vinci, compositeur, condisciple de Pergolèse au Conservatoire de Naples, auteur de plus de trente opéras représentés sur les scènes italiennes, de 1719 à 1735.

d'argent (!) surmonté d'une tête de cheval, ce qui devait être assez singulier (1).

Mais après Léonard, et pour rester dans le sujet qui nous occupe, nous avons un document curieux et singulièrement intéressant sous tous les rapports, qui nous donne une preuve convaincante de l'amour que les grands peintres italiens de la Renaissance professaient pour les instruments à cordes alors en usage. Ce document, c'est l'admirable tableau de Paul Véronèse, *les Noces de Cana*, où l'on sait que le grand peintre a traité à sa guise la légende chrétienne en en faisant une fantaisie somptueuse et de caractère quasi historique. Dans ce tableau, Véro nèse s'est représenté lui-même, avec quelques-uns de ses confrères, tous jouant des différentes espèces de violes. On les voit groupés, au premier plan, dans l'espace laissé libre par le demi-cercle de la table où sont rassemblés les hôtes illustres réunis pour le festin. Ils semblent prendre part à l'exécution d'un madrigal. À gauche, bien en vue et en grand apparat, est Véronèse en personne, jouant de la taille de viole qu'il tient sur ses genoux; en face de lui, le Titien, debout et paraissant fort préoccupé de l'importance de la tâche qui lui est dévolue, fait sa partie sur le *violone* ou contrebasse de viole ; derrière Véronèse se tient le Tintoret jouant de la viole de gambe, et non loin de celui-ci se trouve le Bassan jouant du pardessus de viole. On voit que le petit orchestre est complet, et que nos peintres, dilettantes raffinés formaient à eux seuls un concert de violes pouvant lutter au besoin avec ceux où jouaient leurs compatriotes professionnels, Ganassi, Lasignino, Tiburtino, etc., les plus fameux violonistes de ce temps.

Cette tradition des peintres amateurs de violon (ou de viole) devait se continuer, et nous en avons d'autres exemples. C'est d'abord Gainsborough, le célèbre peintre anglais, qui avait, comme la plupart de ses compatriotes, une véritable adoration pour le violon. Après lui, pouvons-nous citer David Téniers ? et Téniers jouait-il de la viole ? Certains l'ont dit. Ce qui est assuré toutefois, c'est qu'il jouait de la basse de viole, car il s'est ainsi représenté dans un de ses tableaux de famille, où il figure avec les siens. D'autre part on peut signaler de façon certaine l'aimable peintre Le Prince, dont Diderot ne dédaignait pas le gracieux talent, et

____

(1) Et le *Dictionnaire historique des musiciens* croit pouvoir nous donner sur Léonard ce renseignement encore plus singulier : « Léonard de Vinci était virtuose sur le violon et se trouvait, en cette qualité, au service de L. Sforza, duc de Milan, avec un traitement de cinq cents écus ».

qui ne manquait pas d'habileté comme violoniste (1). Et, de nos jours, qui n'a entendu parler du violon d'Ingres, dont certains prétendaient sottement qu'il le préférait à ses pinceaux ? Dans son petit livre sur Ingres, Olivier Merson, après avoir constaté que son père était à la fois sculpteur, architecte, musicien et peintre (tout comme Léonard !), nous apprend qu'en 1793, dans une fête donnée sur le théâtre de Toulouse, à l'occasion de la mort de Louis XVI, « le jeune Ingres put exécuter avec succès un concerto de Viotti pour violon ». Il avait à peine treize ans ! Et Saint-Saëns, dans son *École buissonnière*, parle aussi de l'auteur de la *Source* : « Et le violon d'Ingres ? dit-il, eh bien, ce fameux violon, je l'ai vu pour la première fois au musée de Montauban. Ingres ne m'en avait jamais parlé. On disait bien, dans son entourage, qu'il en avait joué (du violon) dans sa jeunesse ; mais jamais je n'ai pu obtenir qu'il exécutât avec moi la moindre sonate. « J'ai fait autrefois, me dit-il pour répondre à mes instances, le second violon dans des quatuors, mais c'est tout. » Aussi je crois rêver quand je lis de temps à autre qu'il était plus sensible aux compliments adressés au violoniste qu'à ceux adressés au peintre. C'est de la pure légende ; mais allez donc détruire une légende !... Ingres a-t-il eu dans sa jeunesse des prétentions au talent de violoniste ? Je l'ignore. Mais je puis affirmer que dans son âge mûr il n'en avait aucune. »

C'est encore Saint-Saëns qui nous renseigne sur les qualités de violoniste d'un autre peintre, l'excellent Hébert, l'auteur pathétique de *la Mal'aria :* « Le plus sérieux des violonistes peintres, dit-il, fut Hébert. Jusqu'à ses derniers jours il se délectait à jouer des sonates de Mozart et de Beethoven, et il les jouait, paraît-il, de façon remarquable. Je n'en puis parler que par ouï-dire, ne l'ayant jamais entendu. Dans ma jeunesse, les seules fois qu'il m'a été donné de le voir chez lui, je l'ai toujours trouvé le pinceau à la main ; depuis, je ne le voyais qu'à l'Académie (des beaux-arts), où nous siégions l'un près de l'autre et où il me faisait toujours un excellent accueil. Nous parlions musique de temps à autre, et il en parlait en connaisseur. »

Le dernier à signaler parmi les peintres amateurs de violon est Gustave Doré, qui était doué, paraît-il, d'une facilité et d'une agilité extraordinaires, mais qui en tirait un peu trop vanité.

---

(1) On trouve, à son sujet, une anecdote singulière dans le *Dictionnaire des musiciens.*

A côté des peintres, y eut-il des sculpteurs qui se distinguèrent comme amateurs de violon, et qui prirent parfois l'archet en quittant l'ébauchoir ? Je ne saurais le dire. Toujours est-il qu'on n'en a guère parlé.

Mais c'est dans les plus hautes classes de la société, parmi les plus grands personnages et jusque sur les marches du trône, qu'on trouve des exemples d'amateurs, non seulement en France, mais en Allemagne, en Angleterre, en Russie... D'aucuns ont pensé que Charles IX, qui aimait beaucoup la musique et qui le prouva (ne fût-ce qu'en protégeant Baïf pour la création de son Académie de poésie et de musique), jouait du violon, ce qui n'est rien moins que prouvé. Mais le fait est certain en ce qui concerne Louis XIII, qui, de plus, était compositeur. Louis XIII a écrit la musique de chansons à quatre parties et de quelques psaumes, et en tant que violoniste il travailla assez sérieusement, puisqu'il eut successivement deux professeurs, Antoine Boileau et Charles Lecomte. On en peut dire autant du Dauphin, fils de Louis XV et père de Louis XVI, ainsi que nous l'apprend, dans son *Essai sur la musique*, le fameux financier de La Borde, violoniste lui-même, et sous ce rapport élève de Dauvergne : « En 1763, dit-il, feu M. le Dauphin, qui aimait les arts et les artistes, et qui joignait, avec beaucoup de goût pour la musique, le talent de se connaître à la bonne, nomma M. Horane pour lui donner des leçons de violon, et continua d'en prendre pendant les deux années qu'il vécut encore, n'ayant cessé de combler de bontés le maître qu'il s'était choisi, ainsi que plusieurs musiciens de sa chapelle, qui presque tous les jours exécutaient en petit nombre, dans l'intérieur de son appartement, une musique à laquelle très peu de personnes étaient admises. »

C'est en Allemagne surtout, où presque tous les souverains, petits ou grands, cultivaient sérieusement la musique, que l'on trouve de nombreux amateurs de violon. On peut mentionner, entre autres, le prince Jean-Ernest de Saxe-Weimar (1696-1715), qui eut pour maître de violon son valet de chambre Christophe Eybenstein, et qui, assure-t-on, devint un des meilleurs violonistes de son temps ; puis Maximilien-Joseph III, électeur de Bavière (1727-1777), qui jouait bien du violon et de la basse de viole, et, comme compositeur, fut élève de Bernasconi ; et encore Charles-Guillaume-Ferdinand, duc de Brunswick, qui, n'étant encore que prince héréditaire, était déjà, selon un de ses biographes, violoniste si habile qu'il surpassait beaucoup d'artistes de profession. Il avait été élève du violoniste Pasch, dont il fit plus tard son maître de concerts.

En dehors des souverains, beaucoup de grands personnages, en Allemagne, parmi la noblesse, cultivaient le violon en amateurs vraiment distingués, et Vidal nous en donne un exemple dans ce curieux récit :

En 1724, l'empereur d'Autriche Charles VI, lui-même excellent musicien, commandait à son maître de chapelle Antonio Caldara un opéra dont le poète Apostolo Zeno devait lui fournir le livret. Caldara se mit en devoir de satisfaire son maître le plus heureusement possible, mais il n'était pas sans inquiétude sur l'exécution de son ouvrage (*Euristeo*), exécution confiée exclusivement à des amateurs; en effet, tous les acteurs, actrices, danseurs, danseuses et instrumentistes, appartenaient à la plus haute noblesse de la cour, l'empereur devant lui-même remplir les fonctions de chef d'orchestre et accompagnateur au piano. En fait, l'exécution fut, dit-on, excellente, et plusieurs représentations de l'ouvrage furent données à la cour de façon très brillante. Je n'ai pas à m'en occuper autrement, mais j'ai sous les yeux la liste des artistes-amateurs composant l'orchestre, et j'en détache les noms de ceux qui tenaient les pupitres de premiers et seconds violons; la voici :

Comte Ferdinand de Lamberg ; Prince Christian de Lobkowitz ; Comte Christophe de Proskow ; Comte de Apermont ; Comte Joseph de Stalenberg ; Comte Ch.-Ferd. de Rotoil; Comte Christophe Pertulasi ; Comte Casimir de Wartenberg ; Comte Octave Piccolomini; Comte François Pachler ; Baron Michel Lazari (1).

Comme en Allemagne, les souverains d'Angleterre donnaient souvent l'exemple de l'amour de la musique : on sait que Henri VIII non seulement jouait du clavecin et de la flûte, mais était compositeur, et que sa fille, la reine Elisabeth, était une virtuose sur la virginale; l'infortuné Charles Ier jouait de la basse de viole, et son fils Charles II du violon. Lorsque celui-ci, après s'être réfugié en France à la suite de la défaite que lui avait infligée Cromwell, put rentrer dans ses États et remonter sur le trône, l'un de ses premiers soins artistiques fut d'organiser à Londres une bande de violons à l'imitation des 24 violons de Louis XIV, et d'en confier la direction à Thomas Baltzar; et quand, à la suite des machinations de Lully,

(1) A signaler encore, pour l'Allemagne, parmi d'autres grands personnages, le comte Ursenberg, chambellan et inspecteur de musique du landgrave d'Arnstadt, qui se distinguait non seulement comme virtuose, mais comme compositeur, en publiant à Liége, en 1768, six trios de violons et six sonates nocturnes pour violon et basse ; et le comte Bruhl, qui, en 1772, faisait applaudir à Vienne son double talent sur le violon et sur le violoncelle.

... frustré dans ses espérances au sujet de l'Opéra, alla se réfugier en
... Charles II le nomma, dit-on, intendant de sa musique.

... ...sément sous le règne de Charles II qu'un grand amateur, le comte
... ...el, ne se contentant pas de jouer du violon, inventa, au dire d'un bio-
... ...n violon à huit cordes,
... l'inventeur, devait réa-
... ...que l'on pouvait imaginer
... ...sublime en musique. Il va
... ...que cette invention subit le
... ...tant d'autres du même genre.
... ...u XVIIIᵉ siècle nous trou-
... ...parmi les amateurs anglais,
... ...élèves de notre français Va-
... ...le comte de Hatzfeld et le
... ...le Dorset, tous deux très ha-
... ...puis le chevalier William
... ...lton, qui jouait du violon et
... ...viole, et qui accueillait à
... ...tous les virtuoses distin-
... ...Et encore les deux comtes
... ...nington père et fils, aussi
... ...nastes l'un que l'autre de
... ...ent qui les charmait.
... ...us celui qu'il faut surtout
... ...et tirer de pair est le comte
... ...rland, pair d'Angle-
... ... février 1784 et mort

TITRE DES *Méthodes de contrebasse* DE CARETTE (1758).

... ...1859, que son existence singulièrement agitée de militaire et de diplo-
... ...a pas de cultiver et même de pratiquer la musique non en simple
... ...en véritable professionnel. Dès le temps de ses études à l'Université
... ...commença celle du violon, qu'il continua au cours de ses séjours
... ...nant à Berlin des leçons de Zeidler, et à Vienne des leçons de

Mayseder, ce qui ne l'empêcha pas de travailler ensuite la composition, à Messine avec Platoni, à Lisbonne avec Portogallo, et enfin, de retour à Londres, avec Kollmann et Bianchi. Je ne saurais entrer dans tous les détails de la carrière à la fois politique et musicale du comte de Westmorland, qui fit représenter une demi-douzaine d'opéras, écrivit une foule de compositions de divers genres : symphonies, musique de chambre, hymnes, antiennes, madrigaux, *canzonettes*, etc., et qui fut l'un des fondateurs et des administrateurs de l'Académie royale de musique de Londres. Il suffit, pour ne pas m'écarter du sujet, de dire qu'il fut un des amateurs violonistes les plus distingués de l'Angleterre.

Il y en aurait bien d'autres à mentionner encore parmi les plus grands personnages de l'aristocratie britannique. Ils ne sont pas seuls pourtant à s'occuper du violon à leurs moments perdus. Il y a d'autres amateurs encore, et je me bornerai à en signaler deux : Sterne d'abord, l'heureux auteur de *Tristram Shandy* et du *Voyage sentimental*, qui, s'occupant un jour des gens à manies, si nombreux partout, et particulièrement de l'autre côté de la Manche, écrivait : « Il n'y a point à disputer à propos des dadas et des manies... Pour moi, je ne saurais : aurais-je d'ailleurs bonne grâce à le faire si j'étais au fond leur ennemi, moi qui, de temps à autre et quand la lune change, redeviens à la fois peintre et violoniste. » Quant au second amoureux du violon que je voulais nommer, personnage éminemment sérieux et que l'on s'étonnerait sans doute de compter au nombre de nos amateurs, il n'est autre que l'illustre physiologiste Darwin, le promoteur de cette doctrine à laquelle on a donné son nom, le darwinisme.

En Russie aussi, où l'art était vivement encouragé par les souverains, nous rencontrons, et depuis longtemps, de nombreux amateurs de musique, et particulièrement de violon. Dès le XVIII° siècle se distingue sous ce rapport le comte Rodolphe Eyzenhaus, colonel d'artillerie, qui se montre violoniste habile, et qui, dans son château de Zoludek, près de Lida, organise, avec le concours d'excellents artistes, un quatuor remarquable. Dans le même temps, on signale à Saint-Pétersbourg Grégoire Teplow, conseiller intime du souverain et sénateur de l'empire, qui était à la fois chanteur et bon violoniste, et qui publiait en 1750 un recueil intéressant d'airs et de chansons russes. Puis, c'est le comte Michel Oginski, sénateur et conseiller privé (1731-1803), tout ensemble pianiste et violoniste, qui publie aussi

diverses compositions. C'est, je crois, comme violoncelliste et non comme violoniste, que se produit le prince Henri Radziwill (1775-1833), musicien distingué.
Mais c'est bien comme violoniste très habile qu'il faut citer le comte Charles
Soltyk, qui publie en 1833, à Leipzig, un Rondo pour violon avec accompagnement
d'orchestre, dédié au célèbre violoniste Charles Lipinski, dont sans doute il était
l'élève. A mentionner encore le comte Ryszezewski, maréchal de la noblesse de
Wolhynie, qui, grâce aux leçons de Rode, avait acquis un talent véritable, et qui,
malgré tous ses efforts, ne put faire réussir le projet qu'il avait conçu de fonder un
Conservatoire à Ruzemieniec.

Et nous arrivons à un amateur tout à fait remarquable, le comte Michel Wielhorsky (1787-1856), violoniste fort distingué, qui fut aussi compositeur et chef d'orchestre. Son éducation musicale avait été complète : après avoir reçu des leçons de
violon de Kiesewetter, il avait travaillé l'harmonie et la composition, et, à la suite
de divers voyages en France et en Allemagne, il devint, à son retour en Russie,
l'âme des meilleurs concerts d'amateurs de Saint-Pétersbourg, où il dirigea, avec
son frère Joseph, lui-même violoncelliste hors ligne, des Concerts spirituels dont
le succès fut éclatant; parmi ses nombreuses compositions on cite une symphonie,
un quatuor à cordes, des chœurs sans accompagnement, des romances, etc. Le comte
Michel Wielhorsky prit une part très importante au mouvement musical de son
pays (1).

Quelques années après Wielhorsky, en 1795, naissait un autre gentilhomme
russe, Alexandre d'Oulibicheff, militaire et diplomate, qui reçut une éducation brillante, complétée par une étude sérieuse de la musique et surtout du violon, sur
lequel il acquit une réelle habileté qui lui permit de se distinguer particulièrement dans l'exécution du quatuor. Après avoir pris sa retraite, il réunissait souvent
dans son château de Louxins quelques autres amateurs avec lesquels il faisait de
fréquentes séances de musique de chambre. Oulibicheff s'esi rendu fameux par la

(1) Les deux comtes Michel et Joseph avaient de qui tenir, car leur père, le comte Mathieu Wielhorsky,
était lui-même violoncelliste amateur, et l'on raconte que, pour obtenir des leçons de Bernard Remberg,
il l'hébergea pendant deux ans dans son palais de Saint-Pétersbourg. L'on dit également que, pour
obtenir du comte Apraxine le superbe Stradivarius que celui-ci possédait, il lui donna son propre violoncelle (un très beau Guarnerius), en y ajoutant une somme de quarante mille francs et... le plus beau
cheval de ses écuries !

publication, en français, de deux ouvrages importants qui suscitèrent, en Allemagne et en Russie même, de vives critiques et des polémiques passionnées, l'un : *Nouvelle biographie de Mozart*, avec un aperçu de l'histoire générale de la musique, l'autre : *Beethoven, ses critiques et ses glossateurs*. Oulibicheff, qui, en dépit de certains partis pris dans l'énoncé de ses idées, était un esprit fort distingué, mourut en 1858.

Il faut bien compter au nombre des amateurs le major général Théodore-Alexis Lvow (1799-1870), qui eut toute l'étoffe d'un véritable artiste, et qui, violoniste remarquable, compositeur fécond, devint maître de la chapelle impériale, et fut enfin l'auteur de l'hymne national russe, *Dieu protège le Tsar*, écrit par lui, en 1833, sur la demande de l'empereur Nicolas. Nous ne saurions entrer ici dans tous les détails de la carrière musicale du général Lvow, et il faut nous en tenir à ce qui concerne spécialement chez lui le violoniste. Voici comment Fétis nous le fait connaître :

Le général Alexis Lvow, Grand maître de la cour du tsar Nicolas Ier. Auteur de la musique de l'Hymne national russe.

Lvow révéla dès son enfance d'heureuses dispositions pour la musique. Le violon était l'instrument pour lequel son penchant était décidé : on lui donna un maître, et ses progrès furent si rapides qu'à l'âge de huit ans il exécutait déjà des concertos difficiles. Lorsqu'il eut atteint sa dix-septième année, il prit la résolution d'étudier seul les œuvres de Corelli, de Bach, de Gaviniés, de Viotti, de Baillot et de Kreutzer, un travail constant le familiarisa avec la manière de chacun de ces artistes, et de leur fusion il se fit un style personnel... C'est ainsi que, par des travaux persévérants pendant plus de trente ans, M. Lvow s'est fait une juste réputation de violoniste et de compositeur.

De son côté, Schumann, dans ses écrits, a tracé du talent de Lvow comme violoniste, l'éloge enthousiaste que voici :

... M. Lvow a donné à un petit cercle d'amateurs l'occasion de faire connaissance avec l'art extraordinaire qu'il possède comme violoniste. Celui qui écrit ces lignes compte l'heure qu'il a passée là parmi les plus belles que jamais la musique et les artistes aient fait naître pour lui. M. Lvow est un si merveilleux, si rare exécutant, qu'on peut le placer, d'une façon générale, à côté *des premiers artistes;* c'est comme une apparition soudaine, d'une autre sphère, qui jaillit de la musique dans son intime pureté; et cette musique est si neuve, si originale, si fraîche dans chacun de ses sons, qu'on ne peut faire autre chose, comme enchanté, qu'écouter, écouter toujours.

Des nombreuses compositions publiées par Lvow, voici celles qui concernent spécialement le violon : un concerto et deux Fantaisies avec accompagnement d'orchestre ; un Air varié, avec quatuor ; un recueil de six duos instructifs de violons ; de plus, un recueil de quatorze mélodies (de Schubert et autres), arrangées avec une partie de violon obligé.

Le dernier amateur à signaler pour la Russie est le prince Nicolas Youssoupow, né en 1827, qui se fit connaître à la fois comme violoniste, comme compositeur très actif et comme écrivain spécialiste. Il fit des études musicales sérieuses, à ce qu'on assure, et fut pour le violon, élève de Vieuxtemps. On a beaucoup vanté son talent d'exécutant, et le prince Youssoupow atteignait à peine trente ans qu'il avait déjà publié de nombreuses compositions pour violon, parmi lesquelles on remarque : un grand concerto symphonique, avec orchestre ; *Gonzalve de Cordoue,* symphonie héroïque, avec orchestre ; Sonate-caprice, pour la 4ᵉ corde ; Adagio dramatique et Rondo ; Poème lyrique ; *Hallucination,* poème, etc. Le prince, dont l'activité semblait ne pas connaître de bornes, se produisait en même temps comme écrivain et publiait, en français, deux ouvrages importants : 1° *Luthomonographie historique et rai-sonnée,* Essai sur l'histoire du violon et sur les ouvrages des anciens luthiers célèbres du temps de la Renaissance, par un amateur; 2° *Histoire de la musique en Russie,* 1ʳᵉ partie, Musique sacrée, suivie d'un choix de morceaux de chant d'église anciens et modernes. La seconde partie de cet ouvrage n'a jamais paru. Lorsqu'il habitait Saint-Pétersbourg, le prince Youssoupow entretenait dans son palais un orchestre, par lequel il faisait exécuter ses compositions.

Il va sans dire que la France, la France de Leclair, de Gaviniés et de Baillot, ne le cède à aucun pays pour l'amour du violon, et que depuis longtemps les amateurs de cet instrument y sont nombreux et souvent fort distingués. On peut bien dire que le plus illustre d'entre tous est assurément Rouget de Lisle, qui se servit de cet instrument pour écrire, dans une nuit de fièvre patriotique, son immortelle *Marseil-laise.* Il n'est que juste de le citer ici en première ligne et avant tout autre, car,

40

sans son violon, serait-il né, ce chant héroïque et merveilleux qui, dans la récente guerre, enflammait encore nos braves poilus et leurs vaillants chefs ?

Il faut remarquer que, dès la première moitié du xviiie siècle, un grand mouvement musical se produit en France, et non seulement à Paris, mais dans toute la province. Dès 1710, la plupart de nos grandes villes possédaient des entreprises de concerts fondées soit par des particuliers, soit par des associations ; on en trouvait ainsi à Lyon, Marseille, Bordeaux, Toulouse, Rouen, Strasbourg, Nantes, Lille, Amiens, Rennes, Tours, Orléans, Caen, Nancy, Troyes, Dijon, et jusqu'à Moulins, Clermont, Saint-Malo, etc. On peut donc presque dire que la fondation à Paris, en 1725, du Concert spirituel, n'était qu'une sorte de résultante.

D'ailleurs, à Paris même, les concerts particuliers se multiplient par les soins de grands personnages, soit de la noblesse, soit de la finance, qui entretenaient des orchestres à leur service, et qui donnaient des séances presque périodiques. Il y avait ainsi les concerts du prince de Conti, où, disait Mathieu Marais dans ses *Mémoires*, « tout le monde entre, où personne ne paye, et où il n'y a aucun musicien de profession » ; ceux du duc d'Aiguillon, du comte d'Albaret, du maréchal de Noailles, du baron de Bagges (dont nous aurons à reparler), etc. ; puis, du côté des financiers et des fermiers généraux, les concerts de Crozart, l'ami de Watteau, où les exécutants étaient partie professionnels et partie amateurs, de La Popelinière (qui jouait de la flûte), de La Borde (qui jouait du violon), d'autres encore ; sans compter le Concert des amateurs, fondé par le baron d'Ogny et le fermier général de la Haye, dont l'orchestre, dirigé par Saint-Georges, ne comptait pas moins de 40 violons, 12 violoncelles, 8 contrebasses, jouant avec une harmonie parfaite.

On peut croire que dans tout cela les amateurs de violon avaient beau jeu pour s'escrimer de leur mieux. Si nous ne les connaissons pas tous, du moins savons-nous les noms de quelques-uns d'entre eux : c'est ainsi que, dans l'orchestre des Petits Appartements de Mme de Pompadour, nous rencontrons, parmi les violons et les altos, M. de Barillet, secrétaire du duc d'Ayen ; M. de Courtaumer, porte-manteau de S. M., le comte de Dampierre, gentilhomme ordinaire des plaisirs du Roi, le marquis de Sourches, grand prévôt de l'Hôtel. De même, dans l'orchestre du Concert de la Société Olympique, nous trouvons, parmi les violonistes, le chevalier Dudrenoux, le président de Meslay, le chevalier de Moligny, M. Delahaye de la Chaussée, le marquis de Corberon, etc.

En première ligne, parmi nos amateurs violonistes, il faut citer l'excellent chevalier de Saint-Georges, ce mulâtre si bien doué de toutes façons, dont le talent était vraiment celui d'un artiste et qui pouvait rivaliser avec les meilleurs d'entre eux. Saint-Georges, que Fétis dit élève de Leclair, ce qui n'est pas prouvé, n'était pas seulement un violoniste extrêmement remarquable, mais un compositeur distingué, à qui l'on doit, en dehors du théâtre, un recueil de sonates, cinq concertos avec orchestre, des trios, des duos, des symphonies concertantes, etc. Auprès de lui, il faut mentionner Lacépède, qui, avant d'être le continuateur de Buffon, avant de devenir membre de l'Académie des sciences, président du Sénat impérial et grand chancelier de la Légion d'honneur, avait reçu une éducation musicale très complète, jouant de plusieurs instruments dont le violon, écrivant plusieurs opéras qui ne furent jamais représentés, et publiant un livre sur *la Poétique de la musique*. Signalons ensuite Ginguené, l'auteur de l'*Histoire littéraire d'Italie*, amateur instruit et passionné de musique, qui fut élève de Signoretti pour le violon, et qui, entre autres travaux littéraires sur la musique, publia une très intéressante *Notice sur la vie et les ouvrages de Piccinni;* Framicourt, conseiller au présidial d'Angers, bon amateur violoniste, qui fut directeur d'un journal de musique fondé par Mathon de la Cour; Chabasion, membre de l'Académie française et de celle des Inscriptions, auteur de nombreux travaux littéraires sur la musique, parmi lesquels un bon *Éloge de Rameau*, et d'un opéra intitulé *Sémélé* (paroles et musique) qui, quoique reçu à l'Académie royale de musique, ne fut pourtant pas représenté. Il était, dit Fétis, chef des seconds violons au Concert des amateurs, et les *Tablettes de renommée des musiciens* le qualifient d' « excellent violon » ; Meude-Monpas, du régiment des Mousquetaires noirs, élève de La Houssaye pour le violon, à qui l'on doit plusieurs compositions spéciales, ainsi qu'un piètre *Dictionnaire de musique*; Davaux, employé supérieur au ministère de la Guerre et à la grande chancellerie de la Légion d'honneur, qui, violoniste exercé, se fit remarquer surtout par sa fécondité comme compositeur, écrivant quatre concertos de violon, des symphonies, des quatuors et des trios pour instruments à cordes, des duos de violons, etc. Bernardy de Valermes, compositeur en même temps que violoniste, qui écrivit aussi des symphonies, des ouvertures, des duos de violons, ainsi qu'un opéra en un acte, *Antoine et Cléopâtre*, qui ne vit jamais le jour.

Et nos comédiens n'étaient pas en reste avec leurs confrères amateurs de violon, de quelque rang qu'ils fussent. C'est ainsi qu'à la Comédie-Française, Baptiste aîné se faisait applaudir comme violoniste, en exécutant un duo avec Julia Candeille, qui tenait le piano, dans une pièce dont celle-ci était l'auteur, *Bathilde* ou *le Duo*. A l'Opéra-Comique, avec Martin, c'était un peu plus compliqué, car il s'agissait, dans un ouvrage de Berton, *le Concert interrompu*, d'un trio pour piano, violon et violoncelle, exécuté, à la grande joie et aux applaudissements du public, par Mlle Pingenet aînée (piano), Martin (violon) et Chenard (violoncelle).

Mais on ne saurait quitter cette fin du xviiie siècle sans rappeler le nom et le souvenir de l'excentrique baron de Bagge, ce grand seigneur qui, quoique étranger, tint une place importante dans la haute société parisienne de ce temps, à laquelle il se mêla très étroitement.

Ce baron de Bagge, chambellan du roi de Prusse, dilettante passionné et, dit-on, appréciateur des talents d'autrui, devenait absolument ridicule lorsqu'il s'agissait de sa personne et de ses prétentions à la virtuosité. Il avait appris fort jeune à jouer du violon, — mal — jouant faux à dire d'expert, avec un coup d'archet fantasque, n'ayant apparence ni de goût ni de style, et joignant à tout cela une pose et une attitude grotesques. Il ne s'en croyait pas moins et très ingénument le premier violoniste du monde, saisissant toutes les occasions de se faire entendre, et donnant de telles preuves de son habileté, que l'empereur Joseph II lui dit un jour, sans sourciller : *Baron, je n'ai jamais entendu jouer du violon comme vous !* ce qui le combla de joie.

C'est aux environs de 1780 que le baron vint à Paris, où il se fixa pendant plusieurs années, et où il donnait tous les vendredis, dans son logis de la rue de La Feuillade, des concerts extrêmement brillants, dans lesquels il faisait entendre, à côté des meilleurs virtuoses français, tous les artistes étrangers qui venaient à Paris pour se faire connaître. Ces concerts étaient très recherchés, en dépit de ce fait que l'amphytrion avait parfois l'idée d'y produire lui-même sa personne et son talent. Mais alors les assistants, connaissant le personnage, prenaient la chose gaiement et lui faisaient un succès dont l'exagération même ne le faisait pas douter un instant de sa sincérité.

Bientôt il fit faire son portrait, où il était représenté un violon à la main, au moment où il s'apprêtait à enchanter ses auditeurs. Un poète pince-sans-rire plaça au bas du portrait ce quatrain, qui peut aller avec l'amusante boutade de Joseph II pour la glorification du sujet :

> Du Dieu de l'harmonie adorateur fidèle,
> Son zèle impétueux ne saurait l'arrêter ;
> Dans l'art du violon il n'a point de modèle,
> Et personne jamais n'osera l'imiter.

Nous ne savons, et cela est regrettable, quel fut le maître de ce virtuose de tous points extraordinaire; ce qui est certain, c'est qu'il se considérait sérieusement comme le premier violoniste de son temps. « Dans cette persuasion, dit Fétis, il invitait la plupart des violonistes qu'il connaissait, ceux mêmes qui jouissaient de la plus brillante réputation, à prendre de ses leçons ; et lorsqu'ils lui objectaient, pour se débarrasser de ses instances, la nécessité d'utiliser le temps pour vivre, il leur offrait de les payer pour qu'ils devinssent ses élèves. » Ce fantoche mourut à Paris en 1791.

C'est à Paris aussi que vivait, vingt ans plus tard, sous l'Empire, un autre amateur étranger, mais celui-ci fort distingué, qui s'y était fixé et qui y menait l'existence fastueuse d'un grand seigneur ami des arts et sachant les apprécier. Le prince de Caraman-Chimay — c'est de lui qu'il s'agit — était le troisième époux de la belle et séduisante Mme Tallien (d'abord Mme de Fontenai), qu'il avait épousée en 1805, et qui faisait avec une grâce exquise les honneurs de sa maison, où la musique était cultivée avec une véritable passion. « Parmi les réunions d'amateurs assez nombreuses à cette époque (vers 1810), dit un chroniqueur, il faut mettre en première ligne celles de M. le prince de Chimay, qui avait fait construire, dans son délicieux hôtel de la rue de Babylone, un salon de musique assez spacieux pour qu'on pût le considérer comme une véritable salle de concert. Un orchestre d'élite, où les artistes les plus célèbres venaient prendre place, s'y réunissait à des jours fixes. Le prince de Chimay, violoniste distingué, se plaçait aux premiers pupitres, avec Kreutzer aîné, Rode et Baillot... » C'est à Paris, chez le prince de Chimay, que fut exécutée pour la première fois la Messe en *fa* de Cherubini, familier de la maison, et c'est au château de Chimay, en Belgique, que fut joué le second opéra inédit d'Auber, *Jean de Chimay*, dont le principal rôle féminin était tenu par la charmante Mme Pauline Duchambge, l'auteur de tant de jolies romances fameuses sous la Restauration.

En arrivant plus près de nous, nous trouvons le romancier Charles Barbara, qui eut son heure de succès mérités avec l'*Assassinat du Pont-Rouge*, les *Histoires émouvantes* et quelques autres ouvrages. Il avait appris à jouer du violon dans sa jeunesse, et plus tard, s'étant lié avec son confrère Champfleury, il fit la partie de premier violon dans le quatuor d'amateurs organisé par celui-ci, qui y tenait le violoncelle. Comme Hoffmann, Barbara aimait beaucoup à faire intervenir la musique dans ses récits, ainsi qu'on peut le voir particulièrement dans l'*Assassinat du Pont-Rouge* et dans l'*Esquisse de la vie d'un virtuose*. Le malheureux est mort fou, à peine âgé de quarante-quatre ans, en 1866. Il était né en 1822. Après lui il faut encore nommer un autre romancier, Paul de Musset, qui, lui aussi, faisait partie d'un quatuor d'amateurs où il jouait l'alto ; Jules Lecomte, qui nous donne ce renseignement, ajoute que c'est Paul de Musset qui, le premier, a découvert l'araignée dilettante (!). Puis, c'est un homme de finance, le comte Pillet-Will, le grand banquier qui, dès l'arrivée de Rossini à Paris, devint son intime ami, et chez qui fut exécutée pour la première fois, en 1864, la Petite Messe solennelle du maître, chantée par quatre artistes du Théâtre-Italien, Gardoni, Agnesi et les deux sœurs Marchisto. Le comte Pillet-Will, qui était un amateur passionné de violon, ne se bornait pas à être un habile exécutant, et publia, entre autres compositions, un recueil de cinquante mélodies pour violon avec accompagnement de piano.

Un autre amateur de violon fort distingué, le docteur Julien Fau, se fit une réputation, il y a un demi-siècle, pour la passion et l'intelligence avec lesquelles il s'était formé une superbe collection d'instruments de musique de tous genres, rares et précieux, collection que Viollet-Leduc avait fait connaître dans un chapitre de son *Dictionnaire raisonné du mobilier français* et qui offrait surtout un grand intérêt pour l'histoire de la lutherie des siècles antérieurs. En 1874, le docteur Fau céda sa collection à l'État, qui en enrichit le musée instrumental du Conservatoire, et le *Journal Officiel* en fit l'objet d'un article descriptif extrêmement curieux.

Un autre médecin, le docteur Sigismond Jaccoud, Genevois de naissance et naturalisé Français, doit prendre place aussi parmi les amateurs de violon. Il avait, fort jeune, pris des leçons de violon à Genève, et lorsque des événements de famille le firent venir en France avec sa mère, sans aucune fortune, il fut très heureux de trouver, à l'orchestre du Gymnase, une place de second violon dont les appointements, quoique fort modestes, l'aidèrent tout de même un peu à vivre pendant qu'il faisait ses études médicales. Lorsque, beaucoup plus tard, devenu non seulement membre, mais secrétaire perpétuel de l'Académie de médecine et commandeur de la Légion d'honneur, le docteur Jaccoud put contempler à loisir le chemin parcouru, ce ne fut pas, peut-on croire, sans quelque émotion que le souvenir lui revint de ses premières années à Paris et de son séjour au Gymnase, avec les cinquante francs mensuels qui y étaient attachés (1).

Et c'est encore un médecin, le docteur Paul Richer, que nous trouvons aujourd'hui parmi nos amateurs, et au nombre des plus remarquables. En effet, quoique membre de l'Académie de médecine, le docteur Richer n'en a pas moins reçu une éducation musicale très complète, ce qu'il a prouvé non seulement en prenant part à un concours ouvert par la Société des compositeurs pour un quatuor pour instruments à cordes, mais encore en obtenant le prix. Un peu plus tard, M. Richer eut l'idée assez originale d'organiser un orchestre uniquement formé de médecins, et il réussit à mettre ce projet à exécution et à donner quelques séances musicales avec cet orchestre. Ce qui prouve tout au moins que la musique a de nombreux adeptes parmi les savants qui ont charge du soin de notre santé. Le docteur Richer a publié un livre sous ce titre : *l'Art et la Médecine.*

Que de noms seraient encore à citer, en France et ailleurs, si l'on voulait épuiser le sujet, à commencer par un des plus fameux, celui de Bourdaloue, dont M. Albert Cim, écrivait ceci : « Bourdaloue se préparait à rédiger un sermon en jouant un air de violon. » Puis, le comte de Saint-Germain, le fameux

____

(1) Certains ont été jusqu'à dire qu'il avait fait partie de l'orchestre de l'Opéra-Comique ; c'est inexact. Jaccoud en savait assez pour faire très correctement sa partie au Gymnase, mais cela n'allait pas plus loin, et sous ce rapport, d'ailleurs, il ne s'en faisait pas accroire.

aventurier, que l'on disait de première force sur l'instrument. Et en Espagne le roi Charles III, fils de Philippe V, qui, n'étant encore que l'infant don Carlos, était déjà réputé violoniste très habile ; et le marquis de la Rosa, que l'on disait possesseur du plus beau Steiner connu. Et en Italie, le cardinal Alboni, violoniste et compositeur ; Alessandro Marcello, noble Vénitien, frère aîné de Benedetto Marcello, le célèbre auteur des Psaumes, lui aussi violoniste et compositeur ; et le comte Benedetto di San Raffaello, qui publia en 1770, à Londres et à Paris, six duos de violon, et dont on connaît deux Lettres sur la musique insérées dans les *Raccolte degli opuscoli* de Milan, vol. 28 et 29.

Et les femmes ? pourquoi les oublier ? car il y eut aussi parmi elles des amateurs qui cultivèrent avec ferveur la viole ou le violon, et il serait injuste de les passer sous silence. La première qu'on rencontre est une femme du monde, Mme de Scallier, à qui Voltaire adresse, sur son talent de violoniste, un madrigal que j'ai déjà fait connaître, et sur laquelle j'ai vainement cherché un renseignement. Ce sont ensuite deux des filles de Louis XV, dont Jules Goblenz rappelle ainsi le souvenir dans son livre, *Un Inventaire sous la Terreur* : « Marie Leczinska jouait de la vielle, et le duc de Luynes rappelle que Madame Henriette jouait du pardessus de viole et du violoncelle. Nattier nous a conservé les traits de cette jeune princesse aux prises avec cet instrument peu féminin, et l'on sait que Madame Adélaïde avait pris des leçons de violon sous la direction du célèbre Mondonville et de Guignon. » Ce qui prouve tout au moins que les jeunes princesses ne se contentèrent pas, comme on l'a dit, de fumer la pipe en cachette de leur père. Un autre amateur féminin de violon fut la célèbre pastelliste italienne Rosalba Carriera, que l'on cite comme ayant eu une véritable habileté de virtuose. Ce fut ensuite Mme de Genlis, qui, ne se bornant pas à être une harpiste et une guitariste fort exercée, s'avisa, sans doute pour se reposer de ces deux instruments, de prendre des leçons de pardessus de viole alors en usage.

De nos jours, ce sont deux jeunes souveraines qui ne dédaignent pas de manier l'archet avec habileté. L'une est la reine Elisabeth de Belgique, dont on se rappelle le noble rôle d'infirmière pendant la grande guerre, qui, ne se contentant pas de jouer du violon de façon distinguée, transmet son goût à son fils le jeune duc de

Brabant, dont elle fait elle-même l'éducation sous ce rapport. L'autre est la reine Hélène d'Italie, qui, tandis que son époux cultive avec le succès que l'on sait la science de la numismatique, se distrait des soucis du trône en suivant, de loin, je suppose, les traces de ses illustres compatriotes, Corelli, Tartini et autres. Saint-Saëns, dans son *École buissonnière*, lui a consacré ces lignes : « A Rome, j'eus l'honneur d'être invité à une soirée musicale chez la reine Marguerite (la reine-mère, excellente pianiste)... Après le concert, les deux reines voulurent bien s'entretenir avec moi, et la reine Hélène, qui est violoniste, m'annonça que ses enfants apprenaient le violon et le violoncelle, ce dont je la louai hautement, car la culture exclusive du piano, dans ces derniers temps, a tué la musique de chambre, au risque de tuer la musique elle-même. »

Ce sont là les plus récents amateurs dont nous puissions enregistrer les noms.

LES PRIX ATTEINTS PAR LES CHEFS-D'ŒUVRE
DE LA GRANDE LUTHERIE ITALIENNE

Nous avons dit qu'il existait deux classes d'amateurs de violon, très différentes l'une de l'autre : d'une part, les amateurs effectifs, ceux qui aiment le violon en le cultivant, qui en jouent plus ou moins bien (et parfois fort bien), et qui lui demandent toute la source de jouissances *musicales* qu'il peut leur procurer ; de l'autre, ceux qu'on pourrait appeler les amateurs *négatifs*, qui, n'étant pas musiciens, se soucient peu des qualités sonores de l'instrument, ne considèrent en lui que sa beauté extérieure et plastique et n'apprécient que l'harmonie de ses formes exquises, enfin qui ne voient en lui qu'un objet d'art inerte, destiné surtout à flatter le regard, à réjouir la vue, et l'estiment simplement à l'égal d'un meuble élégant ou d'une belle pièce de céramique. Ceux-là ne sont pas des amateurs, mais de simples collectionneurs, qui n'ont rien à voir avec le sentiment musical. Le malheur est qu'ils sont trop nombreux, pour le grand dommage de l'art et des artistes, par ce fait qu'ils immobilisent et rendent inutiles des instruments qui feraient la joie de ceux qui en jouent et de ceux qui les entendent. C'est surtout en Angleterre que fleurit cette race de collectionneurs enragés, pour lesquels l'amour de l'art consiste dans l'accaparement égoïste des chefs-d'œuvre de l'ancienne lutherie, devenus inutiles en leurs mains inintelligentes.

Les premiers collectionneurs en ce genre furent cependant des amateurs italiens : mais pour ceux-là c'était en quelque sorte affaire de patriotisme. Ils avaient la fierté de l'admirable lutherie qui était une des gloires les plus pures de leur pays, et ils voulaient sauver de l'incurie et de la destruction le plus grand nombre possible de ses plus beaux monuments. Le premier qu'on signale parmi ces braves gens fut un grand seigneur, le comte Ignace-Alexandre Cozio di Salabue, qui était né à Casale Monferrato en 1755. Il avait le culte de la mémoire de Stradivarius, et il réussit à acheter en bloc du dernier des fils du maître, Paolo Stradivari, tout ce qui restait à la famille des derniers ouvrages du célèbre luthier à l'époque de sa mort, soit un ensemble de onze violons, en même temps que tous les modèles, les formes, les moules, les fers qui avaient servi à leur fabrication. Il réussit ensuite à réunir un grand nombre d'instruments des autres grands luthiers de l'école de Crémone, les Amati, les Guarnerius, les Bergonzi, etc. Le malheur des temps voulut que cette incomparable collection fût forcément et fâcheusement dispersée. Les troubles résultant des guerres dont l'Italie fut le théâtre aux dernières années du xviiie siècle obligèrent le comte Cozio di Salabue à réaliser une partie de ses trésors artistiques ; et ce n'est certainement pas sans chagrin qu'au cours de l'année 1801 il fit publier la curieuse annonce que voici, imprimée en français et en anglais :

AUX AMATEURS DE MUSIQUE

Un amateur de musique ayant fait depuis plusieurs années avec beaucoup de soin et de dépense une ample et choisie collection de violons des plus célèbres Crémonais qui aient jamais été, tels que *Antoine, Jérôme* et *Nicolas Amati* père, et oncle et fils, *Antoine Stradivarius, Rugeri* dit le père, *André* et *Joseph Guarnerio, Charles Bergonzio* et *Jean Baptiste Guadagnini,* et étant disposé à vendre cette collection tant en gros qu'en détail ici à Milan, avant de satisfaire aux demandes qu'on lui a faites hors du païs, cet amateur invite tous ceux qui en voudront faire acquisition de s'adresser dans l'espace de 20 jours à dater du 22 prairial tous les jours ouvriers depuis les onze heures du matin jusqu'à midi, et depuis les trois heures après-midi jusqu'à cinq, au portier de la maison 1295 dans la Rue del Gesù peu loin du mont

S. Thérèse, qui leur fera voir cette collection aux heures et jours ci devant marqués.

Cet amateur se flatte que non seulement ils admireront la rareté de cette collection, mais qu'ils trouveront encore très discrets les prix qui y sont fixés, eu égard aux qualités de ces instruments.

Milan, ce 22 prairial, An IX Républicain (8 juin 1801 v. s.).

Le comte Cozio di Salabue eut, parmi ses compatriotes, quelques émules intelligents et mus par le même sentiment d'admiration pour les produits des grands luthiers italiens ; on nomme surtout, parmi ceux-ci, deux autres grands seigneurs, le comte Archinto, qui possédait un quatuor complet de Stradivarius, et le comte de Castelbarco, qui avait réuni cinq violons, deux altos et deux violoncelles du maître, sans compter quelques instruments signés de noms moins glorieux. Pourtant, la renommée de ces merveilleux artisans ne franchissait guère encore les frontières de leur patrie. En France, jusqu'à l'arrivée de Viotti (1782), on ne s'occupait guère, ou point, des instruments italiens ; mais lorsque le grand virtuose se produisit devant notre public avec l'admirable Stradivarius qui était son compagnon inséparable, la vue et le son de cet instrument superbe révolutionnèrent nos artistes, qui aussitôt apprécièrent les qualités et la valeur de la grande lutherie italienne. En Angleterre aussi c'est Viotti qui, quelques années plus tard, et grâce à ce même Stradivarius, ouvrit les yeux — et les oreilles — des artistes et des nombreux amateurs que comptait ce pays. Encore faut-il dire que le goût de ceux-ci mit quelque temps à s'affimer, et que certains préférèrent d'abord leurs violons tyroliens de Stainer aux plus beaux instruments de l'école de Crémone. Et pourtant un des leurs, William Corbett, avait depuis longtemps compris l'importance de ceux-ci, sans qu'il pût faire partager son sentiment à qui que ce soit.

Ce William Corbett, qui faisait partie à Londres de l'orchestre du théâtre du roi, fut sans doute le premier en date des collectionneurs de son pays. Il partit un beau jour de Londres, en 1710, pour se rendre en Italie, où il résida plusieurs années, particulièrement à Rome, et fit une ample moisson de musique et de beaux instruments qu'il rapporta ensuite dans son pays, sans que personne y fît attention. Lorsqu'il mourut en 1748, dans un âge avancé, il légua sa collection aux autorités de Gresham College, à la condition que ses beaux instruments de Crémone seraient conservés dans cet établissement pour y être exposés au public ; il léguait en même temps une rente annuelle de 10 livres sterling pour la surveillance et l'entretien de sa collection. Or, on accorda si peu d'attention au legs de cet homme intelligent que, en dépit de ses désirs et de sa volonté, les instruments réunis par William Corbett furent vendus aux enchères peu de temps après sa mort.

Il fallut donc l'arrivée à Londres de Viotti, un demi-siècle plus tard, pour que les amateurs anglais se rendissent compte de la valeur des instruments de Stradivarius et des autres luthiers italiens. Mais alors ce fut bientôt une furie, la chasse à ces instruments ne tarda pas à prendre d'étonnantes proportions, et c'est à coup de guinées que les amateurs se les disputèrent de toutes parts. L'un des premiers collectionneurs en ce genre fut un homme de finance, le banquier Stephenson, dont un chroniqueur disait en 1802 : « C'est M. Stephenson, le banquier, qui possédait la plus belle et la plus précieuse des collections particulières de violons de Crémone de toute l'Angleterre. » Au nombre de ceux qui suivirent son exemple, on trouve tout d'abord le dernier duc de Cambridge, lord Macdonald, le duc de Marlborough, le comte de Falmouth. Plus tard, on nomme M. Andrew Fontaine, M. Plowden, M. James Goding, qui possédait jusqu'à douze Stradivarius et autant de Joseph Guarnerius, tous de premier ordre ; M. Tyasen-Amharst dont la série de Guarnerius était aussi de qualité exceptionnelle... Puis, plus récemment, MM. Charles Oldham, Brandt, le baron Knoop, etc. Parmi ces amateurs, s'il en est pour qui le violon est parfois un aimable compagnon, docile et charmant, que l'on consulte à l'occasion, qui répond à l'appel, et à qui l'on doit de douces jouissances artistiques, il en est d'autres, je l'ai dit, pour qui ce même violon n'est autre chose qu'un objet silencieux et inanimé, puisque, n'étant pas musiciens, ils seraient dans l'impossibilité d'en tirer un son quelconque ; la seule raison d'être de leur collection est que *cela fait bien* aux yeux du monde, d'avoir une collection aussi nombreuse que possible et de la pouvoir montrer à ses amis, pour s'attirer les éloges et les compliments que l'on doit à tout homme de goût. A ce point de vue particulier, on ne saurait se dispenser de signaler un certain Joseph Gillott, dont la collection prodigieuse, vendue à sa mort en 1872, fut, comme on va le voir, commencée dans les conditions les plus bizarres.

Le nommé Gillott, honnête fabricant de plumes de fer de Birmingham, qui n'avait rien du tempérament d'un artiste, s'était pourtant avisé de former une galerie de tableaux, et c'est justement à ce fait qu'il dut de devenir, sans y penser, l'un des plus étonnants collectionneurs de violons de l'Angleterre. Se trouvant un jour en débat avec le poète Edwin Atherston pour un échange de tableaux, et une petite difficulté s'élevant entre eux, le poète, qui était aussi amateur de violons, proposa à Gillott un violon pour faire appoint. « C'est parfaitement inutile, dit celui-ci, car je ne connais rien en musique ni en violons. — Je le sais bien, répliqua l'autre, mais les violons ont souvent une grande valeur comme objets d'art. » Bref, le marché fut conclu. Et à dater de ce jour Gillott devint amateur de violons, et avec une telle rage qu'au bout de dix ans il avait, au point de vue du nombre et de la qualité, la plus prodigieuse collection qu'il y eût jamais eu en Angleterre.

Il faut lire, dans le livre de Hart sur *le Violon*, le curieux récit qu'il fait de sa visite à cette collection, dont les éléments étaient enfouis par son propriétaire dans les profondeurs les plus obscures de son habitation personnelle et de son immense fabrique de plumes. C'est que ledit Gillott ne s'était pas contenté seulement des ouvrages des plus grands luthiers, il y avait encore ajouté des échantillons de toutes les époques et de tous les pays. Il finit par posséder plus de 500 instruments les plus divers, presque tous appartenant aux différentes écoles italiennes. « Jamais, dit Hart en racontant sa visite, jamais je n'oublierai ce qui s'offrit à mes regards dans un amoncellement étrange et prodigieux. Violons en face, violons à gauche, violons à droite, violons en haut, violons en bas, violons partout, dans le désordre le plus inouï, les uns dans leur boîte, les autres à nu; des séries de Stradivarius, mêlés à des Guarnerius, des Amati, des Berganzi, etc., quelques-uns sans cordes, sans chevalet, d'autres tout décollés, tous couverts d'une poussière épaisse et généreuse, avec, gisant à terre, quantité d'archets dans le même désordre. Quant aux violoncelles, ils étaient, eux, majestueusement rangés dans leur ensemble au nombre d'environ cinquante, cinq lignes de front sur dix de profondeur; ils ressemblaient, enfermés dans leurs caisses, à un régiment d'infanterie attendant le commandement de ses chefs. »

Lorsque, en 1872, à la mort de Gillott, on vendit cette collection inénarrable, ce fut un ébahissement général à la vue de tant de richesses si longtemps enfouies sans plaisir pour leur possesseur et sans utilité pour qui que ce soit. Ce qui fait faire à Hart cette réflexion mélancolique : « Parmi les nombreux exemples de l'empire qu'exerce la passion de la collection de violons sur ceux qui n'en savent point jouer, celui de M. Gillott est des plus singuliers. » Et voilà à quel résultat aboutit parfois la passion égoïste de messieurs les amateurs anglais.

Il est juste de dire pourtant qu'ils ne sont pas absolument les seuls à collectionner les beaux violons italiens, et qu'ils trouvent, hors de leurs pays, des émules et des rivaux. Mais ceux-ci, particulièrement en France, achètent d'ordinaire des instruments pour s'en servir, et parce que c'est pour eux une véritable joie de jouer un beau violon de Joseph Guarnerius ou un violoncelle de Stradivarius. Parmi les amateurs français de ce genre, on compte le vicomte de Janzé, qui possédait un beau quatuor de Stradivarius ; M. de Saint-Senoch, qui était dans le même cas ; M. le comte de Chaponey, mort à Lyon en 1877, qui avait réuni plusieurs violons du vieux maître ; M. Jules Gallay, qui, entre autres, avait payé 20.000 francs un de ses plus beaux violoncelles ; M. Jubinal, M. A. Bonjour et quelques autres.

En Belgique, on trouve d'abord, à Bruxelles, le prince de Caraman-Chimay, qui semblait s'attacher surtout aux instruments de Maggini ; Wilmotte, d'Anvers, qui, dit-on, avait possédé jusqu'à une vingtaine de Stradivarius ; à Renaix un amateur intelligent, César Snoeck, qui, dans sa collection comptant plus de mille instruments de tout genre, pouvait montrer de beaux échantillons des luthiers italiens, français, allemands, et surtout belges et hollandais ; enfin le duc de Camposelice, qui, pour sa part, était parvenu à réunir en peu d'années huit violons, deux altos et deux violoncelles de Stradivarius, sans compter cinq Guarnerius del Gesu, un Nicolas Gagliano, un Santo Serafino, un alto de Gaspar da Salo et divers autres instruments (1).

(1) Ce nom ronflant de duc de Camposelice était celui qu'avait adopté un brave homme de musicien qui s'appelait tout bourgeoisement Nicolas Reubsaet. Né en Hollande vers 1847, il avait obtenu au Conservatoire de Bruxelles en 1868 un premier prix de chant, après avoir été d'abord violoniste et avoir fait partie, durant quelque temps, de l'orchestre du théâtre de la Monnaie. Quel hasard le mit en relations intimes avec la famille de Singer, le fameux millionnaire américain, fabricant de machines à coudre ? je ne saurais le dire. Toujours est-il qu'il plut à sa fille, sut se faire agréer par elle, obtint sa main et

Mais il faut toujours en revenir aux Anglais, car c'est à leur manie égoïste qu'on doit le prix, excessif jusqu'au ridicule, qu'ont atteint les beaux instruments italiens, prix qui les rend inaccessibles aux artistes qui ne sont pas parvenus à la célébrité, ceux-ci ne pouvant pas toujours mettre 20, 30, et jusqu'à 40.000 francs pour acquérir un instrument qui ferait leur joie intime et le bonheur de leur existence. Et tandis qu'ils sont privés de cette satisfaction, messieurs les millionnaires anglais, avec qui ils ne sauraient lutter, tiennent soigneusement *envitrinés* des chefs-d'œuvre qu'ils rendent inutiles, ou, mieux encore, qu'ils enfouissent jusque dans les caves de leur demeure comme le fit Gillott. Dans leur très beau livre sur *Stradivarius*, MM. Hill disent à ce sujet : « Les ravages causés par le temps, et surtout par la maladresse, l'incurie dont tant de beaux instruments ont été victimes, nous font préconiser les collectionneurs qui, par leurs soins, leur respect attentif, ont conservé et conservent encore, pour la joie de la postérité, quelques-uns des chefs-d'œuvre d'antan. » On ne voit pas trop l'avantage et le profit que la postérité pourra tirer d'instruments parfaitement conservés et qui seront condamnés à ne servir à rien. En fait, et ce qu'il ne faut cesser de répéter, c'est que le violon a été créé pour le violoniste, et non pour l'amateur, plus ou moins intelligent, de bric-à-brac et de curiosités (1).

Mais nous en venons à la question des prix atteints par les instruments italiens et à leur progression depuis un siècle. Et il ne s'agit pas seulement des Stradivarius, — car de ceux-ci il n'en est pas pour tout le monde, bien qu'on assure que leur auteur en a construit plus de onze cents, — mais aussi des autres luthiers fameux,

l'épousa, ornée d'une dot plus que confortable. Il fut pris alors d'une sorte de gloriole, si bien que l'excellent Nicolas Reubsaet voulut bientôt se donner le luxe d'un de ces titres qu'on obtient sans trop de difficultés du gouvernement pontifical, à la seule condition de verser une somme importante au profit d'une des nombreuses œuvres de bienfaisance dépendantes du Vatican. De ce fait, le dit Reubsaet se vit bombarder du jour au lendemain duc de Camposelice (au titre Romain), et désormais ne se fit plus appeler autrement. Mais en reniant ses ancêtres, il n'avait pas perdu son amour très réel pour l'art qu'il ne devait plus maintenant cultiver qu'en amateur, et il devint sans tarder l'un des membres les plus passionnés du monde des collectionneurs de beaux instruments. Ce personnage, d'ailleurs fort estimable, mourut en 1887.

(1) Pour donner une idée de l'idolâtrie dans laquelle les amateurs anglais tiennent le nom et les œuvres de Stradivarius, leur compatriote George Hart nous cite ce fait assurément original : « Les habitants de Crémone, dit-il, se forment à peine une idée de l'entraînement que nous ressentons pour leur illustre concitoyen. Ils s'étonneraient bien d'apprendre que le nom de Stradivarius est le nom de baptême de plus d'un Anglais. »

les Amati, les Guarnerius, les Bergonzi, les Maggini, sans compter bien d'autres. Nous sommes loin du temps (1572) où Charles IX faisait compter à un de ses musiciens, Dolinet, une somme de 50 livres tournois pour acheter un violon de Crémone affecté à son service. Un siècle plus tard, en 1662, le roi Charles II d'Angleterre chargeait un de ses artistes, John Banister, d'acheter pour le service de S. M. deux violons de Crémone pour le prix de 42 livres sterling.

On voit que dès lors les violons de Crémone étaient estimés, puisque les souverains qui, en France et en Angleterre, avaient soin de leur musique, spécifièrent l'achat d'instruments de ce pays. Il faut arriver cependant, comme je l'ai déjà fait connaître, aux dernières années du xviiie siècle et à la venue de Viotti à Paris avec son Stradivarius, pour que nos artistes aient la révélation du génie de ce maître luthier et de la valeur de ses œuvres. Nos grands virtuoses s'empressèrent alors de les rechercher, et Rode, La Houssaye, Baillot, Kreutzer, Habeneck, voulurent avoir chacun leur Stradivarius. Leur prix monta naturellement, en raison même des demandes, mais cette augmentation était faible encore.

Fétis croit pouvoir affirmer que Stradivarius, dans tout l'éclat de sa gloire (car il était glorieux de son vivant, et sa renommée s'étendait de toutes parts), ne faisait payer ses violons que quatre louis d'or; la vérité est qu'on ne sait absolument rien de précis à cet égard; mais on peut croire que le chiffre indiqué par Fétis est trop modeste, étant donnée justement la renommée de Stradivarius, dont les instruments étaient avidement recherchés par les princes et les souverains dont les goûts artistiques s'attachaient à assurer la supériorité de leur musique particulière. C'est ainsi qu'on voit, en 1682, le roi d'Angleterre Jacques II commander au maître de Crémone un quintett complet, et qu'en 1688 le roi d'Espagne Charles II fait de même; en 1690, c'est le grand duc de Toscane, Côme III de Médicis, qui sollicite de lui toute une série d'instruments, et enfin, en 1715, le roi de Pologne Auguste, qui était en même temps électeur de Saxe, lui demande d'un coup douze violons pour son orchestre, dont le violon-solo n'était autre que le grand virtuose italien Veracini. En présence de tels faits, on a lieu d'être étonné de l'ignorance où l'on se trouvait, en France et en Angleterre, avant l'arrivée de Viotti, de la valeur des instruments italiens, et surtout de ceux de Stradivarius.

Il paraît certain pourtant qu'au xviie siècle, le prix qu'obtenaient les instruments italiens était singulièrement modeste, si nous en croyons les chiffres que voici, réunis par MM. Hill. « En 1572, un violon de Crémone (d'André Amati) coûtait environ 300 francs ; en 1637, un autre (de Nicolas Amati) coûtait environ 360 francs, et un ancien violon dont on ne nomme pas l'auteur se payait 420 francs ; à la même époque on pouvait acheter un violon de Brescia (sans doute un Maggini) pour 120 francs ; en 1662 deux violons de Crémone (des Amati) coûtaient chacun 1.000 francs ; et en 1685, un violon accepté comme étant de Nicolo Amati coûtait 720 francs ; les violons de Francesco Ruger valaient 180 francs. » Un luthier anglais, Forster, nous apprend que cent ans plus tard les Amati étaient encore peu prisés dans son pays, puisqu'en 1799 un violoncelle de Nicolas « avec boîte et archet » était payé 450 francs, et qu'en 1804 un violon du même luthier se vendait 787 francs.

On voit quelle était alors la modicité du prix des Amati, qui valent aujourd'hui de 3.000 à 5.000 francs, ou de 12.000 à 15.000, selon qu'ils sont d'Antoine et de Jérôme, ou de Nicolas, le plus célèbre et le plus estimé des membres de la famille.

Passons aux Stradivarius, en remarquant tout d'abord que ce n'est pas d'un coup, que c'est même assez longuement, et peu à peu, que les instruments du vieux maître ont vu leur prix augmenter successivement. Habeneck paye à Lupot son Stradivarius 2.400 francs ; en 1817 Paganini en paye un le même prix, et un peu plus tard celui d'Alard ne lui coûte que 3.000 francs, tandis que celui de Viotti n'est payé à sa mort que 3.816 francs ; en 1797, le luthier anglais Betts paye un violoncelle seulement 1.312 francs, et en 1821 il en achète un autre 1.575 francs. Mais voici que bientôt les prix commencent à monter : un violon de 1694, payé 2.625 francs en 1809, est revendu 3.000 francs en 1820, 7.500 en 1882 et 12.500 en 1888 ; un autre, de 1690, payé 2.625 francs en 1812, trouve acquéreur en 1814 à 11.250 francs. A la vente de M. de Saint-Senoch, en 1886, son quatuor de Stradivarius obtient les prix suivants : un violon de 1737, 15.000 francs, un de 1704, 7.000 francs, un alto de 1728, 12.900, et un violoncelle de 1696, 10.200 francs.

Nous allons voir les prix s'élever progressivement, mais il faut observer qu'il n'y a pas plus de trente ou quarante ans qu'ils atteignent les proportions vertigineuses et presque scandaleuses où nous les voyons aujourd'hui. Voici les prix atteints successivement par certains instruments dont on a pu suivre la carrière sous ce rapport.

Le *Toscan* (1), payé 1.000 francs à Florence en 1794, est vendu 6.250 francs
en 1865, et acheté 25.000 francs en 1888 par la maison Hill. — Un alto de 1696 est
payé 3.000 francs en 1825, 20.000 francs en 1881 et 22.500 en 1891. — Le *Rode*,
acheté 4.000 francs par le duc d'Albreuse, est payé 5.000 francs en 1875 par la maison Gand et Bernardel, qui le cède pour 6.000 francs l'année suivante à Lamou-
reux, lequel le vend 30.000 fr. en 1890. — L'alto *le Macdonald*, vendu 2.755 francs
vers 1825, acheté 5.300 en 1857 par le baron de Janzé, passe en 1866 aux mains
du duc de Camposelice au prix de 30.000 fr. — Le *Dauphin* est payé 5.000 francs
en 1868, 15.625 en 1875, 27.500 en 1882, et finalement 32.500 en 1892. — De même
le *Sasserno*, payé à l'origine 3.700 francs, est revendu 20.000 francs en 1824,
25.000 en 1887, et 32.500 en 1894. — Le *Betts* subit de singulières destinées : payé
un prix infime à l'origine, il est vendu 12.500 francs en 1852 à un acquéreur capri-
cieux qui le cède presque aussitôt pour 5.000 francs à Vuillaume, à qui Wilmotte,
le grand collectionneur d'Anvers, l'achète 7.000 francs ; nous ne sommes pas au
bout : un spéculateur spécialiste, Meier, achète l'instrument 15.000 francs, le revend
20.000 au luthier Hart, qui le cède pour 30.000 au duc de Camposelice, et à la mort
de celui-ci un amateur se le voit adjuger pour 36.000 francs !

L'histoire la plus singulière est celle du violon qu'on avait appelé le *Messie*
parce que, bien qu'on connût de façon certaine son existence, nul ne pouvait se flatter de l'avoir vu, et qu'il était toujours attendu. Ce violon de 1716 avait appartenu
au comte Cozio di Salabue, qui l'estimait alors 150 louis d'or et qui l'avait vendu,
en 1827, à un personnage singulier, un trafiquant d'instruments nommé Tarisio,
lequel, frappé de la beauté de cet instrument et de son extraordinaire état de conservation (il n'avait jamais été joué), en devint amoureux au point de ne jamais vouloir
s'en dessaisir, et le tint jalousement caché jusqu'à sa mort, en 1854. C'est alors que
ses héritiers le vendirent, avec d'autres, à Vuillaume, qui le fit paraître à la fameuse
Exposition d'instruments anciens ouverte à Londres, en 1873, au South Kensington

---

(1) On a pris l'habitude, en Angleterre, de désigner certains instruments, pour les distinguer entre
eux, par un nom spécial, soit celui d'un artiste ou d'un amateur auquel il a appartenu, soit celui d'un
luthier qui l'a lancé le premier, soit pour toute autre cause particulière. On connaît ainsi le *Viotti*, le *Rode*,
le *Habeneck*, le *Ernst*, le *Vieuxtemps*, le *Sarasate*, le *Betts*, etc., ou encore le *Dauphin*, le *Médicis*, la *Pucelle*,
le *Messie*... On a ainsi établi, jusqu'à un certain point, la généalogie de certains instruments, d'après les
noms de ceux auxquels ils ont appartenu successivement.

Museum. La description qui en fut faite dans le très beau catalogue de cette Exposition (1) se terminait ainsi : « ... Le bois dont ce violon est fait est remarquable par la richesse de ses ondes. La perfection du travail, la beauté du vernis, rien ne lui manque. C'est un violon qui semble sortir de la main du maître. C'est enfin le seul, l'unique instrument de Stradivarius qui soit parvenu jusqu'à présent en cet état de parfaite conservation ; or, ce monument intact de l'ancienne lutherie, cet instrument que l'archet n'a pas fait résonner dans l'espace de plus d'un siècle et demi qui s'est écoulé depuis l'époque de sa fabrication, cet instrument vient donner un éclatant démenti à cette opinion d'après laquelle le son ne pourrait se produire libre et pur qu'après un long usage parce qu'ici, dans son instrument neuf, on trouve toutes les qualités réunies : force moelleuse, rondeur, finesse, vibration facile, son distingué, noble, incisif. »

Le *Messie* resta dans les mains de Vuillaume jusqu'à sa mort (1875). Ses deux filles, ses héritières, l'offrirent alors pour 12.000 francs à leur oncle, N.-F. Vuillaume, de Bruxelles, qui le refusa. Peu après, en 1877, le spéculateur anglais bien connu, Daniel Laurie, offrit 25.000 francs du fameux *Messie* et l'aurait acquis sans doute si Alard, qui était l'époux d'une des filles de Vuillaume, ne se fût décidé à prendre le violon à ce prix. C'est deux ans après la mort même d'Alard, en 1890, que la maison Hill acheta le violon au nom d'un amateur d'Edimbourg, M. Crawford, qui le paya 50.000 francs ! C'est le plus haut prix qu'on ait enregistré jusqu'ici. C'est à la suite de ce marché que MM. Hill écrivaient, dans leur livre sur Stradivarius : « Aujourd'hui, on ne saurait acheter pour moins de 15.000 à 25.000 francs un violon de valeur moyenne (!), tandis qu'un bel instrument vaut de 30.000 à 40.000 francs. » Avis aux amateurs (2).

Et les violoncelles de Stradivarius ! Il va sans dire qu'ils suivaient la pente, ou, pour mieux dire, l'ascension des violons. Si, à la vente des héritiers A. Bon-

---

(1) Ce catalogue était rédigé par Carl Engel, le musicographe bien connu.

(2) Voici encore les prix, très confortables, obtenus par quelques violons de Stradivarius : un instrument de 1717 était payé vingt mille francs par le spéculateur Meier ; la *Pucelle* coûta vingt-deux mille deux cents francs à M. Glandaz fils ; un violon de 1709 était payé vingt-trois mille francs par le vicomte de Greffulhe ; un, de 1718, vingt-cinq mille francs par M. Huston ; un, de 1723, vingt-cinq mille aussi par le duc de Camposelice ; un, de 1717, vingt-cinq mille francs encore par M. Wimphen ; enfin, un violon de 1693 coûtait trente mille francs à Wilmotte, d'Anvers, et un autre, de 1704, était acheté aussi trente mille francs par le duc de Camposelice.

jour, M. Holmann peut acquérir pour 12.000 francs un instrument du maître, Del-
sart en paie un autre 19.950 francs. Le violoncelle que Duport avait payé jadis
2.400 francs, était passé plus tard aux mains de Vuillaume, qui, l'ayant acheté

VIOLON D'ANTONIUS ET HIERONYMUS AMATI (1606).
(APPARTIENT AU PEINTRE MOPP, DE GENÈVE.)

20.000 francs, le revendait 22.000 francs à Franchomme, dont les héritiers le firent
payer 40.000 francs à MM. Hill. Celui de François Servais ne coûta pas moins de
50.000 francs à M. Couteau, et il semble que l'on ait atteint alors les limites
extrêmes. Nous n'y sommes pas, et il reste un dernier exemple à produire. Le violoncelle de Batta, instrument d'ailleurs admirable et de la belle époque du maître

(1711), d'une conservation exceptionnelle et sans l'ombre même d'une éraflure, avait été payé par l'artiste 11.000 francs il y a une cinquantaine d'années, et on assure qu'il en avait refusé récemment 60.000 francs, ne pouvant se résoudre à se séparer de ce vieux compagnon de ses travaux et de ses succès. Mais qu'est-ce que cela ? A la mort du grand artiste, MM. Hill viennent d'acheter son violoncelle 80.000 francs, avec l'intention sans doute de le vendre 100.000. Jusqu'où ira-t-on ainsi ?

Mais en regard des prix obtenus par les violons de Stradivarius, on ne saurait omettre de signaler ceux atteints par les instruments de Joseph Guarnerius del Gesù. Ces derniers, on le sait, rivalisent depuis plus d'un demi-siècle avec les précédents, et tous les grands violonistes enveloppent les uns et les autres dans une même affection. Depuis Lafont et Paganini, on peut citer tous ceux qui ressentaient pour leur Guarnerius l'admiration la plus complète : Ole Bull, Bériot, Alard, Vieuxtemps (qui en avait deux), Sivori, Bazziné, Henri Wieniawski, Sainton, Wilhelmy, et aujourd'hui M. Ysaye, sans compter les autres (1).

Le prix des beaux violons de Guarnerius a suivi, quoique plus lentement, une marche ascendante semblable à celle du prix des Stradivarius, qu'il égale aujourd'hui. Un écrivain allemand, M. Albert Fuchs, le constate ainsi dans son livre : *Taxe der Streich-Instrumente :* « Dans les premières années du xixe siècle (le prix était de) 1.000 à 1.200 francs pour les plus beaux violons. Ce prix ne tarda pas à monter jusqu'à 6 ou 7.000 francs. Actuellement il oscille entre 15.000 et 25.000 francs, et même plus. » Beaucoup plus, en effet, car dans ces dernières années il a monté d'une façon prodigieuse. Tandis qu'il y a un demi-siècle, le grand violoniste norvégien Ole Bull obtenait encore de Tarisio, le fameux brocanteur d'instruments, un Guarnerius del Gesù au prix de 12.000 francs, en 1880, George Hart, le luthier anglais, en payait un 15.750 francs, qu'il vendait un peu plus tard à M. Ysaye. En 1885, Wilmotte, d'Anvers, en achetait un au prix de 22.000 francs, que Mlle Mey lui reprenait en 1889 pour 24.500. L'année suivante, un amateur américain, M. Thomas Sanders, en payait un 25.000 francs, et en 1900, à la vente après décès

____

(1) On n'a pas oublié que Paganini a légué à la municipalité de Gênes, sa ville natale, le Guarnèrius avec lequel il avait remporté tous ses triomphes. Quant au Guarnerius d'Alard, sa famille en a fait don, à la mort du grand artiste, au musée instrumental du Conservatoire, en souvenir de son long et brillant rofessoral dans l'école de cet établissement.

d'Armingaud, son Guarnerius daté de 1732 était adjugé pour 28.000 fr. Si celui de Vieuxtemps fut vendu à sa mort 20.000 francs seulement au duc de Camposelice (1), Wilhelmy, qui venait de recueillir la succession de son père, n'hésita pas, en 1902, à payer à M. Hart fils 50.000 francs un superbe Guarnerius de 1737; et si un antiquaire de Dublin, M. Benson, consentit, en 1906, à en céder un au prix de 25.000 francs, dans le même temps le violoniste Bronislas Hubermann en payait un autre portant la date de 1733, 45.000 francs à la maison Mœckel, de Berlin. Mais ce n'est pas tout encore, et au mois d'avril 1908, un journal étranger croyait pouvoir annoncer qu'un violoniste de Francfort, M. Adolphe Rebner, venait d'acheter, à Paris, un superbe Guarnerius del Gesù au prix de 60.000 francs!

Ce dernier exemple suffirait, à lui seul, pour montrer à quel point la furie et la vanité des collectionneurs, musiciens ou non, font augmenter sottement et d'une façon ridicule la valeur des beaux instruments italiens, de sorte que ceux-ci se trouvent, ainsi que je l'ai dit, hors de la portée de tout artiste que

CROSSE DU VIOLON D'ANTONIUS ET HIERONYMUS AMATI (1606).

la renommée n'a pas conduit à la fortune. Ces collectionneurs enragés ne songent point au dommage que leur égoïsme cause à tant de violonistes distingués et pauvres, qui, non seulement ne sauraient envisager jamais la possession d'un Stradivarius ou d'un Guarnerius, mais celle d'un Amati ou d'un Bergonzi, d'un

(1) Ce splendide Guarnarius de Vieuxtemps, qu'il jouait toujours, qu'il appelait son « cheval de bataille », et qu'il préférait à tout (jamais il ne voulut s'en séparer de son vivant), lui avait été offert en 1846, à Vienne, par le baron Peregra. Plus tard, pendant son long séjour en Russie, où il excitait l'admiration, l'illustre artiste reçut de même plusieurs violons d'un prix inestimable : deux Stradivarius lui furent offerts par le comte G. Strogonoff, un autre par le général Lvow, un Amati par le comte Mathieu Wielhorsky, un Maggini par M. Wolkoff... Au milieu de tous ces chefs-d'œuvre, son affection, son admiration, son enthousiasme restaient acquis à son Guarnerius, « une perle, disait-il, d'une beauté incomparable », et qu'il mettait au-dessus de tout.

Gagliano ou d'un Landolfi, dont les prix, quoique s'élevant dans de moindres proportions, suivent encore d'assez près ceux atteints par les chefs-d'œuvre des deux grands maîtres de Crémone pour en interdire l'usage à tout virtuose dont le portefeuille n'est point orné d'un nombre confortable de billets de banque. Je sais bien que messieurs les grands luthiers anglais, qui monopolisent en quelque sorte le commerce des violons de prix y trouvent leur compte; il n'en est pas moins fâcheux que ce soit au détriment des artistes de tous les pays.

BIBLIOGRAPHIE (1)

HISTOIRE — PÉDAGOGIE — ESTHÉTHIQUE

Ancelet. — *Observations sur la musique, les musiciens et les instruments.* Paris, 1757, in-12.

[Anonyme] — *Réponse aux « Observations sur la musique, les musiciens et les instruments. »* Avignon, 1758.

Adye (Willer). — *Musical notes.* London, 1870.

Agricola (Martin). — *Musica instrumentalis Germanica.* Wittemberg, 1545.

Arteaga (Don). — *Le Rivoluzioni del teatro musicale italiano.* Bologna, 1783, 3 vol. in-8.

Auriac (Eugène d'). — *La Corporation des ménétriers et le Roi des violons.* Paris, 1880, in-8.

Bachmann (Alberto). — *Le violon, lutherie, œuvres, biographies.* Paris, 1906, in-8.

Bellini (Fermo). — *Teoriche musicali su gli stromenti e sull'istrumentazione ad uso de giovanni maestri compositor.* Milano, 1844, in-8.

Berger (Achille). — *Théorie scientifique du violon.* Paris, s. d. [1910], in-8.

Bescher. — *Abrégé historique de la Ménestrandie.* Versailles, 1774, in-8.

Bonnet-Bourdelot. — *Histoire de la musique et de ses effets.* Paris, 1715, in-8.

Bontempi (Giovanni-Andrea). — *Istoria musica.* Perugia, 1685, in-f°.

Bouffier (F.). — *Le violon et ses virtuoses, esquisse historique.* Berlin, 1890, in-8.

Brancour (René). — *Histoire des instruments de musique.* Paris, 1921, in-8 avec planches.

Brenet (Michel). — *Les concerts en France sous l'ancien régime.* Paris, 1900, in-12.

Brossard (Sébastien de). — *Dictionnaire de musique.* Paris, 1703, in-f°.

Brosses (Charles de). — *Lettres familières écrites d'Italie.* Paris, 1858, 2 vol. petit in-8.

Burney (Charles). — *A general history of music.* London, 1776-1788, 4 vol. in-8.

Busby (Thomas). — *A general history of music.* London, 1819, 2 vol. in-8.

(1) Je ne saurais, on le comprend, avoir la prétention de dresser ici une bibliographie complète des ouvrages se rapportant au sujet de ce livre ; elle formerait à elle seule la matière de tout un volume. Mon seul désir, et plus modeste, a été de donner une liste systématique des ouvrages les plus utiles à consulter pour les lecteurs que ce sujet intéresse.

CHAPPELL (William). — *Popular music of the olden time*. London, 1859, 2 vol. in-8.

CLÉMENT (Félix). — *Histoire de la musique*. Paris, 1885, in-8.

CLERJOT (Maurice). — *Essai de philosophie instrumentale. L'art du violon*. Paris, 1900.

CONSOLO (Federico). — *La scuola italiana del violino*. Firenze, 1895, in-8.

DELDEVEZ. — *De l'exécution d'ensemble*. Paris, 1888, in-8.

DESMARAIS (Cyprien). — *Archéologie du violon*, description d'un violon historique et monumental. Paris, 1826, in-8.

DUBOURG (George). — *The violin*. London, 1836, in-8.

DU MANOIR (Guillaume). — *Le mariage de la Musique avec la Danse*. Paris, 1664, in-12. (J. Gallay a publié une nouvelle édition de ce pamphlet curieux, en l'accompagnant de notes). [Paris 1870.]

ECORCHEVILLE (J.). — *Vingt suites d'orchestre du dix-huitième siècle français*. Paris, in-f°.

FÉTIS (F.-J.). — *La Musique mise à la portée de tout le monde*. Paris, 1830, in-8.

— *Curiosités historiques de la musique*. Paris, 1830, in-8.

— *Histoire générale de la musique*. Paris, 1869-1876, 5 vol. in-8.

FORKEL. — *Histoire générale de la musique*. Leipzig, 1788-1801, 2 vol. in-4.

— *Littérature générale de la musique*. Leipzig, 1792, in-8.

GALLAY (J). — *Un inventaire sous la Terreur*. Paris, 1890, in-8.

GREILSAMER (Lucien). — *L'hygiène du violon, de l'alto et du violoncelle*. Paris, s. d. [1911], in-8.

GRILLET (Laurent). — *Les Ancêtres du violon et du violoncelle*, les luthiers et les fabricants d'archet. Paris, 1901, 2 vol. in-8.

HART (George). — *The Violin, its famous makers and their imitators*. London, 1875, in-4°. (Une traduction française, due à Alphonse Royer, a été publiée à Paris en 1886, sous ce titre : *Le Violon*, etc.)

HAWKINS (John). — *History of the science and practice of music*. London, 1776, 5 vol. in-4°.

HUET (Félix). — *Étude sur les différentes écoles de violon depuis Corelli jusqu'à Baillot*. Châlons-sur-Marne, 1880, in-8.

JACQUOT (Albert). — *La Musique en Lorraine*. Paris, 1882, in-8.

KASTNER (Georges), — *Parémiologie musicale de la langue française*. Paris, 1862, in-4°.

LACOMBE. — *Dictionnaire des Beaux-Arts*. Paris, 1759, in-8.

LA FAGE (Adrien de). — *Extrait du catalogue critique et raisonné d'une petite bibliothèque musicale*. Paris, 1862, in-8.

LA LAURENCIE (Lionel de). — *L'École française du violon, de Lully à Viotti*. Paris, 1922.

LAVIGNAC (Albert). — *La Musique et les musiciens*. Paris, 1895, in-12.

LAVOIX (H.). — *Histoire de l'instrumentation, depuis le XVI° siècle jusqu'à nos jours*. Paris, 1878, in-8.

LE BLANC (Hubert). — *Défense de la basse de viole contre les entreprises du violon et les prétentions du violoncelle*. Amsterdam, 1740, in-12.

LECERF DE LA VIÉVILLE DE FRENEUSE. — *Comparaison de la musique italienne et de la musique française*. Bruxelles, 1705, in-12.

LE GALLOIS. — *Lettre à Mlle Regnault de Solier touchant la musique*. Paris, 1680, in-12.

LORET (Jean). — *La Muze historique* (édition moderne). Paris, 1875-1878, 4 vol. in-8.

MACE (Thomas). — *Monument de musique ou conservateur de la plus belle musique pratique, divine et humaine, connue dans le monde.* Londres, 1676, in-f°.

MARTINELLI (Vincenzo). — *Lettere familiari et critiche.* Londra, 1758.

MENESTRIER (Le P.). — *Des représentations en musique anciennes et modernes.* Paris, 1681, in-12.

MERSENNE (Le P.). — *Harmonie universelle.* Paris, 1636, in-f°.

NAUMANN (Emile). — *Histoire illustrée de la musique.* 1880-1885.

NORTH (Roger). — *Memoirs of music* (publiés par Ed. Rimbault). London, 1846, in-8.

ORTIZ (Diego). — *Trattado de glosas sobre clausulos y otros generos de puntos en la musica de violones nuevamente puesto en luz* (Traité des ornements, des cadences et autres sortes de passages dans la musique des violes, etc.). Rome. 1553.

PANKE (William-Thomas). — *Musical Memoirs.* London, 1830, 2 vol. in-8.

PEARCE. — *History of the violin.* London, 1866, in-8.

PINCHERLE (U.). — *Les violonistes, compositeurs et virtuoses.* Paris, 1922.

PIERRARD (Louis). — *Le Violon, son histoire et son origine.* Gand, 1902, in-8.

POUGIN (Arthur). — *De la littérature musicale en France.* Paris, 1867, in-8.

RAGUENET (l'abbé). — *Parallèle des Italiens et des Français en ce qui regarde la musique et les opéras.* Amsterdam, 1702, in-12.

— *Défense du Parallèle des Italiens et des Français,* etc. Paris, 1703, in-12.

RAMBOSSON. — *Les harmonies du son et l'histoire des instruments de musique.* Paris, 1878, in-8.

REGLI (Francesco). — *Storia del violino in Piemonte.* Torino, 1853, in-8.

REISSMANN (Auguste). — *Histoire universelle de la musique.* 1863-1865, 3 vol. in-8.

— *Histoire illustrée de la musique allemande.* Leipzig, 1880, in-8.

RÜHLMANN. — *Histoire des instruments à archet.* Brunswick, 1882.

SANDYS et FORSTER. — *The History of the violin.* London, 1864, in-8.

SAUZAY (Eugène). — *Haydn, Mozart et Beethoven, étude sur le quatuor.* Paris, 1861, in-8.

STAFFORD. — *A History of music.* Edimburg, 1830, in-12. (Une traduction de cet ouvrage, par Mme Adèle Fétis, a été publiée à Paris, 1832, in-12.)

TORCHI (Luigi). — *La musica instrumentale nei secoli XVI, XVII e XVIII.* Torino, 1911, in-8.

UNTERSTEINER (Alfredo). — *Storia del violino, dei violonisti e della musica per violino.* Milano, 1905, in-16.

VERCHEVAL (Henry). — *Dictionnaire du Violoniste.* Paris, 1923, in-8.

VIDAL (Antoine). — *Les instruments à archet, les feseurs, les joueurs d'instruments, leur histoire sur le continent européen.* Paris, 1876-1879, 3 vol. in-4° illustrés.

— *La Chapelle Saint-Julien des Ménétriers et les Ménestrels à Paris.* Paris, 1878, in-4°.

WASILIEWSKI (Joseph de). — *Le violon au dix-septième siècle.* Bonn, 1874, in-8.

— *Histoire de la musique instrumentale au seizième siècle.* Berlin, 1878, in-8.

WECKERLIN (J.-B.). — *Musiciana, Nouveau Musiciana, Dernier Musiciana.* Paris, 1877, 1890, 1899, 3 vol. in-12.

WITTING (C.). — *Histoire des virtuoses de violon.* Cologne.

BIOGRAPHIE

RECUEILS GÉNÉRAUX ET DIVERS

[Anonyme]. — *A Dictionary of musicians.* London, 1824, 2 vol. in-8.

BERTINI (Giuseppe). — *Dizionario storico-critico degli scrittori di musica e de piu celebri artisti di tutte le nazioni si antiche che moderne.* Palermo, 1814, 4 vol. in-8.

CHORON et FAYOLLE. — *Dictionnaire historique des musiciens.* Paris, 1810-1811, 2 vol. in-8.

DAQUIN. — *Lettres sur les hommes célèbres dans les sciences, la littérature et les arts, sous le règne de Louis XV.* Paris, 1752, 2 vol. in-12.

FÉTIS (F.-J.). — *Biographie universelle des musiciens et Bibliographie générale de la musique* (2ᵉ édition). Paris, 1860-1865, 8 vol. in-8 (et 2 vol. de supplément par Arthur Pougin, 1878-1880).

FONTENAI (abbé de). — *Dictionnaire des artistes.* Paris, 1777, 2 vol. in-8.

GROVE (George). — *Dictionary of music and musicians.* London, 1879-1889, 4 vol. in-8 (et supplément).

HOGARTH (George). — *Musical history, biography and criticism.* London, 1838, 2 vol. in-12.

JAL. — *Dictionnaire critique de biographie et d'histoire* (2ᵉ édition). Paris, 1872, in-8.

LA BORDE [Benjamin de]. — *Essai sur la musique.* Paris, 1780, 4 vol. in-4°.

LIPOWSKI (Félix-Joseph). — *Baierisches Musik-Lexikon.* München, 1811, in-18.

MENDEL et REISSMANN. — *Musikalisches-Conversations Lexikon.* Berlin, 12 vol. in-8.

REGLI (Francesco). — *Dizionario biografico.....* Torino, 1860, in-8.

RIEMANN (Hugo). — *Dictionnaire de musique* (traduit de l'allemand par Georges Humbert). Paris, 1899, in-8.

SALDONI (Balthazar). — *Ephémérides des musiciens espagnols, tant professeurs qu'amateurs.* Madrid, 1868-1881, 4 vol. in-8.

SOWINSKI (Albert). — *Les musiciens polonais et slaves, anciens et modernes.* Paris, 1855, in-8.

VASCONCELLOS (Joaquin de). — *Os Musicos portuguezes.* Porto, 1870, 2 vol. in-8.

VIOLONISTES

Les grands violonistes du passé, par Alberto Bachmann. Paris, 1913, in-4°.

Saggio sul gusto della musica, col carattere di tre celebri sonatori di violono, i signori Nardini, Lolli e Pugnani, da Giovan-Battista Rongani. Livorno, 1792, in-8.

I Violinisti italiani moderni, per A. Bonaventura. Milano, 1906.

Liutai e violinisti, per Giovanna Okraczewska. Roma, s. d.

Il Violino e i violinisti, per Edoardo Romperti. Novara, 1891.

I Musicisti bresciani, per Andrea Valentini. Brescia, 1894.

Le Violon et ses maîtres, par Joseph W. de Wasiliewski. Leipzig, 1869, in-8.

Baillot, par Ad. Guéroult. S. l. n. d. [Paris, 1842], in-8.

Hommage à la mémoire de Baillot, par M.-D. Tajan-Rogé. Paris, 1872, in-12.

Début de M. Ole Bull au théâtre du Roi. S. l. n. d. [Paris, 1836], in-8.

Ole Bull, esquisse biographique, par H. Biow. Hambourg, 1838.

Ole Bull, violoniste norvégien, par Cécile Gay. Paris, in-24.

Louis Constantin, Roi des violons, par Er. Thoinan. Paris, in-4°.

Vita di Arcangelo Corelli, per P. Maroncelli. Milano, 1819.

In onore di Arcangelo Corelli. Fusignano ad Arcangelo Corelli, nel secondo centenario della morte, da Carlo Piancastellis. S. l. [Fusignano], 1913, in-4°.

Il Corelli e i maestri bolognesi del suo tempo, per Francesco Vatielli. Torino, in-8.

Notices sur Corelli, Tartini, Gaviniés, Pugnani et Viotti, par François Fayolle. Paris, 1810, in-8.

Notes et souvenirs, par Charles Dancla. Paris, 1893, in-8.

Notice sur Deldevez, par Charles Malherbe. Paris, 1899, in-8.

Mémoires de Carl Ditters von Dittersdorf (traduits de l'allemand par Paul Magnette. S. l. [Liége], 1910, in-12.

Johannes Gabrieli und seine Zeitalter, par Karl von Winterfeld. Berlin, 1832, 2 parties in-4°.

Eloge de Gaviniés, par la princesse Constance de Salm. Paris, 1802, in-8.

Joseph Joachim, par André Moser. Berlin, 1898.

Joseph Joachim, ricordi e note, da Teresa Tua. Roma, 1907, in-8.

Paul Julien, violoniste, par J. Martin d'Angers.

Rodolphe Kreutzer, sa jeunesse à Versailles, par Joseph Hardy. Versailles, 1910, in-8.

Eloge de M. Le Clair (du *Nécrologe* des hommes célèbres de France). In-18.

Maugars, célèbre joueur de viole, par Er. Thoinan. Paris, 1855, in-8.

Un bisaïeul de Molière, recherches sur les Mazuel, par Er. Thoinan. Paris, 1878, in-18.

Les sœurs Milanollo, par Arthur Pougin. Turin, 1908, in-8.

Eloge de M. Mondonville (du *Nécrologe* des hommes célèbres de France). In-18.

J.-J. Cassanea de Mondonville, par L. Galibert. Narbonne, 1856, in-8 (1).

____

(1) On peut voir dans la *Revue et Gazette médicale* (mai-juin-juillet 1860) une longue étude : *Mondonville et la guerre des coins*, par Arthur Pougin.

Essai sur Montéclair, par Emile Voillard. Paris, s. d. [1878], in-8.

Elogio di Pietro Nardini, da Leoni di Pienza. Firenze, 1793, in-8.

Gaetano Pugnani e altri musicisti di Torino ai secolo XVIII, da A. Bertolotti. Milano, 1891.

Cenni intorno Felice Radicati, celebre suonatore di violino e contrappuntista, da Carlo Pancaldi. Bologna, 1828, in-8.

Eloge de M. Rebel (du *Nécrologe* des hommes célèbres de France). In-18.

Notice sur Rode, violoniste français, par Arthur Pougin. Paris, 1874, in-8.

Camillo Sivori, biographie, par Adèle Pierrotet. Milan, 1896.

Autobiographie de Louis Spohr. Cassel, 1860-1861, 2 vol. in-8.

Louis Spohr, sa vie et ses œuvres, par son élève Alexandre Malibran. Francfort. 1860, in-8.

Elogio di Giuseppe Tartini, da Agostino Forno. Napoli, 1792, in-8.

Elogi di Giuseppe Tartini e del P. Francesco-Antonio Vallotti, per l'abbate Franzago. Padova 1792, in-8.

Elogi di tre nomini illustri: Tartini, Valotti e Gozzi, con una orazione gratulatoria. Padova, 1792, in-8.

Une Leçon de Giuseppe Tartini et une femme violoniste au dix–huitième siècle, par Charles Bouvet. Paris, 1915, in-8. (2e édition augmentée et illustrée, 1918).

Henri Vieuxtemps, sa vie et ses œuvres, par Maurice Kufferath. Bruxelles, 1883, in-12.

Vieuxtemps, sa vie et ses œuvres, par Théodore Radoux. Liége, 1891, in-8.

Anecdotes sur Viotti, précédées de quelques réflexions sur l'expression en musique, par A.-M. Eymard. 1792, in-8. (2e édition, Milan, s. d.; 3e édition, Genève, an VIII.)

Notice sur J.-B. Viotti, par Baillot. Paris, 1825, in-8.

Notice historique sur J.-B. Viotti, par Miel. S. l. d., in-8. (Extrait de la *Biographie universelle* de Michaud.)

Viotti et l'école moderne de violon, par Arthur Pougin. Paris, 1885, in-8.

Henri Wieniawski, esquisse biographique, par A. Desfossez. La Haye, 1856, in-8.

LUTHIERS

Recherches sur les facteurs de clavecins et les luthiers d'Anvers, depuis le xvie jusqu'au xixe siècle, par Léon de Burbure. Bruxelles, 1863, in-8.

Liutai antichi e moderni, da Giovanni de Picolellis. Firenze, 1885. (*Note aggiunte*, id., 1886.)

I Miei Violini, monografia dei liutai antichi e moderni, da Maurizio Villa. Savigliano, 1888.

Les Maîtres luthiers, par R. Fissore. Paris, 1890, in-8.

Les Facteurs d'instruments de musique, les luthiers et la facture instrumentale, par Constant Pierre. Paris, 1893, in-12.

I Liutai bresciani e l'invenzione del violino, da Carlo Lozzi. Milano, s. d. [1895], in-8.

I Liutai bresciani, nuove ricerche, da Giovanni Livi. Milano, s. d. [1896], in-8.

Il conte di Salabue. Cenni biografici e saggio critico sulla liuteria cremonese, da Fr. Sacchi. Londres, 1898.

La Lutherie lorraine française, par Albert Jacquot. Paris, 1912, in-8.

Les Luthiers espagnols du seizième siècle, par Morphi. 1902.

I Liutai bresciani, da Angelo Berenzi. Brescia, s. d.

Genealogia degli Amati e dei Guarneri, da G. de Picolellis. Firenze, 1886.

Gaspard Duiffoproucart et les luthiers lyonnais du xvɪᵉ siècle, par Henry Coutagne, Paris, 1893, in-8.

Gasparo da Salò, studio critico, da Mattia Butturini. Salò, 1901.

Di alcuni stromenti fabbricati da Gasparo da Salò posseduti da Ole Bull, da Dragonetti e delle sorelle Milanollo, da Angelo Berenzi. Brescia, 1906, in-8 illustrato.

Une famille de grands luthiers italiens. Les Garnerius, par Arthur Pougin. Paris, 1909, in-8.

Di Giovanni Paolo Maggini, da Angelo Berenzi. Brescia, 1890, in-8.

La patria del liutaio Giovanni Paolo Maggini, da Angelo Berenzi. Cremona, 1891, in-8.

Gio. Paolo Maggini, sa vie et ses travaux, par lady Margaret Huggins. Londres, 1892.

Les Médard, luthiers lorrains, par Albert Jacquot. Paris, 1896, in-8.

Antoine Stradivari, luthier célèbre, connu sous le nom de Stradivarius, précédé de recherches historiques sur l'origine et les transformations des instruments à archet, par F.-J. Fétis. Paris, 1856, in-8.

Le luthier Jacob Stainer, d'Abram en Tyrol, par Ruff. Inspruck, 1872.

Cenni sulla celebre scuola cremonese degli strumenti ad arco, non che suoi lavori e sulla famiglia del somma Antonio Stradivari, da Paolo Lombardini (prete). Cremona, 1872.

Vox clamentis per Stradivari, da Angelo Berenzi. Cremona, 1907, in-8.

Antoine Stradivarius, sa vie et son œuvre, par Henri, Arthur et Alfred Hill (traduit de l'anglais par Maurice Reynold). Londres, 1907, in-4° illustré.

Le secret de Stradivarius, par Karl Schulz. Berlin, 1911.

L'ART DU VIOLON

TECHNIQUE — ÉTUDE — EXÉCUTION

Baɪʟʟoᴛ (P.). — *L'Art du violon,* nouvelle Méthode. Paris, s. d. [1835], in-f°.

Bʀɪᴊoɴ (E.-R.). — *Réflexions sur la vraie manière de l'exécution sur le violon.* Paris, 1763.

Caʀᴛɪeʀ. — *L'Art du violon* ou Collection choisie dans les sonates des trois écoles italienne, française et allemande. Paris, 1798, in-f°.

Cʜaʙeʀᴛ (Henry). — *Le violon, sa pédagogie, son travail.* Lyon, 1900, in-8.

Coᴜʀvoɪsɪeʀ (Karl). — *La base de la technique du violon.* Berlin, 1873, in-8.

Daɴovɪʟʟe. — *L'art de toucher le dessus et la basse de viole.* Paris, 1687, in-8.

DEMENY. — *Le violoniste*, art, mécanique, hygiène. Paris, 1905, in-12.

FOLEGATI (Ercole). — *Le Violon* (1re partie : histoire du violon et de l'archet, et leur emploi. 2e partie : le violon exposé géométriquement dans sa construction); de la prédominance du violon dans la musique d'ensemble et de la nécessité de l'étude du quatuor. Bologne, 1873-74, 2 parties in-8.

GALEAZZI (Francesco). — *Elementi teorico-pratici di musica, con un saggio sopre l'arte di suonare il violino*. Roma, 1791-96, 2 vol. in-8.

HAMILTON (J.-A). — *Catechism of the violin*. London.

KŒCKERT. — *Les principes rationnels de la technique du violon*. Leipzig (en français), in-12.

L'ABBÉ. — *La parfaite connaissance du manche du violon*. Paris, 1782.

MARCHET (Gaston). — *Lettres à un élève sur l'art de jouer du violon*. Paris, in-8.

MEUGY (A). — *Quelques observations sur l'art du violon*. Paris, 1888, in-8.

MOSER (Andreas). — *Méthode du violoniste*. Leipzig, 1920.

REICHARDT (Jean-Frédéric). — *Sur les qualités nécessaires à un violoniste d'orchestre*. Berlin et Leipzig, 1776, in-8.

REUCHSEL (Maurice). — *L'école classique du violon*. Paris, in-8.

SAUZAY (Eugène). — *École de l'accompagnement*. Paris, 1869, in-8.

— *Le Violon harmônique*. Paris, 1889, in-8.

SCHRÖDER. — *Catéchisme du violoniste*. Leipzig, 1891.

WASILIEWSKI (Joseph de). — *Le Violon et ses maîtres.*

WITTENG (C.). — *Histoire de l'exécution du violon*. Cologne, s. d., in-8.

[Anonyme]. — *Sull' importanza dell' elezione del primo violino nelle principale citta italiane*. Bologna, 1838, in-8.

LUTHERIE

HISTOIRE ET TECHNIQUE DE LA FACTURE INSTRUMENTALE STRUCTURE, CONSTRUCTION DU VIOLON

ABELE (H.). — *Le Violon*, son histoire et sa culture. Neubourg, 1874.

AGRICOLA (Martin). — *Musica instrumentalis deutsch…* Wittenberg, 1528, in-8.

ALIBERT. — *Chevilles Alibert*. Accord des instruments à archet et accord des pianos. Paris, 1888, in-8.

ANDERS (G. E.). — *Contribution à l'histoire du violon*. Mayence, 1838, in-8.

ANTOLINI. — *Osservazioni su due violini esposti nelle sale dell' J. R. palazzo di Brera uno di quali di forma non comune*. Milano, 1832, in-8.

Bagatella (Antonio). — *Regole per la costruzione de' violini, viole, violoncelli e violoni.* Padova, 1786, in-4°.

Baud. — *Observations sur les cordes à instruments de musique, tant de boyau que de soie.* Versailles, 1803, in-8.

Bottée de Toulmon. — *Des instruments de musique en usage au moyen âge.* Paris, 1838, in-12.

— *Dissertation sur les instruments de musique employés au moyen âge.* Paris, 1844, in-8.

Bricqueville (Eug. de). — *Les pochettes des maîtres de danse.* Versailles, s. d. [1894], in-16.

Coventry (W.-B.). — *Notes on the construction of the violin.* London, 1902, in-32.

Davidson (D.). — *Le Violon, traité théorique et pratique de sa construction,* 1901.

Di Caffarelli (Francesco). — *Gli stromenti ad arco.* Milano, 1894.

Dien. — *Essai sur les notes défectueuses des instruments à archet.* Paris, 1875.

Domenjoud (J.-B.). — *De la préférence des vis aux chevilles pour les instruments de musique,* etc. Paris, 1767, in-12.

Dupuich (R.). — *Traité de lutherie ancienne. La cote du violon.* Paris, 1904, in-8.

Engel (Carl). — *Catalogue descriptif des instruments de musique exposés au South Kensington Museum, précédé d'un Essai sur l'histoire des instruments.* Londres, 1874, in-8.

— *Recherches sur l'histoire primitive des instruments à archet.* Londres, 1883.

Fétis (F.-J.). — *Exposition de Paris en 1855. Rapport sur la fabrication des instruments de musique.* Paris, 1856, in-8.

— *Exposition universelle de Paris en 1867. Rapport sur les instruments de musique.* Paris et Bruxelles, in-8.

Fuchs (Albert). — *Taxe der Streich-Instrumente.* Leipzig, 1907, in-8.

Gallay (J.). — *Exposition musicale de Vienne en 1873. Section française. Rapport sur les instruments de musique.* Paris, 1873, in-4°.

Goffrie. — *Le Violon,* histoire brève du violon, sa perfection et ses fameux luthiers. Philadelphie, 1876, in-8.

Greilsamer (Lucien). — *Le Vernis de Crémone.* Paris, 1908, in-8.

Grivel (Victor). — *Vernis des anciens luthiers d'Italie, perdu depuis le milieu du dix-huitième siècle et retrouvé.* Grenoble, 1867, in-8.

Herom-Allen. — *The Ancestry of the violin.* London, 1882.

Hipkins et Gibb. — *Instruments de musique historiques, rares et uniques.* Londres.

Jacquot (Albert). — *Dictionnaire pratique et raisonné des instruments de musique anciens et modernes.* Paris, 1886, in-8.

La Fage (Adrien de). — *Quelques visites musicales à l'Exposition universelle de 1855.* Paris, 1856, in-8.

Lambertini (Michel' Angelo). — *Chansons et instruments,* renseignements pour l'étude du folklore portugais (en français). Lisbonne, s. d. [1902], in-8.

Mailand (Eugène). — *Découverte des anciens vernis italiens employés pour les instruments à cordes et à archet.* Paris, 1859, in-12.

Maugin (J.-C.). — *Manuel du luthier.* Paris, 1834, in-18.

Miggé (Otto). — *Le secret des célèbres luthiers italiens découvert et appliqué.* In-8.

Mordret (Léon). — *La Lutherie artistique.* Paris, 1885, in-8.

Niederheitmann (F.). — *Crémone. Caractéristique de la construction de ses instruments.* Leipzig, 1884, in-8.

Otto (Jacob-Auguste). — *Sur la construction et la réparation des violons et de tous les instruments à cordes.* Halle, 1817. (Une seconde édition, augmentée. Iéna, 1828, in-8.)

Paine (J.), — *Traité du violon.* Londres.

Passagni (Leandro). — *Il Violino.* Milan, 1904.

Pearce. — *Le Violon et les luthiers.* Dictionnaire biographique des grands artistes italiens. Londres, 1866.

Plassiard (J.-A.). — *Des cordes harmoniques en général et spécialement des cables des instruments à archet.* Mirecourt, 1880.

Pontécoulant (comte de). — *Essai sur la facture instrumentale* considérée dans ses rapports avec l'art, l'industrie et le commerce. Paris, 1857, in-8. (2e édition, en 2 vol., sous le titre : *Orchésographie. Essai,* etc. Paris, 1861).

— *Douze jours à Londres. Voyage d'un mélomane à l'Exposition universelle.* Paris, 1862, in-12.

— *Musée instrumental du Conservatoire de musique.* Histoire et anecdotes, 1re partie (seule parue). Paris, 1864, in-12.

— *La Musique à l'Exposition universelle de 1867.* Paris, 1868, in-8.

Rey-Pailhade (Emile de). — *Essai sur la musique et l'expression musicale et sur l'esthétique du son. Les instruments de musique anciens et modernes.* Paris, 1911, in-8.

Richelme (Marius). — *Études et observations sur la lutherie ancienne et moderne.* Marseille, 1808, in-8.

Rousseau (Jean). — *Traité de la viole,* qui contient : une dissertation curieuse sur son origine ; une démonstration générale de son manche en quatre figures, avec leurs explications ; l'explication de ses jeux différents, et particulièrement des pièces par accords. Paris, 1687, in-8.

Savart (Félix). — *Mémoire sur la construction des instruments à cordes et à archet.* Paris, s. d. [1819 ?), in-8.

Savaresse. — *Mémoire sur la fabrication des cordes d'instruments de musique.* Paris, 1822.

Schebek (Edmond). — *La fabrication des violons en Italie et son origine allemande.* Prague, 1874. (La *Gazette musicale* a donné, en 1874, une traduction de cet opuscule.)

— *Les instruments de Crémone.* Vienne, 1874.

Schubert (F.-L.). — *Die Violine.* Leipzig, 1882.

Sibire (l'abbé Antoine). — *La Chélonomie ou le Parfait Luthier.* Paris, 1806, in-12. (J. Gallay a donné une nouvelle édition de ce livre dans l'ouvrage suivant : *Les Luthiers italiens aux dix-septième et dix-huitième siècles, nouvelle édition* du Parfait Luthier [*La Chélonomie*] de l'abbé Sibire, suivie de notes sur les maîtres des diverses écoles. Paris, 1869, in-12.)

Simoutre (N.-E.). — *Aux amateurs du violon. Historique, construction, réparation et conservation de cet instrument.* Bâle, 1883.

— *Un progrès en lutherie.* Bâle, 1886.

Tolbecque (Auguste). — *Quelques considérations sur la lutherie.* Paris, 1890, in-8.

Tolbecque (Auguste). — *Notice historique sur les instruments à cordes et à archet*. **Paris, 1898**, in-4°.
— *L'Art du luthier*. Niort, 1903, in-4° illustré.
Valdrighi (comte Luigi-Francesco). — *Ricerche sulla lutteria e violinaria modenese antica e moderna.* 1878.
— *Nomocheliurgografia antica e moderna, ossia alenco di fabbricatori di stromenti armonici, con note esplicative e documenti estratti dell' archivio di stato in Modena*. Modena, 1884, in-4°. (Contient, entre autres, une liste alphabétique de 3.618 facteurs d'instruments de tous pays, et tous les renseignements les concernant.)
Vidal (Antoine). — *La Lutherie et les luthiers*. Paris, 1889, in-8.
Villa (S.). — *I miei violini*. Savigliano, 1889.
Vivier (Joseph). — *Transformation des instruments à cordes anciens et modernes*. Mémoire pour servir de guide aux facteurs de ces instruments. Bruxelles, 1893, in-8.
Wettengel (Gustave-Adolphe). — *Traité complet, théorique et pratique*, de la fabrication et de la réparation de toutes les espèces de violons italiens et allemands qui sont aujourd'hui en usage. Ilmenau, 1828, in-8.
[Youssoupoff (le prince Nicolas)]. — *Luthomonographie historique et raisonnée*. Essai sur l'histoire du violon et sur les ouvrages des anciens luthiers célèbres du temps de la Renaissance, par un amateur. Imprimé à Munich et publié (en français) à Francfort, 1856, in-8.
Zampa (Dott.-G.). — *Violini antichi, storia e tecnica della linteria*. Sassuolo, 1909.
[Anonyme]. — *Rapport sur le vernis inventé par Ch. Victor Grivel*. Grenoble, 1867, in-8.

BIBLIOGRAPHIE INSTRUMENTALE. — CATALOGUES

[Anonyme] (Eugène Lecomte). — Exposition universelle de Paris, 1878. *Catalogue des anciens instruments de musique, documents, curiosités, suivi du catalogue de l'Exposition faite par la Belgique dans l'aile droite du Trocadéro*. Paris, s. d. [1878], in-8.
Chouquet (Gustave). — *Le Musée du Conservatoire national de musique, catalogue descriptif et raisonné.* Paris, 1875, in-8. (Nouvelle édition, 1884, in-8.)
Gallay (Jules). — *Les Instruments à archet à l'Exposition universelle de 1867.* Paris, 1867, in-12•
Gallay (J.). — *Les Instruments des écoles italiennes*, catalogue précédé d'une introduction et suivi de notes sur les principaux maîtres. Paris, 1872, in-12.
Mahillon (Victor-Charles). — *Catalogue descriptif et analytique du Musée instrumental du Conservatoire royal de musique de Bruxelles*. Gand, 1893-1912, 4 vol. in-16.
Pillaut (Léon). — *Le Musée du Conservatoire national de musique*. 1er [et 2e] supplément au Catalogue de 1884. Paris, 1894-1899, in-12.

Catalogue of the special Exhibition of ancient musical instruments, South Kensington Museum 1872.
London, 1873, in-4°. (Introduction, description et notes par Carl Engel.)

Catalogue de la belle collection de violons italiens, archets de Tourte, etc., délaissée par feu
M. Joseph Terby. S. l. n. d. [Louvain, 1879], in-8.

Catalogue de la collection de violons, ténors, violoncelles et contre basses, formée par feu Jos. S.
Hulse. Londres, 1883, in-8.

Catalogue des instruments de musique composant la collection de M. Georges Samary. Paris, 1887, in-8.

Collection de Bricqueville à Versailles. Anciens instruments de musique. Paris, 1893, in-12.

Catalogue de la collection d'instruments de musique anciens ou curieux réunie par C.-C. Snoeck.
Gand, 1894, in-8.

Catalogue de la collection d'instruments de musique flamands et néerlandais formée par C.-C. Snoeck.
Gand, 1903, in-8. (M. Oskar Fleischer a publié en Allemagne sous ce titre : *La collection
d'Instruments de musique de Snoeck*, un très beau catalogue illustré.)

On peut consulter aussi avec utilité les catalogues des grandes bibliothèques publiques
spéciales, ainsi que ceux de certaines bibliothèques particulières, dont voici une liste sommaire :

Catalogue de la Bibliothèque du Conservatoire national de musique de Paris, par J.-B. Weckerlin.
Paris, 1885, in-8.

Catalogue de la Bibliothèque du Lycée musical de Bologne, par Gaetano Gaspari et Frederico Parisini (et Luigi Torchi). Bologne, 1890-1893, 3 vol. in-8.

Catalogue de la bibliothèque du Conservatoire royal de la musique de Bruxelles, par Alfred Vesquenne. Bruxelles, 1898-1902, 2 vol. in-8.

Catalogue de la bibliothèque musicale de M. J. Adr. de La Fage. Paris, 1862, in-8.

Catalogue de la bibliothèque musicale de M. Gaetano Gaspari. Paris, 1862, in-8.

Catalogue de la bibliothèque musicale de M. A. Farrenc. Paris, 1866. in-8.

Catalogue de la bibliothèque du docteur F. Gehring, privat-docent à l'Université de Vienne. Berlin, 1870, in-8.

Catalogue de la bibliothèque musicale de M. Coussemaker. Bruxelles, 1877, in-8.

Catalogue de la bibliotèque de F.-J. Fétis. Bruxelles, 1877, in-8.

Catalogue de la bibliothèque musicale de M. Martin, ancien directeur du Conservatoire de musique
de Marseille. Paris, 1885, in-8.

Catalogue (en hollandais) de la bibliothèque musicale de M. Scheurleer. La Haye, 1893. in-8.

INDEX DES NOMS CITÉS

A

Abel, 37, 254, 265.
Abela, 2.
Acciajaoli, 68.
Ademi da Bolsena, 68.
Agrell (J.), 249.
Ahle, 234.
Alaix, 146.
Alarius, 33.
Albaret (d'), 203.
Albergati, 89.
Alberghi, 104.
Albert, 204.
Alberti (G.), 58, 97.
Albertini, 57.
Albinoni, 88.
Aldovrandi (G.), 89.
Alembert, 10.
Allegri, 65.
Amadei, 67.
Amati, 18, 40, 58, 123.
Ancelet, 182, 187, 211.
Anders, 117.
Anet (Baptiste), 74, 161, 171, 181 à 185.
Angermeyer, 170.

Anglebert (d'), 153.
Anna-Maria, 88.
Anne-Catherine de Brange-bourg, 147.
Andréa, 48.
Anne d'Autriche, 147.
Antonio, 84.
Ardeletz, 146.
Aresti (E.), 98.
Arietto, 52.
Ariosti (Attilio), 27.
Arne (Mme), 94.
Arteaga, 72, 93, 108, 119.
Artus, 158.
Aubert (Jacques), 177 à 180.
Aubert (Louis) 226.
Auer (Léopold), 273.
Auger, 139.
Aumont (duc d'), 195.
Avondano, 84.
Avison, 72, 94.
Aymé Berstein, 157.

B

Bach (J.-S.), 86, 254.
Bachmann, 251.
Baillot, 44 et 45, 61, 231.

Baj, 68.
Baldacini, 84.
Balifre, 138, 139.
Balin, 133.
Baltazarini, 127, 128.
Baltzar, 236, 254.
Balus, 150.
Banister (J.), 94.
Barbella, 106.
Barrier, 227.
Bassani, 63, 65, 80, 82.
Bâton, 184.
Baudy, 146.
Baudron, 230.
Bayer (Mme), 286.
Bazzini, 121.
Bazoncourt, 150.
Beauchamps, 167.
Beaulieu, 128.
Becker, 239.
Belisi C. F., 56.
Belleville, 146, 158.
Bénard, 227.
Benda, F., 242, 249, 250, 252.
Benda Johann, 255.
Benda Georges, 255.
Benda Joseph, 256.

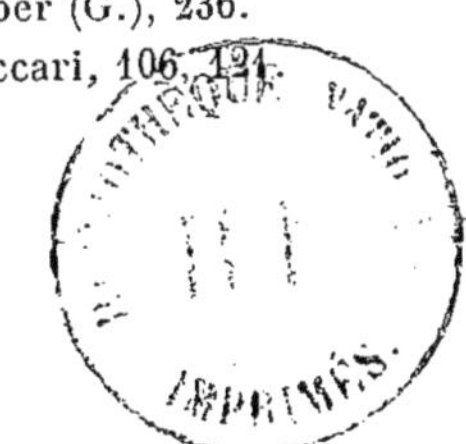

TABLE DES PLANCHES HORS TEXTE

TABLE DES ILLUSTRATIONS DANS LE TEXTE

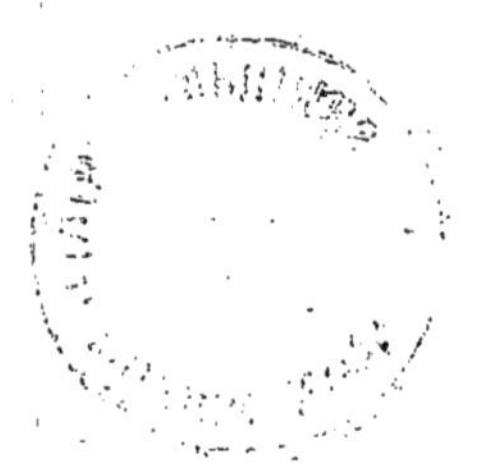

TABLE DES MATIÈRES

5003. — Tours, Imprimerie E. Arrault et Cⁱᵉ.